中国电子商务立法研究报告

全国人大财政经济委员会电子商务法起草组　编

中国财政经济出版社

图书在版编目（CIP）数据

中国电子商务立法研究报告/全国人大财政经济委员会电子商务法起草组编．—北京：中国财政经济出版社，2016.3

ISBN 978-7-5095-6645-9

Ⅰ．①中…　Ⅱ．①全…　Ⅲ．①电子商务-立法-研究-报告-中国　Ⅳ．①D922.294.4

中国版本图书馆 CIP 数据核字（2016）第 037633 号

责任编辑：王晓蕊　　　　责任校对：刘　靖

封面设计：智点创意

中国财政经济出版社 出版

URL：http：//www.cfeph.cn

E-mail：cfeph@cfeph.cn

社址：北京市海淀区阜成路甲 28 号　邮政编码：100142

营销中心电话：88190406

天猫网店：中国财政经济出版社旗舰店

网址：http：//zgczjjcbs.tmall.com

北京富生印刷厂印刷　各地新华书店经销

787×1092 毫米　16 开　21.5 印张　523 000 字

2016 年 3 月第 1 版　2016 年 3 月北京第 1 次印刷

定价：52.00 元

ISBN 978-7-5095-6645-9/D·0417

（图书出现印装问题，本社负责调换）

本社质量投诉电话：010-88190744

打击盗版举报热线：010-88190492，QQ：634579818

编 委 会

深入推进科学立法民主立法
提高电子商务立法质量

——张平副委员长在电子商务法起草组第二次全体会议暨部门、地方和专家课题成果交流研讨会上的讲话

2013 年 12 月 27 日，电子商务法起草组正式成立并召开第一次全体会议，启动了立法工作。近一年来，大家按照计划，开展立法调研和课题研究。这两天，大家对调研成果作了总结梳理，发表了很好的意见，有理有据、内容充实。“真理越辩越明”，大家对有关问题有共识，也有差异，许多问题不可能一开始就是一个声音，只能通过争论逐步达成共识。大家在一起交流，就是要有各种思想火花的碰撞，在争论的过程中，形成统一的认识。将近一年的时间，各部门、各地方、协会、机构、企业和各位专家广泛参与，围绕电子商务立法作了大量扎实的工作，取得了丰硕成果。这些研究成果凝聚了大家的心血和劳动，为我们下一步的立法工作奠定了坚实基础。

这次会议结束后，电子商务法立法工作将进入一个新阶段，即立法大纲和草案起草阶段，任务更艰巨，工作更繁重。按照计划，我们要尽快研究提出立法大纲，并拟订法律草案。2015 年 10 月前要研究提出法律草案初稿，征求各方面意见修改完善后，2016 年 6 月完成法律草案送审稿，其间的工作量非常大。时间紧，任务重，难度大，要想形成一部管用的良法，需要我们大家齐心协力、互相配合、坚持不懈，付出长期艰苦的努力。为做好今后一个阶段的工作，我讲几点原则性的意见。

第一，要从全面推进依法治国、完善社会主义市场经济法律制度的高度，进一步增强对电子商务立法必要性、重要性和紧迫性的认识。

我们这次会议，是在全面深入贯彻党的十八大和十八届三中、四中全会精神的背景下召开的。十八届四中全会对全面推进依法治国作出了战略部署，明确提出建设中国特色社会主义法治体系，必须立法先行，完善以宪法为核心的中国特色社会主义法律体系；从完善立法体制、深入推进科学立法民主立法、加强重点领域立法三个方面提出了新形势下加强和改进立法的任务和要求。这些精神和要求，对我们电子商务立法具有很强的指导意义。

近一年来，电子商务又有了长足发展，已经达到相当大的规模，增长非常迅速。2013 年，我国电子商务市场交易规模达 10.2 万亿元，同比增长 29.9%，其中网络交易零售总额

达1.85万亿元，相当于全社会消费品零售总额的7.8%。2014年还没有过去，但可以肯定的是，电子商务继续保持高速增长的势头。量的迅速扩张的同时，更加可喜的是质的提高。在发展质量上，我国电子商务领军企业已经在企业规模、创新能力、技术水平、盈利能力等方面走在了世界前列。当前，我国经济社会正在进入转型发展的新常态，面临经济增长下行的较大压力。电子商务的快速成长，成为经济发展的一道亮丽风景线，作为新的经济增长点，在转方式、调结构、稳增长、促就业、惠民生等方面将发挥更加重要和积极的作用。

从这次研讨发言的情况来看，大家对电子商务立法的必要性、重要性和紧迫性，已经取得普遍共识。大家谈得比较多的是，电子商务已经达到了一个相当大的规模，在经济中占据了相当的分量，所以需要立法规范。目前，电子商务与实体经济已经深度融合，给我们的生产和生活方式都带来了深刻影响。作为一种商业模式，电子商务的作用和影响已经超出了商业本身，成为一个重要的资源配置手段，以及引领经济社会发展的一种重要力量。相信随着技术的发展，在不久的将来，绝大多数的经济活动都将主要依托电子商务开展。从发展趋势看，电子商务是一种代表未来发展方向的有效的资源配置方式，具有非常广阔的发展空间。我们立法要为其持续健康发展留出空间，这对立法质量、前瞻性、可操作性、针对性等方面都提出了更高的要求。

完善社会主义市场经济，就是要使市场在资源配置中起决定性作用，同时更好地发挥政府的作用。市场经济本质上是法治经济，要以保护产权、维护契约、统一市场、平等交换、公平竞争、有效监管为基本导向，完善社会主义市场经济法律制度。因此，必须加强重点领域立法，加快电子商务立法进程。我们要从全面推进依法治国、建设社会主义法治国家、完善社会主义市场经济法律体系的高度来认识电子商务法的起草工作。承担立法任务的同志要有历史责任感、使命感和紧迫感，继续扎扎实实地工作，在保证立法质量的前提下，尽快完成草案起草工作，通过立法程序使电子商务领域做到有法可依。

第二，进一步明确立法指导思想和原则，着重解决电子商务发展中的关键问题和突出矛盾。

立法目的、立法指导思想和立法原则，是我们制定法律的基本依据。很多同志提出电子商务领域要有法可依、依法发展，电子商务立法要体现问题导向，我总体上赞同多数同志的意见。在电子商务法起草组第一次全体会议上，我们提出电子商务立法指导思想是促进发展、规范秩序、保护权益。从研讨发言情况来看，大家对这几条是认同的。虽然电子商务发展势头非常迅猛，一些企业实力已经很强，但从行业总体状况和发展阶段来看，还依然处于“少年期”，鼓励促进发展还是当前乃至今后很长一段时间的首要任务。规范秩序、促进发展是相辅相成的，规范是发展的必要前提和条件。秩序混乱、无序竞争，各方面的长远利益都难以得到保障，也就谈不上可持续发展。十八届四中全会特别强调依法治国、充分发挥法律的引领和保障作用。我们电子商务立法的根本目的，就是通过规范秩序、规范行为，实现健康有序和可持续发展。

同时，许多专家学者对立法原则提出建议，表述不尽相同，如有的提出立法“基本原则”，有的提出立法“技术性原则”等。我们曾经提出，要按照解放思想和改革开放的思路，坚持全面深化改革，充分发挥市场的决定性作用，同时更好地发挥政府作用。结合电子商务的发展实际，应厘清政府和市场的边界，实现政府干预最小化，政府把该管的事情管好。这一条应该是立法的基本原则。鼓励发展创新，也是一条原则，要通过立法鼓励创新，激发企业活力。我也赞成专家们提出的中立原则，坚持技术中立、模式中立。当然，关于立法原则大家还有一些不同的看法和意见，究竟哪几条应该作为立法原则，我在此不下结论，希望大家进一步深入研究、统一认识。

关于电子商务法的调整对象、范围和边界。电子商务从其全产业链来说，涉及的范围很广、产业链很长，在经济社会发展，尤其是当前的新技术条件下，各行各业互相渗透，很难划定非常清晰的界限，因此，立法要抓住主要矛盾。电子商务立法必须针对电子商务的特殊性，解决电子商务领域中的突出矛盾和关键问题。电子商务本身具有特殊性，与一般传统的当面交易、当面付款不一样。针对电子商务的新情况、新问题、新业态、新技术，有哪些主要矛盾和特殊矛盾？有哪些需要通过本法来规范、来解决？有哪些需要其他法律来规范、来解决？如对消费者权益的保护问题，消费者权益保护法已经对一般的消费者权益保护作了规范，那么电子商务的消费者权益保护的特殊性在哪里？本法如何规定？如何与消费者权益保护法相衔接？再如电子支付问题，刚才银行的同志说需要通过本法重点解决，现在人民银行法、商业银行法和相关法规规章等对一般支付行为和电子金融已经作出规定，将来本法如何适度解决这个问题？这些都希望大家继续深入研究，提出解决方案。总之，我赞成大家的建议，尽可能把边界划清楚，或者分成几个层次，最核心的部分就要规定得具体一些、明确一些、系统一些；相关的部分，在其他法律中已经解决的，或者可以解决的，就由其他法律去规范、解决。刚才有的同志已经提到法律立改废释问题，将来还有一些具体问题，可以通过国务院的法规、地方法规、部门规章，乃至规范性文件去规范解决。电子商务法要按照特殊矛盾的分析方法，集中力量，优先解决电子商务这样一种特殊的经济活动中存在的特殊的、突出的、主要的矛盾。立法一定要增强针对性，不可以面面俱到，不可以包罗万象，尽可能对范围和边界界定得比较清晰。正如大家都赞成“问题导向”原则一样，立法还是要解决电子商务的突出矛盾和问题，立法要管用。

第三，深入推进科学立法、民主立法，努力提高立法质量。

十八届四中全会把科学立法、民主立法，提高立法质量提到一个新的高度。法律是治国之重器，良法是善治之前提。依法治国、建设社会主义法治国家、建设中国特色社会主义法治体系，需要有良法、好法、高质量的法。科学立法、民主立法，就是提高立法质量的有效途径。

深入推进科学立法，首先要搞好调查研究。一年来，我们对电子商务立法进行了全面系统、深入扎实的课题研究，这些研究不同于一般的理论研究，而是直接为立法服务的立法决策研究。下一步，要充分运用好课题研究成果，起草好立法大纲和法律草案。课题研究虽然告一段落，但调查研究应贯穿立法全过程。实践不断向前发展，发展永无止境，创新永无止境，研究探索永无止境。电子商务立法应不断瞄准、对焦电子商务的实践发展，不断研究探索解决实践发展中的新情况、新问题。伴随着实践的创新、理论的创新和经济社会的不断发展，将来可以对法律作出修改完善，这也完全符合客观规律。从起草的角度来说，必须保持立法前瞻性，起草出一部高质量的法律，为发展创新预留空间。

电子商务立法要从中国的国情和实际出发，体现中国特色。同时，也要认真研究借鉴国际经验，加强国际交流与合作，不断争取在国际规则制定上的话语权和主导权。我们制定出的电子商务法，应该是一部具有中国特色、顺应历史潮流、符合时代需要的良法。

积极推进民主立法，加强人大对立法工作的组织协调，健全立法机关主导、社会各方有序参与立法的途径和方式。民主立法也就是开门立法，要集思广益，广泛听取各方意见，积极动员社会各方广泛参与。这次研讨会，各部门、各地方、协会、机构、企业和专家就同一个议题各抒己见，取得了良好效果。在今后的立法过程中，要继续坚持听取各方面包括大平台、小企业、小卖家、消费者等的意见建议，还有专家和部门的意见，坚持电子商务相关各方有序参与立法。

加强协调，密切配合。课题研究需要百花齐放，百家争鸣。进入到法律起草阶段，希望大家能从大局出发，加强沟通协调，统一思想认识，换位思考，处理好部门利益、企业利益、消费者利益和行业发展之间的关系，避免电子商务立法的部门色彩，寻求最优的解决方案，形成各方都可以接受的法律条文。

习近平总书记指出，要加强重点领域立法，及时反映党和国家事业发展要求、人民群众关切期待。健全立法起草、论证、协调、审议机制，完善法律草案表决程序，增强法律法规的及时性、系统性、针对性、有效性，提高法律法规的可执行性、可操作性。电子商务越来越成为经济社会生活的重要组成部分，我们要按照十八届四中全会精神和习近平总书记重要讲话要求，群策群力，提高电子商务立法质量，确保按计划完成。希望大家继续保持高度的历史责任感、使命感和奉献精神，继续把电子商务立法工作放在重要位置，保持旺盛精力，努力提高效率，高质量高水平地完成立法任务，向国家和人民交出一份满意的答卷！

2014 年 11 月 25 日

前 言

根据十二届全国人大常委会立法规划，电子商务法被列入第二类立法项目，即需要抓紧工作、条件成熟时提请常委会审议的法律草案，由全国人大财经委牵头组织起草。电子商务法纳入立法规划，充分体现了全国人大常委会对电子商务立法的高度重视，反映了有关部门和社会各界的共同期望。近年来，许多全国人大代表提出议案和建议，希望加快电子商务立法。

电子商务是战略性新兴产业，是现代服务业的重要组成部分，是信息经济时代国家基础设施的重要组成部分。通过电子商务立法，引领、推动和促进电子商务发展，对于加快经济发展方式转变、实现经济结构战略调整和产业转型升级、加快创新型国家建设等均具有重大意义。

2013 年 12 月 27 日，全国人大财经委在人民大会堂召开电子商务法起草组成立暨第一次全体会议，正式启动电子商务立法工作。张平副委员长出席会议并发表重要讲话，财经委副主任委员吕祖善主持会议。会议成立了电子商务法起草领导小组，由吕祖善副主任委员任组长，彭森和尹中卿副主任委员任副组长，国务院法制办、国家发改委、工信部、财政部、商务部、人民银行、海关总署、国家税务总局、国家工商总局、国家质检总局、国家邮政局等相关部门负责同志为领导小组成员，并设立起草工作小组和专家咨询库。会议讨论通过了电子商务法起草工作计划，对开展电子商务立法课题研究工作进行了安排部署。

2014 年 11 月 24 日至 25 日，全国人大财经委在北京召开电子商务法起草组第二次全体会议暨部门、地方和专家课题成果交流研讨会。全国人大常委会副委员长张平同志出席会议并发表重要讲话。会议由起草领导小组组长、财经委副主任委员吕祖善同志和起草领导小组副组长、财经委副主任委员彭森同志主持。会议主要内容是交流汇报电子商务立法课题研究成果，并就相关重大问题和立法大纲进行研讨。交流汇报课题（课题题目，交流汇报单位）共有十四项，分别为：电子商务监管体制研究，发改委、商务部、工商总局和电子商务协会；电子商务市场准入与退出制度研究，商务部、工商总局和成都市；数据电文与电子合同研究，工信部、工商总局和深圳市；电子支付问题研究，人民银行和上海市；在线数据产品知识产权保护研究，电子商务协会和深圳市；电子商务消费者权益保护问题研究，工商总局和杭州市；电子商务税收问题研究，税务总局和广州市；电子商务争议解决机制研究，工商总局、商务部和南京市；电子交易信息安全保障制度研究，工信部和上海市；跨境电子商务研究，商务部、财政部、海关总署、郑州市和杭州市；电子商务产品质量监督管理研究，质检总局；快递与电子商务协同发展研究，国家邮政局；电子商务可信交易环境研究，深圳市；电子商务立法国际比较研究，商务部。本次会议后，对上述课题进行了修改补充和深化完善，并根据立法工作需要和专家建议，增补两项立法研究课题，即电子商务平台责任和义务研究（北京大学、北京邮电大学）；电子商务定义研究（北京邮电大学）。以上课题共十六项，均在 2015 年 11 月前全部完成。

电子商务立法课题研究全面系统，深入扎实，为立法工作奠定了坚实基础。课题研究过程充分体现解放思想、实事求是、百花齐放、百家争鸣，可以说，这是科学立法、民主立法一次卓有成效的积极探索和有效尝试。为扩大课题成果交流，并为将来法律草案审议作准备，经与各有关方面共同商议，决定将课题研究成果汇集正式出版，供大家参考。各课题报告观点、体例不尽一致，为尊重原作，未加修改统一。敬请各位领导、专家和读者批评指正！

目　录

第一篇 领导讲话

促进发展　规范秩序　保护权益

——吕祖善副主任委员在电子商务法起草组成立暨第一次全体会议上的讲话

今天，我们在这里召开电子商务法起草组成立暨第一次全体会议。这一次会议，标志着电子商务法立法工作正式启动。

近年来，许多全国人大代表都提出制定电子商务法的议案和建议，许多部门、地方政府、专家学者都建议加快立法，电子商务相关企业也期望立法能支持、鼓励和促进电子商务的发展，广大消费者更是盼望通过电子商务立法来切实有效保护自身权益。制定电子商务法，是社会各界的共同期望。全国人大常委会的领导同志十分关心电子商务立法，张德江委员长、王晨副委员长、张平副委员长专门作了重要批示。今年9月，中央批准十二届全国人大常委会立法规划，电子商务法列为立法项目，并明确由全国人大财经委负责牵头起草。在各方面的关注和推动下，电子商务立法正式进入实施阶段。

今天的起草组第一次全体会议，张平副委员长专程到会并将作重要指示。参加会议的有全国人大财政经济委员会的有关同志、国务院有关部门的负责同志、部分院校、研究单位、电商企业、协会、有关媒体等。今天的会议议程主要有三项：一是成立电子商务法起草组；二是研究部署电子商务法立法工作计划；三是请张平副委员长作重要讲话。

下面，我就会议的主要议题作简要说明，并讲几点意见。

一、关于立法起草组构成

立法起草组由三部分构成，包括电子商务法立法起草领导小组、专家咨询库、工作小组。领导小组由财经委组成人员和有关部门负责人组成，专家咨询库成员由有关方面对电子商务有研究的专家、学者，包括在一线从事电子商务工作的一些同志组成。工作小组由财经委和有关部门的工作人员组成。

关于专家咨询库，我们初步确定了一个名单，我们准备把更多的专家吸收到专家咨询库中。今后，根据立法工作的需要和进展，再从专家咨询库中抽调一部分有充分精力和经验的专家参与电子商务法立法大纲起草和后期法律草案起草工作。今天参加会议的院校、研究机构、电商企业和协会的有关同志，都是专家咨询库的成员。

二、关于立法工作计划

立法工作分成三个阶段，分别是调查研究阶段、起草阶段和提请审议阶段。

第一阶段，调查研究阶段。从现在起到明年12月份，一年的时间，主要是作一些深入的调查研究，包括课题的研究和梳理现有的有关电子商务法律、法规、政策，提出立法大纲，明年一年的时间要完成这个工作任务。

第二阶段，起草阶段。从 2015 年 1 月到 2016 年 6 月，一年半的时间，这个阶段集中开展法律草案的起草。

第三阶段，提请审议的阶段。初步安排从 2016 年 7 月到本届人大的任期期内。法律草案以议案的形式报请全国人大常委会，由人大常委会办公厅正式征求国务院的意见，根据征求意见修改完成后，提请人大常委会安排审议。

大体上调查研究需要一年时间，议案起草需要一年半时间，争取在本届人大任期内提请人大常委会审议。时间不算短，但要把涉及面这么广的法律议案起草完成、提交审议，时间还是相当紧的。

三、关于立法的指导思想

关于电子商务立法，上一届人大财经委已经作了前期调研。今年以来，我们继续开展立法调研，广泛听取了国务院有关部门、地方、电商企业和研究机构等各方面的意见和建议。大家一致认为，电子商务法立法的指导思想可以概括为三句话：促进发展、规范秩序、保护权益。

第一句话，促进发展。电子商务是我国近年来发展最为迅猛的一个产业。据统计，2012 年，我国电子商务交易额达 7.85 万亿元，同比增长 30.8%；网络零售额超过 1.3 万亿元，占社会消费品零售总额的 6.3%；电子商务服务企业直接从业人员超过 200 万人，间接带动就业人数超过 1500 万人。根据有关部门和专家分析预测，到“十二五”末，我国网民总数将达 7 亿人，电子商务交易额、网络零售交易额将分别增长至 18 万亿元和 3 万亿元以上，我国将成为全球规模最大的电子商务市场，电子商务产业将成为最具发展潜力、最有国际竞争力的产业。电子商务正与实体经济深度融合，成为推动科学发展、促进经济转型的新的增长点，在转方式、调结构、扩内需、促就业等方面发挥了重要作用。电子商务立法的主题，就是要促进产业健康有序发展。

如何通过立法促进电子商务健康发展？立法要为电子商务持续健康发展提供法制保障，营造宽松环境，鼓励发展创新。首先，这部法必须体现充分发挥市场配置资源的决定性作用，这也是最近三中全会的一个重要指导思想，立法必须体现政府最小干预的原则。其次，政府必须科学有效地运用经济手段和资源，为电子商务充分的发展和创新，创造更好的环境，留有足够的空间。电子商务的变化非常快，很多电子商务的业态、形式难以预料，将有很多创新。其中的关键是政府善于为其创新发展创造一个好的条件和环境。

第二句话，规范秩序。立法要遵循电子商务发展的客观规律，采取适度、合理、有效的市场监管，规范市场秩序，合理有效监管。规范秩序，关键是规范电子商务市场参与者的行为。具体涉及三方面：一是政府的行为，二是电子商务相关企业的行为，三是消费者的行为。规范秩序就要把这三个方面的行为都在法律上给予明确的规范。以往政府的一些法规、规章往往是规定了很多政府怎么管企业，这些规定有的是需要的，有的是不需要的，有的是过渡的。因此，除规范企业行为外，非常重要的是要规范政府行为。而对规范企业行为而言，不是规定怎么做，而是明确规定什么不能做。可以采用负面清单管理的做法，在法律上明确规定什么是不允许的、不许可的；同时，要允许企业在实践中创新。

第三句话，保护权益。要保护消费者的权益，也要保护电子商务及其相关企业的权益。在保护权益方面，法律上要平等。要明确企业、消费者和各方参与者的权利和义务，维护各方权益特别是注重保护弱势群体的权益。

这几条经过两年多的时间反复听取各方面意见，大家普遍认同。因此，电子商务法立法的指导思想，就是认真贯彻十八大报告和中央全面深化改革决定的精神，以科学发展观为指导，按照完善社会主义市场经济体制、依法治国和依法行政的总体目标和要求，实现促进发展、规范秩序、保护权益。

四、关于立法的框架设想

立法框架初步设想包含以下几个方面：一是电子商务各主体之间的法律关系；二是支持鼓励电子商务健康发展的政策；三是电子商务监管体制；四是电子商务市场的准入和退出机制；五是电子商务的数据电文和电子合同、电子支付等；六是电子商务的税收，互联网金融发展与第三方支付的规定；七是知识产权和消费者保护；八是争端解决机制；九是网络信息安全和交易安全保障；十是跨境电子商务。还有反垄断和不正当竞争、物流配送的规范等有关问题。这些问题是我们通过这两年的调研，听取了大家的意见达成的基本共识，实际上是希望把电子商务的全过程作一个总括性规定，当然还不够完全和完整，还可以进一步补充完善。

五、坚持科学立法和民主立法

提高立法质量，必须坚持科学立法和民主立法，这也是德江委员长对立法工作提出的重要指导思想。结合电子商务立法，如何做到科学立法和民主立法，我认为科学立法首先必须进行深入、科学的调查研究。电子商务立法调研的重点，要突出两方面内容。

一是总结梳理现有的有关电子商务的法律、法规、政策。现在有关部门，仅国务院有关部门出台的有关电子商务的法律法规和政策性文件，大体上就有40多部以上。应该讲，这些法律法规和政策对促进电子商务的健康发展，发挥了很重要的作用，我们在座的有关部门作了大量的工作。但由于电子商务涉及面相当广，有很多新情况、新问题，我们仍缺乏上位法和有效的协调机制，所以有关部门出台的政策法规，有一些条款是矛盾的、冲突的，这也是很多电子商务企业感到无所适从的一个重大问题。同时，我们有些条款或多或少地带有一些计划经济的色彩，管得过多、过细，有的是管得过宽，是不合适的条款。我们需要对现有的法规、规章进行很好的梳理，把合理的部分变成电子商务法里的条文和条款，把不合理的特别是不适应三中全会市场改革精神体现政府最少干预原则的条款予以修改和清除。

二是全面系统深入地开展立法课题研究。在前期调研的基础上，根据各方面的共识和意见，我们拟定了一份电子商务立法的课题研究指南。希望大家根据课题分工，积极组织力量，很好地对这些调研课题进行深入的调查研究。起草组将跟进计划落实和课题进展，根据需要就有关问题召开研讨会，开展地方调研和企业调研。要在调查研究的基础上，把研究的成果归纳浓缩成结论性的建议和意见，尽可能用法律的语言进行表述。如果不与法律起草紧密结合，仅仅拿着一大本的调研课题报告，以后我们的工作小组就会很难办，所以课题结论性的意见，最好能够上升到法律条文式的语言。

以上两项工作，我们已经在之前召开的部门座谈会和地方座谈会上进行了部署。这项工作还需要大家的大力支持和积极落实，我们还特别希望协会、企业和各位专家等各方面自愿地积极参与课题研究和法律草案起草。我们调研的材料不怕多，只怕少。只要材料多，就可以对各方面的意见进行研究汇总，最后形成一个更广泛、共同认可的结论。课题研究要服从服务于立法，下一步的工作就是要重点做好课题研究，在此基础上形成立法大纲。

立法是集思广益、统一思想的过程，要广泛听取和反映各方面的意见，积极动员各方面广泛参与和支持。民主立法，首先要多渠道、多方式地广泛听取不同意见。既要听部门的意见，听地方的意见，听企业的意见，也要听消费者的意见。要按照立法的指导思想和原则，注意尊重和反映各方面的意见，统筹兼顾各方面的利益；特别是对争议较大的问题，要最大限度地调动各方面的积极性。立法还需要各方面广泛参与，电子商务立法必须依托部门、地方、企业、行业协会、高校和科研机构等各方面的支持。电子商务试点城市接近实际、接近企业、接近市场，在实践中积累了不少经验。希望电子商务部门协调机制和试点城市工作能与立法工作有机结合起来，多作工作，多作贡献。特别希望充分发挥电子商务协会组织、专家学者和业内人士的智慧和经验，这是提高立法质量的有效途径。在接下来的课题研究、研讨会、拟定草案、征求意见等各个环节，都希望得到各方面和在座各位的大力支持。

六、关于立法计划的落实

最后，归纳大家提出的意见，我作简要总结。

第一，大家总体赞同这次立法工作的组织结构和立法工作计划。有些同志对起草组构成提出了个别增补意见，会后我们再与有关部门协商。工作小组应加强日常工作的沟通协调，可以建立各部门的联络员制度；重大问题应提交领导小组讨论决策。会后，要把各项工作抓紧抓好，抓细抓实，任务到人，责任到人。

第二，大家非常赞同立法的指导思想。特别是刚才张平副委员长非常明确地提出，我们这次立法就是为了电子商务健康可持续发展，规范也是为了发展，保护权益也是为了更好地发展。通过立法，使我国电子商务在现有基础上更加健康迅猛地发展，真正成为我国为数不多的具有强盛竞争力的一个产业。

第三，刚才委员长提出了做好这项立法工作的五个关系、五条要求，要求完成一个可供审议的高质量的法律草案。这就是我们在座各位共同的任务。在时间安排上，我们的计划是底线，要尽可能地在保证质量的前提下提前完成。希望大家按照委员长讲的同心同德、协同作战、互相配合，切实把这项工作做好。我们参与立法的过程，本身也是一个学习的过程，立法工作主要还要依靠大家，依靠在座的各位。希望起草组成员都能加强学习，熟悉情况，精通业务，确保参加起草工作，名单确定后不轻易调整，保证工作连续性和稳定性。

电子商务法要争取在本届人大任期内提请人大常委会审议。各成员单位要按照任务、时间、组织、责任四落实的要求，明确责任，加强领导，精心组织，密切配合，切实做好立法工作计划的各项工作，保证按时高质量地完成电子商务法的起草任务。

（2013 年 12 月 27 日　北京）

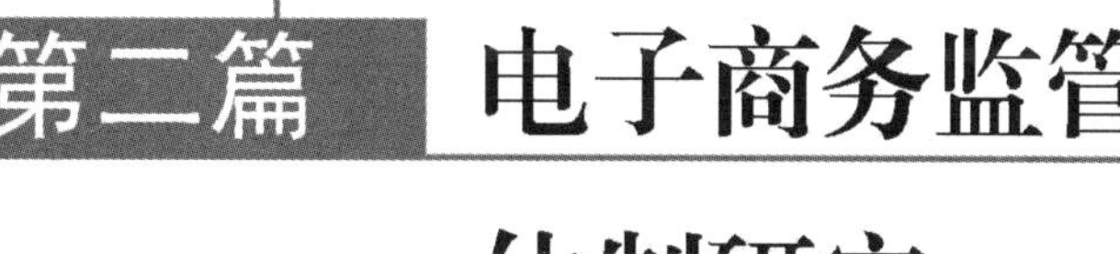

第二篇 电子商务监管体制研究

第一章　我国电子商务监管体制研究

一、课题背景

当前，电子商务蓬勃发展，已经广泛深入地渗透到生产、流通、消费等各个领域，在扩内需、促转型、带动就业和统筹城乡发展等方面发挥了重要作用。电子商务创新发展与现行监管体制间的矛盾日益凸显，电子商务监管成为人们普遍关注的焦点。

在全国人大财经委部署的14项电子商务立法研究课题中，电子商务监管体制研究是第一项，由国家发展和改革委员会（以下简称“发改委”）和商务部牵头承担。课题组从立法需求出发，全面分析了目前我国电子商务监管体制的现状和问题，深入调研我国电子商务产业快速发展的现状和多样化的需求，并在借鉴国际先进监管经验的基础上，形成了相关研究成果。

二、研究目标

一是从我国电子商务应用和产业的实际需求出发，积极探索治理创新，建立适合我国国情的电子商务监管体系，理顺电子商务管理机制，明确政府该管什么、不该管什么、管到什么程度。

二是从分类、分属性的角度研究电子商务和互联网的不同社会功能，针对不同功能，明确政府、交易平台、服务商和企业、用户各自的权利、义务与责任，理顺各方关系，规范市场主体、客体及其行为。

三是明确我国电子商务的监管原则，通过技术中立、功能等同、多元化治理等原则，增强立法的弹性、柔性和延展性，实现我国电子商务领域治理体系和治理能力的现代化。

三、基本观点

随着我国电子商务的快速发展和不断创新，新技术、新模式、新业态不断涌现。这种创新和发展积累到一定程度，必然倒逼现有的治理体系变革；与此同时，管理体制的调整也需要通过法律予以确认。

总体来看，产业发展对管理体制的挑战是全方位的，既有治理理念层面的，也有管理体制、管理手段方面的，涵盖了交易主体、客体和内容。为应对挑战，各相关管理部门已有的制度创新，本课题需要对这些创新及时梳理。在此基础上，结合国外先进的治理经验和电子商务新的发展趋势，探索适合我国电子商务发展的监管体制。

本课题研究重点包括以下几个方面（见图2-1）：

（一）政府对电子商务监管的范畴

政府对电子商务监管的范畴是指对于电子商务监管，政府应当管什么、不该管什么；哪

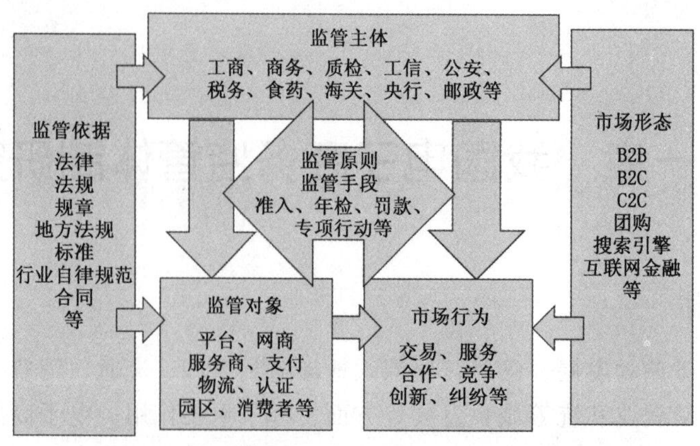

图 2－1　监管体制

些是该管没管好的，原因是什么；哪些是不该管却管了的；政府监管应监管到什么程度。同时，政府如何约束好自己，如何承担在监管中的责任，实施政府信息共享。

在分析中，我们从我国电子商务应用和产业的实际需求出发，提出需要遵循技术中立、功能等同、多元化治理等原则，以增强电子商务法律与监管的弹性、柔性和延展性；从立法理念上，要从鼓励和促进电子商务发展的角度实施监管，创新监管模式；要充分发挥市场对资源配置的决定性作用，降低门槛，减少许可和审批，为企业和市场松绑；改革创新监管方式，充分利用新技术手段和传播、沟通方式，实现社会化的、动态的、宽进严出的监管。

政府与市场的分工如图 2－2 所示。

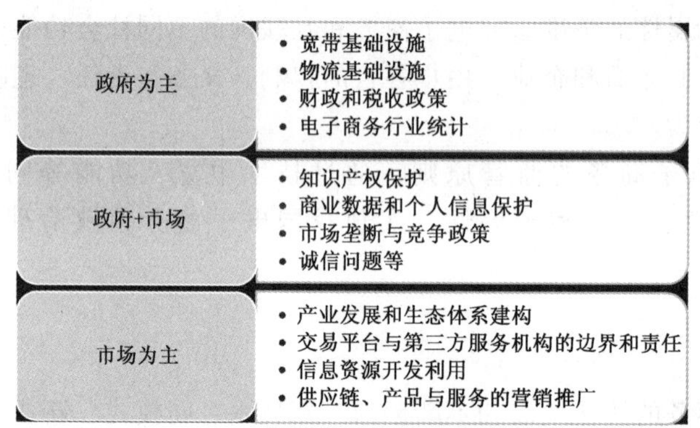

图 2－2　政府与市场的分工

（二）在管理模式和思路上，明确分属性管理原则

电子商务具有四大基本属性：即媒体属性、产业属性、基础设施属性和公共服务属性。需要针对不同属性，明确政府、交易平台、服务商和企业、用户等各自的权利、义务与责任。

比如，在媒体属性方面，监管的原则是强调其所传播信息的合法性和安全性，包括其广告、营销等功能，参考国家对媒体监管的法律规定，要求相关服务提供者承担相应的义务和责任。在产业属性方面，强调电子商务对于我国经济发展、拉动消费、经济转型、促进就业、帮助中小企业发展等方面的功能，也包括其在解决三农问题上的特殊作用，给予电子商务企业和服务提供者足够的支持和认可，鼓励其发展，为其创造宽松的政策法律环境。在基础设施和公共服务属性方面，强调电子商务企业和服务提供者应全力保障其服务的安全可靠性和连续性，界定其相应的法律责任和义务，同时要求其承担必要的社会责任，保障相关主体在交易环境中的权利义务得到落实。同时，要明确企业和政府治理义务的边界，明确政府允许的企业行为底线，确保电子商务健康和可持续发展。分属性监管如图 2－3 所示。

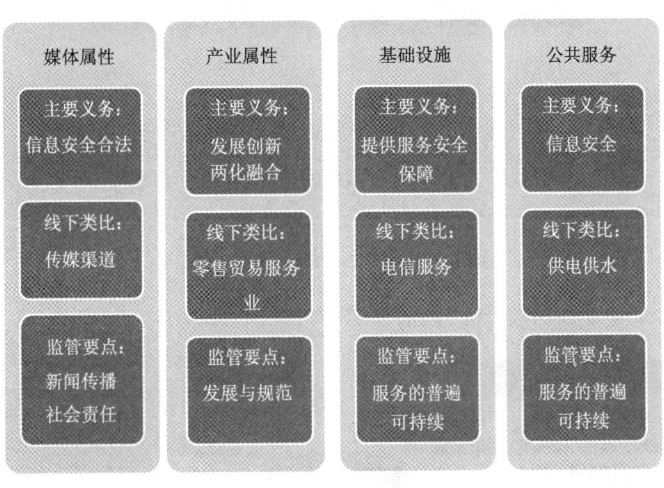

图 2－3 分属性监管

（三）关于线上线下监管

从线上、线下监管模式对比角度出发，梳理事前、事中、事后的各类监管措施，针对电子商务的交易主体、客体、载体和内容，提出有效的监管模式和手段、原则，找到线上监管的症结和最佳切入点。

我们通过比较线上、线下两种监管模式的区别，发现存在四种监管要素：主体、客体、交易内容和载体。其中，主体、客体和载体存在虚拟化和跨区域、跨行业的变化；交易内容存在多样化和个性化、海量、即时性的特点；在治理手段上，需要适应上述变化。这些挑战在线下不存在，需要在监管理念、监管手段和组织架构等方面不断创新，探索真正适合电子商务的监管模式。

如图 2－4 所示，对比后我们发现：（1）线上监管手段更多样。比如，像淘宝规则中“扣分”、限制上线新产品数量等监管手段在线下不可能存在。当然，电商平台规则不属于严格意义上的监管。（2）线上监管分布比较均衡，而线下监管集中在交易后，交易前和交易中的办法不多。基于信息透明和交易记录，线上可以采取预防措施，以防患于未然。（3）线上监管是多元化监管，包括主体多元和手段多元两个层面。（4）线上监管是全方位的，线下往往只监管卖家，无法监管买家，而线上买家也可以有信用记录，可以设置“黑名单”，对于职业差评师等，也可有法律责任追究机制。（5）线上监管的对象更多，虽然线下也会有商场、支付等服务者，但线上又多出了交易平台、第三方支付、物流配送、网络接入、电脑及手机厂商、软件厂商、搜索引擎等诸多新的主体。（6）线上的监管是跨时空的，有很强的延展性。跨空间是指跨不同的监管区域；跨时间是指所有以前的交易记录都有据可查，以后的交易也可以通过信用来防控。

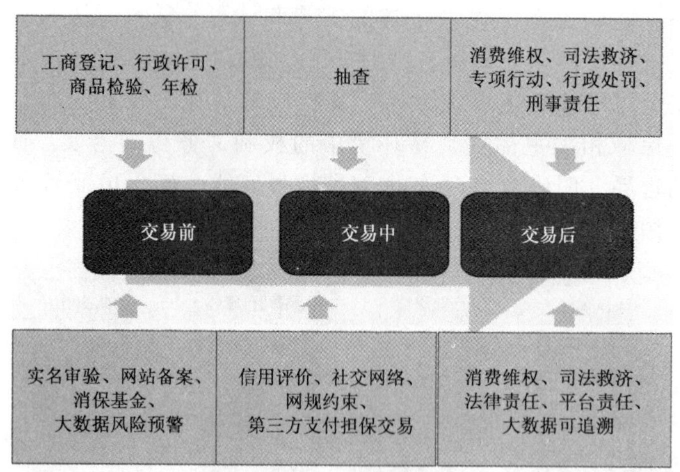

图 2－4　线上、线下监管对比

从生态的角度看电子商务监管的内容如图 2－5 所示。

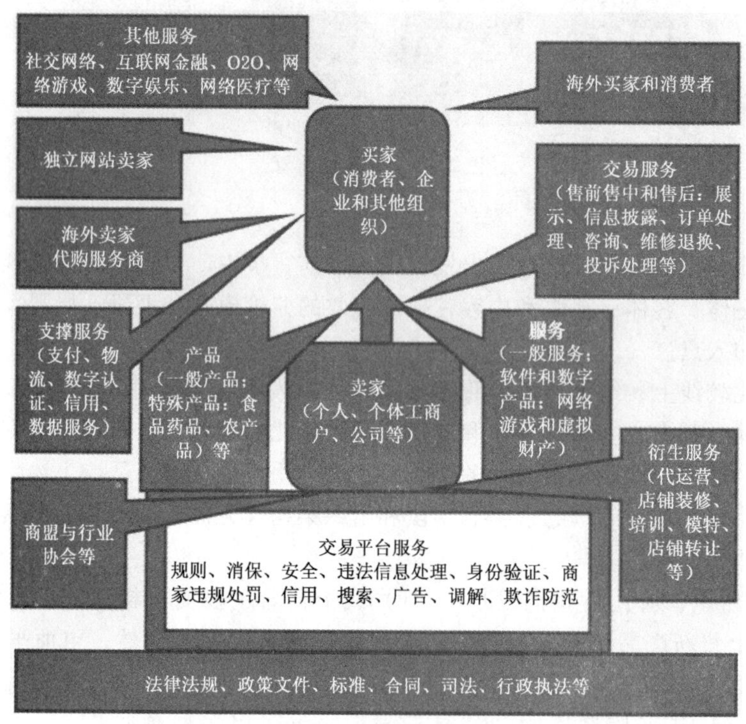

图 2－5　从生态的角度看电子商务监管的内容

（四）电子商务监管的主要内容

电子商务监管包括主体监管、客体监管和行为监管。主体监管包括监管卖家、买家、交易平台、支撑服务商、衍生服务商、代购网站、海外买家和卖家、独立网站、产品生产者、服务提供者等电子商务主体；客体监管的内容主要是交易产品和服务；行为监管包括第三方平台服务、支撑服务、代购服务、网络服务等。

总体而言，随着电子商务的创新发展，电子商务主体、客体、交易过程等也在发生变化，为电子商务监管带来新的挑战，主要包括五方面的挑战：

一是互联网的复杂性和电子商务治理的六个难点，即虚拟环境、海量交易、动态变化、个性形态、跨界融合、复杂关系。

二是从监管对象看，出现了新型主体、客体和行为，很多的监管无法找到线下的对应物和可以直接适用的方法。比如新型主体包括了交易平台、代购、网站、部分支撑服务商和衍生服务商；新型客体包括 C2B 的个性化定制产品、网络游戏和虚拟财产；新型服务包括第三方平台服务、代购服务、部分支撑服务等。

三是电子商务的复杂性主要反映在服务关系的复杂性和多样性上。这些服务类型包括实体的服务和虚拟的服务；身边的服务和跨空间的服务；交易服务、平台服务、支付服务、配送服务、代购服务、网络服务、衍生服务等。

四是对电子商务监管尚处于不断的探索实践阶段，缺乏可借鉴的经验。比如电子商务税收、平台责任、互联网金融和支付的监管、个人信息的保护和利用、跨境交易的纠纷解决和消费者保护、电子证据认定、虚拟财产和虚拟货币的监管和保护等，全世界都在探索过程中。

五是治理难题和中国特色问题纠缠在一起，增大了解决难度。如个人网商的大量出现、平台的巨型化发展、互联网金融和支付的创新活跃、信用体系和市场经济法制体系的不完善、电子商务发展迅猛、平台之间竞争的重合度，等等，国外并不存在这些问题，也就没有可借鉴的经验。

四、对电子商务立法的法条建议

第一条【促进发展】国家对电子商务企业实行多放少管、多予少取、多帮少诿的方针，完善服务、依法规范、保障电子商务企业和消费者的合法权益。创新监管手段，实施负面清单的监管模式，发挥市场在资源配置中的主体作用，为电子商务的发展和创新营造良好的制度与宽松的环境。

说明：电子商务形成了新的市场主体、客体和新的交易规则，综合考察国外电子商务发展经验以及我国电子商务发展现状，较少干预、鼓励和支持的政策环境是推动电子商务健康快速发展的重要保障。管理部门应深入研究和遵循电子商务发展的规律，建立以“宽进、服务、共治”为核心的监管体系，营造以鼓励支持为主要内容的发展环境，推动电子商务经济健康快速发展。

第二条【分类监管】行政管理部门应针对电子商务的媒体属性、产业属性、基础设施属性和公共服务属性分别设定相关服务者的义务和责任，按照分业务管理和分属性管理的方式实施监管。

说明：我们认为，电子商务和互联网具有四大基本属性：媒体属性、产业属性、基础设施属性和公共服务属性。针对不同属性，明确政府、交易平台、服务商和企业、用户各自的权利、义务与责任。

比如，在媒体属性方面，监管的原则是强调其所传播信息的合法性和安全性，包括其广告、营销等功能，要求相关服务提供者承担相应的义务和责任；在产业属性方面，强调电子商务对于我国经济发展、拉动消费、经济转型和促进就业、帮助中小企业发展方面的功能，也包括其在解决三农问题上的特殊作用，给予电子商务企业和服务提供者足够的支持和认可，鼓励其发展，为其创造宽松的政策法律环境；在信息基础设施和公共服务属性方面，强调电子商务企业和服务提供者应全力保障其服务的安全可靠性和连续性，界定其相应的法律责任和义务，同时要求其承担必要的社会责任，保障相关主体在交易环境中的权利义务得到落实。

第三条【平台义务】电子商务服务商的权利义务主要包括：交易主体经营资格审查、登记、公示，合同约责，制定并实施管理制度，交易商品或服务、交易信息检查监控，注册商标专用权、企业名称权等权利的保护，经营者商业秘密和消费者个人信息保护，消费者权益保护，交易信息保存等，以及制止违法行为，报告、协助、配合查处违法行为并提供相关的信息等。

说明：网络交易平台是网络交易集中交易的场所和空间，网络交易平台交易秩序是否规范、有序，直接关系到电子商务能否健康发展。在维护网络交易平台秩序方面，提供网络交易平台服务的经营者负有相应的管理责任。为此，国家工商总局《网络交易管理办法》单列一章规定提供网络交易平台服务经营者的权利义务，本条款是该章节核心内容的概括。

第四条【线上线下一致】电子商务中的各类行为，除遵守本法的规定外，同时适用其他相关法律的规定；其他法律规定与本法规定冲突的，适用本法的特殊性规定。

说明：线上、线下的一致性，是强调不能对线上行为采取歧视性政策，不能针对线上设置特别的许可或监管。现行法律法规中对线上行为采取歧视性政策的，与本法相冲突，在法律适用中应优先适用本法。

第五条【信用监管】行政管理部门、电子商务平台企业和各类专业机构应当开放信用信息，对有不良信用记录的经营者实施联动监管，共同建立电子商务信用监管体系，通过信用记录规范交易者的行为，维护市场秩序。

说明：市场经济是信用经济。基于网络交易的虚拟性、开放性、跨地域性等特征，信用是决定网络市场健康发展的核心要素。因此，加快网络市场信用体系建设，建设可信交易环境，建立健全网络经营者信用评价体系，既是打造诚实守信、公平竞争的网络交易秩序的关键，也是促进电子商务健康发展的必然选择。

第六条【监管体系】建立行政管理部门、社团组织、企业协同联动的共同治理机制。发挥电子商务平台、企业和行业组织在治理和自律方面的主动性，共同维护电子商务市场的交易秩序，构建良好的治理生态。

行政管理部门要科学合理划分行政管理体系，简化政务流程，减少部门间的职能交叉和重合；要建立属地管辖与全网协同管辖的监管体系，依次按照违法行为发生地、经营者住所地、实际营业地或经常居住地等确定管辖权，建立异地委托调查取证、协助执行、管辖权转移以及跨区域线上、线下联动的监管处置机制。

说明：电子商务属于新型业态，传播覆盖范围广，行业渗透强，仅靠政府的传统监管手段难以形成有效的管理，必须创新监管方式，发挥社会和企业的力量，由传统的政府监管向政府和社会共同监管的方式转变。

除了发挥各方的积极性，建立共同治理机制外，更重要的是，要理顺中央和地方、横向各部门之间的监管职责，建立协调、有序、高效的联动监管机制。

第七条【行业自律】电子商务的相关行业组织、服务机构、第三方交易平台应当依照其章程和管理制度提供服务并约束其成员的行为，促进规范行业发展，加强行业自律，实现电子商务交易各方主体的自我管理和约束。

说明：该条款主要是要进一步强调行业自律的重要作用，以减轻监管压力、降低监管成本。同时，电子商务的监管必须要考虑电子商务平台的特殊地位和作用，必须要发挥其主动性和积极性，形成政府与企业共治的格局。

（国家发展和改革委员会课题组）

第二章　电子商务监管体制课题研究报告

一、课题研究范围及主要解决的问题

狭义的监管体制是履行政府监管职能的机构设置、管理权限划分及其相互关系的制度。广义的监管体制是某一社会现象的治理体系及运行机制。本课题研究范围是广义的电子商务监管体制，其中狭义的监管体制是重点内容之一。

在我国，电子商务监管体制有以下几方面的问题需要解决：

第一，欧美国家政府在电子商务中扮演的角色主要是提供服务和法律规则平台，尽可能通过市场机制和司法手段来解决电子商务中出现的新问题，而不进行过多监管。我国国情有所不同，应当在促进发展的前提下，注重在监管和促发展中找到平衡。

第二，目前存在部门监管职责重叠或遗漏，各监管部门之间的行政沟通和协作机制不完善的问题，需要建立有效的统筹协调机制。

第三，网络的跨地域性使得电子商务活动在空间上不再受区域限制，传统的行政管辖权对庞大的网络交易市场进行管辖时，往往显得力不从心。需要改变过于倚重政府监管的局面，加强行业自律和消费者维权及市场自治，建立多元共治的监管体制。

第四，随着互联网和新商业模式的迅猛发展，用传统的监管方式和处罚手段应对互联网上无所不在的潜在风险和不法行为，常显得捉襟见肘，所以监管方式和措施亟待创新，并应通过法律予以确认。

二、确立多元共治的电子商务监管模式

1. 立法条文建议

【监管模式】政府部门、行业组织、电子商务交易平台、消费者及其组织通过行政监管、行业自律、市场自治管理、消费者维权监督等机制，相互协调补充，建立多元共治的电子商务管理模式。

2. 简要说明及理由

根据发达市场的经验以及我国目前电子商务的发展状况，应当在规定政府部门监管的同时，加强行业组织和电子商务平台的管理作用。行业组织和第三方交易平台，从各自的角度，通过行业规则、公约以及市场自治规则，规定事前、事中或者事后的监管，应当在立法上对此予以确认。此外，应借鉴欧盟经验，通过消费者维权监督实现外部约束治理，逐步形成多元共治的格局。

三、完善电子商务行政监管体制与相关制度

（一）明确行政监管的基本范围及适度监管原则

1. 立法条文建议

【行政监管的范围及原则】各级人民政府负责制定促进电子商务发展和规范的规划、制度、政策并组织有关部门实施，政府相关部门依照其职能和权限采取相应的监督管理措施，维护电子商务市场的交易秩序，制裁电子商务活动中的违法行为。

法律、行政法规规定电子商务的特定领域或环节需要进行市场准入许可和特定的交易前监管措施的，依照其规定。

政府有关部门对电子商务的监督管理应遵循依法行政、促进发展、适度有效的原则，避免对电子商务的发展进行不当限制。

2. 简要说明及理由

从国际经验、电子商务持续发展性的特点以及我国市场化改革的背景考虑，应当尽可能通过市场机制解决问题，必须运用监管手段时，应当采用对市场正常运行和发展影响最小的方式进行。政府应尽量减少交易前监管，以避免阻碍创新和分散性带来的执行不力。政府的事前监管原则上应依据法律行政法规的规定范围为限，主要包括规则制定、准入许可、安全检查、非金融机构支付、信用体系建设等。与事前监督相对应，政府应强调事后监督，包括细致规定对各种违法行为进行查处和司法监督。

（二）建立分工监管与一般综合监管相结合的电子商务行政监管体制与协作机制

1. 立法条文建议

【职责划分】国务院工商行政管理部门负责全国网络商品交易及有关服务的监督管理，依法规范和维护网络市场经营秩序，组织协调电子商务监督管理中的跨部门联合执法工作，并行使其他部门承担的职责之外的电子商务监督管理职责。

国务院发展与改革委员会、商务部、工信部、公安部、中国人民银行等部门按照各自的职责分工，负责电子商务的发展与促进、标准与规范的制订实施、网络信息服务秩序与安全维护、网络安全与打击犯罪、电子支付政策制定与安全保护等实施监督管理，并加强沟通协作，互相配合，建立信息共享、联合执法等跨部门工作协调机制。

各级人民政府应当采取鼓励措施，促进电子商务及相关电子技术、电子交易方式的发展，并加强对电子商务监管工作的组织、领导、协调职责。

地方各级人民政府工商行政管理部门负责本地域范围内电子商务交易的监督管理，组织协调当地电子商务跨部门联合执法和监督管理工作。

【监管部门间的协作机制】各级人民政府电子商务相关监督管理部门应当加强沟通协调，建立定期和不定期的行政沟通、协调、会商制度和联合执法制度。

政府有关部门在对网络商品交易及有关服务活动的监督管理中发现应当由其他政府部门查处的违法行为的，应当依法移交或提请相关部门查处。

电子商务相关监督管理部门应当建立通过电子商务监管平台进行协作监管的制度。相关部门建立的电子商务专项或部门内部监管平台或系统应当在各部门之间实现互联互通、信息共享，依法不得向其他部门公开或需要保密的除外。

2. 简要说明及理由

（1）电子商务涉及多个领域环节，如商品或服务交易、网上支付、物流快递、电子认证、数据服务和信息安全等，相应的监督管理必然涉及多个方面或领域，继而涉及多个部门的分工负责，不可能完全由一个部门来完成。在一定程度上，网络经济是实体经济在方式或形式上的扩展，在我国目前政府职责分工的基本体制下，电子商务的监管体制仍应以分工监管为主。各国对电子商务大多也采取分工监管体制。

（2）各部门分工存在的问题是出现交叉重叠或疏漏，且协调不足。因此应建立“专项分工监管与一般综合监管相结合”的电子商务监管体制。

（3）明确工商行政管理部门作为电子商务交易的一般监督管理部门和跨部门监管的协调部门，主要依据是：一是工商行政管理部门是一般性的市场监督管理部门，电子商务也是一种商务活动，凡是法律和国务院没有明确规定由其他部门行使的市场交易监管职责，应由工商部门负责监管。二是就实践而言，作为市场监督管理机构的工商行政管理部门，其覆盖面和监管内容直接面向最终端的消费者和经营者，监管职责和业务内容相对而言更为广泛和基础。

（4）沟通协调机制是避免目前我国电子商务分散监管固有弊端的重要之举。行政执法中的一些行之有效的措施，可以在电子商务监管中确认，另外，《网络交易管理办法》规定了跨部门协调联动机制，可以作为电子商务立法中沟通机制具体内容的参考。

（三）结合电子商务的特点，对行政监管的管辖分类设置

1. 立法条文建议

【一般监管的地域管辖】电子商务的日常监督管理工作按部门职责分工，由电子商务企业或个体工商户的住所地或营业地县级以上政府管理部门负责。

【违法行为查处管辖】电子商务违法行为的查处，按部门职责分工，由违法行为发生地县级以上相关管理部门管辖。违法行为发生地不易确定的，由违法行为经营者住所地县级以上相关管理部门管辖。计算机终端设备所在地、发货地或发送地、交货地或违法信息传播地视为违法行为发生地。

违法行为发生地和经营者住所地均无法确定的，或由违法行为地和经营者住所地管辖明显不利于违法行为查处的，经共同的上级机构协调，由损害结果发生地有关部门管辖。情况紧急的，损害结果发生地有关部门可以先行管辖，紧急情况消除后，报共同上级机构确定管辖地。

【交易平台内经营者违法行为的管辖】通过电子商务交易平台开展经营活动的经营者，其违法行为的查处，由经营者所在地或交易平台经营者住所地县级以上有关管理部门按职责分工管辖。经营者所在地和交易平台经营者住所地县级以上有关管理部门对管辖权有争议的，由受理时间在先的一方管辖。

【级别管辖】在全国范围内有重大影响、引发群体投诉或者案情复杂的违法行为查处，根据其职责分工，由国务院有关部门管辖或者其指定的省级相应机构管辖。地方各级行政区域内电子商务日常行政监督管理和违法查处的级别管辖，由省、自治区、直辖市人民政府结合本地区情况确定。

【管辖争议与指定管辖】监督管理部门对电子商务的日常监督管理或违法行为查处的管辖权发生争议的，应当报请共同的上一级管理部门指定管辖。

【分流协查机制】涉及异地管辖的，享有管辖权的政府监管部门与异地相应的管理部门通过委托调查取证、协助执行、管辖权移转等方式建立网络交易案件分流协查机制和跨区域、线上、线下联动的办案机制。

2. 简要说明及理由

（1）《网络交易管理办法》对电子商务违法行为的管辖作出了较全面的规定，可以在此基础上完善，在立法上明确管辖问题。

（2）行政处罚法的管辖原则以属地管辖为主，而在电子商务中，由于互联网是一个虚拟的跨地域系统，需建立符合电子商务特点的管辖划分和协作机制。

（四）完善电子商务行政监管的方式

1. 立法条文建议

【行政监管方式】各级人民政府有关部门依据其职责可以采取实地监管和网络监管的方式对电子商务活动进行监督检查，并依照法律、行政法规的规定，采取相应的查处措施。

【信用监管】政府监管部门应当建立电子商务及有关服务信用档案，根据信用档案的记录，对网络商品经营者、有关服务经营者实施信用分类监管，对有不良信用记录的经营者实施重点巡查，对不良信用记录情节严重者实施失信联动惩戒或列入信用不良当事人名单。

2. 简要说明及理由

（1）基于互联网的特殊性质，传统的“现场执法和区域执法”执法方式不足以有效监管。必须以网络信息技术为依托和手段，创新网络交易监管方式，因此应当在法律上明确“以网管网”的监管方式。

（2）除传统的监管手段外，随着社会发展和执法理念的更新，公共警告或消费警示、行政约谈（座谈）、责令停网整顿或提请停止接入等新型监管措施不断涌现，电子商务监管可以借鉴这些措施并在相关立法中予以明确。

（3）信用监管是一种新型又有效的监管方式。《网络交易管理办法》及新颁布的《企业信息公示暂行条例》也包括信用监管的具体内容。这些规定为电子商务法中规定信用监管提供了立法经验和可以参照的制度。

四、建立促进电子商务行业自律的相关制度

（一）规定政府监管与行业自律的衔接制度

1. 立法条文建议

【政府对行业协会自律的支持与保障】各级人民政府应当加强培育和引导行业协会的发展，为行业组织依法开展活动提供支持和帮助。

政府有关部门应当确立与电子商务行业组织的沟通协调、信息共享制度。可以授权行业组织制定相关标准，根据行业组织对企业或会员的信用评级和处理措施，确定重点监管对象。

2. 简要说明及理由

行业自律与政府监管具有较强的互补性，行政监管的权威性、强制性和独立性等是行业自律所不可比拟的，而行业自律的灵活性、适时性和民主性则是行政监管所不及的。二者功能的相互配合与有机结合，有利于社会利益与行业目标的均衡，因此应建立行业自律与政府监管的联动机制。

（二）规定行业组织的职责及监督制度

1. 立法条文建议

【行业协会自律及其职责】电子商务行业组织应当履行行业自律职责，制定行业标准或规范，指导、规范和监督企业依法生产经营，建立行业内电子商务信用评价制度，推进相关信用评价的互通、互联、互认。推动、参与电子商务相关行业标准建设，并组织实施。为会

员提供信息、技术、管理和培训等服务，向政府有关部门提出工作建议和意见。

【行业规范的效力】行业组织依法制定的章程、标准、公约、规则等自律规范，对其成员有约束力。成员违反自律规范的，行业组织有权依照其章程和约束措施作出处理。

【对行业规范的监督】消费者组织、行业组织成员认为行业组织制定的规范违反法律、行政法规强制性规定的，可以向人民法院起诉。

2. 简要说明及理由

（1）为促进和加强行业自律在电子商务监管功能方面的作用，建议规定行业组织自律不是一种权利，而是一种义务，是行业组织应尽的职责。

（2）为明确行业协会监管权能的权威性，在会员信任授权的基础上，须在法律上明确行业自律规范对会员的约束力。

（3）基于政府干预最小化原则，同时体现消费者维权监督作用，对于行业规范不宜采取行政机关事先监督管制的方式，而应由消费者组织或当事人通过司法机关事后监督或救济的方式。

五、确认和促进第三方交易平台的自治管理

（一）明确第三方交易平台的监管权限与义务

1. 立法条文建议

【第三方交易平台的监管义务】电子商务交易平台经营者应当依照法律规定或注册服务协议的约定建立用户注册及身份审核、交易规则、交易安全保障、信息披露与审核、隐私权与商业秘密保护、知识产权保护、不良信息处理、商品和服务信息检查监控、消费纠纷和解和消费维权自律、争议解决机制等制度，组织检查网上交易管理制度的实施情况，并根据检查结果及时采取改善措施。

【第三方交易平台的报告与配合义务】平台经营者发现平台内交易者有违反法律、法规、规章的行为的，应当向平台经营者所在地电子商务监督管理的政府部门报告。政府监管部门发现平台内有违反法律、法规、规章的行为，依法要求交易平台经营者采取措施制止的，交易平台经营者应当予以配合。

2. 简要说明及理由

第三方交易平台的内部管理和制度体现了电子商务参与方的自治管理，是通过市场力量建立监督机制的典型方式，应当参照商务部制定的《第三方电子商务交易平台服务规范》和国家工商总局制定的《网络交易管理办法》等现行有关规定和实践作法，在立法上予以确认和规范，对平台的监管权限与义务予以明确。

（二）规定平台规则制定修改的要求及平台规则的约束力

1. 立法条文建议

【第三方交易平台规则的制定要求】交易平台经营者制定、修改各项协议、规则应当遵循公开、连续、合理的原则，遵守法律、行政法规，尊重社会公德，不得扰乱社会经济秩序，损害社会公共利益。不得妨碍相关经营主体的正常交易活动。

交易平台经营者制定的各项管理制度应当在其网站显示，并从技术上保证用户能够便利、完整地阅览和保存。平台经营者应采用技术等手段引导用户完整阅读用户协议，合理提示交易风险、责任限制和责任免除条款。免责条款不得违反法律、行政法规的强制性规定。

【第三方交易平台规则的修改】平台经营者修改其与平台内经营者的协议、交易规则，修改内容应当至少提前七日予以公示并通知相关经营者。平台内经营者不接受协议或者规则修改内容、申请退出平台的，第三方交易平台经营者应当允许其退出，并根据原协议或者交易规则划分、承担责任。

【第三方交易平台规则的备案】平台经营者可以自愿将依法制定的各项管理制度在政府电子商务监督管理机构备案，经过备案的，可以标注相应的标记。

【第三方交易平台规则的约束力】平台经营者依法制定并公布的各项管理制度和规则，对通过平台从事交易的当事人有约束力，平台经营者可以按照平台的制度和规则对经营者网上交易行为采取相应的监督管理措施。

2. 简要说明及理由

第三方交易平台的管理职责体现了市场自治私法契约精神。平台经营者制定的不同国家法相抵触的管理规则具有准法律效力，约束站内经营者，其约束力来自双方的共同意愿。第三方交易平台管理职权并非不受限制和约束，这种限制和约束包括法律约束以及行业协会的监督。为维护交易秩序和保护消费者权益，应当明确交易平台规则的制定和修改的要求。

（国家工商行政管理总局课题组）

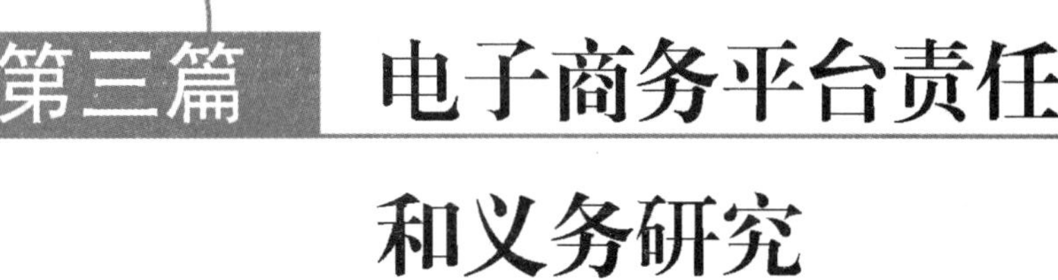

第三篇 电子商务平台责任和义务研究

第一章　电子商务交易第三方平台的法律义务与责任

电子商务交易第三方平台作为一种特殊的电子商务市场主体，在电子商务活动中占据着非常重要的地位。关于其法律责任，可以区分为几个不同的维度。首先就是平台作为网络服务提供者，对于入驻平台进行经营活动的商家以及通过平台在线购买相关产品与服务的买家应该承担何种法律上的义务。另外一个维度就是，如果在平台上发生了侵犯第三方权利人相关权利的时候，除了实际的侵权人之外，平台应该承担何种性质的法律责任。下文分为两个部分，概述相关的研究报告的核心内容。

一、电子商务交易第三方平台的基本义务

1. 平台的类型与资质要求

电子商务交易平台经营者应当是经工商行政管理部门登记注册并领取营业执照的企业法人。电子商务交易第三方平台经营者，是电子商务立法中最受关注的经营主体。何谓电子商务交易平台，很多学者主张对其给出明确的界定。有学者对其进行了详细的分类列举，但我们认为，由于电子技术的发展，交易平台呈现的形态越来越多元化。如果在立法中对平台的类型进行明确界定，很可能导致未来新形态的交易平台（例如已经开始出现的微商，APP应用等）无法纳入规范的范围，或者至少会引发法律适用上的困惑。考虑到这是一个必须伴随技术的发展而与时俱进的问题，因此不需要对电子商务交易平台的类型给出明确的界定，只是对其给出一个比较宽泛的定义。这样做，一方面可以为未来的发展预留空间，另外一方面可以让学理和司法来界定平台的认定问题。关于电子商务平台经营者，由于需要运营一定的网站，同时在电子商务交易中发挥着非常关键的作用，因此不宜由自然人个体来进行，所以可以将其限定为必须是企业法人。由于平台也属于互联网服务提供者，我国法律在这一方面还有一系列的特别要求。如果相关法律有特别规定的，应当依照其规定。

2. 平台的退出机制

电子商务交易平台经营者终止提供交易平台服务的，应当至少提前60天在主页面醒目位置予以公示，并通知相关经营者和消费者，采取必要措施保障其合法权益。由于电子商务交易平台在电子商务活动中处于中枢地位，很多交易都在其平台上发生。如果平台要终止其提供交易平台的服务，应当提前公告，使得平台上的经营者和消费者能够及时采取必要的措施来了解其相关的活动，或者转移相关的营业到其他平台上去。鉴于平台所具有的重要地位，应当要求提前60天在主页的醒目位置进行公示。

3. 平台对于入驻平台的经营者身份的审查义务

电子商务交易平台经营者应当对申请进入平台销售商品或者提供服务的经营者主体身份、行政许可等信息进行审查和登记，建立登记档案，并定期核实更新。根据我国消费者权

益保护法的相关规定，如果平台对于在平台上经营的企业和自然人不能提供有效的联系方法，那么平台经营者要对其经营行为承担连带责任。为了提供有效的联系方法，就必须要求平台经营者对于入驻平台的经营者进行主体和经营信息的审查和登记，并且建立档案。平台的这一审查义务是一种形式审查义务而非实质审查义务。但是，平台对于相关信息的真实性也需要采取一定的措施确保其具有持续的有效性与真实性。为此，平台需要定期核实并且更新。在实践中这一期限有多久，可以视具体情况而定。平台对于经营者信息的定期核实和更新义务是对于其形式审查义务的一种补充。在实务上，可以通过与国家相关主管机构（例如工商登记机构、质监机构以及公安部门的户籍管理机构）的数据交换与对接来更加有效地完成。

4. 平台提供稳定、安全服务的义务

电子商务交易平台经营者应当采取必要的技术手段和管理措施保证平台的正常运行，提供必要、可靠的交易环境和服务，保障网络交易安全。由于电子商务交易平台汇聚了大量的经营者，每时每刻都有大量的交易在平台上发生。因此确保平台正常运行，就成为平台经营者的一项重要的义务。如果因为平台经营者管理不善，未采取妥当措施导致平台无法正常运行，正常的交易无法展开，平台经营者通常要依据合同或其他法律关系，对相关主体承担一定的法律责任。这里所提到的保障网络交易安全，是否能够等同于通常意义上所理解的安全保障义务，值得研究。通常认为，平台所运营的网络交易空间，也类似于“开启公众交往的空间”，因此平台运营者对于其运营的平台也承担有一定的安全保障义务，但平台毕竟不同于物理意义上的经营场所，因此不能把这里所提到的保障网络交易安全的义务完全等同于物理场所经营者的安全保障义务，在相关责任的认定上应该体现出网络空间的特性。

5. 平台相关规则的透明以及信息公开义务

电子商务交易平台经营者应当遵循公开、公正、公平的原则，制定平台服务协议和交易规则，明确进入和退出平台、商品和服务质量保障、消费者权益保护等方面的权利、义务和责任。平台服务协议和交易规则应当在电子商务交易平台经营者的网站以显著方式持续显示，并从技术上保证电子商务经营者和消费者能够便利、完整地阅览和保存。平台在制定服务协议的过程中应当遵循公开、公正、公平的原则。这一方面是因为随着平台在电子商务中发挥了越来越重要的作用，会产生自然垄断的现象。在这种情况下，平台与电子商务经营者签订服务协议的时候，就必须公开其协议条件，并且公平对待所有的经营者，在没有正当理由的情况下，不应该采取差别待遇。就此而言，平台逐渐具有了准公共产品的特征。平台也不能滥用自己在交易中的优势地位，欺压中小电子商务经营者，而是必须依据公平原则来确定其与平台上经营者的权利、义务关系，特别是进入和退出平台的条件。另外，平台也有义务建立完善的商品和服务质量保障机制。这些机制有赖于平台经营者与电子商务经营者之间协商确定，以达到保护消费者的目的。关于透明性方面的要求，平台服务协议和交易规则必须以合理的方式予以公示，只有这样，才能够确保相关条款能够平等地适用于相关的主体。这一方面保障了消费者和中小经营者的知情权，另一方面也能与格式条款控制制度相衔接。

6. 平台修改相关的服务规则时的通知义务

电子商务交易平台经营者修改其与平台内经营者的服务协议和交易规则，应当至少提前30天予以公示，并通知电子商务经营者。电子商务经营者不接受修改内容，申请退出平台的，电子商务交易平台经营者应当允许其退出，并根据修改前的服务协议或者交易规则承担相关责任。关于平台经营者单方面修改服务协议和交易规则的问题，需要遵守一定的规范。如果平台经营者要修改相关的服务协议和交易规则，必须至少提前30天予以公示，并且以明确的方法通知经营者。从法律关系的角度看，这种修改服务协议和交易规则的行为，属于单方面提出来的修改合同要约。对此电子商务经营者可以同意，也可以不同意。如果不同意，则可以申请退出。在这种情况下，平台经营者应当依据修改之前的服务协议或交易规则，承担由于其违约行为给经营者带来的所有损害赔偿责任。契约必须严守原则在电子商务中也应该得到遵守。平台不能利用其强势地位，随意修改平台服务协议，而是必须尊重事前订立的服务协议。但在这个问题上，也必须照顾到平台经营者业务活动的特点具有格式化、规制化的特点。因此难以针对特定的小数量的经营者开发个性化的网络服务系统。因此，如果没有特殊的理由，经营者不能主张继续履行先前签订的服务协议。

7. 平台建立信用评价机制的义务

电子商务交易平台经营者应当为交易当事人提供公平、公正的信用评价服务，对经营者的信用情况客观、公正地进行采集与记录，建立信用评价体系和信用披露制度。由于电子商务交易活动通常发生在不在场的主体之间，因此建立客观、可信的信用评价系统是确保电子商务持续健康发展的重要保障。平台经营者在建立信用评价系统的时候，对经营者信用信息的收集应当客观、公正。如果出现了偏误，应当有机会让经营者申诉，并且予以纠正。此外，平台经营者建立信用评价体系，应当服务于消费者选择合适的交易对象，因此相关的信用记录应当以合适的方法向平台上的消费者进行披露，使其可以查询。关于信用评价服务义务相关的法律责任，可以在整体上纳入到平台所提供的可信交易环境体系建设之中予以考虑。如果平台经营者的信用评价服务制度不完备，消费者可能会受到欺诈而遭受损害，消费者可以主张平台承担相应的法律责任。

8. 平台明确区分自营和他营业务的义务

电子商务交易平台经营者在自设平台上开展商品或者服务自营业务的，应当以显著方式对自营业务和平台内其他经营者开展的经营业务进行区分标记，避免误导消费者。平台经营者也可以在其运营的平台上从事商品和服务的自营活动。在这种情况下，其法律上的身份就发生了重要的变化，与平台仅仅作为网络服务提供者的身份存在重大的差别。为此，本条规定，平台如果有自营业务，必须以显著方式标明其自营业务与平台内其他经营者的业务予以区分。如果因为相关的区分不够清晰，导致消费者误导，平台应当承担相应的法律责任。需要关注的是，在没有足够清晰地标明其系自营抑或他营业务的情况下，应该如何判断相关主体的责任。应该基于消费者保护的原则，通过合理的方法确定在此种情况下，一个具有正常判断能力的人，如何理解相关业务的归属，从而决定相关的责任主体。

9. 平台对于商品和服务信息、交易记录的记录和保存义务

电子商务交易平台经营者应当记录、保存平台上发布的商品和服务信息、交易记录信息。平台内经营者的营业执照或者个人真实身份信息记录保存时间自经营者在平台的登记注销之日起不少于两年，交易记录信息保存备份时间自交易完成之日起不少于两年，并确保原始数据真实、可靠。由于平台汇集了平台内经营者发布的商品信息以及经营者与购买者之间的交易过程的记录，因此，保存相关信息，对于保护以及协助相关当事人保障其合法权益，保存和固定相关的交易证据，就具有了基础性的意义。相关记录保存的期限是从相关信息被提交平台之日起，到经营者在平台注销之后不少于两年的时间。之所以要不少于两年的时

间，是为了设置一个信息保存的时间下限。在该期限之内，如果发生了争议，可以要求平台协助提供相应的数据，证明相关事实。平台在承担保存交易数据义务的同时，还必须确保原始数据真实、可靠。如果平台擅自改变有关的数据，或者提供虚假的数据，则需要依据法律的规定承担责任（例如承担消保法第四十四条所规定的责任）。需要指出的是，这里并没有涉及相关数据保存的上限，以及相关数据的生成者是否可以在超过一定的期限之后，要求平台删除有关的数据。关于这一问题，涉及相关数据的财产利益的归属问题，应该有专门的规定。

10. 平台对于相关特殊信息的公示义务

电子商务交易平台经营者应当公示其对平台内经营者实施的关闭店铺、公示警告、查封账户等信息。相关的信息应当自信息形成之日起 20 个工作日内予以公示。这里所指的特定信息，主要涉及平台对经营者实施的处罚性质的措施。对于这些信息予以公示，一方面有助于利益相关者及时知情，并且采取相应的补救措施。另一方面将相关的信息予以公示，有助于警示其他的经营者诚实守信地开展经营活动，也能够提醒消费者在选择交易对象的时候，给予必要的注意。相关的信息应当自形成之日起 20 天内予以公示，主要是为了确保相关信息的时效性。

11. 平台对于相关信息的审核监控义务

电子商务交易平台经营者应当对在平台内发布的商品和服务信息进行审核、监控，发现违法行为的，应当及时采取措施制止，必要时可以停止对其提供电子商务交易平台服务。由于平台在技术上已经具备能力，借助于各种技术手段来对平台上的信息进行一定程度的审核与监控。所以，要求平台承担信息审核与监控义务，对于平台来说，并不属于过分的要求。一旦发现存在违法行为，平台应当及时采取措施予以制止，而制止的最有效的方法就是停止对相关的经营者提供交易平台服务。这在某种程度上体现了“以网管网”的原则。“以网管网”强调的是在特定事项上，以交易平台服务提供者作为管理的抓手具有内在的合理性，这是新的互联网技术发展提出来的要求。对此交易平台服务经营者不可能予以回避。但也需要注意的是，这种义务在适用中并不能绝对化。平台只是在其技术可能性的范围之内，承担着审核与监控义务。但平台所承担的其他治理义务是有限度的。平台在可能的情况下，要停止相关的服务作为应对措施。但其他的进一步的措施，则需要借助于公法层面上的配合。从这个角度来说，“以网管网”的策略，并非把无限的责任推给平台服务经营者。

二、电子商务第三方交易平台对于平台上的侵权行为的责任

关于电子商务第三方交易平台对于平台上发生的侵犯他人的行为应该承担何种责任问题一直受到高度关注。在调研中，相关工作小组反复就这一问题与各界座谈，了解具体情况，努力寻求一个合理解决的思路。

目前，关于这个问题，形成了不同的解决思路。有的电子商务平台企业认为，原则上应当允许交易平台与用户约定相应的责任。也就是说，在什么情况下平台应当承担责任，承担什么性质的责任，可以通过当事人的自主约定来解决。这是一个私人自治的思路，值得认真对待。的确，如果交易平台约定的责任形式对于消费者特别不利，那么就会损害其市场竞争力，从理论上来说，将来就会有一个约定让自己承担更加严格责任的平台来取而代之。通过自由的市场竞争，利益相关方的权益会实现一个相对均衡的设置。这个思路中的合理性成

分，并不需要太多的强调。当事人通过自主约定的方式来约定责任的承担，这是私人自治的题中应有之意，没有人能够否认，也不应该否认。但这一思路存在以下三点需要反思之处：

1. 平台责任问题中涉及的主要疑难问题是，如果在平台上发生了侵犯第三方的知识产权（最普遍的情况就是电商在第三方平台上销售侵犯他人知识产权的产品），平台运营商在何种情况下要承担责任以及承担何种性质的法律责任，对此当事人自主约定的思路并不能解决。因为即使有约定，充其量也是涉及电商、平台商以及购物者之间的权利义务。这一约定通常对于被侵权的其他主体来说，并没有约束力。即使平台运营商约定相关的侵权责任应该由相应的电商来承担，这种约定只属于内部约定，对被侵权的第三方来说，并没有约束力，完全可以置之不理。从这个角度来看，对属于侵权责任性质的问题，留待当事人自主约定的思路，并不能在实质上解决问题。因此，仍然有必要基于侵权责任的原理，通过法律来明确规定平台责任的相关问题。

2. 在可以通过约定来决定法律责任分配的范围内，由于相关的约定必然表现为格式条款，而电子商务活动中的格式条款会受到很严格的审查。有关的条款很可能被认为是限制自己的责任和剥夺对方的主要权利，基于合同法第四十条被认定为无效。在这样的情况下，仍然需要有具有补充性的任意性条款去处理相关的责任分配问题。对此，电子商务法必须提供相关的任意性规范，以候适用。

3. 虽然通过自由竞争可以实现相关权利义务配置的均衡化，但这毕竟是一种理想状态。在现实中，平台运营商已经逐渐呈现出自然垄断，数家独大，把持电子商务市场的特征和市场格局。在这种情况下，占据垄断地位的平台运营者利用其强大的谈判磋商能力，必然会以各种方式来限制甚至是免除自己的责任。考虑到这种结构性交易谈判能力的不对等，法律也必然要设置一些底线性质的规则，来保护利益相关方的基本权益。从这个角度看，这个问题不能完全留给当事人自主约定，而是需要确定一些基本的前提。

关于这一问题，可行的思路是一种类型化的解决办法。从原则上来说，并不否认私人自治原则在这一问题上能够发挥的作用。处理电子商务从业者与平台运行者，以及服务或者商品购买者，物流服务提供者，支付服务提供者之间的关系，原则上应当依据当事人的自主约定。对于规定此类约定的格式条款，通过格式条款规制制度予以调控。

关于在平台上发生的侵犯第三方的合法权益导致损害的责任承担问题，应该基于交易平台在电子商务活动交易中发挥的不同角色，设置不同的责任类型。如果交易平台是纯粹地提供信息中介服务，那么这个时候可以类推适用我国侵权责任法第三十六条所确定的网络服务提供者责任承担上的“避风港规则”。也就是说，对于在网络上发生的侵权情况，网络服务提供者只是在得到相关方关于侵权事实之存在的通知之后，才承担删除网页、产品下架、断开链接等义务。履行了此等义务之后，网络服务提供者可以免责。如果不履行此等义务，对于后续的扩大损失部分，应该与侵权人承担连带责任。

避风港规则虽然起源上主要适用于著作权的保护，但这个规则大体上能够体现网络服务提供者承担侵权责任的基本逻辑依据，因此也能够适用于其他情形，但具体适用的条件，当然需要根据被侵犯的权利的类型进行调整。就侵犯商标权、专利权之类的案件来说，产品的侵权特征并不是一目了然的，因此被侵权方的通知中所包含的权利声明要素，显然应该达到引起一个理性的人，合理相信存在很高程度的侵权可能性的程度。就此而言，网络服务提供者的删除义务的触发，其门槛应该要比著作权侵权的门槛高，这一点是不能否认的。但电子商务法在这一点上不可能制定非常详细的规则，具体的认定只可能留待司法程序中法官的个案裁判。

关于平台商的事先审查和防控义务，原则上仍然可以援用侵权责任法第三十六条第三款所确定的规则，但应该明确将“应当知道”纳入其范围。虽然平台企业主张这种事先的审查和防控义务很难落实，但不能否认的是，根据民法上的获益与风险承担相一致的原则，平台运营者对于发生在平台上的侵权事实应该承担一定的防控义务。总的来说，平台商对于其能够以合理的成本来预见和防控的侵权行为，应该承担责任，这么做既具有立法政策上的合理性，也具有经济合理性。

至于说具体到什么情况下应该认为平台运营者“应当知道”，同样应该由法院根据个案的具体情况来认定，法律上不可能给出详细的规则。相应的侵权行为是否发生过，侵权行为发生的统计学意义上的概率，以及相关交易活动的异常性特征等，都可以成为考虑因素。

但是如果平台不局限于网络服务提供者，而是参与对特定的产品或者服务的推荐，那么就具有了广告发布者的角色，在这种情况下，不能适用避风港规则，而必须根据广告法的规定，承担相应的责任。如果平台深度参与相关的交易，将产品的推广，定价等，全面加入，则应该视为当事人一方，从而直接承担侵权责任。

上述思路，可以归结为一种类型化的调整思路，基于交易平台在电子商务交易中发挥的不同功能，确定不同的法律责任承担。

但关于平台责任问题，还需要建立一个综合性的解决思路，简单地借助于责任划分的方法并不是一个特别完善的解决思路。从平台的角度来讲，可以考虑收取相应的责任保证金（当然要确保用户的资金收益权，不能无偿占用这笔资金），甚至可以通过购买相应的责任保险来分散相应的责任风险。另外，平台也要建立完善的侵权预警机制，借助于大数据的分析，来监测可能的侵权事件。就经营者来说，可以成立相应的商业联盟，通过自我监督，来规范经营活动。通过这些配套措施，减少乃至杜绝平台上发生侵犯知识产权、销售假冒伪劣产品的行为，才可能真正取得实效。如果平台表面上打击相应的行为，但暗地里却纵容相关的行为，并且以此从中获利，那么相应的法律机制不可能，也不应该给予这种竭泽而渔的发展思路以法律上的保障。

（北京大学法学院课题组）

第二章　第三方电子商务平台责任研究

近年来我国电子商务发展迅猛，在创造新的消费需求、引发新的投资热潮和开辟就业增收新渠道，为大众创业、万众创新提供新空间，推动服务业和制造业转型升级的同时，也出现了出售假冒伪劣或禁止限制交易商品，进行恶意评价诋毁他人商誉，进行虚假交易以不当提升自身信誉，非法收集甚至出售个人信息，欺诈消费者等乱象。第三方电子商务平台作为网络交易的中枢，其在电子商务市场治理过程中扮演什么样的角色，特别是承担什么样的义务和责任，成为电子商务立法的核心问题。

一、第三方电子商务平台界定和法律地位

第三方电子商务平台[①]，是指在电子商务活动中为交易双方或多方提供网页空间、虚拟经营场所、商品或服务推荐、交易规则、交易撮合、信息发布等服务，供交易双方或者多方独立开展交易活动的信息网络系统。第三方电子商务平台经营者，是指从事网络交易平台运营并为交易双方或多方提供服务的企业法人。所谓的平台责任，实际上是指第三方电子商务平台经营者的责任，考虑到学界和实务界的通行用法，如无特别说明，下文将第三方电子商务平台经营者简称为平台。

第三方电子商务平台的法律地位，有“卖家或合营说”、“展位出租者或柜台出租者说”、“居间人说”、“特殊的租赁平台”等[②]，学界尚未形成一致认识。我们认为，平台因“混业经营”的特征[③]，其法律地位具有层次性，无法从整体上将平台界定为单一的柜台出租者或居间人，应根据平台从事的特定业务对其进行定位，具体而言：（1）平台为站内经营者和卖家提供商品信息发布等服务，此时平台为互联网信息服务提供者；（2）平台为电子商务交易提供场所，此时平台为交易场所提供者；（3）平台为站内经营者提供商品推荐、广告发布等服务，此时平台为广告发布者；（4）平台基于提供交易服务的需要，收集、存储和使用站内经营者和卖家的个人信息，此时平台为个人信息收集人。

与平台的法律地位相对应，平台的法律责任分为互联网信息服务提供者的责任、交易场所提供者的责任、广告发布者的责任和个人信息收集者的责任。平台作为交易场所提供者的责任，因涉及对知识产权人的合理注意义务，理论界和实务界对合理注意义务的标准争议较大，故将其放在最后阐述。

---

① 之所以将研究范围限定在自身不销售商品或提供服务而仅为网络交易提供场所和信息存储、发布服务的第三方电子商务平台，是因为如果经营者自建网站销售商品或提供服务以及混合平台（既提供自营服务，也提供交易场所服务，如京东、亚马逊）的自营业务，其法律地位是销售者，与传统领域经营者应承担的责任并无二致。

② 申屠彩芳：“论网络交易平台提供者商标权帮助侵权责任”，《杭州电子科技大学学报》（社会科学版），2014 年第 4 期。

③ 这里的“混业”是指平台既提供信息服务，也提供交易场所服务以及广告发布等其他支撑服务。

二、平台作为互联网信息服务提供者的责任

依照《全国人民代表大会常务委员会关于维护互联网安全的决定》、《互联网信息服务管理办法》、计算机信息系统安全保护条例和刑法等法律法规的规定，平台应履行以下义务：

（一）取得相应资质

依照《互联网信息服务管理办法》的规定，平台应取得增值电信服务许可证，从事医疗保健、药品和医疗器械等特殊互联网信息服务，平台应依照法律、行政法规以及国家有关规定获得特殊许可。此外，平台应有与从事经营活动相适应的资金、专业人员、场地以及健全的网络与信息安全保障措施等。

（二）信息记录保存和协助执法

依照规定的时限保存交易记录以及用户发布的信息，当事人的身份信息保存直至服务合同终止或者履行完毕之日起不少于两年，交易信息保存至合同履行完毕之日起不少于两年。此外，平台应积极协助政府监督管理部门和司法机关查处网络商品交易及其相关违法行为，提供涉嫌违法者的登记信息、交易数据等相关资料。

（三）违法信息处置义务

平台不得制作、复制、发布、传播违法信息，发现其网站传输的信息明显违法时，应当立即停止传输，保存有关记录，并向国家有关机关报告。接到主管部门删除或停止传输违法信息的通知后，及时采取消除等处置措施停止传输，保存有关记录。

违反上述义务，依照《中华人民共和国治安管理处罚法》、《互联网信息服务管理办法》、计算机信息网络国际联网安全保护管理办法等有关法律、行政法规的规定，对平台处以责令改正、没收违法所得、罚款、停业整顿直至吊销经营许可证、关闭网站等行政处罚，构成犯罪的，依法承担刑事责任。

三、平台作为广告发布者的责任

平台对产品进行推荐、通过竞价排名等方法发布商品和服务广告时，应当取得相应资质，按照国家有关规定建立、健全广告业务的承接登记、审核、档案管理制度，依据法律、行政法规查验有关证明文件，核对广告内容；未经当事人同意或者请求，不得向用户发送广告。以电子信息方式发送广告的，应当明示真实身份和联系方式，并向接收者提供拒绝继续接收的方式。在站内发布、发送广告，不得影响用户正常使用网络，以弹出等形式发布的广告，应当显著标明关闭标志，确保一键关闭。

违法发布广告，除依照广告法和相关法律承担行政责任和刑事责任外，使购买商品或者接受服务的消费者的合法权益受到损害的，平台不能提供广告主的真实名称、地址和有效联系方式的，消费者可以要求平台先行赔偿；关系消费者生命健康的商品或者服务的虚假广告，造成消费者损害的，平台与广告经营者、广告代言人、广告主承担连带责任，其他类型商品或者服务的虚假广告，造成消费者损害的，平台明知或者应知广告虚假仍发布的，与广告主承担连带责任。

四、平台作为个人信息收集人的责任

(一) 个人信息收集、使用的法律规定

依照《全国人民代表大会常务委员会关于加强网络信息保护的决定》(以下简称决定)、刑法(修正案九)、消费者权益保护法和《电信和互联网用户个人信息保护规定》等规定,平台在收集、存储和使用个人信息时,应当遵循合法、正当、必要的原则,明示收集、使用信息的目的、方式和范围,告知用户查询、更正信息的渠道以及拒绝提供信息的后果等事项;制定用户个人信息收集、使用规则,并在其经营或者服务场所、网站等予以公布;在征得被收集者同意后收集、存储和使用个人信息;对依法收集的数据信息必须严格保密,不得泄露、出售或者非法向他人提供,并应当采取技术措施和其他必要措施,确保信息安全,在发生或者可能发生信息泄露、丢失情况时,应当立即采取补救措施,并告知受到影响的用户。

(二) 现行个人信息保护立法的不足之处

我国现行个人信息保护法律构筑了包括民事责任、行政责任和刑事责任三位一体的个人信息保护法律框架,但是,个人信息安全的环境却不断恶化,主要问题是民事保护手段特别是损害赔偿责任未能发挥其应有作用:(1)损害赔偿数额难以计算。现行立法未明确损害赔偿的性质(精神损害赔偿还是财产损害赔偿)及赔偿数额;(2)现行民事诉讼“谁主张,谁举证”的举证责任制度不利于网民维权,受害人败诉的几率很大;(3)考虑到诉讼成本,权利人单独起诉的可能性很小,最终只能求助于集体诉讼。而我国民事诉讼实践在法律没有明确规定的前提下,法院不受理集体诉讼,这又成为个人信息维权的制度障碍。

(三) 立法完善建议

在采取举证责任倒置、引入集体诉讼的同时,应科学设定赔偿数额。个人信息控制权的人格权属性决定了个人信息损害赔偿的性质为精神损害赔偿。侵害个人信息损害赔偿的数额,除包括权利人为制止侵权行为所支付的合理开支以及因诉讼支付的相关费用,还应根据侵权人的过错性质及其程度,侵权行为的动机、手段或方式以及是否反复实施,损害程度及其侵权人对损害的知悉或预见程度,侵权行为的责任几率,侵权人因不法行为所获得的利益等因素,确定相应数额的赔偿。为实现损害赔偿救济受害人和遏制侵权行为再次发生的目的,赔偿额不设上限,但应设下限,如不低于2000元人民币。

五、平台为交易场所提供者的责任

平台通过对数据信息的发送、传输和处理来履行它与平台使用者之间的协议,该协议是一种信息服务合同。作为交易场所的提供者,平台应维护交易系统的正常运行、按照用户的指示发布信息、保护站内经营者的商业秘密以及提供其所承诺的其他服务的义务。除上述合同责任外,平台应遵守反垄断法和反不正当竞争法的规定,不得以合同方式以及其他方式,限制站内经营者在其他平台上销售商品或提供服务。需要指出的是,平台原则上不对用户之间的纠纷承担责任。尽管许多交易平台都有信用评价体系以及纠纷处理机制,但不能因此作为平台应履行上述两项法律义务的依据,电子商务法可作授权性规定,鼓励平台建立信用评价和纠纷处理机制。

（一）对交易场所进行管理

1. 审核站内经营者身份信息

平台对申请在其交易场所从事交易的用户，应审查该用户的资质（营业执照、许可证）、自然人的身份信息、联系地址和联系方式等，从而在用户实施侵权行为时，向权利人披露侵权人的身份信息，使权利人能够准确锁定侵权人，方便权利人维权①。

2. 查找和处理违禁商品的义务

对平台内禁止流通的物品和禁止提供的服务等信息，平台有义务通过关键词搜索等技术措施进行主动查找和处理。虽然网络上的信息是海量的，但有些违法信息是可以通过技术措施进行控制的，某些领域的过滤技术已经比较成熟，目前很多网站正在以技术措施加人工审查的方式对网络用户上传的信息进行过滤，取得了很好的效果②。

3. 变更交易规则时的公示义务

交易规则的修改，如网店能否继承和转让、技术服务费用、交易超时打款时限等涉及平台、站内经营者以及消费者之间利益的博弈，因涉及不特定的多数人的利益，所以不能简单地套用合同变更的基本规则。平台经营者制定或修改的交易规则实施之前，应当在网站主页面醒目位置公开征求意见，并应采取合理措施确保交易规则的利益相关方及时、充分知晓并征求站内经营者和用户的意见。在合同有效期内变更管理规则的，平台应当允许相关当事人自由退出，并赔偿站内经营者和用户所遭受的损失。

（二）平台对站内经营者的侵权行为承担的责任

根据责任人是否直接实施了侵权行为，侵权责任可以分为因自己行为而承担的责任和因他人实施侵权行为而承担的责任，前者是侵权责任的通常状态，后者属侵权责任的特殊形态，只有在法律明确规定的前提下，才可以对特定主体课以责任。平台利用网络实施侵权行为，应当单独承担侵权责任，侵权责任法第三十六条第一款已有规定③。站内经营者（第三方）实施的侵权行为主要是侵犯知识产权的行为。在平台上发生的第三方侵权行为涉及权利人、平台和侵权人三方的利益博弈，导致平台责任背后所触及的司法纠纷与一国产业政策处于一种紧张的关系中，亟待电子商务立法明确平台对站内经营者实施的侵害他人知识产权的行为所承担责任的条件和内容。

1. 我国现行立法和司法实践

平台对站内经营者实施的侵害他人知识产权所承担侵权责任的法律依据散见于商标法第五十七条、商标法实施条例（2014 修订）第七十五条、《信息网络传播权保护条例》、《最高人民法院关于审理侵害信息网络传播权民事纠纷案件适用法律若干问题的规定》以及侵权责任法第三十六条的规定。平台对站内经营者实施的侵害他人知识产权的责任，我国司法实践最初侧重分析平台的审查、监督义务，想通过替代侵权规则解决问题，近期的判决则倾向于重点分析网络服务提供商的主观状态和“通知—删除”规则，倚重的是帮助侵权概念，主要适用的法律是侵权责任法第三十六条④。

---

① 《最高人民法院关于审理涉及计算机网络著作权纠纷案件适用法律若干问题的解释》第五条；《最高人民法院关于审理利用信息网络侵害人身权益民事纠纷案件适用法律若干问题的规定》第四条。

② 王胜明：《中华人民共和国侵权责任法释义》，法律出版社 2010 年版。

③ 侵权责任法第三十六条第一款：网络用户、网络服务提供者利用网络侵害他人民事权益的，应当承担侵权责任。

④ 杜颖：“网络交易平台商标间接侵权责任探讨”，《科技与法律》，2013 年第 6 期。

侵权责任法第三十六条第二款和第三款规定网络服务商侵权责任的性质，权威解释认为是帮助侵权[①]。此外，我国商标法以及商标法实施条例将平台的商标侵权责任明确界定为帮助侵权。纵观侵权责任法第三十六条第二款和第三款的规定，并非如学者所称赞之——“第三十六条大幅度修正以往立法的价值取向，不但于立法思想上更弦易辙，在理论基础上亦有所突破，表现出其勇于创新的一面。[②]”相反，第三十六条的帮助侵权和连带责任的规定，是过于追求实用而忽视法律基本原理和逻辑的制度设计，缺乏法理和逻辑支撑的法律制度其适用效果必然大打折扣，因此，司法实践将知道解释为明知和应知，并更多地适用应知，甚至在不断“变通”侵权责任法第三十六条的规定。

帮助行为的形式通常为积极的作为。对于消极的不作为，只有在不作为者具有作为义务并与直接实施侵权行为的人具有共同故意的情形下，才属于帮助行为[③]。由此可见，消极不作为只有存在共同故意时，即帮助人应为故意的提供条件或便利，且主观上有追求侵害他人权益行为发生的目的，才构成帮助侵权。实践中，平台通常不具有侵权的故意，未删除侵权商品信息这种“消极的不作为”往往是平台因无法主动查找到该侵权信息，并非故意为之，因此平台与侵权人之间不存在共同的故意，通常情况下，平台并未实施帮助行为。

侵权责任法第三十六条规定侵权人与第三方电子商务平台的连带责任乃是为了被侵权人提供充分救济[④]。郑玉波先生认为，法律上所以加重规定者，乃因其既有行为之分担，复有意思之联络或共同之认识，同心协力，加害之程度必较单一之行为为重，故应使之负担较重之责任。否则若未同心，焉能协力，既不能协力，则虽有数人，各个人单独为之者何异，故无使负连带责任之理[⑤]。如前所述，平台与直接侵权人之间并不存在共同的故意，亦无意思联络。网络服务提供者的侵权行为与网络用户的侵权行为“无关”，网络用户构成侵权是因为其实施了侵害民事权益的行为，而网络服务提供者构成侵权是因为其未履行“采取必要措施”的法定义务，故两者的侵权责任应是相互独立的两种责任[⑥]。因此，平台与直接侵权人之间实无连带的必要。

2. 域外立法

（1）美国。

美国判断网络服务提供者是否对站内用户实施的侵害他人知识产权承担侵权责任，主要适用法律规则是“避风港原则”和“红旗标准”。上述规则起源于数字版权判例实践，最终在千禧年数字版权法（DMCA）中得以确立，后扩展至商标侵权案件。

“避风港”原则是指在发生著作权侵权案件时，当网络服务商只提供空间存储服务并不制作网页内容时，网络服务商不对“网络用户”上传的作品承担版权审查义务，在接到权

---

① 全国人大常委会法制工作委员会民法室：《〈中华人民共和国侵权责任法〉条文说明、立法理由及相关规定》，北京大学出版社 2010 年版；王胜明：《中华人民共和国侵权责任法释义》，法律出版社 2010 年版。

② 王洪、谢雪凯：“网络服务商第三方责任之现代展开——立法演进、立法思想与理论基础”，《河北法学》，2013 年第 3 期。

③ 王胜明：《中华人民共和国侵权责任法释义》，法律出版社 2010 年版；全国人大常委会法制工作委员会民法室：《〈中华人民共和国侵权责任法〉条文说明、立法理由及相关规定》，北京大学出版社 2010 年版。

④ 王洪、谢雪凯：“网络服务商第三方责任之现代展开——立法演进、立法思想与理论基础”，《河北法学》，2013 年第 3 期。

⑤ 郑玉波：《民法债编总论》，台北三民书局 1998 年版。

⑥ 徐伟：“网络服务提供者连带责任之质疑”，《法学》，2012 年第 5 期。

利人通知后则有删除义务，否则就可能承担侵权责任。避风港是免责条款，而非确定网络服务提供者是否承担责任的条件。如果网络服务商不满足该条中的任何责任限制规定，并不意味着一定承担侵权责任。“红旗标准”的名称来源于美国国会对千禧年数字版权法（DMCA）的报告①。当网络服务提供者“对特定侵权行为故意视而不见”时，其不再享受避风港原则的保护。“红旗”标准只是浅层规则，起决定性作用的是“搜寻侵权信息及通知服务提供者的责任由版权人承担”这一总原则②。

（2）欧盟。

欧盟电子商务指令（以下简称指令）在第十五条明确了网络中介服务商（包含第三方电子商务平台）没有义务对其所传输、存储的信息进行监督，也没有义务积极查找平台内的违法行为和违法信息，但出于国家安全、国防和公共安全，以及为了防止、追查、侦破和惩治刑事犯罪的需要而要求采取的有针对性、临时性的监控措施时除外。指令第十四条规定，除非用户受控于平台或依照平台的指令实施的侵权行为外，平台在满足下列条件之一时，不承担侵权责任：（1）确实不知道用户的行为违法，在损害赔偿案件中平台对违法的实施并不知悉；（2）平台知道违法行为或事实后，采取措施删除该违法信息或阻止该违法信息的传输。

（3）巴西网络民事基本法。

巴西网络民事基本法规定，为保护言论自由，防止新闻审查制度，除法律另有规定外，网络服务提供者仅在接到法院令后，未在规定时间内删除或屏蔽侵权信息，才对站内用户侵害他人权益的行为承担侵权责任。

（4）新加坡电子交易法。

新加坡电子交易法第二十六条规定，仅提供接入、存取服务的网络服务提供者对站内第三方制作、发布、传播或散布的侵权信息，除违反合同特别约定，或违反成文法规定的监管要求，或者是违反成文法或法院的删除、阻止、限制访问的要求外，不承担民事责任和刑事责任。

3. 理论研究和司法实践的最新进展及启示

（1）安全保障义务的提出。

如今，网络服务呈现“混业经营”的趋势，网络服务提供者不但提供技术支持，还规定活动主题，制定交往规则，以各种方式积极推动网络平台上交往的频繁进行和规模递增，乃至引导、帮助网络用户作出各种选择。为应对上述趋势，国内有学者提出应求助成熟的安全保障义务理论对其进行规范。“开启或加入交往空间者对其中的他人负有安全保障义务，应在合理限度内照顾他人权益”这一原则并无对介质的特殊要求，也适用于作为社会生活一部分的网络空间③。上述理论提出后，得到了国内一些学者和法官的认可和支持。

（2）德国法院的最新判决。

对网络服务提供商的责任，汉堡州法院、汉堡高等法院与科隆州法院、柏林州法院等认

---

① 王迁：“超越‘红旗标准’——评首例互联网电视著作权侵权案”，《中国版权》，2011 年第 6 期。

② See Robert A. Gorman, Jane C. Ginsburg, Copyright: Cases and Materials, 7th ed., Foundation Press, 2006, p. 887. 转引自刘文杰：“网络服务提供者的安全保障义务”，《中外法学》，2012 年第 2 期。

③ 刘文杰：“网络服务提供者的安全保障义务”，《中外法学》，2012 年第 2 期。

识不一，德国联邦最高法院采取了中间立场，通过类推《德国民法典》第一千零四条和第八百二十三条，将网络服务提供者的责任定位于“妨害人责任”，创设了“面向未来的审查义务”。法院要求，网站对正在发生的侵权有排除义务，并对未来的妨害负有审查控制义务。一旦服务提供者了解到来自第三人的某项侵权事实，即在以后针对同一侵权主体或同样侵权客体或同样侵权内容负有主动审查义务[①]。

（3）美国版权间接责任的扩张。

在美国版权领域，在间接责任（Secondary Liability）之外甚至出现了第三级责任（Teriary Liability）的理论，根据该理论，受害人寻求救济的对象不再是帮助实施侵权的人，而是向实施侵权人的帮助者提供帮助的人，例如帮助他人破解密码的、对破解密码的软件提供链接的，提供著作权材料流通网络的基础设施提供者、对软件开发者进行风险投资的公司，甚至是提供了论证能够进行著作权侵权抗辩咨询建议的律师事务所[②]。

协调网络产业发展与私权保护实质是一个公共政策选择问题。规则制定时过于倾向任何一方都不利于社会整体利益的增长。避风港原则“平衡”的重心在于保护网络产业发展，故对网络服务商的损害赔偿责任予以限制。避风港所确立的过错责任是网络服务商阵营积极斗争的结果，其适应了网络上升期的需要[③]。法律的历史观告诉我们，法律规则本身的正义性在于其契合了当时的社会环境。如今，网络产业的发展今非昔比，网络已全面渗透至社会的每一个角落，甚至有人提出互联网在全面接管中国经济[④]，在这样的背景下，网络产业处于上升时期所确立的网络服务商的过错责任应该适时作出调整，调整的结果应是明确平台对站内经营者实施侵权行为的责任，以平衡权利人、直接侵权人和平台三者之间的利益。

4. 完善平台责任的建议

（1）损害分担的二元结构。

安全保障义务、面向未来的审查义务、版权间接侵权责任的扩张以及我国司法实践对侵权责任法第三十六条的“偏离”，其实质是通过加重网络服务商的责任以弥补网络发展初期对相关权利人利益的“侵夺”，目标虽好，但因欠缺合理的手段和措施而难免有矫枉过正之嫌。之所以如此，在于网络动摇了现行损益分配规则，工业时代的归责原则已经不适应网络社会发生的侵权行为，现行的以责任为损害分配机制的制度设计，无法平衡第三方侵权中复杂的利益冲突。

现行侵权法理论采用责任来分配不合法的损害。我国侵权责任法确立了过错责任原则、无过错责任原则和公平责任原则。从归责根据来看，过错责任是行为人的过错行为具有非难性，无过错责任是加害人行为的危险性和其可利用自己的优势地位有效的分散风险，公平责任是公平理念。三者归责依据不同，其宗旨和功能必然不同，因而在具体的制度设计上无法

---

① BGH MMR 2004，668，671f；BGH MMR 2007，507，511；BGH NJW 2008，758，762. BGH NJW 2008，758 = MMR 2007，634（Jugendgefaehrdende Medien bei eBay），转引自刘文杰：“网络服务提供者的安全保障义务”，《中外法学》，2012 年第 2 期。

② 参见 Universal City Studios，Inc. v. Corley，273 F. 3d 429（2d Cir. 2001），转引自杜颖：“网络交易平台商标间接侵权责任探讨”，《科技与法律》，2013 年第 6 期。

③ 巩姗姗：“Viacom v. YouTube 最新决评析 ——以网络服务商过错判断标准为中心”，《知识产权》，2014 年第 1 期。

④ 张小平：“中国互联网正在全面接管中国经济？”，http：//tech. 163. com/14/0506/08/9RI3F8BO000915BF. html，2014 年 5 月 6 日。

统一；无过错责任和过错责任的本质为意外损害的合理分配，而非侵权责任。因此，侵权责任的归责原则只有一个——过错责任原则。将责任加诸有过错的行为人，一方面可以对受害人提供有效的救济，同时也可以通过对行为人主观恶性的惩罚，促使其提高注意义务，教育其他人避免类似的错误，以减少损害的发生。

当事人均没有过错损害，由风险承担制度解决，即依照风险承担的具体规则，将损害公平分配给当事人。风险承担与侵权责任都是分配损害的制度，都是民事法律后果的表现形式，都具有强制性，但责任与风险分担不同：课以责任的行为，法律对其持否定态度并予以禁止；分担风险的当事人，法律并不对其进行否定评价，其行为法律并不禁止。损害承担的二元结构的提出，避免了民事责任体系内部的冲突。法律通过否定有过错的行为，并加以惩罚，从而实现了惩恶扬善、扶正祛邪的根本目的；对于行为人无法预见或虽可预见但无法避免的损害，法律规定由可以有效地预见或控制风险的一方承担，从而促使其通过技术进步减少意外损害的发生。

风险分担的具体规则如下：第一，可控制性规则。风险分配给较有能力控制风险的一方。第二，可预见性规则。当事人均无法控制风险的发生时，由较有经验或能力预见风险的人承担，从而减少风险造成的损失。第三，效率规则。当事人均无法预见和控制风险时，风险分配给能够有效率地处置风险的一方。第四，经济能力规则。当事人均无法预见和控制风险，且风险由任何一方承担均不符合效率规则时，风险由经济能力较强的一方承担。

依照损害分担的二元结构，在平台对站内经营者的侵害他人权益的行为有过错时，即平台明知站内经营者销售侵权产品而未采取有效措施及时制止时，平台应对权利人承担侵权责任；平台不知道站内经营者实施侵权行为时，依照风险分担的可控制性规则、可预见规则、效率规则和经济能力规则，将损失在平台和权利人之间进行公平的分配。

（2）确定平台责任应明确的几个问题。

第一，平台不承担普遍审查义务。提供技术服务的网络服务提供者没有普遍审查义务①。平台对站内商品和服务信息虽不承担普遍审核的义务，但非常明显的侵害知识产权的商品信息，平台有义务主动进行删除或屏蔽。Hendrickson v eBay 案的法官认为，交易平台提供商应该对一些显而易见的关键词进行搜索并予以删除，如“盗版”、“非法贩卖”、“假冒”、“水货”、“枪版”等②。

第二，提供销售者真实身份信息的义务。在平台上发生的第三方侵权行为，平台的首要义务是披露侵权行为人的真实身份信息（真实名称、地址和有效联系方式）和为权利人提供侵权证据，使权利人能够向直接责任人请求赔偿。但目前我国未实行网络实名制，导致平台无法有效核实侵权人的真实身份信息（不是绝对不能核实，而是无法百分之百核实，抑或是需要支付较高的成本）。因此，公平设定平台的责任，倚赖于网络实名制的推广。

第三，通知与反通知制度。

对平台而言，判断站内经营者的行为是否侵犯知识产权难度过大，同时为了防止权利人

① 全国人大常委会法制工作委员会民法室：《〈中华人民共和国侵权责任法〉条文说明、立法理由及相关规定》，北京大学出版社 2010 年版。

② Hendrickson v. Ebay., Inc., 165 F. Supp. 2d 1093 (C. D. Cal. 2001)，转引自陈明涛、汪涌：“论网络交易平台服务提供商的版权责任”，《知识产权》，2010 年第 4 期。

恶意投诉，通知与反通知制度应作如下规定：已生效的判决、裁定、裁决等法律文书，由司法机关或行政机关发送至平台，平台在接到上述法律文书后，应立即采取断开链接、删除侵权信息、商品下架以及关闭账号等处理措施；平台在接到权利人的投诉后，应及时告知被投诉的站内经营者，站内经营者未否认实施侵权的，平台采取断开链接、商品下架的方式进行处理；站内经营者提出反对意见，认为自己未侵权的，电子商务平台告知权利人向行政机关投诉、举报或向司法机关直接起诉。

六、平台责任立法建议

第一条【安全保障义务】

第三方电子商务平台经营者应当按照国家信息安全等级保护制度的有关规定和要求，采取必要的技术手段和管理措施，保证平台的正常运行，保护用户的个人信息、隐私和商业秘密。

第二条【公平制定和修改交易规则】

第三方电子商务平台经营者应当遵循公开、公正、公平的原则，制定平台服务协议和交易规则，明确进入和退出平台、商品和服务质量保障、消费者权益保护等方面的权利、义务和责任，并从技术上保证电子商务经营者和消费者能够便利、完整地阅览和保存[①]。

第三方电子商务平台经营者修改服务协议和交易规则，应当至少提前 15 日予以公示，并通知电子商务经营者。电子商务经营者不接受修改内容，申请退出平台的，电子商务交易平台经营者应当允许其退出，并根据修改前的服务协议或者交易规则承担相关责任。

第三条【信息保存】

第三方电子商务平台经营者应当记录、保存平台上发布的商品和服务信息、交易记录信息。采取必要的技术手段确保原始数据的完整性、准确性。平台内经营者的营业执照或者个人真实身份信息记录保存时间自经营者在平台的登记注销之日起不少于两年，交易记录信息保存备份时间自交易完成之日起不少于两年。

第四条【电子商务经营者实名登记】

第三方电子商务平台经营者应当对申请进入平台销售商品或者提供服务的经营者姓名或名称、地址和有效联系方式等主体身份、行政许可信息等进行审查和登记，建立登记档案，并定期核实更新。

第五条【清除禁限商品和明显侵权的商品信息】

第三方电子商务平台经营者应当采取技术过滤和人工审查的方式，清除平台内法律、行政法规禁止交易的商品或禁止提供的服务以及明显侵权的信息，并按照国家有关规定上报主管部门。

第六条【通知与反通知】

已生效的判决、裁定、裁决等法律文书，由司法机关或行政机关送达第三方电子商务平台经营者。第三方电子商务平台经营者在收到上述法律文书后，应立即采取断开链接、删除侵权信息、商品下架以及关闭账号等处理措施。

---

① 电子商务经营者，是指除第三方电子商务平台经营者以外，通过互联网等电子信息网络销售商品和提供服务的自然人、法人或者其他组织。

第三方电子商务平台在接到权利人的投诉后，应及时告知被投诉的电子商务经营者。电子商务经营者未否认实施侵权的，平台应当将被投诉的商品信息采取断开链接、商品下架的方式进行处理；电子商务经营者提出反对意见，认为自己未侵权的，第三方电子商务平台应及时告知权利人向行政机关投诉、举报或向司法机关直接起诉。

第七条【对电子商务经营者的侵权行为所承担的责任】

电子商务经营者利用平台销售侵犯他人知识产权的商品，权利人可要求第三方电子商务平台提供电子商务经营者的真实名称、地址和有效联系方式。第三方电子商务平台经营者不能提供电子商务经营者的真实名称、地址和有效联系方式的，权利人可以请求第三方电子商务平台经营者承担损害赔偿责任。第三方电子商务平台经营者赔偿后，可以向电子商务经营者追偿。

第三方电子商务平台经营者明知电子商务经营者利用其平台销售侵犯知识产权的商品，或第三方电子商务平台未及时删除显而易见的侵权商品信息而给权利人造成损失的，第三方电子商务平台经营者与直接实施侵权行为的电子商务经营者承担连带责任。

对反复实施侵权行为的用户，第三方电子商务平台经营者应及时终止对其提供服务。权利人因第三方电子商务平台未采取上述措施而遭受的损失，第三方电子商务平台经营者与直接实施侵权行为的电子商务经营者承担连带责任。

第八条【风险分担】

第三方电子商务平台经营者不知道电子商务经营者实施侵权行为的，对权利人无法向直接侵权人求偿的损失，依照风险分担的可控制性规则、可预见规则、效率规则和经济能力规则，在第三方电子商务平台经营者和权利人之间进行公平分配。

（北京邮电大学互联网治理与法律研究中心课题组）

第四篇 电子商务市场准入与退出制度研究

第一章　电子商务市场准入及退出课题研究报告

一、电子商务市场准入及退出立法的指导思想和基本原则

我们认为，电子商务市场准入及退出制度立法应坚持和体现以下六个基本原则：

第一，降低交易成本，提高交易安全原则。即电子商务市场准入及退出立法应以降低交易成本、提高交易安全为制度设计的基本理念。

第二，适度监管原则。即对于电子商务市场的监管应当把握好“度”，既不过于放松，也不过分严格，而是根据电子商务市场监管工作的实际需要进行监管。

第三，分类监管原则。即根据电子商务主体的不同类型对其实施不同内容、不同程度的差异化监管。

第四，线上线下市场公平竞争原则。即维护电子商务市场主体与线下市场主体之间的公平竞争，实现网络经济与实体经济的均衡发展。

第五，鼓励创新原则。即鼓励电子商务主体在其经营内容、经营模式等领域进行创新，建立灵活、开放的电子商务市场准入及退出制度体系。

第六，社会共治原则。即通过行政管理机关之外的第三方主体，如第三方交易平台经营商、行业协会等实现对电子商务市场准入及退出的共同监督管理。

二、电子商务主体的类型划分问题

不同电子商务主体在经营条件、经营方式、经营范围以及监管难度上存在较大差异，这在一定程度上要求对不同的电子商务主体实施不同的准入和监管规则。因而，有必要对电子商务主体的类型进行科学合理的划分。

对于电子商务主体的分类，首先须明确的是，按照传统民事主体的分类方法将电子商务主体划分为自然人、独资企业、合伙企业、公司、其他非法人组织等类型并无特别意义。因为此种分类方式主要是确定主体的法律人格和法律责任，解决的是主体享有民事或商事权利以及对外承担民事责任的问题。而对于电子商务主体立法的任务而言，无论是独资企业、合伙，还是公司，只要其从事的是同种形式或内容的电子商务活动，就应达到该类主体应达到的法定条件，并且这种法定条件是相同的，其不因主体在传统形态上的不同而不同。

我们认为，对电子商务主体比较合理的分类方法是以主体的经营方式、经营内容以及在交易中的角色为标准。根据上述标准，电子商务主体可分为第三方交易平台经营商、平台内经营商、独立经营商、服务类辅助商、混合经营商等类型。上述分类的主要理由和根据在于，电子商务主体立法需要解决市场准入条件问题，而不同经营内容、经营方式以及有不同作用的电子商务主体在客观上需要具备不同的经营手段和经营条件，如第三方交易平台经营商所需经营条件和发挥的作用与平台内经营者当然完全不同，独立经营商与第三方交易平台经营商在经营手段和条件上也有很大差异，至于服务类辅助商，其特殊的经营内容和作用要

求其具备特别的经营条件。这些不同要求上升到立法层面，就体现为不同的市场准入条件和程序。因此，对主体立法而言，这样的分类是最具有法律调整价值和意义的划分。

三、电子商务市场的准入条件问题

我国现有的法律法规对电子商务市场准入条件的规定存在下列问题：第一，立法分散，层级较低，且部分规定存在冲突；第二，市场准入条件划分的标准不合理。现有立法大多以电子商务主体的性质为标准，对企业组织类电子商务主体与自然人电子商务主体设置不同的市场准入条件，这并不符合电子商务市场的特点以及监管的需要。

我们认为，电子商务市场准入条件的设计应注意以下几个方面：

第一，电子商务应向自然人全面开放。

目前立法规定，从事商事活动的主体应当为公司、企业以及其他非法人组织，而自然人必须以个体工商户等身份开展经营活动。但从实际分析，自然人的信用并不低于某些公司等组织。首先，实践中有一人有限公司，自然人在经营实力和责任能力方面并不低于这类法人组织。其次，随着新一轮公司注册资本登记制度改革的深入，除特殊情况外，公司法对设立公司的注册资本数额、出资形式、缴纳期限都不再作出限制性规定，此即意味着在多数情况下，公司信用并不当然优于自然人。而且，自然人对其经营活动承担无限连带责任，即便终止经营活动但债权人仍能追偿，以此观察，其信用水平甚至可以说高于承担有限责任的公司。所以，电子商务活动完全可以向自然人全面开放。

第二，对电子商务主体应具备的资金、人员、技术等条件不宜作具体规定。

电子商务发展迅速，新的交易形式和交易主体随时都会出现，立法若对准入条件中的资金、人员、技术、设备等方面作出具体规定，一段时间后可能会与现实需要不符。此外，根据线上、线下公平竞争的立法原则，也不应对主体的注册资本或资金有强制性要求。因此，电子商务市场准入立法中可以不对资金、人员、技术、设备等条件作具体要求，特别法中对从事特定活动电子商务主体的准入条件有特殊规定的，依照该特殊规定即可。

第三，总结电子商务主体市场准入的一般性条件，并结合电子商务主体的不同特点设置不同的准入条件。

所有的电子商务主体有其共同的特点，根据该特点可以总结归纳出电子商务主体市场准入的一般条件，如经营者应为自然人、依法设立的法人或其他组织；应取得独立的固定网址，并按照有关法律法规的规定办理 IP 地址备案等。而电子商务主体在其经营模式和经营内容等方面的差异决定了其市场准入条件存在不同，如第三方交易平台经营商需要管理其经营的网站和监督平台内经营商的经营活动，所以其应当建立完善的平台内交易规则、用户注册制度、安全保障制度，具备身份认证功能和电子签名等功能。

第四，通过申领和发放电子商务经营认证电子证书实现电子商务主体经营身份的统一认证。

在实践中，没有在工信部门办理许可和备案登记的电子商务网站广泛存在，导致政府主管部门，尤其是工商行政管理部门对此部分主体的监管需要投入大量的时间、金钱等成本。此外，大量平台内自然人经营者的主体身份信息由第三方交易平台经营商掌握而不是政府部门掌握，导致对于此部分电子商务主体的行政监管缺乏真实、可溯源、能担责的主体信息，进而导致在电子商务市场的源头上即存在准入及退出监管的缺失，而通过申领电子商务经营认证电子证书（以下简称“电子证书”）的程序，可以完善电子商务交易主体身份识别制度，建立统一的电子商务主体身份信息库，让政府部门对电子商务市场进行的监管有坚实的基础和有力的抓手。

四、电子商务市场的准入程序问题

我国现有的关于电子商务市场准入程序的法律规范非常少，并且该程序性规范大多与准入条件规范相混合，导致电子商务市场准入的程序规则不明确。我们认为，电子商务市场准入程序的设计应当注意以下几个方面：

第一，通过申领电子商务经营认证电子证书程序实现电子商务市场的准入。

首先，申领电子证书的程序简便，成本较低。该电子证书申领的总体要求为：平台内经营商的电子证书由第三方交易平台经营商负责申领；其他电子商务主体的电子证书则自己申领。申领电子证书的方式和途径与现行的申领工商网监电子标识的方式类似，即申领人在工商行政管理部门的官方网站在线提交其真实身份信息、营业执照信息以及网站名称、网站地址等涉网信息即可，申领的所有的过程均是在网上进行，不会给申领人带来高额的成本。

此外，电子证书的申领和核发不会给工商行政管理部门创设新的行政审批权力，也不会给申领人带来新的法律负担。工商行政管理部门在电子证书的颁发过程中对申领人提交信息的审核，并不是全面、深度的信息验证和核查，而只是对信息的表面真实性、一致性等进行判断，只要申领人按照申领电子证书的网络系统的要求完整提交有关信息，提交的信息不存在明显、重大错误或者矛盾之处，并且申领人提交的信息表明其符合本法规定的申领电子证书的条件，即可取得电子证书。因此，工商行政管理部门在电子证书的核发过程中并没有太大的自由裁量权力和空间。

第二，电子商务市场准入应实行“先照后证”程序。

对于需要取得前置许可的特殊行业，除涉及国家安全、公民生命财产安全外，主体可以先通过电子商务市场准入程序获得电子商务主体资格后再向有关部门申请许可，这并不违背市场准入制度理论。首先，从目前工商登记改革“先照后证”的趋势看，电子商务市场遵循该趋势并无不妥。国务院机构改革和职能转变方案第六条明确工商登记的程序由“先证后照”改为“先照后证”。其次，“先照后证”允许取得电子商务主体资格后再申请行政许可，降低了电子商务市场准入的门槛。再次，电子商务主体取得合法市场主体资格和地位的时间提前，为其先期发展争取了时间。例如主体取得资格后，在申请行政许可的同时就可以进行洽谈签约活动。最后，“先照后证”会在一定程度上强化政府相关主管部门事中及事后监管，“倒逼”行政审批部门继续清理和压缩现有前置审批事项，进一步深化社会管理体制改革。

五、电子商务市场退出问题

我们认为，电子商务市场退出是指电子商务主体从整个电子商务市场完全退出，而不是指从第三方交易平台的退出。虽然电子商务主体退出第三方交易平台也是市场退出的表现形式之一，但是因其保有市场主体资格并且随时有可能继续从事电子商务经营活动，所以这种退出并不具有彻底性和完全性，并不属于严格意义上的电子商务市场退出。

（一）电子商务市场退出的情形

电子商务市场退出存在主动退出和强制退出两种情形，主动退出是指电子商务主体因歇业等原因主动结束电子商务经营活动，强制退出是指电子商务主体不具备电子商务市场准入的条件或者其经营活动存在严重违法行为等情况下，被强制要求退出电子商务市场。强制退出的具体原因包括：法人、其他组织依法解散、被吊销营业执照或被撤销；电子商务主体不再符合法定的申领电子商务经营认证电子证书的条件；电子商务主体提交虚假信息、采取其他欺诈手段进行电子商务经营认证或伪造电子商务经营认证电子证书，情节严重的；电子商务主体在电子商务经营活动中销售的产品或提供的服务不符合法律、行政法规的规定，情节严重或造成严重后果的；电子商务主体以进行诈骗等非法经营活动为目的从事电子商务经营活动等。

（二）电子商务市场退出的程序

我们认为，电子商务主体因歇业等原因主动结束电子商务经营的，应当履行公告通知义务。这是因为电子商务是在虚拟环境中完成的要约承诺，但是发货的义务则需要卖方线下履行。根据消费者权益保护法等法律法规的要求，在自愿退出的情形下，电子商务主体应当将其终止电子商务经营事项提前通知交易相对人以及其他利害关系人，妥善处理好与已订立合同的买方的关系，同时保障潜在交易相对人的知情权。同样，第三方交易平台经营商自愿退出时也应当履行公告通知义务，给平台内经营商合理的清场时间，并对平台内经营商之间以及平台内经营商与消费者之间的纠纷予以处理，从而将损失减少到最低。

此外，应在电子商务市场退出机制中建立电子商务主体的清算制度。首先必须要明确的是，并不是所有的经营者退出电子商务市场都要进行清算程序。只有当经营者因特定原因丧失线下市场经营主体资格时，才须将电子商务经营活动中产生的债权债务一并纳入到清算程序中解决。对于仅终止电子商务经营而继续从事线下经营活动的主体，则不必强制要求其履行清算程序，而只要对其电子商务经营活动中的债权债务进行了结即可。此外，考虑到自然人的经营规模较小、清算成本较高等情况，对于终止电子商务经营的自然人，也不必强制要求其进行清算，而仅要求其了结债权债务即可依法退出电子商务市场。鉴于自然人经营者在电子商务主体中数量庞大，如果精简程序，可以在一定程度上增强其主动退出的积极性。

六、电子商务主体的信息公示问题

为了保障电子商务市场的公平竞争，促进电子商务主体诚信自律，强化对电子商务主体的信用约束，维护电子商务市场的交易安全和交易秩序，有必要对电子商务主体进行信息公示。

电子商务主体的信息公示与传统线下市场主体的信息公示既存在差别，又存在紧密联系。电子商务主体的信息公示，既包括在主体经营界面的公示，又包括在特定平台的统一公示。在主体经营界面的公示，是指电子商务主体应当在其网站首页或者从事经营活动的主界面醒目位置公开其电子商务经营认证电子证书。因为电子证书中含有电子商务主体的营业执照信息或身份信息、网店名称和 IP 地址等信息，只要将电子证书予以公示，就实现了对电子商务主体经营信息较为全面的公示。在特定平台的公示，是指电子商务主体的信息通过特定的公示平台进行公示。由于电子商务经营主体与传统线下市场经营主体在范围上存在一定的重合性，故从事电子商务经营活动企业的相关信息可以通过已有的企业信用信息公示系统进行公示。而对于自然人电子商务主体的信息，则需要通过一定方式在特定的公示平台中予以公示。

此外，根据“社会共治”的基本原则，第三方交易平台经营商对于其平台内经营商具有一定的监督和管理职能，其对平台内经营商实施的关闭店铺、公示警告、查封账户等处罚信息能够反映平台内经营商的真实经营情况，故上述信息也应予以公示。

七、电子商务市场的准入及退出监管问题

根据《国家工商行政管理总局主要职责内设机构和人员编制规定》和《网络交易管理办法》的相关规定，电子商务市场准入及退出监管的主管机关是工商行政管理部门。并且，为了提高监管效率，对电子商务市场准入及退出的监管原则上应由电子商务主体所在地的工商行政管理部门负责。但对于平台内经营商而言，其进入电子商务市场是通过进入第三方交易平台实现的，因而应由第三方交易平台经营商所在地的工商行政管理部门负责对其市场准入监管。此外，在平台内经营商因提交虚假信息、伪造电子商务经营认证电子证书而退出电子商务市场等情形下，第三方交易平台经营商所在地的工商行政管理部门也可以对平台内经营商的市场退出进行监管。

电子商务市场准入及退出的监管，可以依托电子商务主体的信息公示平台，通过网络巡查等手段进行。为了强化监管措施的实施作用和实施效果，有必要引入“黑名单”机制，对于违法情节较轻，尚未达到必须强制退出市场情形的电子商务主体，可以将其纳入“黑名单”。对存在严重违法违规行为的电子商务主体，则应撤销其电子商务经营认证电子证书，强制其退出电子商务市场，以维护电子商务市场的交易秩序和交易安全，保障消费者的合法权益。

立法建议稿

第　条【电子商务主体的概念】

本法所称电子商务主体，是指在中华人民共和国境内通过互联网从事商品、服务和知识产权交易或提供相关辅助服务的自然人、法人和其他组织。包括第三方交易平台经营商、平台内经营商、独立经营商、服务类辅助商、混合经营商等类型。

第三方交易平台经营商，是指从事第三方交易平台运营并为交易双方提供服务的自然人、法人和其他组织。第三方交易平台，是指在电子商务经营活动中为交易双方或多方提供交易撮合及相关服务的信息网络系统。

平台内经营商，是指在第三方交易平台上从事商品、服务和知识产权交易活动的自然人、法人和其他组织。

独立经营商，是指拥有独立的信息网络系统，不借助第三方交易平台从事商品、服务和知识产权交易活动的自然人、法人和其他组织。

服务类辅助商，是指为网络交易双方提供配套的身份认证、信用评估、广告发布、网络营销、网上支付、物流配送、交易保险等辅助服务的自然人、法人和其他组织。

混合经营商，是指从事上述两类或两类以上电子商务经营活动的自然人、法人和其他组织。

第二条【电子商务主体的经营认证】

经营者从事电子商务经营活动，应当依法向工商行政管理部门申领电子商务经营认证电子证书。

第三条【电子商务市场准入的一般条件】

经营者申领电子商务经营认证电子证书，应当具备下列条件：

（一）经营者应为自然人、依法设立的法人或其他组织；

（二）具备与其经营规模和业务范围相适应的资金、技术、人员和设备条件；

（三）取得独立的固定网址，并按照有关法律法规的规定办理 IP 地址备案。

法律、行政法规对从事特定行业或采取特定经营模式的电子商务主体的准入条件另有特别规定的，应符合其规定。

第四条【电子商务主体市场准入的特殊条件】

第三方交易平台经营商除具备第三条规定的条件外，还应当具备下列条件：

（一）拥有完善的平台内交易规则和用户注册、安全保障等制度；

（二）具备安全的在线支付、身份认证和电子签名功能。

平台内经营商除具备第三条规定的条件外，还应当具备下列条件：

（一）已向第三方交易平台经营商提交其真实身份信息或营业执照信息，并经认证；

（二）拥有完善的订单履约、订单追踪、信用评价、三包服务和相关售后服务等制度。

独立经营商除具备第三条规定的条件外，还应当具备本条第一款第（二）项和第二款第（二）项规定的条件。

服务类辅助商除具备第三条规定的条件外，还应当符合法律、行政法规对该类电子商务经营活动准入条件的特殊规定。

混合经营商应同时具备以上条款规定的相应电子商务经营活动所要求的市场准入条件。

第五条【电子商务市场准入的先照后证程序】

须经行政许可的电子商务经营活动，应先申领电子商务经营认证电子证书，取得有关行政许可后，方可开展电子商务经营活动。

第六条【经营者申领电子商务经营认证电子证书的程序】

已经办理工商注册登记的经营者从事非平台内电子商务经营活动的，应通过互联网将其营业执照信息、特殊业务许可证信息以及网站名称、域名地址等涉网信息在线提交工商行政管理部门，申领电子商务经营认证电子证书。

经营者从事平台内电子商务经营活动的，应由第三方交易平台经营商通过互联网将自然人经认证的姓名、地址、有效身份证明、有效联系方式等真实身份信息或法人、其他组织的营业执照信息、特殊业务许可证信息和网店名称、链接地址等涉网信息在线提交工商行政管理部门，申领电子商务经营认证电子证书。

第七条【电子商务经营认证电子证书】

工商行政管理部门负责电子商务主体的经营认证，对符合本法规定的经营认证条件和程序的经营者依法颁发电子商务经营认证电子证书。

第八条【第三方交易平台的准入条件和程序】

第三方交易平台经营商与平台内经营商对进入第三方交易平台从事电子商务经营活动的条件和程序有约定的，应遵守该约定。该约定的条件不能低于第三条和第四条的规定。

第九条【电子商务主体的信息公示】

电子商务主体应当在其网站首页或者从事经营活动的主界面醒目位置公开其电子商务经营认证电子证书。

第三方交易平台经营商应当公示其对平台内经营商实施的关闭店铺、公示警告、查封账户等处罚信息。

工商行政管理部门以及其他政府管理部门应当公示其在履行职责过程中产生的电子商务主体的相关信息。

第十条【电子商务主体的强制退出】

有下列情形之一的，撤销电子商务主体的经营认证电子证书，取消其电子商务主体资格：

（一）不再符合本法规定的申领电子商务经营认证电子证书的条件；

（二）法人、其他组织依法解散、被吊销营业执照或被撤销；

（三）提交虚假信息、采取其他欺诈手段进行电子商务经营认证或伪造电子商务经营认证电子证书，情节严重的；

（四）在电子商务经营活动中销售的产品或提供的服务不符合法律、行政法规的规定，情节严重或造成严重后果的；

（五）在电子商务经营活动中对销售的产品或提供的服务进行虚假宣传，情节严重或造成严重后果的；

（六）以进行诈骗等非法经营活动为目的从事电子商务经营活动的；

（七）依法应当撤销电子商务经营认证电子证书的其他情形。

经营者被撤销电子商务经营认证电子证书的，五年内不得再从事电子商务经营活动。

第十一条【电子商务主体的主动退出】

电子商务主体因歇业等原因退出电子商务市场的，应当对其从事电子商务经营活动中形成的债权债务进行了结。

第十二条【电子商务主体主动退出前的通知公告义务】

第三方交易平台经营商拟终止提供第三方交易平台服务的，应至少提前三个月在其网站首页醒目位置予以公示并通知相关经营者和消费者，妥善处理平台内经营商之间、平台内经营商与消费者之间的纠纷，采取必要措施保障消费者和有关经营者的合法权益。

其他电子商务主体拟终止电子商务经营活动的，应至少提前两个月在其网站首页或者从事经营活动的主界面醒目位置予以公示。

第十三条【平台内经营商退出第三方交易平台】

第三方交易平台经营商与平台内经营商对退出第三方交易平台的情形和程序有约定的，应当遵守该约定。

第十四条【电子商务主体的清算和债权债务了结】

电子商务主体因第十条第一款第（二）项的规定退出电子商务市场的，应将其从事电子商务经营活动中形成的债权债务纳入清算程序；因其他原因退出电子商务市场的，可以不进行清算，但应当对其从事电子商务经营活动过程中形成的债权债务进行了结。

第十五条【经营者违法申领电子商务经营认证电子证书的责任】

违反本法的规定，提交虚假信息或者采取其他欺诈手段申领电子商务经营认证电子证书的，或者伪造电子商务经营认证电子证书的，由工商行政管理部门予以警告并责令改正，拒不改正的，处以一万元以下的罚款；情节严重的，依照第十条第一款第三项的规定撤销其电子商务经营认证电子证书。

第三方交易平台经营商为不符合第三条和第四条第二款规定条件的经营者申领电子商务经营认证电子证书，或者对符合该条规定的经营者不予申领电子商务经营认证电子证书的，由工商行政管理部门予以警告，责令改正，拒不改正的，处以一万元以上三万元以下的罚款。

第十六条【电子商务市场准入及退出的监管】

国家工商行政管理总局应建立电子商务主体信用信息公示平台，构建电子商务主体黑名单，并向社会公示。

县级以上工商行政管理部门应建立网络巡查制度，对于经营者在电子商务经营活动中的下列行为，情节较轻的，予以警告并责令改正；拒不改正或情节较重的，按照相关法律、行政法规的规定实施罚款、没收违法所得等行政处罚措施，并将其纳入电子商务主体黑名单；情节严重或造成严重后果的，依照第十条第一款的规定撤销其电子商务经营认证电子证书：

（一）销售的产品或提供的服务不符合法律、行政法规的规定；

（二）对销售的产品或提供的服务进行虚假宣传；

（三）法律、行政法规规定的其他违法经营行为。

（国家工商行政管理总局课题组）

第二章　电子商务市场准入与退出制度研究

一、对电子市场准入与退出制度的认识

电子商务市场主体，是指从事电子商务交易活动的主体，包括电子商务市场的当事人和参与者，具体指在电子商务市场中享受权利和承担义务的法人、自然人和其他组织。电子商务的市场准入制度可理解为政府或授权机构规定电子商务交易的当事人或参与者进入电子商务市场从事商品和服务的经营活动所必须满足的条件、程序和必须遵守的制度与规范的总称；从类别上，电子商务市场准入制度可分为主体性准入、行业性准入、安全性准入、跨境电子商务市场准入四个方面。电子商务的市场退出制度包括民事程序退出、行政决定退出和司法程序决定退出三个方向的退出制度。

二、我国电子商务市场准入及退出制度的现状

我国电子商务的相关法律规范中尚未有针对电子商务市场主体准入与退出制度的专门规定。通过梳理我国电子商务相关法律规范的历史沿革与法律渊源，结合电子商务市场主体性准入、行业性准入、安全性准入、跨境电子商务市场准入以及退出制度的框架分析，发现我国电子商务市场准入与退出制度存在以下主要问题：

第一，制度尚不完善。主要表现在欠缺电子商务市场主体相关制度，不能通过线下主体有效确定电子商务线上责任主体；对电子商务领域的特定类型准入与规范未作规定。

第二，立法较为分散。涉及电子商务行业管理的各主管部门基本上都发布了行业性准入的条件和程序的部门规章、行政法规，立法分散和庞杂。

第三，地方法规关于电子商务市场准入门槛的设定存在差异性。现阶段，就电子商务市场准入门槛高低、宽严方面，各地方仍存在一定的差异性，不利于构建适合我国电子商务市场发展需要的统一的市场准入法律制度体系。

第四，职能缺位与职能错位。市场准入与退出尚未形成明确的职能归口，各部门实施政府职能却未能体现对应的监管效应，缺乏事中事后监管。

三、部分省市电子商务市场准入及退出制度的实践与探索

将成都、深圳、北京、重庆、浙江等地区在电子商务市场准入与退出制度方面的实践进行归纳、分析，提炼出可吸纳的制度安排：第一，创新登记注册模式，降低准入门槛。主要做法集中在创新住所登记制度，允许“一址多照”和“一照多址”；取消部分前置审批的项目，实行“先照后证”；允许登记个性化企业名称；放宽经营范围核准政策。第二，推行“网上亮照”及“电子链接标识”。鼓励市场主体对开设的网站办理电子执照（工商行政管理电子图标），开展“网上亮照”；在开设的网站或网页醒目位置公开营业执照登载的信息或“网络工商电子执照”的链接标识。第三，建立电子商务主体信息数据库。在电子商务

市场准入的监管中，各地将电子商务主体登记注册的信息建立数据库进行归档收集，信息数据库中信息均经各地工商部门登记注册，真实性、合法性具有保证，尽量避免了线上线下主体不一致现象。

四、国际发达地区电子商务准入退出制度的状况与启示

通过对美国、欧盟、日本、新加坡等国外相关电子商务准入与退出制度方面的先进做法，提炼出可借鉴的制度安排：一是均采用行业性准入制度。普遍做法是：对于医药、医疗器械、食品等重要行业需要行业主管部门进行许可；对于特定行业的市场准入，采用行业准入许可制度，对准入进行管制，特别是医药等关系到人身健康的行业，各国对其管制更为严格。二是电子商务第三方平台对站内经营者具有审核义务。要求电子商务第三方平台对站内经营者采用实质审查义务。但是，对企业性站内经营者审核重点在于法人资格准入，并不对其行业性准入资格进行审核。三是退出制度的重点是税费的清算。电子商务市场退出制度重点在于对于退出企业的税务征收、清算债务及人员工资等项目。

立法建议稿

第一章 总　　则

第一条【立法目的】为规范电子商务活动，保障交易相关方合法权益，促进电子商务发展，维护公平开放、竞争有序的电子商务市场，制定本法。

第二条【法律适用与管辖】自然人、法人及其他组织在中华人民共和国境内从事电子商务活动，包括电子商务活动的发生地、行为地或者结果地在中国境内的，应遵守中华人民共和国法律规定。从事跨境电子商务活动，并应遵守中华人民共和国所缔结的国际条约和公约的规定。

第三条【调整对象】本法所称电子商务活动，是指基于互联网技术或网络通信手段进行货物或服务交易，以及提供相关服务的活动。

本法所称的货物或服务交易，是指以货物或服务为内容的经营行为，包括买卖交易、提供服务等行为。

本法所称的相关服务，是指为电子商务货物或服务交易提供第三方交易平台、宣传推广、信用评价、支付结算、物流、快递、网络接入、服务器托管、虚拟空间租用、网站网页设计制作等服务。

第四条【立法原则】在我国境内从事电子商务活动，不得损害国家主权和国家安全，遵循公平、诚实信用原则，遵守社会公序良俗。

第五条【自由与监管】国家依法保障电子商务活动，并依法行使监督管理。

第六条【政策】国家将电子商务产业发展纳入国民经济和社会发展规划和国民经济统计体系，制定相关产业政策，促进电子商务市场繁荣，鼓励支持开展涉及社会公共利益包括非营利性、社会公益性的电子商务活动。

第七条【立法授权与限制】省、自治区、直辖市人民政府应当根据当地电子商务产业发展实际情况制定相关产业政策和地方性立法。县级以上地方人民政府应当将本行政区域内的电子商务产业发展纳入当地国民经济和社会发展规划，根据实际情况制定相关产业政策。

第八条【防止地方保护】地方制定产业政策和立法，不得排除、限制市场竞争，不得对本区域之外的电子商务市场主体进入本区域从事电子商务活动进行限制，不得形成区域内或区域外经营者之间的不平等待遇。

第九条【行业协会与配套体系】鼓励支持成立行业协会，建立市场公约，完善电子商务市场信用体系，推动电子商务规范发展。

第二章　电子商务市场准入

第一节　一般规定

第十条【市场主体】自然人、法人和其他组织依法从事电子商务活动，属于法律、国务院行政法规规定应当取得行政许可的，经营者应当依法取得有关许可。

第十一条【自然人经营者市场准入】自然人经营者是指具有完全民事权利能力和完全民事行为能力，从事电子商务经营活动的自然人。

自然人经营者应当通过第三方交易平台开展经营活动，并向第三方交易平台提交其姓名、地址、有效身份证明、有效联系方式、经营范围等真实身份信息和经营信息。自然人不通过第三方交易平台从事电子商务经营活动，而选择通过自建网站、微信、微博等网络社交媒体、自媒体、二维码、APP软件等方式开展电子商务活动的，应依法办理工商登记取得个体工商户或企业法人营业执照，并将电子商务经营信息向工商局备案。国家在适当时机建立实名登记制度，自然人经实名登记即可开展前款规定的电子商务经营活动。

第十二条【法人市场准入】经工商行政管理部门登记注册的企业法人，可以依法参与电子商务活动。第三方交易平台、支付结算机构、物流、快递、网络接入等有关服务的经营者应当是经工商行政管理部门登记注册并领取营业执照的企业法人。已经在工商行政管理部门登记注册并领取营业执照的法人、其他经济组织或者个体工商户，从事网络商品交易及有关服务的，应当在其网站首页或者从事经营活动的主页面醒目位置公开营业执照登载的信息或者其营业执照的电子链接标识，并在全国企业信息系统进行公示。

第十三条【其他组织市场准入】自然人、企业法人外的其他组织，可以依据本法的规定，参与电子商务活动。在参与电子商务活动前，向其住所地工商行政管理部门办理电子商务经营备案手续，备案登记内容参照企业法人电子商务经营工商备案内容，并在交易网页进行公示和提供电子识别链接。

非营利性的法人、事业单位法人、社会团体法人和其他组织从事电子商务活动，应在交易页面进行非经营性组织的相关信息公示。

第十四条【经营信息工商备案】经营者需按照工商行政管理部门的相关规定办理电子商务经营信息备案登记。

第十五条【基础电信与互联网信息服务准入】国家对经营性电子商务互联网信息服务实行许可制度，对非经营性电子商务互联网信息服务实行备案制度。未取得许可或者未履行备案手续的，不得从事互联网信息服务。

第十六条【跨境电子商务】根据我国法律法规规定，按照我国参加的国际公约、国际条约的规定，遵循对等原则，向其他国家或地区开放跨境电子商务经营。跨境电子商务活动经营者，应遵守我国法律、行政法规、部门规章规定的跨境电子商务准入条件和程序，通过国家安全审查和反垄断审查。

第二节　具体类型电子商务活动经营者的特别规定

第十七条【第三方交易平台经营者的准入】第三方交易平台的经营者应当是经工商行政管理部门登记注册并领取营业执照的企业法人。

前款所称第三方交易平台，是指在电子商务活动中为交易双方或者多方提供网页空间、虚拟经营场所、交易规则、交易撮合、信息发布等服务，供交易双方或者多方独立开展交易活动的信息技术系统。

第十八条【第三方交易平台经营者的责任】第三方交易平台经营者有义务审核站内经营者提交的与主体资格相关的信息，并在经营页面显著位置对站内经营者信息进行直接电子标识，公示站内经营者信息。开展电子商务活动的经营后果和法律责任由站内经营者自行承担。

第三方交易平台经营者未审核并公示站内经营者信息，或者审核、公示信息存在造假、明显错误的，第三方交易平台经营者就站内经营者开展的电子商务活动产生的法律责任和后果承担连带责任。

第三章　电子商务市场退出

第十九条【准入退出监督管理职能部门】县级以上工商行政管理部门负责对经营者从事电子商务活动的准入与退出进行监督管理。其他行政主管部门对经营者从事电子商务活动进行行业监督管理。

第二十条【民事程序自动退出】自然人、法人、其他组织丧失部分或全部民事行为能力，应当终止电子商务活动。

第二十一条【行政程序决定退出】从事电子商务活动的自然人、法人、其他组织，不再具备从事电子商务活动的行政许可条件，应自动终止电子商务活动。依照我国法律，行政主管部门有权作出暂停或终止电子商务活动的行政行为。

第二十二条【司法程序导致退出】人民法院判决确定相关自然人、法人、其他组织不得从事电子商务活动，或者丧失电子商务经营主体资格或行为能力的自然人、法人、其他组织，不得从事电子商务活动。

第二十三条【终止电子商务活动的信息公示】自然人、法人、其他组织终止电子商务活动，应向工商行政管理部门办理备案登记，对电子商务活动终止起始日期进行公示；并在其网站、经营活动网页显著位置作出终止经营的明确提示。

网站、网页无是否开展、终止电子商务活动公示信息，或者实际情况与公示信息不符的，各行业行政主管部门可以通过关闭网站、通知通信主管部门关闭网站、通知互联网信息服务提供方终止服务等方式，终止其从事电子商务活动。

（成都市发展和改革委员会课题组）

第五篇 数据电文与电子合同研究

第一章　数据电文及电子合同研究

在传统法律环境下，数据电文及电子合同的应用受到阻碍和约束。借鉴国外规定，我国合同法、电子签名法确认了数据电文及电子合同的法律效力，为促进数据电文及电子合同在电子商务等领域的应用奠定了法律基础。但当前，数据电文及电子合同应用还面临着立法规定不够明确具体的问题，有必要在电子商务立法中对电子合同成立、生效、格式条款、第三方服务等进行规定，以促进电子合同的广泛应用，及电子签名认证、电子合同订立等服务发展。

一、数据电文及电子合同概述

数据电文一般指电子通信手段生成的各种信息。1996 年联合国国际贸易委员会通过电子商务示范法，对数据电文进行了明确界定。我国电子签名法将数据电文定义为："数据电文是以电子、光学、磁或者类似手段生成、发送、接受或者储存的信息。"数据电文具有三个显著特征：生成、储存或传输手段多样化；数据电文本质上是各种形式的信息，涵盖范围广泛；数据电文通常以数字信号方式存在，多以电磁形式存储，容易遭受伪造、修改、删除而不留痕迹。

目前各国立法还没有提出"电子合同"的概念，但根据联合国电子商务示范法及一些国家的电子商务法，以数据电文形式订立的合同可以称为电子合同。结合合同法的相关规定，我国商务部在《电子合同在线订立流程规范》中对电子合同作了如下界定："电子合同是平等主体的自然人、法人、其他组织之间以数据电文为载体，并利用电子通信手段设立、变更、终止民事权利义务关系的协议。"与传统合同相比，电子合同具有交易主体虚拟化、广泛化，订立过程和意思表示电子化等特征。

从上述界定看，数据电文和电子合同具有如下关系：一方面，电子合同以数据电文形式来确认当事人身份、表达当事人意愿、表明当事人对合同内容的认可，数据电文的真实和自愿是电子合同成立的有效条件之一；另一方面，并非所有数据电文都是电子合同，只有当事人旨在设立、变更、终止民事权利义务关系的数据电文才是电子合同。

关于数据电文及电子合同的法律地位问题，联合国电子商务示范法对电子商务的形式、法律承认、书面形式要求、签名、原件、数据电文的可接受性和证据力等重要问题作了明确规定。在此基础上，美国、欧盟等国、韩国、新加坡、澳大利亚等均通过电子商务法等法律明确了数据电文和电子合同的形式及法律效力。

二、我国电子合同应用现状

（一）电子合同在旅游、保险等领域得到应用

旅游行业电子合同的应用不仅方便了旅行社业务管理，节约纸张等成本，提高工作效

率，还有助于旅游局开展监管工作，增强管理职能，保障消费者权益。上海市旅游局于2012年推出旅游质量管理系统，以电子版的旅游合同为核心，覆盖旅游合同的网上签署、修改审核、上传备案、统计分析、监督管理的全套流程，实现旅游合同综合管理备案、行业行政监管、游客查询监督等多种功能。沈阳市旅游局2012年开发并投入使用“沈阳市旅游局监督监管系统”，通过使用互联网技术，实现电子版旅游合同的使用和备案管理。

保险行业电子合同的应用不仅使投保过程高效、便捷，让消费者享受足不出户、7×24小时不间断的服务，还大大节省了纸质印刷和投送成本。同时，借助第三方电子认证服务机构对电子保单进行签名和认证，确保了电子保单的可信性和有效性，并防止客户隐私信息的泄露。电子保单首先应用于网上销售的保单之中，最初以条款简单易懂的标准化个人产品为主，如旅游意外险、家财险等，后来逐步在车险等更多险种中应用电子保单，而且不局限于销售环节，还被应用于保单批改、理赔等环节。

企业供应链管理中电子合同的应用可以简化繁琐的合同订立程序，缩短合同签订周期，解决企业纸质合同堆积如山的难题，商业效率大为提高。2004年8月，顺天府超市与供应商联合利华签署了我国首份企业电子合同，该模式逐渐在所有供货商中获得推广使用。联想2003年着手建设可信电子合同处理系统，并引入了合法的第三方电子认证服务机构为登录该系统的供应商和经销商颁发数字证书，每个合同的平均生效时间由18个小时缩短为几分钟，联想一年可节省超过百万元费用。

（二）电子合同安全保障技术和服务快速发展

基于PKI技术的电子认证服务获得广泛应用。PKI是主流的电子合同安全保障技术。PKI体系的核心是数字证书和第三方电子认证服务机构（CA机构），通过对数字证书持有人真实身份进行鉴证，并采用公钥加密、私钥解密的方式，可以保证只有特定相关方才能解密和读取相关合同内容，对数据电文和电子签名的任何改变都能够被发现，电子签名人对自己的签名无法抵赖等。当前我国PKI体系建设取得显著成效，全国已有36家第三方CA机构，数字证书广泛应用于电子政务、电子商务等领域。在应用PKI技术的基础上，一些机构和企业还将可视化的印章图像直接添加到电子合同上，提供和实体印章同样的直观视觉表现，并提供基于数字证书的安全保证。

基于生物识别的技术开始应用于身份认证、电子签名领域。生物识别技术通过将人的生物特征进行数字化采集存储并留作将来匹配比较进行身份认证。当前应用较广的生物特征主要包括指纹、虹膜、声纹等。在实际的应用中，生物识别技术往往和数据加密技术混合使用，以提高安全性。例如，对电子合同签署人的身份认证，可以采用生物识别和非对称密码技术相结合的双重认证。目前，基于生物识别的身份认证技术应用非常广泛，例如在门禁、考勤、金融等领域，指纹识别、虹膜识别等应用十分普遍。

（三）第三方电子合同订立等服务逐步兴起

政府试点推动电子合同第三方服务平台建设。工业和信息化部将“可靠电子签名与数据电文应用试点工程”作为“十二五”期间两项重大工程之一。2012年，在工业和信息化部的指导和支持下，江苏和重庆两地启动实施了“电子缔约安全”试点项目，目的是建设电子缔约安全保障服务平台，引入数字证书保障电子合同安全，探索建立电子合同支撑体系。试点承担企业开发出可信电子合同第三方应用服务和安全保障平台，推出了网上电子合同缔结系统，可提供电子合同的签署、保存、验真等服务。一些公司还制定了可靠电子合同技术规范，并积极推动该规范升级为国家标准。

基于试点成果的电子合同订立服务快速发展。江苏买卖网电子商务有限公司推出的“中国云签”第三方电子合同订立服务平台，提供电子合同的签署、管理、验真等多种服务，目前平台上各类企业已超过 1000 家，涵盖金融、电商、旅游、生产制造、公共服务等领域，符合标准规范的电子合同已达数万份。北京淦蓝科技发展有限公司推出“电子缔约安全保障平台”，提供基于“云”的电子合同签署、管理、共享等服务，公司还研发了 Signow 掌上签服务，采用基于硬件的数字证书，使用户可以在移动终端上随时随地签署合同。

电子商务调解等配套服务逐渐成长。2012 年年底，国内首家电子商务调解中心——中国贸促会/中国国际商会电子信息行业分会电子商务调解中心正式成立，可以为电子商务纠纷提供线上和线下的第三方调解服务。2013 年，电子商务调解中心制定了《中国贸促会/中国国际商会电子信息行业分会电子商务调解中心调解规则》，明确了调解中心电子商务调解的申请与受理、调解员的选定、调解方式等调解程序和相关方的权责。目前，一些电子合同第三方支撑平台已经与电子商务调解平台实现了对接，当发生电子合同纠纷时，相关方可以直接转到电子商务调解平台进行调解。

三、我国电子合同应用中的主要法律问题

（一）电子合同的法律效力问题

与国外立法一致，我国合同法、电子签名法明确界定数据电文，并确认以数据电文订立的合同与传统的书面合同具有同等的法律效力。电子签名法还明确数据电文符合法定书面形式要求，规定“能够有形地表现所载内容、并可以随时调取查用的数据电文，视为符合法律、法规要求的书面形式”。

（二）电子合同的成立问题

由于电子合同采用电子通信手段订立，意思表示的发出与接收几乎同时完成，因此在意思表示的撤回、合同成立时间和地点等方面有区别于传统纸质合同的特殊性。我国合同法、电子签名法对电子合同成立时间和地点等已作了规定，在发送和接收时间上均采取“到达主义”，但是法律对于一种情形下的接收时间还欠缺考虑，即收件人指定特定系统接收数据电文，但数据电文实际上到达收件人指定之外的系统，需要尽快完善立法予以明确。此外，由于技术上意思表示的撤回无法实现，因此学术界主张法律对电子合同的要约和承诺予以明确规定。

（三）电子合同的生效问题

电子合同采用电子通信手段订立，在订立主体、意思表示等方面存在一些特殊情形，现有法律对以下几类情形下合同的效力还没有明确。一是非完全民事行为能力人订立电子合同的效力有待明确。当前我国网民呈现低龄化趋势，对于非完全民事行为能力人订立电子合同的效力，学术界历来争议颇多。其他国家和地区多数在适用传统民事行为能力规定的同时，对一些特殊情形下电子合同效力予以认可。我国对此还未明确。二是电子代理人订立合同的效力有待明确。在电子商务中，使用电子信息系统订立合同的现象较为常见。这种能独立地发出和回应电子记录的计算机程序、电子或其他自动化的手段被称为“电子代理人”。对于电子代理人是否可以代表当事人订立合同、当事人亲自订立合同与电子代理人订立合同是否存在区别、电子代理人出错的责任由谁来承担等，法律

应当作出明确的规定。三是电子错误情形下订立合同的效力有待明确。在电子合同订立过程中，电子错误在所难免。目前国内对电子错误有狭义和广义理解之分。狭义的电子错误是指计算机处理系统所产生的错误，美国统一计算机信息交易法、加拿大统一电子商务法等都对此作了规定；广义的电子错误在狭义电子错误的基础上，又将消费者认识错误等传统合同订立过程中因重大误解、显失公平等原因造成的错误囊括在内。对于电子错误该如何理解、电子错误发生情况下电子合同的效力等问题，我国还没有涉及，存在空白。

（四）电子合同中的格式条款问题

格式条款在电子商务中有较广泛的应用，现有合同法中已对格式条款的定义、条件、解释、免责条款等作了规定，这些对电子合同同样适用。但是，在电子商务中多采用“要么接受格式条款、要么拒绝使用服务”的模式，因此对电子合同中的格式条款应作出更严格的规定。

（五）电子合同相关服务发展问题

电子合同应用需要有电子签名认证、电子合同订立、电子合同调解等第三方服务做支撑。目前我国电子签名法确认了电子签名的法律效力，并明确由依法设立的电子认证服务提供者提供电子签名认证服务。但是，对于经认证的电子签名是否是可靠电子签名、经认证签名的电子合同是否符合法律的书面和原件等要求，都没有明确规定。同时，对于近年来兴起的电子合同订立服务等在法律上也没有规定，阻碍了这些服务的发展和应用。

四、对我国电子合同立法的相关建议

（一）完善对电子合同成立时间的规定

借鉴联合国电子商务示范法，在现有合同法、电子签名法基础上，对“收件人指定特定系统接收数据电文、但数据电文实际上到达收件人指定之外的系统”情形下电子合同的成立时间予以明确。

（二）明确规定电子合同不可撤回

鉴于电子合同意思表示的发出和接收几乎是同时发生，在技术上无法实现意思表示的撤回，因此可在法律中明确：电子合同的要约和承诺不可以撤回。

（三）明确未成年人订立电子合同的效力

一般情况下，非完全民事行为能力人订立电子合同的效力适用合同法规定。但是，若电子商务经营者或电子商务网站在设计交易网页时已根据交易的重要及复杂程度、标的数额、交易风险等因素设计了阻止未成年人参与电子交易的必要障碍，而若提供其法定代理人或其他相关人的姓名、身份证号码、信用卡号码、送货地址等信息，使交易相对方相信其为完全民事行为能力人或已得到法定代理人允许的，其法律行为有效。

（四）明确电子代理人订立合同的效力

电子代理人虽然没有任何意识，仅仅是执行当事人的意愿，但是在无相反证据证明的情况下，电子代理人订立的合同应当视为有效，对当事人具有约束力，由此产生的法律后果应当由当事人承担。这样既确保了电子合同的效率也兼顾了公平价值。

（五）明确电子错误情形下电子合同的效力

建议我国电子商务立法也采用狭义理解，对当事人采用电子信息系统订立合同的，一方因信息系统缺陷作出错误意思表示，而信息系统未能提供预防或纠正错误的机会，且一方在知悉该错误后，立即向另一方当事人通知此项错误，并采取合理措施保证自己不使用另一方提供的服务的，该合同可以撤销。

（六）对电子合同格式条款作出明确严格的限制

本着促进电子商务发展并兼顾公平的原则，在合同法确定的基本原则框架内，针对电子合同格式条款中一些损害消费者权益的行为作出明确严格的限制。

建议作如下规定：采用格式条款订立电子合同的，格式条款内容应当清楚明白，提供格式条款的一方应当以合理的方式提请对方注意免除或者限制其责任的条款。合同相对人要求对格式条款进行解释的，提供格式条款的一方应当说明条款针对的事项、免责的范围、对权利义务的影响等，提供方违反上述义务的，该格式条款无效，给相对方造成损失的，应当承担赔偿责任。提供格式条款一方免除其责任、加重对方责任、排除对方主要权利、对格式条款进行任意解释的，该条款无效。在发生纠纷时，应当由提供格式条款一方证明其以合理方式提请合同相对方注意了格式条款，合同相对方是否可以以合理方式了解条款内容，以及是否对条款做了必要说明。

（七）明确经认证的电子签名的法律效力

电子签名认证服务虽然应用广泛，但是对经认证的电子签名、使用经认证电子签名订立合同的法律效力还没有明确的规定，导致社会各界不敢用电子签名和电子合同。为促进电子商务发展，建议采用推定原则对经认证的电子签名、使用经认证电子签名订立的合同的法律效力予以明确：电子签名由依法设立的机构提供认证服务的，经认证的电子签名视为满足电子签名法第十三条规定的可靠电子签名，但有相反证据证明的除外。

（八）明确界定第三方电子合同订立服务并鼓励其发展

当前第三方电子合同订立服务快速发展，极大地促进了电子合同的应用，但是法律对于第三方电子合同的地位还没有明确规定，平台上签订、存储的电子合同能否被作为证据使用，能否被法院所采信，还不确定，阻碍了这类服务的应用和发展。

建议规定：鼓励企事业单位和机构发展第三方电子合同订立服务，第三方电子合同订立服务系统应当至少提供下列功能：对当事人进行身份认证，通过对数字证书或者实名移动设备的实时验证，核实当事人的身份；支持当事人管理合同模板，并按照当事人要求的格式生成合同文本；允许当事人在线预览、在线编辑合同文本；使用可靠的电子签名技术，实时验证数字证书的公钥、有效期和黑名单；支持多方订立，并对电子签名提供时间戳服务；提供电子签名验签和电子合同验证服务；具有在线存储功能，并允许缔约人下载完整的电子合同。第三方电子合同订立服务提供者应当履行下列义务：按照法律规定、国家或行业标准要求提供服务；未经当事人共同同意不得擅自更改合同，对经授权的任何修改行为均应进行记载；除当事人请求或依法取证外，对合同内容和信息严格保密，未经当事人书面许可，不得查看、披露或公开电子合同的内容，法律法规另有规定的除外；第三方电子合同缔约平台运营商应当严格执行国家计算机网络系统安全规定，保证平台的安全运行。第三方电子合同服务提供者按照本法规定提供服务的，当事人利用其平台订立的合同视为满足电子签名法书面形式、原件形式和可靠电子签名要求。

立法建议稿

第一条【数据电文接收】收件人指定特定系统接收数据电文，但数据电文实际上到达收件人指定之外的系统的，以收件人检索到该数据电文的时间为数据电文的接收时间。

第二条【电子合同的撤回】电子合同的要约和承诺不可以撤回。

第三条【未成年订立合同的效力】限制民事行为能力人以数据电文形式与他人订立合同，若提供了其法定代理人或其他相关人的姓名、身份证号码、信用卡号码、送货地址等信息，使交易相对方相信其为完全民事行为能力人或已得到法定代理人允许的，其法律行为有效。

第四条【电子代理人订立合同的效力】在合同订立过程中，当事人利用信息系统自动发送数据电文的，该数据电文视为由发送数据电文的当事人发送，由此产生的法律后果应当由该当事人承担，即使信息系统只是按照指令和信息来运行或者当事人没有审查信息系统的行为。

第五条【电子错误情形下电子合同的效力】当事人采用电子信息系统订立合同的，一方因信息系统缺陷作出错误意思表示，而信息系统未能提供预防或纠正错误的机会，且一方在知悉该错误后，立即向另一方当事人通知此项错误，并采取合理措施保证自己不使用另一方提供的服务的，该合同为可撤销。

第六条【电子合同格式条款 1】采用格式条款订立电子合同的，格式条款内容应当清楚明白，提供格式条款的一方应当以合理的方式提请对方注意免除或者限制其责任的条款。

第七条【电子合同格式条款 2】合同相对人要求对格式条款进行解释的，提供格式条款的一方应当说明条款针对的事项、免责的范围、对权利义务的影响等，提供方违反上述义务的，该格式条款无效，给相对方造成损失的，应当承担赔偿责任。

提供格式条款一方免除其责任、加重对方责任、排除对方主要权利、对格式条款进行任意解释的，该条款无效。

第八条【电子合同格式条款 3】在发生纠纷时，应当由提供格式条款一方证明其以合理方式提请合同相对方注意了格式条款，合同相对方是否可以以合理的方式了解条款内容，以及是否对条款做了必要的说明。

第九条【经认证的电子签名的效力】电子签名由依法设立的机构提供认证服务的，经认证的电子签名视为满足电子签名法第十三条规定的可靠电子签名，但有相反证据证明的除外。

第十条【第三方电子合同订立服务 1】鼓励企事业单位和机构发展第三方电子合同订立服务，第三方电子合同订立服务系统应当至少提供下列功能：

（一）对当事人进行身份认证，通过对数字证书或者实名移动设备的实时验证，核实当事人的身份；

（二）支持当事人管理合同模板，并按照当事人要求的格式生成合同文本；

（三）允许当事人在线预览、在线编辑合同文本；使用可靠的电子签名技术，实时验证数字证书的公钥、有效期和黑名单；支持多方订立，并对电子签名提供时间戳服务；

（四）提供电子签名验签和电子合同验证服务；

（五）具有在线存储功能，并允许缔约人下载完整的电子合同。

第十一条【第三方电子合同订立服务 2】第三方电子合同订立服务提供者应当履行下列义务：

（一）按照法律规定、国家或行业标准要求提供服务；

（二）未经当事人共同同意不得擅自更改合同，对经授权的任何修改行为均应进行记载；

（三）除当事人请求或依法取证外，对合同内容和信息严格保密，未经当事人书面许可，不得查看、披露或公开电子合同的内容，法律法规另有规定的除外；

（四）第三方电子合同缔约平台运营商应当严格执行国家计算机网络系统安全规定，保证平台的安全运行。

第十二条【第三方电子合同订立服务 3】第三方电子合同服务提供者按照本法要求和相关标准提供服务的，当事人利用其平台订立的合同视为满足电子签名法书面形式、原件形式和可靠电子签名要求。

（工业和信息化部信息化推进司课题组）

第二章　电子合同与电子数据规则课题研究报告

一、关于“电子合同法”部分的课题报告

电子合同是数据电文技术与合同法理论与实践深度结合的产物，是我国未来电子商务法的核心组成部分之一。本部分课题研究，以我国电子商务发展的特点和规制需求为基本出发点，同时借鉴其他国家和地区以及全球性示范法、公约、区域性协定的相关立法经验，在电子合同的核心制度方面，如数据电文的发送、收讫、效力、适用范围以及适用要件等问题，尽可能与国际惯例接轨。现就本部分课题的重点内容作以下说明：

(一) 关于电子合同的定位

首先，电子合同是合同的一种特殊形式，合同法上的交易规则原则上仍然适用于此种新型合同，同时，由于电子商务的特殊性，电子合同具有一些特殊的规制规则，这些规则与合同法的相关规则构成特别法与一般法的关系。其次，电子合同与电子签名法密切相关。电子签名法主要规定数据电文的归属问题和认证问题，此种归属与认证是电子合同的核心部分。第三，“电子合同”与“电子数据规则”密切相关，后者从证据法的角度对前者提供支持。第四，电子合同的相关规则与消费者权益保护以及个人信息保护等密切相关。

(二) 关于格式条款

电子商务大规模、定型化、高效率等特征决定了格式条款在电子合同中被广泛采用，这一方面大大减低了缔约的磋商成本，另一方面也带来大量争议和纠纷，使得在电子商务法中细化对格式条款的规定显得尤为必要。电子合同的格式条款应当遵循以下规则：第一，格式条款提供方应当履行提示和说明义务。第二，在提示的程度方面，要求“足以引起对方注意”，以及有“充足的时间”予以阅读、理解和考虑。在说明的程度上，一是按照通常的要求或者接受方的要求予以说明，二是应当采取对方当事人能够理解的方式予以说明。同时，若提供方要求接受方对已提示和说明的格式条款予以签章确认，则还应当对确认所产生的法律后果予以说明。第三，在举证责任的分配上，由格式条款的提供方证明其已尽提示和说明义务。第四，格式条款一方免除其法定责任、加重对方责任、排除对方主要权利的，即使提供人已经尽到合理的提示说明义务，该条款仍无效；同时强调，应当根据电子商务的具体情况，确定相关格式条款的效力。此外，为了强化对消费者的保护，合同一方为消费者的，虽然仅为一次性使用，但在订立合同时未与消费者协商的，推定适用有关格式条款的规定。

(三) 关于第三方支付的法律地位

在电子合同中，价款的支付往往需要借助第三方支付的介入，例如网络银行、第三方支付平台等。关于第三方支付的法律地位，我们认为，第三方支付兼具履行辅助人和支付担保人两个角色：一方面，作为履行辅助人，第三方支付平台必须依据买受人的支付指令进行支付；另一方面，第三方支付平台对货款的支付具有担保作用，例如，交易双方发生争议时，第三方支付平台可以留置货款，待纠纷解决后，再行支付或将货款退回买受人。

（四）关于第三方在线调解制度的效力和地位

由于电子合同下的交易往往以远程寄送的方式进行，且交易标的额较小的电子商务交易大量存在，从鼓励和解、降低纠纷解决成本的角度出发，法律应当鼓励电子商务中的第三方在线调解制度（ODR），并对其进行规范，以更好地发挥电子商务便捷、高效的优势：首先，发生纠纷的合同当事人通过第三方在线调解，就合同纠纷达成和解协议的，只有在当事人自觉履行合同义务之后，该和解协议始成立生效，其所产生的效力是，协议变更或者解除原合同，若当事人再就该合同纠纷诉至人民法院或者申请仲裁，应以变更或解除后的合同为依据。其次，尚未履行或尚未完全履行和解协议的，当事人仍有权以原合同为依据，向人民法院提起诉讼或者申请仲裁，但主张不再遵守和解协议的一方，应当赔偿对方因准备或者履行和解协议所支出的费用。此外，第三方在线调解中使用和认可的证据或者凭证，符合民事证据要求的，该证据具有法律效力。

（五）关于个人信息及隐私保护问题

在电子合同中，由于远程交易的特殊性，买受人需要向网络服务提供者和出卖人提供大量的个人信息，网络服务提供者可以在法定或约定的范围内使用上述信息，同时负有对上述信息的保密义务，否则受损害方有权向侵害行为人主张违约责任或者侵权责任。但问题是，无论是违约责任还是侵权责任，其成立要件都要求主张方受到一定程度的损害，而实际上单个受害人在具体的个人信息和隐私上的损失可能是非常微小的，不但往往难以计量，而且由于损害的大小决定赔偿的数额，受损害方基于精力和成本的考虑，往往被迫放弃损害赔偿的主张，如此导致网络服务提供者的违法风险、违法成本极为微小，各种倒卖个人信息和隐私的情况屡见不鲜。对此，本课题认为，对电子商务中侵犯个人信息和隐私的行为可从以下两方面进行规制：一是针对损害微小的问题，采用惩罚性赔偿的规定，增加受损害方主张权利的回报，从而达到提高违法成本、遏制此类行为发生的目的。此种惩罚性赔偿实际上是对可见损害背后无形损害的赔偿，只是因为无形损害难以计算，而以可见损害的合理倍数予以计算。从利益衡量的角度看，侵害人对个人信息的不当收集、使用和转让不仅产生了个人利益之间的冲突，也与整个社会利益产生矛盾，因此需要用惩罚性赔偿将这种利益不均衡矫正回正常状态。二是扩大民事责任方式，包括停止侵害、消除影响等，以防止损害进一步扩大。此外，特殊诉讼方式，如"代表人诉讼"制度也不失为此类争议的一种解决路径。

（六）关于质量检测义务

在信息网络交易中往往涉及远程交易，一方面，当出卖人以往来数据电文的形式介绍、说明、约定标的物的质量或数量时，往往容易造成买受人的认识偏差；另一方面，出卖人在买受人可以便利到达的地域范围内，往往并未设置营业点，因此当标的物出现质量或数量瑕疵时，会出现买受人联系出卖人困难，标的物瑕疵难以说清等问题，因此有必要明确标的物瑕疵的检测规则，以便在合理分配检测费用和风险的基础上，协助买受人尽快确定标的物的质量或数量瑕疵。首先，双方当事人对标的物质量或数量有争议的，出卖人应当对标的物瑕疵予以说明。其次，买受人既可以自行检测标的物的质量或数量，也可以请求出卖人进行检测，出卖人没有及时进行检测的，推定标的物的质量或数量不符合合同约定。再次，对标的物的检测应当交由具有一定资质的无利害关系第三人进行。最后，经检测标的物的质量或数量符合合同约定的，由买受人承担检测费用，否则，由出卖人承担检测费用。

二、关于“电子数据规则”部分的课题报告

电子数据规则作为电子商务立法的组成部分，属于电子商务领域与证据领域相交叉的内容。我国缺乏具体可行的电子数据规则，已累聚为制约产业发展的一大瓶颈，建立可操作性的电子数据规则不仅惠及电子商务领域，而且对于有效解决民事案件、行政案件和刑事案件亦至关重要。本部分课题在分析总结国内现有经验及大量案例并参考国际经验的基础上，提出对电子数据规则的立法建议。现就主要内容说明如下：

（一）电子数据的基本原则

电子数据的基本原则是电子数据规则体系的灵魂，对规则条文的解释和适用起到指导作用。这些基本原则主要包括：第一，平等对待原则，即电子数据与书证、物证等传统证据具有同等的法律地位，不得因其为电子形式而被限制或者剥夺可采性或证明力。第二，技术中立原则，即法律在各种电子数据以及生成电子数据的技术之间保持中立，对符合法律规定的各种信息技术，包括现代通信技术、计算机技术、互联网技术等生成的电子数据一视同仁。第三，意思自治原则，即允许电子商务当事人及其他参与人在合法自愿的前提下对电子数据作为证据的可采性、证明对象、取证方法、举证时限和证据交换、证据提交方式、证明责任分配等内容作出特别的约定。意思自治是近代民法的基本原则之一，在民商事领域，意思自治原则可以在一定范围内适用于证据规则。《最高人民法院关于民事诉讼证据的若干问题规定》中规定的举证期限契约、鉴定机构选择契约、自认契约等都是意思自治原则的体现。电子商务作为民商事领域的重要组成部分，其所涉及的电子数据同样应当适用意思自治原则。同时，这一原则的适用应当有限制，需要建立在当事人平等和自愿的基础上，并且要符合法律法规的强制性规定。第四，保密原则，即电子商务交易中的各方当事人以及律师、鉴定人、公证人、司法人员等对获取的电子数据及相关信息应当予以严格保密。不同于传统证据的收集，在获取电子数据的过程中，可能会同时获取到计算机、手机等存储设备中、网络平台中与案件无关的大量信息，此外，网络服务商作为电子商务中的服务平台，掌握电子商务相关人的大量信息。为保护相关当事人的个人信息及隐私，需要强调对电子数据的保密原则。

（二）电子数据的可采性规则

证据的可采性是指何种证据能够被采纳作为认定案件事实的依据，电子数据作为证据的一种，同样应当遵循证据的开采性标准，主要涉及证据的关联性、合法性、客观性等方面。第一，关联性。关联性是证据的自然属性，是证据与案件事实之间客观存在的联系，无关联性的数据不能被采纳。审查电子数据的关联性，应当结合待证事实进行，必要时可以通过技术手段加以辅助审查。第二，合法性。证据的合法性包括证据的调查主体合法、证据的形式合法、证据的收集程序、提取方法合法等。在合法性方面，电子数据作为法定证据种类之一，应当遵循一般证据规则中的非法证据排除规则，同时由电子数据本身的特点所决定，其在合法性方面有其自身的特色，即未经当事人同意，通过秘密登录当事人电子设备或网络账号获取的电子数据不具有合法性；违反强制性规定通过非核证程序以及非法软件获取的电子数据不具有合法性。第三，客观性。电子数据的真实性包括两层含义：法律上的真实性和实质上的真实性。客观性即法律上的真实性，它决定了电子数据的可采性。在客观性方面，可以通过由不利方当事人提供、适格证人作证、经鉴定、经公证以及推定，例如有证据证明计

算机系统在关键时刻处于正常状态、附有电子签名或附加其他适当安全程序保障、正常业务活动中形成的电子数据、以档案管理方式保管的电子数据等间接判断规则确认电子数据法律上的真实性。

（三）电子数据的原件规则

电子数据应当遵循原件规则，同时电子数据的原件规则又不完全等同于传统书证、物证的原件规则，要符合电子数据自身的特点。传统观点认为，电子数据原件是指电子数据首先固定于其上的媒介物，但这一做法在实践中很难行得通。因此，出现了“拟制原件说”、“功能等同法”、“混合标准说”等新理论。各国立法上倾向于采用“拟制原件”的做法，即电子数据原件既包括自然意义上的原件，也包括符合特定要求的复制件，即“拟制原件”。结合我国电子数据的定位及司法实践，本课题认为，通常情况下，应当提交电子数据的原始载体，在提供原始载体确有困难或者某些特殊情形下，符合一定要求的电子数据复制件与原件具有同等证据效力。

（四）电子数据的证明力规则

证据的证明力是指证据在经验和逻辑上发挥证明作用的能力。证据证明力的大小一般取决于其真实性与充分性，由于电子数据运作的特殊性，其证明力往往还涉及完整性的问题。第一，真实性。此处的真实性是指证据的可靠程度，即一种实质上的真实性标准，与衡量证据可采性的形式真实性相对应。对电子数据真实性的认定可以从正反两方面进行，一方面，可通过审查电子数据生成、存储、传输、收集等环节以及上述环节是否曾被删改进行判断；另一方面，可以通过侧面因素进行推定，包括电子数据所依赖的计算机系统是否具有可靠性，电子数据是否由对其不利的一方当事人保存或提供，电子数据是否在正常的业务活动中生成并保管等。第二，充分性。充分性标准是指对案件事实的认定必须以具有充分证明力的证据为根据，在这一点上电子数据与其他传统证据并无实质性不同。第三，完整性。完整性是考察电子数据证明力的一个特殊指标。完整性有两层含义，一是电子数据本身的完整性，二是电子数据所依赖的计算机等系统的完整性。对电子数据完整性的认定主要看该电子数据所载明的内容是否曾遭受非必要的添加或者删减。但这种方法具有一定的难度，因此需要借助其他因素间接认定电子数据的完整性，如所依赖的计算机系统或其他类似设备，在所有关键时刻是否均处于正常运行状态、电子数据是否由对其不利的一方当事人保存或提供，电子数据是否在正常业务活动中生成并保管等。

（五）电子数据的取证规则

电子商务中提取和保全电子数据具有一定的特殊性，原则上应当采用不改变电子数据原始状态的方法。获取电子数据时，应当同时提取电子数据的原始载体或原件，确有困难的，可以提取符合一定条件的复制件。具备条件的，电子数据获取、存储和传输的每一环节都应当记录并存档。保证电子数据的原始状态、记录存档等措施是为了保证电子数据的可采性及证明力。此外，本部分对不同主体获取电子证据的规则和程序以及电子数据的司法鉴定、诉前及仲裁前保全、电子公证、档案管理等内容提出了明确的法律要求。

（六）电子数据的举证规则

由于电子商务各方当事人掌握电子数据的能力和条件严重不对等，许多情况下，电子数据由对方当事人或者第三方当事人，如网络提供商等掌握，要求主张一方承担举证责任往往难以实现，因此传统民事诉讼中“谁主张，谁举证”的举证责任分配规则在电子商务中难以完全适用。在电子证据的举证责任分配上，宜采取“谁持有，谁举证”为主、“谁主张，谁举证”为辅的举证责任分配规则。

立法建议稿

第一章 电子合同

总 则

第一节 一般规定

第一条【立法宗旨】

为了促进电子商务的发展，维护市场交易秩序，保护电子合同当事人的合法权益，制定本法。

第二条【效力承认原则与补充原则】

当事人约定以电子签名、数据电文的方式订立合同的，不得仅因其采用电子签名、数据电文的形式而否定其法律效力、有效性或可执行性。

电子合同的法律效力依据本法的相关规定来确定，本法未作规定的，依据《中华人民共和国合同法》《中华人民共和国消费者权益保护法》或其他相关的法律、法规来确定。

第三条【数据电文的定义】

“数据电文”指经由电子手段、电磁手段、光学手段或类似手段生成、发送、接收或存储的信息，这些手段包括但不限于电子数据交换与电子邮件。

“电子数据交换（EDI）”指电子计算机之间使用某种商定标准来规定信息结构的信息电子传输。

“信息系统”指生成、发送、接收、储存或用其他方法处理数据电文的系统。

“电子签名”指数据电文中以电子形式所含、所附用于识别签名人身份并表明签名人认可其中内容的数据。

第四条【适用范围】

本法所称“电子合同”是指平等主体的自然人、法人、其他组织之间，以信息系统处理数据电文的方式，设立、变更、终止民事权利义务关系的协议。

本法统一适用于各类电子合同；但涉及消费者保护的适用消费者权益保护法律；经营者之间具有交易习惯的，兼顾此种交易习惯。

婚姻、收养、继承、监护等有关身份关系的协议，适用其他法律的规定。

受交易所管制的交易；外汇交易；银行间支付系统、银行间支付协议或者与证券或其他金融资产或票据有关的清算和结算系统；对中间人持有的证券或其他金融资产或票据的担保权的转让、出售、出借或持有或回购协议，适用其他法律的规定。

汇票、本票、运单、提单、仓单或任何可使持单人或受益人有权要求交付货物或支付一笔款额的可转让单证或票据，适用其他法律的规定。

第五条【个人信息和隐私的保护】

合同当事人享有个人信息权，任何人不得违反法律规定，通过信息系统侵犯他人的个人信息和隐私。

因当事人一方的违约行为，侵犯他人的个人信息和隐私的，受损害方有权选择依照本法或其他法律规定的违约责任或侵权责任，要求其承担停止侵害、消除影响以及赔偿损失等责任形式。

第六条【诉讼时效与除斥期间】

因国际电子货物买卖合同争议提起诉讼或者申请仲裁的期限为四年，自当事人知道或者应当知道其权利受到侵害之日起计算。因其他合同争议提起诉讼或者申请仲裁的期限，依照有关法律的规定。

前款规定的“年”为不变期间，不适用诉讼时效中止、中断或者延长的规定。

第二节　对数据电文适用法律要求

第七条【书面形式的要件及其效力】

如果一项数据电文能够有形地表现所载内容，并可以随时调取查用，除法律另有规定外，属于书面形式。

法律、法规或当事人约定要求一项信息或一项合同应当采用书面形式的，或规定了不采用书面形式的后果的，若一项数据电文所含信息满足本法第十二条的要求，即满足了该项法律的要求。但书面形式的要求仅具有如下目的或功能的除外：

（一）旨在提示或警告某些事实危险或法律危险的；

（二）涉及合同权利的凭证功能的；

（三）旨在提醒当事人谨慎订约，使其意识到订立合同的后果的；

（四）其他依据数据电文的性质而无法实现的纸质形式所具有的目的或功能。

第三节　电子合同的订立

第八条【电子合同订立形式的有效性】

除另有约定，当事人之间可以通过数据电文的方式发出要约以及对要约的承诺。一经有效承诺，电子合同成立并生效，但法律或者当事人另有约定的除外。采用此种方式之后，当事人不得仅以使用了数据电文为理由而否定该合同的有效性或可执行性。

当事人虽然没有在某一数据电文之中全文写入某些条款或条件，但以其他方式提及的，这些条款或条件也应得到承认，其与全文载入的数据电文具有同等的法律效力。

基于消费者保护、对合同一方的特殊保护或旨在告诫其提防某些风险等目的，以及经营者之间具有交易习惯的，以数据电文之外的方式构成合同的内容。

第九条【即时通讯中的电子记录】

以信息系统往来数据电文的方式进行合同磋商的，即使相关数据电文能够有形地表现所载内容，并可以随时调取查用，但只要依据当事人实际的或可推定的意图，该信息往来属于即时通讯的，适用《中华人民共和国合同法》第二十三条规定的以对话方式作出的要约。

第十条【自然人的缔约能力】

电子合同的当事人为自然人的，可以通过实名身份认证或其他可靠的身份确认，表明其具有相应的缔约能力。

依据上款已表明具有相应的缔约能力的，认定以其名义发出数据电文的发件人具有相应的缔约能力。

第十一条【确认收讫的效力】

法律、行政法规规定或者当事人约定数据电文需要确认收讫的，应当确认收讫。发件人收到收件人的收讫确认时，数据电文视为已经收到。

只要发件人收到收件人的收讫确认，即可推定有关数据电文已由收件人收到；但并不含有该数据电文与所发电文相符的意思，以及不含有该收件人对数据电文的内容所表示的任何意思的除外。

第十二条【推定的确认收讫】

如发件人未与收件人约定以某种特定形式或某种特定方法确认收讫，可通过以下事实推定确认收讫：

（一）收件人任何自动化传递或其他方式的传递；

（二）足以向发件人表明该数据电文已经收到的收件人的任何行为。

第十三条【事后要求的确认收讫】

如发件人并未要求数据电文须以收到确认收讫为到达条件的，在规定或约定时间内或在一段合理时间内，发件人并未收到确认收讫，并且无法推定确认收讫的事实时，发件人通知收件人其并未收到其收讫确认，并确定必须收到该项确认的合理时限。

如在上款所规定的时限内仍未收到该项确认，发件人可在通知收件人之后，将数据电文视为并未到达。

第十四条【自动发送的效力】

通过自动电文系统与自然人之间的交互动作或者通过若干自动电文系统之间的交互动作订立的合同，不得仅仅因为无自然人复查或干预这些系统进行的每一动作或由此产生的合同而被否定效力或可执行性。

第十五条【网络服务提供者的信息披露义务】

在消费者发出合同提议或订单提议之前，网络服务提供者应当清晰、全面和明确地向消费者提供至少如下信息：

（一）缔结合同需要遵循的各种技术步骤；

（二）服务提供者是否需要备案所缔结的合同，以及相关信息是否可以被获得；

（三）在发出订单之前可用于确认和更正输入错误的技术手段；

（四）缔结合同所使用的语言。

网络服务提供者应当告知消费者遵守的行为准则以及如何通过电子途径查阅这些准则。

向消费者提供的合同条款以及一般条件应当以能够被接受者存储或复制的方式作出。

本条第 1 款和第 2 款不适用于纯粹通过电子邮件往来或者具有同等效果的个人通讯手段缔结的合同。

第四节　电子合同的效力

第十六条【电子合同中的主观错误】

一方在与另一方当事人往来数据电文时发生输入错误，在更正错误之前另一方已作回复的，或由于自动电文系统未给予更正错误的机会的，在下列情况下，该方或其所代表的当事人有权撤销数据电文中发生输入错误的条款：

（一）该方或其所代表的当事人在发现错误后尽可能立即将该错误通知另一方当事人，并指出其在电子通信中发生了错误；而且

（二）该方或其所代表的当事人既没有使用可能从另一方当事人收到的任何货物或服务所产生的任何重大利益或价值，也没有从中受益。

当事人在发现或应当发现错误后怠于通知的，或在发件人下一次发送数据电文之前仍未发现或通知的，则上款规定的撤销权消灭。

第十七条【电子合同中的客观错误】

由于信息系统在生成、发送、接收或存储信息时发生不可归责于合同当事人的故障，导致一方与另一方当事人往来的数据电文发生错误的，在通知对方当事人之后，该方或其所代表的当事人有权撤销该项数据电文所表示的合同或合同条款。

由于信息系统在生成、发送、接收或存储信息时发生不可归责于合同当事人的故障，导致一方与另一方当事人往来的数据电文发生丢失的，视为该数据电文并未到达收件人。

第十八条【欠缺相应缔约能力的电子合同】

电子合同的当事人为自然人的，通过实名身份认证或其他可靠的身份确认，表明其为限制民事行为能力人，且不具有相应的缔约能力的，其订立的合同为效力待定合同，适用《中华人民共和国合同法》第四十七条的规定。

电子合同的当事人为自然人的，未通过任何实名身份认证或其他可靠的身份确认表明其缔约能力的，可以依据其真实的缔约能力，适用《中华人民共和国合同法》第四十七条的规定。

第五节　电子合同中的格式条款

第十九条【格式条款的订立规则】

格式条款是指一方当事人针对不特定交易对象单方面提前制定、未经磋商的合同条款，在电子商务中体现为交易条件、支付方式、免责条款等形式。合同一方为消费者，另外一方为经营者的，虽然仅为一次使用，但在订立合同时未与消费者协商的条款，适用本法有关格式条款的规定。

格式条款的提供方应当采取对方当事人能够理解的合理方式提请对方当事人注意格式条款，并按照通常的要求应对方当事人的要求进行说明，格式条款提供方未履行上述义务的，该格式条款不能成为合同的内容。

应当在考虑到电子商务交易的特殊性的前提下确定格式条款使用方的指示说明义务；经营者之间具有交易习惯或者其他约定的，不适用前款。

格式条款的提供方对已尽合理提示说明义务以及交易习惯或者特别约定承担举证责任。

第二十条【格式条款的内容控制】

格式条款的提供方已经以合理的方式提请对方注意并予以说明的，格式条款在内容上不违反公平原则或诚实信用原则的，该电子合同自成立时生效。法律、法规另有规定的除外。

格式条款一方免除其法定责任、加重对方责任、排除对方主要权利的，即使使用人已经尽到合理的指示说明义务，该条款也无效，但法律、法规另有规定的除外。在其他情况下，应当根据电了商务的具体情况，确定具体格式条款的效力。

依据其他法律、法规对格式条款另有事前审查或对格式条款提供方要求信息披露的，从

其规定；但政府主管部门或者行业协会推荐使用的格式条款并不能免除上述第一款规定的内容控制。

第二十一条【格式条款无效之后的法律后果】

因上款原因导致格式条款无效的，不影响合同其他条款的效力。但因格式条款无效，影响合同内容完整性的，当事人可以补充约定，不能达成补充约定的，适用《中华人民共和国合同法》第六十一条、六十二条以及本法的规定；因格式条款无效，合同目的不能实现的，该合同无效。

第二十二条【违反提请注意和说明义务的格式条款】

格式条款的提供方违反本法关于提示和说明义务的规定，导致对方没有注意或理解免除或者限制其责任的条款，对方当事人有权请求人民法院撤销或者变更该格式条款。

当事人申请撤销或者变更格式条款的，应当在合同成立之时起六个月内进行。

格式条款被变更或者撤销的，不影响合同其他条款的效力。但因格式条款的撤销或者变更，影响合同内容完整性的，当事人可以补充约定，不能达成补充约定的，适用《中华人民共和国合同法》第六十一条、六十二条以及本法的规定；因格式条款的撤销或者变更，合同目的不能实现的，该合同无效。

第六节　电子合同的履行

第二十三条【电子合同的支付】

以电子支付作为付款方式的，于收款人银行为收款人利益接受了支付指令之时，即完成了该项电子支付。

通过第三方支付平台履行付款义务的，于付款人完成对该第三方的支付之时，即完成了对收款方的付款义务。

第二十四条【特殊的同时履行抗辩权】

以提供特定的网络服务为主要合同义务的一方，在合同另一方不履行主债务或者履行主债务不符合约定时，有权以中止访问、停止使用等方式拒绝提供或继续提供相应的网络服务。

第七节　电子合同的救济

第二十五条【电子自助权】

网络服务提供方或许可方因用户或被许可方违约而解除合同的，有权通过自己的信息系统行使下列权利：

（一）阻止用户或被许可方继续根据许可行使电子合同上的权利；

（二）占有所有用户或被许可方控制或占有的许可信息的副本，和任何其他与该信息有关的根据合同应由用户或被许可方退换或交付给许可方的材料。

第二十六条【损害赔偿】

由于信息系统在生成、发送、接收或存储信息时发生不可归责于合同当事人的故障，导致一方与另一方当事人往来的数据电文发生错误或丢失的，对于由该错误或丢失所引起的合同当事人的损失，由当事人各自承担，并有权依照其他法律要求信息系统服务提供者承担违约责任或侵权责任。

依据本法完成付款义务后，由于收款人银行或第三方支付平台等支付服务提供者的过错给收款人造成损失的，由收款人向该支付服务提供者请求承担赔偿责任。依据本法未完成付款义务的，由于收款人银行或第三方支付平台等支付服务提供者的过错给付款人造成损失的，由付款人向该支付服务提供者请求承担赔偿责任。

关于电子签名人或电子认证服务提供者的损害赔偿责任，适用《中华人民共和国电子签名法》第二十七条、第二十八条的规定。

第二十七条【侵犯个人信息和隐私的一般民事责任】

对于注册、登陆、下单以及其他合同订立过程中个人所输入的个人信息或隐私，网络服务提供者负有保密义务，并只能在个人输入该信息时所旨在使用的目的范围内使用该信息。因网络服务提供者一方的原因导致该个人信息或隐私泄露的，该个人有权要求其承担停止侵害、消除影响等责任形式；因网络服务提供者的过错造成损失的，有权请求损害赔偿责任。

消费者在注册或登录网络服务提供者所提供的网站时，需要输入个人信息和隐私的，接收、获取或存储该信息的网络服务提供者负有保密义务，并只能在消费者输入该信息时所旨在使用的目的范围内使用该信息。

因网络服务提供者的过错导致个人信息或隐私泄露的，应当按照消费者的要求增加赔偿其受到的损失，增加赔偿的金额为消费者购买商品的价款或者接受服务的费用的三倍；增加赔偿的金额不足五百元的，为五百元。法律另有规定的，从其规定。

第二十八条【在线调解】

通过第三方的在线调解，就合同纠纷达成和解协议的，在和解协议完全履行后，视为对原合同的有效变更或解除。

和解协议尚未履行或尚未完全履行的，当事人仍有权以原合同申请仲裁或向人民法院起诉；但违反和解协议的一方应当赔偿对方因准备或履行和解协议所支出的费用。

分　则

第八节　电子买卖合同

第二十九条【电子买卖合同的一般规定】

本法所称的电子买卖合同是指以信息系统处理数据电文方式，由出卖人转移标的物所有权于买受人，买受人支付价款的协议。

电子买卖合同本法的相关规定，本法未作规定的，适用《中华人民共和国合同法》、《中华人民共和国消费者权益保护法》或其他相关的法律、法规中关于买卖合同的规定。

第三十条【标的物的发出与交付】

当事人对标的物的交付时间、服务的履行时间有约定的，从其约定；当事人之间没有约定或约定不明确的，信息类产品在当事人收到激活码时，出卖人即完成交付义务。

当事人对是否需要寄送标的物约定不明确的，视为应当寄送，出卖人应当主动向买受人确认寄送地点；已确认买受人的营业地或居住地的，可以直接向该地址寄送。但该标的物不适宜运输的除外。

在需寄送的电子买卖合同中，出卖人未以发送数据电文的方式表示承诺的，其发货行为可视为对买受人要约的承诺，合同自发货通知到达买受人时成立。

第三十一条【有关电子单证和资料的交付】

出卖方应当按照约定或者交易习惯及时交付标的物的电子单证和相关资料，出卖人不交付上述材料影响合同目的实现的，视为出卖人的履行不符合合同的约定。

第三十二条【买受人签收及检验、不签收的风险负担】

买受人的签收行为不能成为买受人认可出卖人履行行为的依据。买受人不及时签收寄送的标的物的，自通知买受人签收之日起，标的物毁损、灭失的风险由买受人承担；当事人另有约定的除外，但该约定应遵守本法对格式条款的规定。

因标的物质量或数量不符合约定，致使不能实现合同目的的，买受人可以拒绝签收标的物。买受人拒绝签收标的物的，标的物毁损、灭失的风险由出卖人承担。

对标的物检验的规定，适用《中华人民共和国合同法》第一百五十七条、第一百五十八条。

第三十三条【出卖人的质量检测义务】

双方当事人对标的物质量或数量有争议的，出卖人应当对标的物的瑕疵予以说明。

买受人可以对标的物的质量或数量自行检测，也可以请求出卖人进行检测，出卖人没有及时进行检测的，推定标的物的质量或数量不符合合同约定。

对标的物的检测应当交由具有一定资质的无利害关系第三人进行。

经检测标的物的质量或数量符合合同约定的，由买受人承担检验的费用；不符合的，由出卖人承担。

第三十四条【货款支付的特殊规定】

当事人约定货到付款的，买受人应当在接受货物之时，将货款支付给配送人或者出卖人指定的第三人，但约定可以稍后另行付款以便检验的，从其规定。买受人认为货物质量存在瑕疵的，可以拒绝付款。

当事人约定通过第三方支付平台履行付款义务的，第三方依据当事人指令向相对人支付货款，视为当事人自行支付。买受人确认允许付款或在规定的时间内没有提出异议的，第三方即可将置留的货款支付于出卖人；买受人在规定的时间内向第三人提出异议的，在规定的期限内当事人仍未对合同纠纷达成一致意见，并由买受人确认允许付款的，或经第三方通过程序上的审查和判断，认为确实存在交付瑕疵的，第三方应及时将货款返还买受人。

第三十五条【电子买卖合同准用于有偿电子合同】

当事人之间订立其他有偿电子合同的，可以参照适用本节有关电子买卖合同的规定。

第九节　电子团购合同

第三十六条【电子团购当事人的关系】

团购网络服务提供者属于提供网络交易平台服务的经营者，其为团购合同的双方当事人提供组织、宣传、说明以及联系等服务；团购网络服务提供者自行经营履行团购合同所涉业务的，应当作为团购合同一方当事人，履行合同义务并承担相应的合同责任。

第三十七条【合同成立的特殊规定】

团购合同自双方意思表示达成一致时成立。经营者对参团人数有限制的，不影响合同成立，但合同自团购人数达到经营者设定的最低人数限制时始生效力。

依本法成立的合同，参团人数未达到规定数量的，经营者有权解除合同，并及时通知消费者，返还其已支付的价款。

经营者应当在团购合同所约定的履行期届至之前，行使解除权并及时通知消费者；履行期届至后仍未向消费者行使解除权的，视为经营者已认可目前的参团人数，团购合同即可生效。

第三十八条【提供商品或服务不得区别对待的义务】

经营者应当依据诚实信用原则履行合同义务，不得对团购消费者和非团购消费者进行区别对待。

经营者违反上款义务的，视为履行存在质量或数量瑕疵，消费者可以请求减价、重做、修补等违约责任。

第三十九条【网站对主体资格和商品或服务信息的审核义务和信息披露义务】

对团购合同中经营者的资质及其发布团购商品或服务的信息，团购网站应当依法进行必要审核。消费者因团购合同遭受损害的，团购网站不能证明其已经尽到审核义务的，或不能证明即使已经尽到审核义务亦不能避免该损害的，应当承担相应的补充责任。

团购网站应当全面公布团购合同经营者的名称、住址、联系方式、注册号或者许可证号等信息。双方当事人对合同产生争议的，消费者可以请求团购网站进一步披露经营者的相关信息；团购网站不履行告知义务或者告知信息有误的，消费者可以直接请求其承担赔偿责任。团购网站在承担了赔偿责任之后，有权向经营者进行追偿。

第十节　电子代购合同

第四十条【电子代购当事人的关系】

代购网络服务提供者或网络代购人属于提供代购服务的经营者，其为需要代购的买受人提供选购、包装以及寄送标的物等服务，并向买受人移交所有所购商品的单证和资料，其在代购合同中与买受人构成合同双方当事人。

代购网络服务提供者应当依法对代购人的资格进行审核，网络代购平台提供者未能履行上述义务，由此造成买受人损失的，应当承担赔偿责任。

第四十一条【代购人适当履行代购职责的义务】

买受人对代购商品有明确指示的，代购人应当遵循买受人的指示履行代购义务；买受人对代购商品没有明确指示的，代购人应当遵循诚实信用原则，根据合同的性质、目的和交易习惯谨慎选购、包装和寄送标的物，并依据《中华人民共和国合同法》第六十一条、六十二条以及本法的规定予以进一步确定。

代购商品的出现质量瑕疵的，代购人能够证明其已经尽到谨慎选购、包装和寄送标的物的注意义务的，或能够证明即使谨慎履行代购义务仍然不能避免出现该质量瑕疵的，代购人可以不承担责任，但应当协助买受人向出卖人主张权利。

第四十二条【代购人报告义务及其责任】

代购人向买受人交付代购商品时，应当向买受人报告标的物的基本属性、产地、生产者和销售者的名称、营业地或地址、联系方式等必要信息。

代购人不履行报告义务的，买受人可以拒绝接受代购商品。买受人已经接受代购商品的，代购人不履行告知义务或者告知信息有误的，买受人可以直接请求其承担赔偿责任；代购人在承担了赔偿责任之后，有权向生产者和销售者进行追偿。

第四十三条【代购人权利瑕疵担保】

代购人对于其交付的商品，负有保证第三人不得向买受人主张任何权利的义务，但法律另有规定的除外。违反该义务，由此造成买受人损失的，应当承担赔偿责任。

买受人订立合同时知道或者应当知道第三人对代购商品享有权利的，代购人不承担上款规定的义务。

买受人有确切证据证明第三人可能就代购商品主张权利的，可以中止支付相应的价款，但代购人提供适当担保的除外。

第二章　电子数据规则

第一节　基本原则

第一条【电子数据规则基本原则】

电子数据具有与传统证据同等的法律地位，不得仅因其为电子形式而被限制或者剥夺可采性或证明力。

本法不鼓励、推荐或排斥、限制、剥夺基于任何技术生成的电子数据作为证据使用的资格。

电子商务的当事人可以在平等自愿的基础上，对电子数据作为证据的可采性、证明对象、取证方法、举证时限和证据交换、证据提交方式、举证责任分配等进行约定。有关约定符合公序良俗和公平原则、不违反法律和行政法规强制性规定的，人民法院应当予以认可。

第二节　电子数据的可采性规则

第二条【电子数据的可采性标准】

人民法院在判断电子数据的可采性时，应当结合电子数据的特点，综合审查其关联性、合法性以及客观性。

第三条【电子数据的关联性】

电子数据对证明案件事实能够产生一定实质性影响的，人民法院应当认定其具有关联性。

审查电子数据的关联性，应当结合待证事实进行审查，必要时可以通过技术手段加以辅助审查。

第四条【电子数据的合法性】

电子数据的取得应当遵守法定的程序。电子数据在取得等过程中具有以下情形之一的，则人民法院应当裁定或推定其不具有合法性：

（一）未经当事人同意，秘密登录其电子设备或网络账号获取的；

（二）通过非法搜查、扣押等方式获取的；

（三）通过威胁、欺骗、引诱等取证方式获取的；

（四）违反法律法规的强制性规定通过非核证程序获取的；

（五）通过非法软件获取的；

（六）具有其他重大违法情形的。

对于不具有合法性的电子数据，可能导致电子数据失真及严重影响司法公正的，当事人应当予以补正或作出合理解释；不能作出补正或合理解释的，人民法院对该证据应当予以排除。

第五条【电子数据的客观性】

当事人提交的电子数据具有以下情形之一的，人民法院可以认定其具有法律上的真实性，对方当事人有足以反驳的相反证据的除外：

（一）由不利方当事人提交和保管的；

（二）由适格证人出具有效证言的；

（三）有证据证明计算机系统在关键时刻处于正常状态的；

（四）附有电子签名或附加其他适当安全程序保障的；

（五）经鉴定人鉴定未发现篡改的；

（六）正常业务活动中形成的电子数据；

（七）以档案管理方式保管的电子数据；

（八）经公证机关证明其真实性的；

（九）人民法院认可或当事人约定的其他情形。

第六条【电子数据的原件规则】

直接来源于案件事实或原始出处的电子数据是原件。电子数据首次固定所在的存储介质是原始载体。

通过电子再录制的方法或者其他相应技术而产生的电子数据的复本是复制件。电子数据复制件所在的新的存储介质是复制载体。

符合下列条件之一的电子数据复制件，可以视作原件：

（一）能够准确地表现电子数据的内容，并可供随时调取查用的；

（二）能够可靠地保证自电子数据最终形成时起，内容保持完整、未发生更改的；

（三）按惯例进行可信的电子化档案管理而形成的。

在原件缺失或难以取得的情况下，满足下列条件之一的，可以提交复制件，但原件真实性存在疑问或采纳复制件可能导致不公平的除外：

（一）双方当事人均无异议的；

（二）经过公证机关有效公证，不利方当事人无反证推翻的；

（三）附加了可靠电子签名或其他安全程序保障的；

（四）该复制件为举证人按合理预期所能得到的最佳证据的；

（五）满足法律另行规定或当事人特别约定的其他标准的。

当事人可以就判断电子数据是否为原件的特殊标准作出约定。

第七条【特殊电子数据的可采性】

由当事人陈述、证人证言或其他证据所证实的即时电子交谈，具有可采性。对即时电子交谈予以录制的，该录制资料的可采性标准适用前述规定。

通过秘密技术手段获取的电子数据原则上具有可采性，但违反法律禁止性规定的除外。

用于证明当事人品格和行为倾向性的电子数据具有可采性，但当事人有证据证明上述电子数据或其内容系恶意虚构或伪造的除外。

基于科学方法所收集的大数据证据或作出的大数据分析结果，具有可采性。

第八条【域外电子数据的可采性】

向人民法院提供的电子数据系在外国获取的，应当履行中华人民共和国与该所在国订立的有关条约中规定的证明手续；我国与该国之间没有公约或条约的，应当履行其他相关的证明手续。

向人民法院提供的电子数据是在我国香港、澳门、台湾地区获取的，应当履行相关的证明手续。

在境内通过远程取证手段获取处于境外的电子数据，履行与境内取证相同的法律手续。

第三节　电子数据的证明力规则

第九条【电子数据的证明力标准】

人民法院在对单个电子数据的证明力进行认定时，应当综合审查其真实性、充分性以及完整性，同时考虑待证事实、证据体系等因素，基于自由裁量原则确定其证明力。

第十条【电子数据的真实性规则】

人民法院在认定电子数据的真实性时，应当结合下述所有因素，考虑电子数据的生成、存储、传送与收集等各个环节，审查该电子数据在上述环节是否被增删改，进而作出综合评判：

（一）生成、存储、传递和保存方法的可靠性；

（二）生成、存储、传递和保存的环境要素及相关协议；

（三）电子数据的属性和品质；

（四）用以鉴别发件人方法的可靠性；

（五）可能进入电子系统的人及其对该系统的熟悉程度；

（六）设立密码、电子签名、用户名、账号的电子证据，其密码、电子签名、账号的设立人、使用人、所有人以及该用户名或者账号的使用情况；

（七）传输过程中的解密性；

（八）系统硬件是否完好，软件是否可靠，系统运行是否正常，是否受到过病毒等侵袭；存储的资料是否存在被编辑、修改的可能性；

（九）检验报告或鉴定意见书的内容；

（十）复制件制作的方法是否真实完整地反映了原件记载的内容。

（十一）可能对电子数据可靠性产生影响的其他相关因素。

第十一条【电子数据的真实性推定】

当事人提交的电子数据符合以下情形之一的，如果没有足以反驳的相反证据的，人民法院应当推定其具有真实性，法律另有规定或当事人另有约定或推定将导致不公平的除外：

（一）所依赖的计算机系统或其他类似设备，在所有关键时刻均处于正常运行状态，或虽不处于正常状态，但不影响电子数据真实性的；

（二）是由对其不利的一方当事人保存或提供的；

（三）由中立第三方在正常的业务活动中记录或保存的。

对于前款第一项规定的情形，如果对方当事人没有相反证据，人民法院应当推定所依赖的计算机系统或其他设备处于正常运行状态。

第十二条【电子数据的完整性规则】

当事人提交的电子数据自形成之时起，其内容一直保持完整和未予改动的，则具有完整性；对电子数据内容进行的必要添加或其他在正常传递、存储和显示过程中发生的变动，并不影响其完整性。

电子商务中当事人就所涉电子数据的记录或保存约定了相关标准、程序、方法或惯例的，人民法院在认定其完整性时，也应当依照这些标准、程序、方法或惯例。

第十三条【电子数据的完整性推定】

当事人提交的电子数据符合以下情形之一的，如果没有足以反驳的相反证据的，人民法院应当推定其具有完整性，法律另有规定或当事人另有约定或推定将导致不公平的除外：

（一）所依赖的计算机系统或其他类似设备，在所有关键时刻均处于正常运行状态，或虽不处于正常状态，但不影响电子数据完整性的；

（二）由对其不利一方的当事人记录或保存的；

（三）由中立的第三方在正常的业务活动中记录或保存的。

第十四条【电子数据复制件的证明力】

在原件灭失或难以取得的情况下，根据本法规定具有可采性的电子数据的复制件具有与原件同等的证明力，但对方当事人举出足以反驳的相反证据的除外。

第十五条【电子文书的真实性规则】

向人民法院提交电子文书的当事人，应当通过以下方式之一初步证明其真实性：

（一）证明该电子文书的签署者使用了可靠的电子签名；

（二）证明该电子文书的制作使用了符合法律规定的安全程序；

（三）证明该电子文书的制作使用了人民法院要求的安全程序。

第十六条【电子数据的证明力判断规则】

同一案件事实有若干电子数据证明时，人民法院可以参照以下规则来判断其证明力的大小：

（一）经公证获得的电子数据，其证明力一般大于非经公证获得的电子数据；

（二）在正常业务活动中制作的电子数据，其证明力一般大于为诉讼目的而制作的电子数据；

（三）由不利方保存的电子数据的证明力最大，由中立的第三方保存的电子数据的证明力次之，由有利方保存的电子数据的证明力最小。

（四）由专家出具鉴定意见或者检验报告的电子数据具有较高的证明力；

（五）由核证程序等可靠软件产生的电子数据具有较高的证明力；

（六）使用适格认证机构证书进行电子签名的电子证据具有较高的证明力。

（七）由合法认证机构提供的电子证据，其证明力应高于当事人自行提供的电子证据。

第十七条【电子数据的采信公式】

在评断电子数据的证明力时，人民法院可以使用证明力计算公式作参照。

第十八条【电子数据的证据体系】

审查判断电子数据的证明力，应当从各证据与案件事实的关联程度、各证据之间的联系等方面，综合审查判断电子数据与传统证据之间、电子数据相互之间是否形成完整的证据体系。

第四节 电子数据取证规则

第十九条【电子数据的取证原则】

获取、存储和传输电子数据，应当采用不改变电子数据原始状态的方法和程序。

获取电子数据时，应当同时获取电子数据的原始载体或原件。获取原始载体和原件确有困难的，可以以打印、拍照、摄像、拷贝、镜像、刻盘等方式获取能准确反映原件内容、保持完整性并可供随时调取的复制件。

具备条件的，电子数据获取、存储和传输的每一环节都应当记录并存档，以便日后查询。

第二十条【电子数据的取证方法】

当事人获取电子数据，可以自行提取，也可以委托律师或聘请专家提取，还可以申请人民法院调取。公安司法机关或行政执法机关合法获取的电子数据，可以直接用于电子商务案件中。

当事人自行提取电子数据的，可以对提取过程进行同步录像，具备条件的，可以采取适当的技术手段防止电子数据发生篡改。

当事人委托律师进行电子数据取证工作的，律师可以根据案件需要请求网络服务商进行电子数据的固定和提取、聘请鉴定机构进行电子数据鉴定、申请公证机关进行电子公证或申请有权机关调取或保全证据等。

网络服务商应当在技术和管理上确保电子数据的原始性、安全性、完整性、准确性、真实性，并保证记录数据为自动生成，加盖公章或附加电子签名予以确认。

网络交易数据等电子数据和资料的保存期限由网络服务商与当事人约定。没有约定的，网络交易数据和资料从交易完成之日起至少应当保存两年。法律另有规定的，应按照规定执行。

第二十一条【专家协助电子取证】

当事人、律师、公安司法机关、行政执法机关等在获取电子数据的过程中，可以聘请或指定具有专门知识的人进行协助。

第二十二条【电子数据司法鉴定】

对于如下专门性的电子数据问题，当事人无法达成一致的，或人民法院认为有必要的，应当委托具有鉴定资格的鉴定机构和鉴定人进行鉴定：

（一）电子数据内容一致性的认定；

（二）对各类电子设备或存储介质所存储数据内容的认定；

（三）对各类电子设备或存储介质已删除数据内容的认定；

（四）加密文件数据内容的认定；

（五）对计算机程序功能或系统状况的认定；

（六）对电子数据的真伪及形成过程的认定；

（七）根据诉讼需要进行的关于电子证据的其他认定。

不具鉴定资质的专家对电子数据进行前述检验的，可以出具相关的检验报告。

第二十三条【电子数据的诉前、仲裁前保全】

因情况紧急，在电子数据可能灭失或者以后难以取得的情况下，利害关系人可以在提起诉讼或者申请仲裁前，根据案件情况向电子数据载体所在地、被申请人住所地或者对案件有管辖权的人民法院申请保全证据。

第二十四条【电子公证】

公证人员进行电子公证时，应当在公证机构或者专业技术服务机构的工作场所、使用公证机构或者专业技术服务机构提供的设备进行，由于技术条件的限制等客观原因无法实现的，应当对公证所用的电脑或其他电子设备、网络环境进行清洁性检查。

公证人员进行电子公证时，应当制作电子数据的副本并以副本为操作对象，同时封存电子数据原件，保证其原始状态。

在公证过程中应当保证电子数据的完整性，保证电脑系统、辅助软件和分析方法的安全可信；同时详细、如实记录整个公证过程，记录的内容应当真实、客观、准确、完整、清晰，记录的文本或音像应当妥善保存。

第二十五条【电子数据的保管】

根据法律规定，对电子数据实施有效的保管，至少应当符合以下条件：

（一）其中所包含的信息可供调取，以备在设定期限内查用；

（二）采用了生成、发送或接收时的原始格式，或者能够准确转换成原始格式的其他格式；

（三）所保存的信息应包括正文内容，以及任何其他必要信息；

（四）主管机关规定或当事人约定的其他条件。

第二十六条【电子文书的档案管理】

电子文书的保管者应当自电子文书形成时起进行档案化管理，对任何处理和操作进行不间断的登记，并采取可靠的安全防护技术措施，保证电子文书的可靠性和完整性。电子文书的处理和保存应符合国家的安全保密规定。

第五节　电子数据举证规则

第二十七条【电子数据的举证原则】

当事人向人民法院提交电子数据，原则上应当一并提交电子数据所在的电子设备或存储介质。因客观原因不能提交电子设备或存储介质的，应当说明理由并经人民法院同意。

电子数据举证时应当完整、全面地展示数据内容，可以一并提交附属信息、关联痕迹以及系统环境信息等内容。

第二十八条【电子数据的举证方式】

电子数据需要当庭展示的，可以根据电子数据的具体类型，借助多媒体设备出示、播放或者演示。必要时，可以聘请有专门知识的人进行操作，并就相关技术问题作出说明和解释。

当事人向人民法院提交电子数据时，可以在提交电子数据及其载体的同时，将电子数据转化成可直接感知的传统证据提交；对无法直接展示的电子数据，应当附有电子数据属性、功能等情况的说明。

转化举证可以采取以下几种方式：

（一）通过计算机打印输出的方法；

（二）通过计算机读取并处理移动存储介质内电子数据的方法；

（三）将计算机系统本身作为证据，以模拟和演示特定条件下计算机的性能证明计算机系统本身的可靠性；

（四）将计算机系统所带硬盘作为证据，通过计算机读取处理硬盘数据，展示硬盘内容作为证据展示；

（五）上述四种方法的结合使用。

案件中涉及的电子数据数量过多或者形式复杂的，人民法院可以组织庭前证据交换。

第二十九条【电子数据保管者的举证责任】

在电子商务案件中，实行“谁持有，谁举证”为主、“谁主张，谁举证”为辅的举证责任分配原则。电子数据依法或依约定由一方当事人保管的，由该方当事人承担举证责任；由第三方保管的，当事人可以请求第三方协助当事人举证，并支付相关费用。

负有保管责任或有条件接触第三方所保管的电子数据的当事人无法提供电子数据，或者提供的电子数据不足以证明该方当事人事实主张的，由该方当事人承担不利的诉讼后果。

第三十条【术语解释】

本章规定中所使用的相关术语应作如下理解：

（一）电子数据，是指借助于电子、光学、磁或者类似信息技术生成、修改、删除、存储、传递、获取等一切形式的数据。主要包括电脑文档、手机文档、电子邮件、即时通讯记录、博客、微博、网页历史记录、IP 地址、手机短信、通话记录、传真记录、信令数据、电子签名、电子痕迹等。

（二）电子设备，是指由电子元器件组成，且借助一定的处理系统用于生产、修改、删除、存储、传递电子数据的设备，主要包括台式电脑、笔记本电脑、平板电脑、掌上电脑、服务器、手机、数码照相机、数码摄像机、打印机、复印机、传真机、电话机、扫描仪、导航仪、路由器、电视机顶盒、手机基站等。

（三）存储介质，是指数字化存储电子数据及相关信息的介质，包括硬盘、移动硬盘、光盘、U 盘、记忆棒、存储棒等。

（四）电子文书，是指以电子形式接收、记录、传递、存储、编辑、恢复或生成，可以依赖计算机等数字设备阅读、处理的，据以表明某种法律关系的形成、变更或消灭的法律文书。

（五）电子文书，是指以电子形式接收、记录、传递、存储、编辑、恢复或生成的法律文书，其依赖计算机等数字设备阅读、处理，用以表明某种法律关系的形成、变更或消灭。

（六）即时电子交谈，是指电话交谈、文本消息、聊天室交谈、音频材料、视频材料，以及其他没有记录或保存的电子形式交谈。

（七）附属信息，是指在电子数据产生过程中，应用软件系统同步产生的信息，如文档的创建时间、修改时间、访问时间、保存者、类型、格式等。

（八）关联痕迹，是指产生电子数据所基于的操作软件系统、文档存储系统同步产生的痕迹，如 windows 的日志文件、休眠文件、页面文件、删除指针或数据存储规律等。

（九）电子签名，是指用于识别签名人身份并表明签名人认可其中内容的电子形式的数据。电子签名与手写签名具有同等的法律效力。

（十）核证程序，是指由法定机关对有关应用软件按一定的标准和步骤进行审核，经审核后符合法律规定的软件即签发相应证书的程序。

（十一）非法软件，是指法律法规规定禁止开发、生产、销售和进口的软件产品，包括：侵犯他人知识产权的、含有计算机病毒的、可能危害计算机系统安全的、不符合我国软件标准规范的、含有法律、行政法规禁止的内容的。

（国家工商行政管理总局课题组）

第三章 数据电文与电子合同相关法律问题研究

一、研究背景及意义

信息环境下的社会结构、要素、存在、关系及行为呈现更强的复杂性；复杂的信息社会又带来了契约的重大变革。信息网络环境下的契约呈现出主体多元、关系交互、内容复杂、技术属性强的特点。这一变化源于信息技术，作用于社会关系，直接影响到契约理论和实务。在电子商务立法的背景下，对信息环境下的契约制度进行研究具有重要理论和现实意义。

深圳市作为我国首个电子商务示范城市，在信息经济管理和电子合同应用及制度建设方面所作出的探索和创新，对我们进行数据电文及电子合同相关的研究具有重要的借鉴和参考意义。

二、国内外法律制度建设概况

1. 国外情况

联合国国际贸易法委员会制定的电子商务示范法、电子签名示范法和电子通信公约为各国数据电文及电子合同相关法律制度建设起到了良好的示范作用。

美国统一计算机信息交易法及统一电子交易法对数据电文及电子合同的规定较为完善。其中统一计算机信息交易法是一部以调整电子合同为主的实体法，具有特别合同法的性质，内容涉及到电子合同的成立、解释、担保、转让、履行、违约及其责任等方面。该法还对“电子代理人”和“电子错误”相关问题做了明确规定。

欧盟电子签名指令着眼于电子商务的发展和电子合同的普及应用，内容涵盖了电子签名的司法证据效力、促进电子签名的应用和电子合同的普及、强化电子签名中的身份认证及个人隐私数据保护、市场准入等多方面内容；电子商务指令是欧盟在吸收和整合前期法律制度，对电子合同缔结、电子合同安全性、公共机构的电子合同使用等作了规定；消费者权益保护指令从保护消费者权益出发，规定了普通消费合同中的经营者提供信息的义务、严格规定了合同的形式要求、规定了消费者的撤销权等。

2. 我国情况

我国目前有关数据电文及电子合同的主要法律制度主要集中于合同法、电子签名法以及各部委的规章及规范性文件之中。

合同法对电子合同的形式、成立与生效作了规定；电子签名法是我国第一部系统性规范数据电文、电子签名在电子合同中的应用相关的法律，其效力层级很高，且其内容参考了联合国国际贸易法委员会电子商务示范法、电子签名示范法的规定，弥补了我国相关法律规范缺陷，修正了相关法律规定。央行 2005 年发布的《电子支付指引（第一号)》第五章专门规定了“电子差错”问题，是我国第一个全面系统规定电子交易中电子错误责任承担问题的规章。在地方，《深圳市网络交易合同规则》对通过互联网络订立电子合同的规则作了完整、系统的创新，内容主要涵盖电子合同的定义、促进电子合同系统化服务的发展、电子合同辅助应用、信用建设等方面，具有重要的推广借鉴意义。

此外，有关数据电子的司法效力，电子签名法规定了“非歧视”原则，刑事诉讼法、民事诉讼法等法律规范也对电子证据作了规定。

三、我国数据电文与电子合同相关法律问题简析

通过对比国内外研究发现，我国数据电文与电子合同相关的法律问题主要集中在如下几个方面：

1. 数据电文的定义和理解

我国合同法规定数据电文属于合同的形式，且限于电报、电传、传真、电子数据交换和电子邮件五种。但这与联合国国际贸易法委员会电子商务示范法及我国电子签名法的规定相冲突。后者规定数据电文包括但不限于电报、电传、传真、电子数据交换和电子邮件五种，且数据电文属于内容。对此矛盾之处，应予立法修正。

2. 缔约主体及电子代理人

电子信息环境下，电子合同缔约主体虚拟，加之多数电子合同通过电子信息系统（电子代理人）订立，现有的法律规定推定行为人承担电子缔约的法律后果，此举确保了电子合同的效率但忽略了公平价值。

3. 主体认证及信用机制

信息经济是知识经济，也是信用经济。电子信息环境天然具有信息收集、处理和信用管理的优势，应以缔约主体认证为核心建立信息社会信用制度。

4. 电子合同的成立

由于对电子合同的理解和实际流程不明确，关于电子合同缔结过程中要约撤销、撤回及承诺撤回的问题，理论和实务界长期莫衷一是。实际上，在采“到达主义”原则之下，电子合同缔结过程中的要约和承诺依照传统的合同法律规则即足以完成撤销或撤回。此外，关于数据电文的“到达”我国合同法第十六条相比较联合国贸易法委员会电子商务示范法第十五条的规定略去了第二种情形，因此存在法律上的漏洞和不足，亟须补足。

5. 格式条款公平性

电子商务对合同格式条款具有高度的需求，同时合同格式条款的公平性一直是理论和实务界关注的重点。我国已有法律规范过于概括、原则，操作性欠缺，尤其是在应对信息环境中大规模的电子合同应用方面，需要从合同主体认证、合同存储及查询、信用管理、纠纷处理等多个方面进行系统性创新，实现电子合同缔结、履行及救济过程中的监管与服务的同步，从而确保电子合同关系公平建立和履行。

6. 电子错误

由于电子合同的缔结及履行以来电子通信手段，“电子错误”不可避免。但是我国目前法律，除了央行《电子支付指引（第一号）》对此专门规定之外，其余法律规范并未涉及此项。由此造成重要的法律空白，为实际执法和司法带来隐患。

7. 电子合同纠纷解决

长期以来，电子合同的在线纠纷解决一直未能普及应用，受制于公众认知局限和在线纠

纷解决机制的缺陷，适应信息环境的纠纷解决机制亟须立法完善。

8. 数据电文证据效力

国际国内对数据电文的书面形式、原件形式普遍采“功能等同法”认定，并且数据电文在司法中的应用应坚持“非歧视原则”。但在实践中，由于电子信息技术的专业性、技术性较强，在缺乏相应的取证、存储、认证、质证等有关的系统性服务机制和标准的情况下，电子证据的应用受到很大的局限，阻碍和司法的进步。

9. 电子合同相关产业发展

电子合同的应用和规范是一个系统性的工程。我国的数据电文及电子合同法律制度未能形成体系，相关的应用和服务并未发展起来，实际阻碍了数据电文及电子合同的应用，需要法律制度予以完善。

总体而言，我国现有数据电文及电子合同法律制度存在零散、效力层次低、相互矛盾或存在疏漏、缺乏操作性等问题，尤其是在顺应信息社会的发展方面，存在较大的不足，表现为以传统思维应对现代信息环境，需要在新的立法中予以注意和纠正。

四、数据电文与电子合同相关立法建议

基于前述研究分析，我们围绕电子商务立法目的，提供如下立法建议，供立法机关参考。

1. 有关定义

建议对电子合同作如下定义：“电子合同是平等主体的自然人、法人、其他组织之间以数据电文为载体，利用电子通信手段设立、变更、终止双方民事权利义务关系的协议。”同时鉴于现有法律对数据电文的规定存在矛盾，建议在本次立法中直接参考电子签名法对数据电文的定义做统一规定。

2. 数据电文的发送与接收

由于电子合同以电子通信手段缔结，互联网的应用创新日新月异，电子合同的缔结过程中数据电文的发送与接收形式多种多样，在立法中难以做具体的描述，建议采取“技术可识别的方式”进行概括。

由于我国现有法律制度对数据电文的接收之规定存在疏漏，建议在立法中参考联合国国际贸易法委员会电子商务示范法补充规定：“如果接收人指定了特定信息系统，而数据电文发给了被指定的信息系统之外的信息系统，则以接收人查看到该数据电文的时间为接收时间”的情形。

3. 电子合同相关的辅助应用

数据电文及电子合同相关的辅助应用应通过立法予以认可，包括但不限于如下：

（1）电子签名及其他确认合同真实性的方式：电子签名是确认合同真实性的一种方式，但并不是唯一方式，比如支付宝、淘宝的身份认证流程，就是电子签名之外的确认行为主体真实性的方式，具有创新性，应当被认可。

（2）电子合同辅助认证手段：如二维码、时间戳、水印、短信通知等辅助加密或保密的技术设施及方法。

（3）电子合同订立系统：指具备缔约人身份认证、谈判磋商、合同电子签名、合同存储与调用等功能以实现在线订立电子合同及处理的信息系统。

（4）电子合同主体认证：包括缔约当事人对缔约人的真实身份进行验证或核实，以及电子合同缔约系统对使用人的真实身份进行验证或核实。

（5）电子合同第三方存储、备份及查询：电子合同的存储是指独立于电子合同签订各方的服务机构所提供的，应合同签订一方或多方请求对合同订立过程所提供的多种数据存储服务。电子合同的备份是指通过第三方存储服务或电子合同订立系统对电子合同文本进行备份，包括合同内容、签约时间、合同订立各方主体信息、电子签名信息等。这些存储和备份的信息能够应缔约人或其他依法取证机构的请求进行查询，提供存储、备份的服务机构及其工作人员应依法履行保密义务。

4. 缔约主体行为能力及举证责任

由于现有法律制度未充分考虑信息环境下，主体虚拟、电子代理人广泛应用的情形下缔约主体行为能力对电子合同效力的影响，故在立法中应予以完善。其一，由当事人所选择的电子信息系统作出的缔约行为，视为由该当事人本人所作出，缔约行为所产生的法律后果，应由该当事人承担。此为推定原则，以确保电子缔约效率为目标；其二，当事人以主体行为能力欠缺、意思表示不真实等为由对前款规定的责任承担提出相反主张的，应承担举证责任；其三，结合民法通则的规定和网络交易中的差异性和多样性，规定“限制民事行为能力人作出的纯获利益的缔约行为或与其年龄、智力、精神健康状况相适应的缔约行为具有法律效力”。

5. 信用服务

信用机制建设需要社会各方协力共建。除了国家管理机构之外，还应鼓励企业、行业协会和相关专业机构可以根据《征信业管理条例》的规定，对合同当事人基本身份信息、产品或服务基础信息和主体信用信息提供查询和数据共享等服务，建立全方位的社会信用体系。

6. 电子合同的成立

依照合同法律规定，合同的成立涉及要约邀请、要约及承诺。由于长期存在对电子合同要约撤销、撤回及承诺撤回问题的争议，故在本次立法中，建议依据前述法律规定完善数据电文发送与接收规则的基础上，明确电子要约、电子承诺的撤回及撤销问题，以消除理论和实践中的纷争。

7. 电子合同格式条款公平性

建议从如下方面规范电子合同格式条款公平性：一是结合电子合同相关辅助应用（如主体认证、合同存储及备份、查询等），便于监管和监督；二是对合同格式条款作区分处理：即对于发展相对成熟的领域采取示范文本的方式予以规范；对于新兴领域，适用宽松的规定，在原则之内（如格式合同提供方公平约定，尽到提示义务，不排除或者限制合同相对人权利、减轻或者免除自己责任、加重相对人责任等，不利用合同格式条款并借助技术手段强制缔约等）使用格式条款即可。

8. 电子错误的处理

信息环境下电子错误难以避免，建议参照美国统一计算机信息交易法和我国《电子支付指引（第一号）》对电子错误作如下规定：

因电子信息系统、管理制度或第三方的原因，造成数据电文无法及时传递、传递不完整或被篡改，并造成缔约人损失的，提供电子信息系统的一方应承担责任。因第三方的原因造成缔约人损失的，提供电子信息系统的一方应先予赔偿，再依法向第三方进行追偿。

9. 电子合同争议解决

应鼓励合同当事各方通过电子信息手段处理电子合同纠纷。通过立法规定电子合同当事人可以通过网上第三方调解或网上仲裁等方式解决纠纷。

10. 数据电文的证据效力

建议在电子商务立法中继续强化现有法律关于数据电文证据效力的规定，同时补充规定："对数据电文作为证据的应用应依据相关法律法规规定的规则进行。"从而将建立电子证据使用规则的要求提出，由后续的立法和司法解释去充实完善。

11. 促进电子合同相关产业发展

如前所述，数据电文及电子合同应形成产业和系统，才能得到普及和应用。应该立法鼓励企业、行业协会和相关专业机构可以依法探索建立电子合同订立系统、电子合同主体信用评价体系、电子合同第三方存储机制、在线小额争议解决机制等服务和机制，促进电子合同发展及应用。

12. 其他相关内容

除了前述之外，数据电文及电子合同立法还应包括：网络交易平台在利用电子合同过程中的公平义务和信息存储义务；制定标准和参与国际条约，促进跨境电子合同应用。

（深圳市市场和质量监督管理委员会课题组）

第六篇　电子支付问题研究

第一章　电子支付问题研究（之一）

电子支付问题研究（以下简称“课题”）探讨了电子支付的内涵、我国电子支付服务发展的现状及其对电子商务发展的影响、我国电子支付立法现状的分析及国际比较，以及电子支付立法中需要解决的主要问题等内容，并根据我国电子商务和电子支付行业发展的现状，结合世界主要国家和地区的立法经验，提出电子商务法中与电子支付相关条文的立法建议。

一、电子支付的内涵

“课题”认为，为了更好地适应电子商务发展的需要，立法宜采用广义的电子支付概念：将电子支付定义为收款人和付款人为电子商务活动的需要，通过电子形式的支付指令实现货币资金转移的行为，其与以现金支付、票据交换为代表的传统支付方式的根本区别在于支付指令的载体不同。与传统支付方式相比，电子支付还具有信息传输的数字化、支付系统的开放化、信用关系虚拟化和与电子商务紧密结合等特征。目前，电子支付主要包括银行账户支付（含网关支付）和支付账户支付（包括直付型和担保型）两种主要的业务类型，根据支付工具的不同，又可以分为基于银行卡（借记卡、信用卡）的电子支付、基于支付机构网络支付账户的电子支付、基于电子票据（支票、商业汇票）的电子支付、基于预付卡的电子支付等。

电子支付活动的主要参与主体包括电子商务交易主体双方（以下简称“交易主体”、“收付款人”或者“客户”）、电子支付服务提供者、清算服务提供者以及认证机构四种，他们之间的行为属于平等主体之间的民商事法律行为，主要适用合同法律关系调整，其法律关系主要有交易主体双方之间的买卖合同关系、交易主体与电子支付服务提供者之间的委托收付款合同关系、银行与支付机构之间的委托收付与资金监管关系、电子支付服务提供者与清算机构之间的委托清算合同关系，以及认证机构与电子支付服务提供者、交易主体之间的交易鉴证法律关系五种。

二、我国电子支付服务发展的现状及其对电子商务发展的影响

根据数据分析，“课题”认为：近年来，随着电子商务的迅猛发展和信息通信技术的普及应用，我国电子支付业务持续快速增长，电子支付市场参与主体日益多元化，市场交易规模快速扩大、电子支付创新也不断向广度和深度推进，更加便民、惠民，成为了传统金融行业的有益补充。

电子支付的迅速发展解决了电子商务中最重要的资金结算问题，与电子商务互为发展的前提和基础，二者密不可分，电子支付的发展使电子商务的普及成为可能，同时也依靠电子商务的资金和客户数量的增长而进一步发展壮大。因此，在电子商务立法中涵盖电子支付的内容是十分必要的。

三、我国电子支付立法现状的分析及国际比较

通过对我国现行法律的梳理，“课题”认为：我国相关法律法规仍处于未形成体系的起步阶段，没有专门规范电子支付的立法，规范散、层级低，在电子支付相关主体之间的法律关系调整、对电子支付服务提供者的监管、电子支付业务的主要规则和消费者权益保护等方面的制度均不健全。我国电子支付领域的主要法律规范如表 6－1 所示：

表 6－1　我国电子支付领域的主要法律规范

<table>
<tr><th>类型</th><th>规范领域</th><th>文件名称</th><th>颁布单位</th></tr>
<tr><td rowspan="4">一般性立法</td><td rowspan="2">基础民事法律关系</td><td>合同法</td><td>全国人大</td></tr>
<tr><td>物权法</td><td>全国人大</td></tr>
<tr><td>电子签名</td><td>电子签名法</td><td>全国人大常委会</td></tr>
<tr><td>消费者保护</td><td>消费者权益保护法</td><td>全国人大常委会</td></tr>
<tr><td rowspan="9">基础性监管规范</td><td rowspan="3">监管权划分、基础业务规则</td><td>中国人民银行法</td><td>全国人大</td></tr>
<tr><td>商业银行法</td><td>全国人大常委会</td></tr>
<tr><td>银行业监督管理法</td><td>全国人大常委会</td></tr>
<tr><td rowspan="6">反洗钱</td><td>反洗钱法</td><td>全国人大常委会</td></tr>
<tr><td>《金融机构反洗钱规定》</td><td>人民银行</td></tr>
<tr><td>《金融机构大额交易和可疑交易报告管理办法》</td><td>人民银行</td></tr>
<tr><td>《金融机构报告涉嫌恐怖融资的可疑交易管理办法》</td><td>人民银行</td></tr>
<tr><td>《金融机构客户身份识别和客户身份资料及交易记录保存管理办法》</td><td>人民银行</td></tr>
<tr><td>《支付机构反洗钱和反恐怖融资管理办法》</td><td>人民银行</td></tr>
<tr><td rowspan="2">银行电子支付业务规范</td><td rowspan="2">商业银行电子支付</td><td>《电子支付指引》</td><td>人民银行</td></tr>
<tr><td>《电子银行业务管理办法》</td><td>银监会</td></tr>
<tr><td rowspan="5">支付机构电子支付业务规范</td><td rowspan="2">基础制度</td><td>《非金融机构支付服务管理办法》</td><td>人民银行</td></tr>
<tr><td>《非金融机构支付服务管理办法实施细则》</td><td>人民银行</td></tr>
<tr><td>系统安全</td><td>《非金融机构支付服务业务系统检测认证管理规定》</td><td>人民银行</td></tr>
<tr><td rowspan="2">备付金管理</td><td>《支付机构客户备付金存管办法》</td><td>人民银行</td></tr>
<tr><td>《中国人民银行关于建立支付机构客户备付金信息核对校验机制的通知》</td><td>人民银行</td></tr>
</table>

续表

类型	规范领域	文件名称	颁布单位
支付机构电子支付业务规范	业务管理	《支付机构预付卡业务管理办法》	人民银行
		《银行卡收单业务管理办法》	人民银行
		《中国人民银行关于发布中国金融移动支付系列行业标准的通知》	人民银行

在此基础上，“课题”通过对美国、欧盟、新加坡和澳大利亚等国家或地区的电子支付立法概况、电子支付服务主体的类型和监管体系、电子支付立法中金融消费者保护的特殊机制等问题进行分析，提出了对完善我国立法的建议，包括尽快制定适应我国电子支付发展水平的法律规范体系、建立适合我国国情的监管体制、进一步加强电子支付领域金融消费者权益保护等三大方面。

四、电子支付立法中需要解决的主要问题及相应的立法思路

从上述研究出发，“课题”梳理出了电子支付立法中亟待解决的九个问题及相应的立法思路。这些问题分别是：电子支付立法的基本原则和目标；电子支付业务的监管框架；电子支付服务提供者的定位；电子支付服务协议与主要参与主体的权利、义务、责任；电子支付账户的定位和实名制要求；备付金的相关法律问题；电子支付指令法律地位；电子支付服务提供者与客户之间的责任划分以及客户个人信息保护。

1. 电子支付立法的基本原则和目标

“课题”提出了服务实体经济、坚持意思自治与契约自由、保护消费者权益、兼顾效率与安全、鼓励竞争等五个基本原则，以及兼容协调统一这一处理新的电子支付立法与现行各部法律间关系的重要准则，作为指导电子支付立法的技术规范。

2. 电子支付业务的监管框架

“课题”提出建议延续现有的监管模式，由中国人民银行继续负责电子支付业务规则和标准的制定，对支付机构从事电子支付业务进行准入许可及日常监管；由银监会会同人民银行对商业银行开展电子支付业务进行监管；其他相关部门依法在职责范围内开展管理工作。同时，明确电子支付服务提供者从事电子支付业务时应符合国家和金融行业技术标准，并建议在适当的条款中对各相关协会的地位一并予以明确。

3. 电子支付服务提供者的定位

“课题”提出尊重我国国情、借鉴国际经验、坚持继续由商业银行和支付机构共同提供电子支付服务。其中，商业银行提供包括电子支付服务在内的各类金融服务，而支付机构则专注于提供快捷、便民、安全的电子支付服务，在中国人民银行规定的范围内开展业务，不得吸收或者变相吸收公众存款，不得从事或者变相从事信贷、理财、融资担保、货币兑换等业务。

4. 电子支付服务协议与主要参与主体的权利、义务、责任

“课题”认为，电子支付各主要参与主体之间采取了缔结合同的方式来约定各自的权

利、义务与责任，最为核心的就是电子支付服务提供者与收付款人之间的电子支付服务协议，应当通过立法要求双方必须签订这一协议，并规定协议中必须具备的核心条款，且对格式合同的使用进行一定限制。同时，“课题”也探讨了需要通过立法规定的电子支付服务提供者与收付款人的基本权利和义务，包括知情权、要求对账权、赎回权、收费权，等等。

5. 电子支付账户的定位和实名制要求

“课题”认为，电子支付账户不是与银行账户相同的“全功能”账户，而是应当作为一类特殊的账户形式进行管理，其中存放的是预付价值而不是存款。但是，作为一种特殊的账户形态，电子支付账户在开立时仍需要依据反洗钱法的规定，履行反洗钱和反恐怖融资义务，采取有效措施核实客户的真实身份，并依据身份识别方式和标准，统筹考虑电子支付账户的功能。

6. 备付金的相关法律问题

“课题”认为，备付金是支付机构为办理客户委托的支付业务而实际收到的预收待付货币，现阶段将其认定为客户财产或者支付机构财产的观点均具有一定合理性和缺陷，在相关理论与实践均未成熟的情况下，建议在立法时不直接作出规定，但其不等同于银行存款，支付机构不得为客户给付利息。同时，为保护收付款人的权益，借鉴欧盟等国家和地区的做法，要求支付机构将收到的备付金全额存放于其在商业银行开立的专用存款账户，与自有资金分账管理和核算，规定备付金只能用于客户委托的支付业务和法律法规规定的其他情形，不得擅自挪用、占用、借用客户备付金，不得为他人提供担保，在破产时不作为支付机构的财产进行清算。同时，鉴于备付金监管技术性强、需要根据业务创新和技术进步及时调整，不适宜上升到法律的高度，建议在立法中不再规定备付金的监管模式，由中国人民银行根据法律授予的对支付机构的监管权制定具体的备付金监管细则。

7. 电子支付指令法律地位

“课题”认为，支付指令是指付款人向电子支付服务提供者发出的将固定的或可确定的货币金额交由收款人的无条件指令。其本质是合同法和电子签名法所规定的“数据电文”的一种，在完整记载收付款人的真实名称、交易金额、支付指令发起日期等事项，并经客户确认后，具有法律效力，可以认为是客户发起资金汇划活动的真实意思表达。

8. 电子支付服务提供者与客户之间的责任划分

“课题”认为，应以电子支付指令的发出作为确定划分客户与电子支付服务提供者责任的时点，客户仅对指令发出前的错误负责。同时，在非授权交易和错误交易的归责原则方面，建议适用无过错责任原则，即不考虑电子支付服务提供者有无过错，均应对客户的损失承担责任，法律另有规定或者电子支付服务提供者能够证明客户存在过错、重大过失的除外。

9. 客户个人信息保护

“课题”认为，客户的身份信息、账户信息、信用信息及其他衍生信息都属于客户个人信息的范畴，电子支付服务提供者应遵循合法、合理的总原则收集、保存、使用和对外提供客户个人信息，且不得非法对外出售客户个人信息，除法律法规和中国人民银行另有规定外，未经客户书面同意，不得对外提供客户个人信息，不得存储非本机构开立的客户账户密码、银行信用卡验证码及有效期等敏感信息。同时，除法律法规和中国人民银行另有规定外，电子支付服务提供者在中国境内收集的客户个人信息的储存、处理和分析也应当在中国境内进行。

电子商务法电子支付部分立法建议稿

第一章　电子支付

第一条【电子支付的概念和基本原则】本法所称电子支付，是指付款人与收款人通过电子形式的支付指令实现货币资金转移的行为。

电子支付应当本着服务实体经济的原则，充分尊重相关主体的意思自由，保护消费者合法权益，提高交易的效率并保障安全。

国家采取有效措施促进电子支付业务的发展，维护公开、公平、开放的市场秩序。

第二条【电子支付业务的监管】中国人民银行依法制定电子支付业务规则，对支付机构进行监督管理，会同国务院银行业监督管理机构对银行业金融机构从事电子支付业务的行为进行监督管理。

第三条【电子支付业务经营主体】经国务院银行业监督管理机构批准的银行业金融机构可以依法从事电子支付业务。非金融机构从事电子支付业务，应当经中国人民银行批准成为支付机构。设立支付机构的条件、程序和其他监管措施，由中国人民银行另行制定。

支付机构应当在中国人民银行确定的业务范围内从事电子支付业务，不得吸收或者变相吸收公众存款，不得从事或者变相从事信贷、理财、融资担保、货币兑换等业务。

未经许可，其他任何单位和个人不得经营电子支付业务。

电子支付服务提供者从事电子支付业务应符合国家和金融行业技术标准，未制定国家标准、金融行业标准的，必须符合保障支付安全的要求。

本法所称电子支付服务提供者包括银行业金融机构和支付机构。

第四条【服务协议】电子支付服务提供者提供电子支付服务，应当与客户签订服务协议，约定所提供的支付业务类型和业务规则、双方权利义务、身份识别和交易验证方式、资金结算方式、收费标准和收费方式、支付风险防控措施、违约责任和纠纷处理方法等事项。

电子支付服务提供者使用格式条款的，应当遵守法律法规的规定，以显著方式提示客户注意与客户有重大利害关系的核心事项，并按客户的要求采取合理的方式予以说明。

第五条【客户的基本权利和义务】客户有权知悉电子支付服务的功能、使用方法、注意事项、相关风险和收费标准等事项，有权自主选择电子支付服务提供者，有权拒绝电子支付服务提供者附加的不合理交易条件。

客户有权要求电子支付服务提供者免费提供月度对账服务及至少最近一年的交易记录。

客户应当按照与电子支付服务提供者的约定，在合法范围内使用电子支付服务、支付服务费用，妥善保管交易密码、数字证书等安全工具。客户身份信息发生变更、发现安全工具遗失、被盗用或其他未授权交易的，应当及时通知电子支付服务提供者。

第六条【电子支付账户】支付机构可以根据客户的要求，为其开立电子支付账户，用于存放预付价值。电子支付账户的开立条件、方式和功能等事项由中国人民银行另行规定。

支付机构开立电子支付账户时，应当按照《中华人民共和国反洗钱法》的规定，履行反洗钱和反恐怖融资义务，采取有效措施核实客户真实身份，不得为客户开立假名、匿名账户。

第七条【备付金管理】支付机构应当将收到的备付金全额存放于其在商业银行开立的专用存款账户，与自有资金分账管理和核算，不得向客户发放或者变相发放利息。支付机构备付金日均余额与其自有资金的比例应当满足中国人民银行规定的条件。

备付金只能用于客户委托的支付业务和法律法规规定的其他情形，任何单位和个人不得擅自挪用、占用、借用客户备付金，不得为他人提供担保。支付机构破产时，备付金应当优先用于向客户清偿，不得用于清偿支付机构的其他债务。

客户有权要求支付机构将其备付金划转至客户本人银行结算账户，支付机构不得设置障碍或者收取不合理的手续费。

本法所称备付金，是指支付机构办理客户委托的支付业务而实际收到的预收待付货币资金。

第八条【电子支付指令】电子支付服务提供者应当在电子支付指令中完整记载收付款人的真实名称、交易金额、支付指令发起日期等事项，确保客户在电子支付指令执行前可以对上述事项及手续费等相关信息进行确认，经客户确认后的电子支付指令具有法律效力。

电子支付服务提供者应当采取有效措施，确保电子支付指令在传递过程中的真实性、完整性、不可抵赖性，在电子支付指令执行完成后及时将结果通知客户。电子支付指令未能成功执行的，电子支付服务提供者应当及时提示客户，并采取必要的补救措施。

第九条【电子支付的责任划分】电子支付服务提供者未正确执行客户发出的电子支付指令，或者未经授权扣划客户资金的，所产生的后果由电子支付服务提供者承担，法律另有规定或者电子支付服务提供者能够证明客户存在过错、重大过失的除外。

第十条【风险防范措施】电子支付服务提供者应当建立健全电子支付业务风险管理制度，根据不同的交易类别采取有针对性的风险防控措施。

第十一条【信息保护】电子支付服务提供者收集、保存、使用和对外提供客户个人信息，应当遵循合法、合理原则，不得收集与业务无关的信息或者采取不正当方式收集信息，不得非法对外出售客户个人信息。除法律法规和中国人民银行另有规定外，未经客户书面同意，不得对外提供客户个人信息，不得存储非本机构开立的客户账户密码、验证码及有效期等敏感信息。

电子支付服务提供者在中国境内收集的客户个人信息的储存、处理和分析应当在中国境内进行，除法律法规和中国人民银行另有规定外，不得向境外提供。

第十二条【罚则】电子支付服务提供者违反本法规定的，由中国人民银行、国务院银行业监督管理机构分别依职权责令限期改正，对单位处一万元以上五十万元以下的罚款；对直接负责的主管人员和其他直接责任人员处一万元以上十万元以下的罚款；有违法所得的，没收违法所得；情节特别严重或者逾期不改正的，可以责令停业整顿或者吊销其经营许可证；构成犯罪的，依法追究刑事责任。

（中国人民银行课题组）

第二章　电子支付问题研究（之二）

一、电子支付发展现状

（一）概述

1. 电子支付的定义

电子支付既包括以履行商品销售或服务为基础的价款支付，也包括非以商品交易为基础的资金划拨，恰当地界定电子支付的定义直接关系到立法调整的对象。

从国际立法来看，美国法律中没有电子支付的定义。1978 年电子资金划拨法对电子资金划拨的定义是："电子资金划拨指除了发端于支票、汇票或其他类似的纸质工具以外的，通过电子终端、电话形式、计算机以及磁带命令、指令或授权金融机构借记或贷记账户的任何资金划拨。"

联合国国际贸易法委员会 1987 年制定的《联合国国际贸易法委员会电子处理资金划拨法律指南草案》提出："资金划拨：转让人与受让人之间的资金流动。""本指南所使用的'电子处理资金划拨'一词是指这样一种资金划拨，即在处理过程中有一个或多个以前用以票据为依据的技术来进行的步骤现在改用电子技术来进行。其中最明显和最重要的是涉及资金划拨的银行以发送电子信息来传递指示和用电算机处理借贷划拨指示，而不是实际传送以票据为依据的借贷划拨指示。"

澳大利亚 2008 年电子资金划拨指导法规定：电子资金划拨是通过电子设备、使用某种存取方式向账户机构直接或间接发出指令，对该账户机构所维持的账户进行借记或贷记的资金划拨。

欧盟从电子货币发行主体、发行行为等角度规范电子支付，没有对电子支付作出直接的定义。

美国立法对电子资金划拨的定义侧重在界定支付工具和支付行为两方面，不界定支付主体，对支付行为的描述仅是账户间的资金流动，且账户仅指金融机构的账户。这与当时的经济社会发展水平相关。联合国贸法会的定义实质上是强调了电子技术的特性。澳大利亚的定义在美国定义的基础上，不限定账户是金融机构的账户，具有时代性。

我国《电子支付指引（第一号）》对电子支付的定义是：电子支付是指单位、个人直接或授权他人通过电子终端发出支付指令，实现货币支付与资金转移的行为。定义明确了支付主体、支付行为和支付工具，但支付行为仍停留在较传统的描述上，货币支付与资金转移二者之间也存在交叉重合的问题。

课题组认为，电子支付的概念可分为广义和狭义两个层面：从广义的角度，即不论支付行为是基于什么原因发生，只要实际发生了资金的流动，都属于电子支付的范畴。因此，从广义角度，电子支付首先应由支付主体、支付行为、支付工具及支付方式等几个方面构成，突出电子的含义，应当涵盖线上线下两种方式。因此，广义上的电子支付是指支付当事人通过电子设备授权银行或支付机构（非金融支付机构），对其支付账户进行资金划拨的行为。从狭义的角度，即从电子商务的角度，仅研究在有实际交易关系的基础上所发生的电子支付行为。研究前者可以把握电子支付的全部特点，而研究后者更适合电子商务法的需要，目的更明确，调整的范围更集中。

电子设备既包括传统的 POS 机、ATM 机，也包括借助互联网络、通讯网络等信息网络利用计算机、智能移动终端等创新设备。

支付账户包括银行账户，也包括在非银行机构开设的虚拟账户（建议以网络账户命名，考虑使用习惯，以下仍称为虚拟账户）。

本课题研究成果拟作为电子商务法的一个章节，如果从广义的角度来定义电子支付，必须将支付机构的准入、设立、监管以及非交易关系的资金划拨等较多内容纳入，而这些内容较多涉及金融服务领域，应当由未来的电子银行法或其他类似法律调整。电子商务法界定的电子支付，应从狭义的角度以电子交易为基础的商品和服务的价款支付为内涵，这有利于更加明确各支付主体的权利与义务。

因此，课题组认为本课题的电子支付是指付款人通过电子设备授权银行或者支付机构，将其支付账户的资金划拨给收款人，以履行价款交付义务的行为。

2. 电子货币的定义

电子货币是电子支付的一种标的物，电子支付各方当事人的关系需要围绕电子货币展开，界定电子货币的定义的目的是确定电子货币的类型，也就明确了电子支付的调整对象。

欧盟的立法以电子货币为切入点，从定义电子货币着手，以电子货币从发行、持有、划拨的流程，分环节规范电子货币发行主体、持有人与支付机构、持有人与账户管理机构等法律关系。因此，欧盟对电子货币给出了比较详细的定义：1998 年，电子货币报告正式使用了电子货币的概念，并对 1994 年电子货币报告中的定义进行了修正。该报告把电子货币定义为："作为具有预付价值功能的无记名支付工具，其货币价值以电子方式存储在技术设备中，可向电子货币发行人以外的其他人支付，且在交易中并非必须涉及银行账户①。"2000 年，欧盟 2000/46/EC 指令定义电子货币是一种存储于电子设备上的货币价值，它表现为对发行人所享有的请求权，具有三个特征：货币价值存储于某一电子设备上；发行人在发行电子货币时已经接受了不低于所发行数额的货币价值；可以向发行人之外的实体支付。

美国立法中没有电子货币这个名词，而是将其称之为电子资金。1978 年电子资金划拨法并没有对电子资金下定义，但该法及操作细则"规则 E"确认资金划拨包括"利用卡片或其他存取方式直接由消费者账户进行资金转移的行为"，因此，该法也适用于非银行支付机构，如 Paypal 对其管理的账户资金划拨。这实际上扩大了该法调整的范围，从银行账户延伸到非银行账户。课题组在对贝宝中国公司调研时，也确认了这一点。

我国尚没有对电子货币或电子资金作出定义，仅在《非金融机构支付服务管理办法》中，指出支付机构提供货币资金的服务。但何种货币资金属于支付机构的服务标的并没有明确规定。

---

① 1998 年欧洲中央银行发布的电子货币报告：Electronic money is broadly defined as an electronic store of monetary value on a technical device that may widely used for making payments to undertakings other than the issuer without necessarily involving bank accounts in the transaction , but acting as a prepaid bearer instrument。

目前对电子货币的认识存有争议，有观点认为应包括电子化的银行卡资金或数据。但从法律调整的技术角度看，如果把狭义的电子货币和电子化的货币都视为电子货币，由于这二者还是有些不同，统一进来后，在立法上技术有难度，因此建议将电子化的资金，如进入网络的借记卡或信用卡等资金分离。另外，关于电子货币的定义还存在以下两点争议：

（1）“虚拟货币”、“电子币”是否属于电子货币。任何一种虚拟货币如果能成为货币，应当首先具有货币的特征，也就是作为一般等价物进行流通使用。如果一种“货币”仅适用于一个封闭的系统则不能称为货币。欧盟的定义明确了如果电子货币用以支付发行人提供货物或服务的支付工具，就不属于电子货币的范畴，如，所谓的封闭系统的储值卡，储值卡的发行人同时又是商品和服务的提供者。因此，单用途的预付卡不属于电子货币，虚拟货币（如Q币等）也不是电子货币。同理，电话卡、交通卡也不属于电子货币，而多用途卡则属于电子货币。

当然，如果一种虚拟货币的使用已经超出封闭系统，在较大的范围内具备了一般等价物的作用，这就需要根据货币的法律规则进行调整。如“比特币”，它的稀缺性被广泛人群认同，但它没有发行主体，任何人都可以“挖”出比特币，因此，尽管比特币具有货币的自然属性，但缺乏发行人或有权机构控制其发行，不具备货币的社会属性，不是货币。但是由于比特币具有较大的“代币”功能，会影响到法定货币体系，因此对于此类货币仍然需要法律规范。此类法律规范是为了防止其损害到现有的法定货币体系，而不是作为“货币”来对待的监管。如果监管机构能够控制比特币的发行，如强制收购，比特币就可以成为货币。因此，对于不构成电子货币的这些“币”，法律调整的思路和角度应当是不一样的。

（2）电子货币是不是存款。讨论这个问题的目的是确定电子货币的发行人与持有人之间是否存在存款法律关系，发行人是否需要支付持有人利息。

从国际立法来看，存款包括三个构成要素：存放于银行，不论是已收取还是将支付或为特定目的而持有；发生于银行业务；贷记于客户账户。本质上是资金所有人将资金的使用权在一定时间内让渡给银行，双方形成债权合同关系。欧盟的2000/46/EC指令认为，如果电子货币发行导致电子货币持有人在发行机构的账户形成贷方余额，发行机构是在吸收存款，而电子货币发行机构收取现金后兑换成电子货币就不构成存款。

课题组认为，在我国第三方支付机构设立的虚拟账户，当现金不论是信用卡或是借记卡充值还是通过交易活动形成余额，虚拟账户的变动都要反映在银行账户上。因此，这种虚拟账户中的电子货币仅具有预付款性质，对于支付机构而言也不存在贷方余额，因此不能视为存款。对于多用途预付卡而言同样如此，也不构成存款。

综合考虑国内外立法情况及我国电子支付发展现状，课题组认为电子货币可以定义为：电子货币是指通过技术方法和电子设备，实现数字化存储的具有预付价值的货币。该定义明确了电子货币的几个基本特征：

①电子货币是货币；

②电子货币是支付工具；

③电子货币以现金等实体货币的价值为前提或担保，具有预付价值，它没有改变价值的尺度功能，只是形态上的变化；

④电子货币的表现形式是数字化的，其载体可以多样化；

⑤电子货币是非封闭的储值系统。

（二）电子支付业务流程

课题组对目前在线支付的各种类型做了分析和概括，总结为五种基本类型：通过移动设备支付、虚拟货币支付、网络银行支付、非金融支付机构支付以及其他形式的支付等。如图6－1所示。

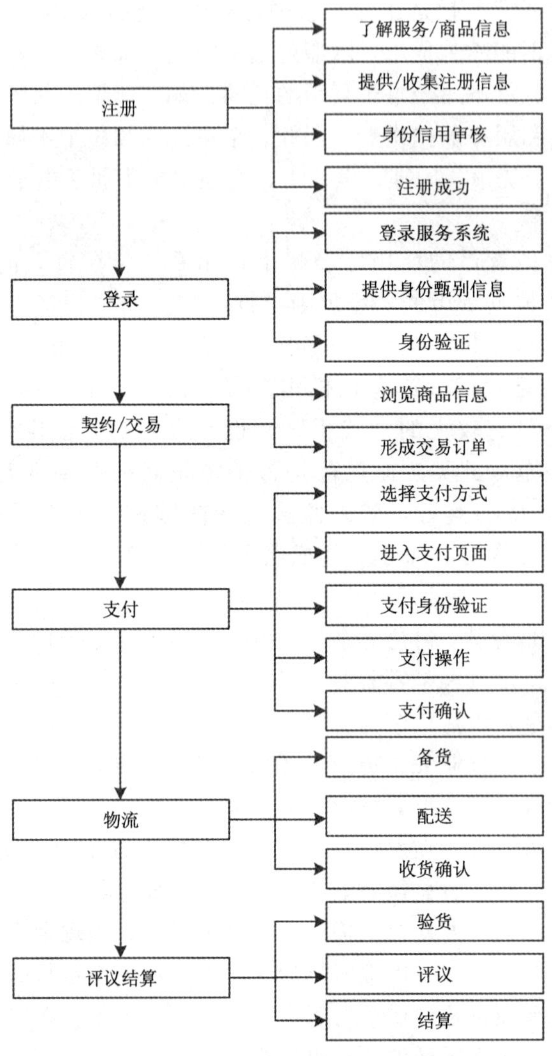

图6－1　电子支付分类图

在分类的基础上，课题组研究了各种支付方式的基本流程，并将电子支付画出典型的流程图（见图6－2）。重点研究了支付指令在用户和支付机构或银行之间或相互之间是流转的程序；分析和归纳电子支付的各方主体在支付各环节的角色定位，提炼出民事权利义务关系；比较电子支付与传统支付在业务层面有哪些不同，落实在法律规则上的差异，以及如何进行有针对性的立法规范。

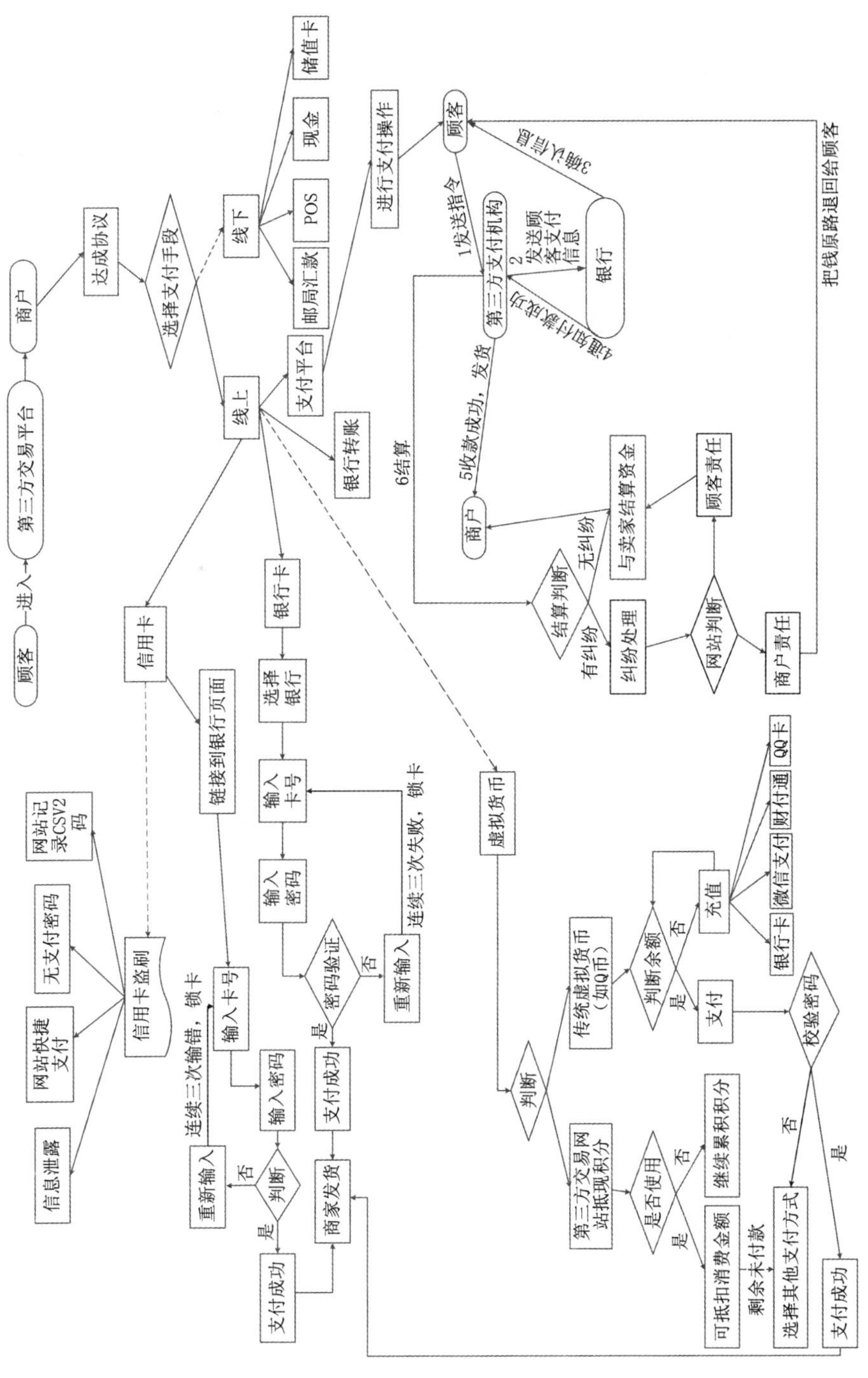

图 6－2　电子支付典型流程

（三）电子支付法律关系

课题组在总结电子支付流程的基础上，根据支付行为、支付工具和支付主体的准入与监管这三个角度来厘定电子支付的法律关系。

1. 电子支付行为当事人之间的法律关系

（1）无支付机构参与的电子支付（如付款人通过网络银行直接付款）。

无支付机构参与的电子支付行为主要涉及以下法律关系：

①银行与客户的法律关系，包括委托合同关系、存款合同。

②银行之间的法律关系，主要是资金划转的法律关系。

③银行与网络服务提供商或通讯服务提供商的法律关系，主要是服务合同关系。

④客户之间的法律关系，这是交易的基础法律关系。

⑤电子认证机构与银行的法律关系，是身份验证的服务关系。

（2）支付机构参与的电子支付。

①支付机构作为支付网关参与的电子支付（不涉及虚拟账户），包括如下法律关系：一是支付机构与客户的法律关系，属于双方允诺的代理关系；二是支付机构与银行的法律关系，属于双方允诺的代理关系；三是支付机构与网络服务提供商或通讯服务提供商的法律关系，属于服务合同关系。

②支付机构作为中介参与的电子支付（通过虚拟账户划转），包括如下法律关系：一是客户与支付机构的法律关系，主要涉及委托及保管法律关系，但不属于存款法律关系，主要发生在小额支付环节；二是支付机构与银行法律关系，主要涉及资金划拨的法律关系，发生在大额支付环节。

2. 支付机构或银行与电子支付工具持有人之间的法律关系

（1）电子货币的发行人与持有人之间的法律关系。

（2）信用卡、借记卡持有人与银行、发卡人之间的法律关系。

3. 电子支付主体的准入与监管

（1）支付结算等电子支付业务的许可行政法律关系。

（2）电子支付监管法律关系，包括重要业务规则的设定、消费者数据及权益的特别规定、反洗钱等法定义务设定。

（四）电子支付立法现状及存在的问题

1. 国际立法概况

美国于 1978 年颁布了电子资金划拨法（Electronic Funds Transfers Act，简称 EFTA），该法适用于联储电划系统与消费者电子资金划拨，成为世界上最早出台的有关电子支付的专项立法。英格兰银行在英国国内采用票据交换所自动收付系统清算规则（CHAPS 清算规则）办理票据交换所自动收付系统（CHAPS）会员银行间的电子资金划拨。“国际标准组织”（ISO）的银行金融服务业委员会为电子支付制定的“标准术语”已得到普遍认同。1996 年联合国颁布的电子商务示范法、1998 年新加坡颁布的电子商务法，对电子商务支付的安全问题都作出了原则性规定。

进入 21 世纪后，各国普遍认识到电子支付安全管理的重大意义，通过电子商务立法国家的数量急剧增多，立法的深度与质量也有了更缜密的保证。据不完全统计，目前已经有多达近 50 个国家通过了电子商务、电子签字方面立法。

2002 年 1 月 24 日，联合国国际贸易法委员会正式通过了电子签字示范法，标志着电子支付的安全管理工作进入到一个新的阶段。

此外，通过制定标准来规范电子支付也得到了国际立法的重视，特别是电子商务安全方面普遍存在标准先行的情况。美国国家标准技术研究院（NIST）从 1977 年开始，制定了一系列有关密码技术的联邦信息处理标准（FIPS），在技术规范的前提下对密码产品进行严格的检验。1997 年 6 月，ISO/IEC JTC1 成立了“电子商务业务工作组（BT - EC）”。BT - EC 确定了电子商务急需建立标准的三个领域：用户接口、基本功能、数据及客体，其目的是重点解决支付安全的关键问题，以扫清实现全球电子商务道路的障碍。

2. 我国立法现状及存在的问题

（1）我国电子支付立法现状。

我国电子支付立法从信用卡起步。1997 年 12 月中国人民银行公布了《中国金融 IC 卡卡片规范》和《中国金融 IC 卡应用规范》，1998 年 9 月公布了与 IC 卡规范相配合的《POS 设备规范》。1998 年初，国家金卡工程协调领导小组根据国务院指示发出了《关于加强 IC 卡生产和应用管理有关问题的通知》要求制定 IC 卡生产、应用的技术标准和规范。1999 年 1 月 26 日，中国人民银行颁布了《银行卡业务管理办法》，对银行信用卡、借记卡的发行及使用等问题作出规范。

为了规范电子支付业务、防范支付风险、维护银行及其客户在电子支付活动中的合法权益、促进电子支付业务健康发展，2005 年 10 月 26 日，中国人民银行发布了《电子支付指引（第一号）》（简称《指引》），为时机成熟后出台相应的部门规章或法律法规奠定了基础。之后，《电子银行业务管理办法》与《电子银行安全评估指引》也相继发布。

（2）存在的问题。

从我国电子支付的相关规定来看，尚存在以下几个问题亟待研究并加以解决：

①立法等级比较低，多是操作性规范，缺乏法律层面的综合性调整。现行的电子支付规定多是规章，属于电子支付的操作规范，较少从民事基本权利与义务的角度来调整电子支付服务提供机构与用户的关系，难以作为处理电子支付纠纷的法律依据，不利于用来理顺支付机构与用户的权利义务。

②电子支付安全不仅要从技术和管理层面进行规范，更需要从法律的高度来界定电子支付环节各参与主体的法律责任，现有规定尚不能满足这个基本需求。此外，新的支付方式层出不穷，也需要研究和总结出其中的法律关系。对于用户关心的网络诈骗、计算机病毒等问题，也需要从法律层面提出解决对策并制定规则。

③电子支付对用户的信息保护较薄弱。现阶段出现的微信支付、二维码支付、网络信用证、P2P 网贷等支付新方式和新金融方法使得用户信息和交易信息比在传统环境下更容易泄露和遭受攻击。如何在安全的条件下鼓励支付创新，既要保护信息的安全也要合理利用，是当前需要立法解决的一个重要问题。

④缺乏直接明确的制度设计，解决当前电子支付中大量存在和具有典型意义的纠纷。如非授权交易的消费者赔偿限制、电子支付服务机构的举证责任及责任承担等。需要研究和借鉴国外的成熟经验，结合我国电子商务开展现状，提供一套有效的制度设计，使电子支付的基本环节有法可依，处理有据。

⑤在电子商务环境下，发票等纳税凭证没有得到有效解决。这给电子商务统计、动态监

管等诸多方面都带来挑战，需要对电子支付凭证进行研究，真正把电子签名落实到电子支付中，实现电子支付凭证的法律效力。

二、电子支付立法的必要性

在电子商务法中专章规定电子支付的内容、明确电子支付各方法律关系、设定各方法律责任，对于防范电子支付安全、规范电子商务的健康发展十分必要，主要体现在以下四个方面：

（一）有助于维护国家的经济安全

电子支付已经成为各界关注的热点，在短短十几年间，已渗透到国民经济的各个领域，在商品交易、证券、金融、旅游等领域得到广泛的应用，但也成为黑客攻击的重点。虚假信息、电子伪钞、时滞问题、黑客攻击、支付标准不统一、电子证据收集困难等问题都给电子商务的支付环节带来巨大的风险。除技术手段外，维系虚拟社会金融秩序的安定，还必须有安全管理手段和法律手段的配合使用，否则，将会直接影响到整个经济体系的健康、有序运行。

通过电子商务立法，将电子支付等各环节纳入法律规制范围，保障电子支付各环节的安全有效性，保障电子商务交易的安全性，维护经济体系的整体安全运行，维护国家的经济安全。

（二）有助于促进电子商务的发展

电子支付是电子商务发展的关键环节，电子商务支付系统是电子商务安全运作的关键系统，其中的风险问题必须引起高度重视。如果相应的法律手段不能跟上电子支付的发展速度，电子商务的发展势必受到制约。通过立法，及时防范电子支付中可能存在的风险，营造良好的电子支付法律环境，必将会有效地促进电子商务的发展。

（三）有助于促进国际贸易的发展

在国际贸易中，越来越多的交易以跨境电子商务的方式进行。目前我国从事跨境电子商务的平台企业已超过5000家，境内通过各类平台开展跨境电子商务业务的外贸企业已超过20万家。上海海关从2013年8月1日试点通关作业无纸化以来，累计放行无纸化报关单已突破410万票，日均单量超过3万份。目前无纸化改革试点已覆盖上海所有口岸海关的进口和出口通关业务。实行无纸化通关后，电子支付的行为规范就显得更为重要。通过电子商务立法，规范跨境电子商务中的电子支付行为，提高我国跨境电子商务贸易的便捷性，提供良好的国际贸易发展环境，促使我国电子商务贸易规则与国际贸易规则的有效对接，推动我国国际贸易的全球化发展。

（四）有助于促进智慧城市的建设

在城市建设方面，我国政府把全面推进智慧城市建设作为当前和今后较长一段时期经济和社会发展的基本战略，已出台一系列政策文件，推广银行卡、社会保障卡和交通卡的使用。银行卡正向着IC卡应用、网上支付、移动支付、代收代付应用等方向不断延展，电子商务与银行业务高度融合。电子商务支付环节的规范有助于云计算和大数据的健康发展，有助于在电子商务、工业设计、科学研究等领域创新大数据商业模式，服务城市经济社会发展，促进智慧城市的建设。

三、电子支付立法若干重要问题研究

（一）电子支付立法的性质

1. 国际立法

从国际立法来看，对电子支付及支付机构等相关法律关系的调整主要可分为以行政监管为主的法律体系和调整电子支付各方主体民事权利义务的法律体系。我国电子支付立法应当以建立电子支付各方主体民事权利义务为主。

从国际立法来看，欧盟一系列电子货币指令基本上均可视为行政监管的法律，侧重对电子货币发行及业务的监管，目标是促进原有金融支付系统与新型电子货币系统的兼容。一方面力促在法律上采用共同的标准，也是为了促进竞争。在电子支付民事法律关系层面，适用于既有的金融法律合同法律等。另一方面通过指令保护消费者在新型的电子货币支付领域中的合法权益。

美国 1968 年真实信贷法及规则 Z 调整在信用卡领域的消费者与银行的民事关系，立法目的和主要内容仍然是保护用户权利、明确银行的责任；1978 年的电子资金划拨法及规则 E 调整借记卡方面的法律关系，目的与前者一致。

2. 我国立法

我国对于支付及电子支付的规定基本属于行政法，较少涉及用户与银行、支付机构之间的民事关系，仅有一些原则的表述。

3. 课题组观点

课题组认为，在电子支付领域存在两方面的法律关系需要进行规制，一是消费者与银行、消费者与支付机构或其他辅助服务商之间的民事法律关系；二是监管机构与支付业务服务商（包括银行与支付机构）之间的行政管理法律关系。电子支付立法不必过多调整银行之间或银行与支付机构之间或其他辅助服务商之间的法律关系，他们之间可以通过合同或未来的大额支付法等其他法律调整，除非他们之间的行为涉及到消费者。

就监管机构与银行、支付机构的行政法律关系而言，欧盟的系列指令具有借鉴意义，但对于支付机构的设立门槛、业务监管等只宜做原则性的规定，这是基于以下两点考虑：

（1）电子支付是新型产业，过高的法律要求不利于行业发展。未来的发展趋势仍需要观察，人们的认识也需要在发展中转变。就欧盟而言，从 1994 年欧洲货币局建议电子货币只能由银行才能发行，到 2000 年电子货币机构可以发行电子货币。电子货币机构从两项业务，发展到 2007 年可以从事支付机构的七项业务乃至信贷业务，当然业务的法律要求并不相同。

（2）电子支付仍然需要作出规定。电子商务法是法律，需要从法律层面把握发展趋势，破除垄断、促进竞争，否则消费者金融权益保护难以得到落实；对于电子支付业务或未来发展上，树立低门槛、严监管的规则、同一业务适用相同规则等原则，既要保证发展和创新，也要防止失去监管底线；在民事法律关系方面，课题组认为，主要是调整消费者与银行的法律关系、消费者与支付机构的法律关系；其他电子支付服务商，如网络接入服务商、认证服务商在电子支付中的责任。这些法律关系无外乎为委托合同、代理合同关系，受到合同法等民事法律调整；作为电子商务立法，仍然应当以保护消费者在电子支付中的权益为主旨，这方面需要借鉴国际立法的经验。

（二）电子支付立法调整的内容和基本方式

电子支付立法作为电子商务法的一章，应规范的内容及主要调整的法律关系应予以重点研究。

1. 国际立法

美国的犹他州于1995年颁布的数字签名法是世界上第一部全面确立电子商务运行规范的法律文件。美国的全国州法统一委员会于1999年7月通过了统一电子交易法，供各州在立法时采纳。此后，俄罗斯、德国、意大利、马来西亚、韩国、日本等均制定了电子商务相关法律。早在2000年前后，世界主要国家和经济体都已制定此类法律。1996年6月联合国国际贸易法委员会通过了电子商务示范法。2000年9月，联合国贸法会颁布了电子签名统一规则（附条例指南2001）。

早期的电子商务国际立法全部是以解决传统纸面与电子等同性为主要目标，以规范交易为基本内容。在这些电子商务立法中，几乎看不到电子支付的内容，而电子支付的立法都是单独立法或者散见于传统法律的修正案。

2. 我国立法

2004年，我国颁布了《中华人民共和国电子签名法》。这是我国第一部电子商务方面的立法。央行自1997年以来陆续颁布了调整或涉及电子支付的规章。

3. 课题组观点

早期国际电子商务立法以解决签字问题为核心内容，是由当时经济社会发展阶段所决定的，也是开展电子商务所要解决的首要问题。对于主要发达国家及经济体而言，在传统的支付领域早已有完备的法律体系，它们所要做的只是根据市场发展来扩大适用或者制定一些新规定进行补充适用。

历史发展到今天，电子商务与十几年前相比已有了巨大变化。电子商务的广度和深度已经涉及社会生活和市场经济的全部方面，已经没有人可以脱离电子商务。因此，就我国当前发展水平而言，制定电子商务法所需要解决的问题已经不再是签名和数据电文规范问题，而是全面规范电子商务的各个基本面，尤其在电子支付方面，我国已有的法律层面的规定只有商业银行法，更多的是部门规章。这些部门规章主要是行政监管法，较少涉及民事法律关系，缺乏与消费者相关的重要法律制度。因此，需要通过电子商务立法在电子支付的民事法律关系上作出合理的详细的规范。

课题组认为，电子支付立法需要规范以下主要内容：

（1）确定电子支付的定义、范围和调整对象，凡从事电子支付的机构统一适用本法；

（2）明确银行和支付机构在电子支付法律关系中的各项义务，包括信息披露、身份验证、账户安全、差错处理；

（3）限制消费者在电子支付中的责任、明确赔偿数额；

（4）明确在电子支付法律关系中银行和支付机构的举证分配原则、归责原则；确立操作错误的责任范围；电子支付系统技术风险的责任归属；病毒及黑客攻击风险的责任归属；

（5）明确银行、支付机构在电子支付中的其他义务：反欺诈、消费者数据保护、反洗钱、消费者教育；

（6）明确第三方支付机构在电子支付中的定义、作用和权利义务、电子货币的发行与回赎、备付金的性质及使用；

（7）明确消费者与其他电子支付辅助服务机构的权利义务；

（8）建立电子支付纠纷快速处理机制；

（9）确立保护支付方式的创新，施行底线监管。

在立法技术上，应当梳理已有的相关规章业务规则，将已经成熟而且合理的规则上升为法律规范；对于现行规则尚缺但于立法不可或缺的重要内容可以借鉴国际立法经验和我国实际情况来制定调整内容。

（三）电子支付的种类和调整范围

1. 国际立法

欧盟的做法是划定不同的相关机构，如银行、电子货币机构、支付机构等，再通过规范这些机构的业务来对电子支付业务进行确定。

2000 年，欧盟电子货币机构指令（2000/46/EC）限定电子货币机构的业务类型有两项业务：与发行或管理支付工具相关的业务；在电子设备上存储数据。此外，电子货币机构不得从事授信业务。电子货币机构是指非银行、非信贷机构之外的电子货币服务商。

支付服务指令（2007/64/EC）确定支付机构的七类业务，包括在支付账户上存放款项（不属于存款，类似充值）、从支付账户上释放款项、直接借记、支付卡、贷记转账、发行支付工具、受理支付工具、汇款等。支付机构是指不属于银行、信贷机构、电子货币机构的其他支付清算服务机构。

2009 年，欧盟 2009/110/EC 指令规定电子货币机构属于支付机构，确定电子货币机构除了可以从事支付服务指令的七项业务外，还可以从事：与支付类交易相关的信用贷款（需满足支付服务指令规定的条件）；与上述七类业务密切相关的附属服务；运营支付系统的服务；所在国法律允许的其他业务。此外，2009/110/EC 指令规定电子货币机构不得公开吸收存款或其他应偿还的资金；在接收任何款项后，应及时为用户转化为电子货币。根据这个指令，电子货币机构中符合条件的，可以从事信用贷款，实际上等于界定电子货币机构是信贷机构。

可以看出，欧盟以界定主体、界定业务类型的方法来界定不同类型的电子支付。它的业务种类也是非常广泛，超过我国现有的支付机构的业务范围。

美国 1978 年电子资金划拨法及规则 E 对于电子支付的种类涵盖的非常广泛，它几乎适用于与消费者相关的全部小额支付，但基于支票等票据的纸面支付工具则排除使用。因此，该法调整了包括银行、信贷机构、其他支付机构等主体的支付行为。其中，第三方支付机构的货币划拨业务列入货币服务业务，而货币服务业务属于美国传统的一项金融业务，但并非银行业务。

2. 我国立法

2005 年《电子支付指引（第一号）》规定按电子支付指令发起方式分为网上支付、电话支付、移动支付、销售点终端交易、自动柜员机交易和其他电子支付，且电子支付业务属于银行业务。这实际上是规范了电子银行的支付业务。

2010 年《非金融机构支付服务管理办法》规定，非金融支付机构可以作为中介机构提供网络支付、预付卡的发行与受理、银行卡收单、其他支付服务中的资金划拨服务。其中，网络支付包括货币汇兑、互联网支付、移动电话支付、固定电话支付、数字电视支付等。

《电子支付指引（第一号）》所界定的电子支付种类是电子银行中的线上与线下支付业

务，全部与银行账户直接关联。《非金融机构支付服务管理办法》所界定的是第三方支付机构的线上与线下业务，涉及银行卡和电子货币等。

3. 课题组观点

电子支付的种类按不同标准存在不同的划分方法。与本课题关系比较密切的划分方法主要有：以支付工具是否为银行卡，分为银行卡支付（信用卡、借记卡等）和非银行卡（电子票据、预付卡等）支付；以支付账户性质，分为银行卡、电子票据支付和电子货币支付；以支付工具的线上线下，分为 POS 机、ATM 机和网络支付，网络支付又可以根据网络类型分为互联网支付、移动网络支付等；还可以根据是否存在支付中介分为电子银行直接支付和第三方机构支付。

课题组认为，电子支付业务类型多样，分类标准多，仅从一个标准来划分虽然具有一定的研究意义，但监管存在难度，而从业务主体和业务内容来确定会更清楚。首先按业务来划分类型，例如电子货币发行业务、网络支付与结算业务、银行卡受理与清算业务等，再根据各项业务的要求确定从业主体应当具备的条件。

从对电子支付的定义来看，电子支付既包括了以电子化方式进行的资金划拨，也包括网络支付。作为电子商务立法中的电子支付，以下几方面可以列入调整范围：

（1）网络支付：基于互联网、移动网络等网络在银行账户之间、银行账户与虚拟账户之间、虚拟账户之间的支付结算；

（2）电子货币的经营；

（3）银行账户资金划拨的服务。

本课题研究的电子支付立法调整的内容和相关的法律关系应当是前两类，但对于电子货币经营的业务内容，则不需要放在电子商务法中规范。

（四）大额电子支付的调整

大额电子支付发生在机构账户之间，需要研究是否列入电子商务法的调整范围。

1. 国际立法

电子资金划拨系统可以根据服务对象的不同与支付金额大小的不同分为小额电子资金划拨系统和大额电子资金划拨系统。

大额电子资金划拨系统的服务对象包括货币、黄金、外汇、商品市场的经纪商和交易商、在金融市场从事交易活动的商业银行，以及从事国际贸易的工商企业。它所关注的是资金划拨是否安全、快速、有效。1989 年，美国的大额电子资金划拨立法（美国统一商法典第 4A 编）是第一个大额电子资金划拨成文法。该法实施后在国内取得了很大的成功。1992 年，联合国贸发会根据该法律制定了国际贷记划拨示范法。

基于票据在美国商业上的使用占了很大比例，但在进入无纸化交易后，大额票据的电子化存在很多问题。因此，（美国统一商法典第 4A 编）没有采用传统的功能等同法将票据延伸为电子票据，而是创设一种新的法律关系，即“资金划拨关系”取代了票据法律关系，以“支付命令”取代了“票据”的概念，以“安全程序”取代了“背书”。

资金划拨当事人的权利义务围绕“支付命令”展开：对于签发给受益人银行的支付命令，受益人银行对支付命令的接受使发送人承担向受益人银行支付该命令的金额的义务，同时也使受益人银行承担向受益人支付的义务。对于签发给受益人银行以外的接收银行的支付命令，接收银行对支付命令的接受也使发送人承担向接收银行支付该命令的金额的义务，而接收银行则承担对发送人的义务，即在执行日签发符合发送人支付命令的支付命令，并且遵循发送人在实施资金划拨中使用的任何中间银行或资金划拨系统，或在资金划拨中传递支付命令方式的指令。

“安全程序”指由客户和接收银行间的协议所建立的程序，其目的在于证实支付命令或修改或撤销支付命令的信息是客户发出的，或发现支付命令或信息在传递过程中存在内容上的错误。在安全程序的基础上，4A 篇按代理原理确定了损失分担规则。

美国通过 1968 年真实信贷法和 1978 年电子资金划拨法来调整小额支付，这两部法律的宗旨是保护消费者在金融服务中的权益，前者适用于信用卡，后者适用于借记卡。

从欧盟对电子货币的定义来看，欧盟的一系列指令调整的是小额电子支付，在支付指令的内容上也强调对消费者的权益保护，并且在电子货币指令之外颁布了保护消费者在金融服务、网络购物方面的指令。

澳大利亚 2008 年电子资金划拨指导法适用于消费性电子资金划拨系统，而将商业性的电子资金划拨排除在其定义的“电子资金划拨”之外。电子资金划拨指导法第一部分是关于账户的借记卡和贷记卡的规则，第二部分是关于储值卡（电子货币）的规则，第三部分是关于用户隐私、电子通讯、管理与述评等。该法将发卡银行及其他非银行发卡主体均纳入调整范围，显然有利于加强对消费者权益的保护。

2. 我国立法

我国在 2003 年颁布了大额支付系统业务处理办法（试行）。根据该办法规定，大额支付系统运行的业务范围是银行发起的异地跨行贷记支付业务，包括了人民银行会计营业部门、国库部门发起的贷记支付业务及内部转账业务和同城范围内各银行的跨行贷记支付业务、行内异地汇划业务。

大额支付系统处理下列支付业务：规定金额起点以上的跨行贷记支付业务；规定金额起点以下的紧急跨行贷记支付业务；商业银行行内需要通过大额支付系统处理的贷记支付业务；特许参与者发起的即时转账业务；城市商业银行汇票资金的移存和兑付资金的汇划业务；中国人民银行会计营业部门、国库部门发起的贷记支付业务及内部转账业务；中国人民银行规定的其他支付清算业务。

2005 年，央行颁布了小额支付系统业务处理办法（试行）。小额支付系统处理同城、异地的借记支付业务以及金额在规定起点以下的贷记支付业务。小额支付系统涉及的业务种类有普通贷记、普通借记、定期贷记、定期借记、实时借记、实时贷记、支票截留、支票圈存、通存通兑、清算组织发起的代收付业务、国库业务、同城轧差净额清算业务、信息服务业务。

3. 课题组观点

课题组认为，从国际立法来看，美国作为全球最重要的金融中心，通过成文法来专门调整大额电子交易，适应了网络化的需求。其他国家均是通过判例、业务规则、适用合同法等途径来调整这一关系的。这与一国金融的发达程度紧密相关。然而无一例外的是，各国均十分重视对小额电子支付的法律调整，包括美国在内，均有大量规则和法律调整小额关系，并且毫无例外的都是以保护消费者在小额电子交易的利益为立法宗旨。

在电子商务活动中，尽管企业之间的交易量占据主要比例，但小额消费者交易的数量是占据绝对比例，网络消费在全社会零售的比例逐年上升，对社会发展有重要意义。因此，电子商务立法毫无疑问应当以调整小额电子交易为主要内容，尽管大额电子交易在国家交易系统中占据主要地位，但二者立法宗旨、调整方法等均有不同，建议另行立法。需要注意的是，消费者电子支付也有通过大额系统进行清算的，因此，可以将电子支付立法中对消费者的保护适用到大额交易系统中，或者说消费者在电子商务立法中受到的保护与大小额系统无关，但立法内容仍是调整小额支付关系。

（五）电子支付中各方法律责任：举证、归责和责任限制

电子支付立法调整小额支付关系，各方责任原则上遵循合同的规定，但出于对消费者的保护，需要研究银行责任和消费者责任的限制。

1. 国际立法

（1）美国立法。

美国立法对小额支付主要颁布了调整信用卡的真实信贷法及规则 Z 和调整借记卡的电子资金划拨法及规则 E 等法律。

真实信贷法及规则 Z 主要规范了信用卡的责任、信用卡账单的有效保护和解决账单争议的程序等三个方面的内容：

①信用卡的责任。如果卡是经过消费者授权而使用的，消费者应该承担卡划拨所产生的法律后果。但是，如果该卡的使用是未经授权的，则规则 Z 将持卡人的责任限制在 50 美元以内，如果持卡人通知发卡人时未经授权的划拨所造成的损失少于 50 美元，那么持卡人的责任以承担该损失为限。如果发卡人未能告知持卡人的权利，信用卡不能识别使用者，或者发卡人没有提供给持卡人一个将其损失通知给发卡人的方法，则持卡人对未经授权的划拨所造成的损失不承担任何责任。

②信用卡账单的有效保护。规则 Z 对持卡人向发卡人所享有的请求权或抗辩权的主要内容有：当持卡人不满意解决消费信贷交易中用信用卡购买商品或服务而产生的纠纷时，持卡人可向发卡人主张各种赔偿，也可对发卡人就该消费信贷交易和未能解决该纠纷而提出的理由进行抗辩；持卡人有权拒绝支付与未付信用金额相当的款项，该款项包括产生纠纷的商品或服务和因该款项产生的所有赔偿金额及其他费用。根据上述规定，如果持卡人扣留了该消费信贷交易争议的未付信用金额，在争议解决之间或判决作出之前，发卡人不得报告该金额违法。

③解决账单争议的程序。根据规则 Z 第十三条之规定，当持卡人向发卡人申诉账单错误时，发卡人必须在 30 天内确认该申诉，对问题进行善意调查，并在申述之日起 90 天内解决有关纠纷。该法规定，如果发卡人未能依据该条款尊重消费者的权利，那么该发卡人将由于该争议金额而被罚 50 美元，并承担一些额外的责任包括代理费用等，即使消费者是错误而发卡人是正确的，该项罚款也必须支付。

真实信贷法及规则 Z 在消费者责任限制、举证责任等方面对消费者进行的保护体现在：

①消费者最大获 50 美元的赔偿是消费者责任限制。

②发卡人未能告知持卡人的权利，信用卡不能识别使用者，或者发卡人没有提供给持卡人一个将其损失通知给发卡人的方法，则持卡人对未经授权的划拨所造成的损失不承担任何责任，这是将举证责任分配给银行。

③根据借贷真实法对“非授权使用”的定义，非授权使用的使用人不是持卡人、该使用人没有得到持卡人的真实的或暗示的授权或者也不存在表见代理的情况、并且持卡人没有

因非授权使用而收益。该定义缩小了消费者的举证范围，对消费者非常有利。

电子资金划拨法为电子支付各方当事人的权利义务和责任提供了法律框架，并通过规则E细化操作。其立法的目标是保护消费者的权利，限制其责任范围。

在责任限制方面：消费者对于其就非授权使用的责任取决于其何时通知金融机构该消费者的借记卡遗失或被盗，或何时通知金融机构某一笔非授权交易。如果某消费者在知悉某一笔损失之日起两个工作日内告知银行，则其损失限定在50美元以内，否则该消费者的损失可能会达到500美元。如果在银行发出一个载有非授权交易的对账单之日起60天内，相关消费者没有向银行告知该非授权交易，则该消费者的损失将等同于非授权交易的总额。

在举证责任分配方面，电子资金划拨法规定：银行必须向消费者提供验证方法，比如身份确认密码、用书面方式告知客户其潜在的责任、消费者报告借记卡被偷或丢失的程序以及银行的工作时间，否则，银行不得向客户索赔。对于非授权划拨的举证责任分配，消费者有责任举证从他的账号里所发生的资金划拨是没有经过他授权的，银行有责任举证消费者所应当承担的责任。规则E的修正案规定：如果一个消费者的银行卡的取款是在银行卡被偷盗、诈骗的情况下发生的，则该取款不算是该消费者的授权。如果一个消费者是在被胁迫的情况下从自动柜员机取款，则该取款也不算是消费者的授权。

采用过错责任、过错推定责任相结合的归责原则。

过错责任分配的情况有：

①卡是经消费者授权而使用的，消费者承担资金划拨的结果；

②在银行发出一个载有非授权交易的对账单之日起60天内，相关消费者没有向银行告知该非授权交易，则该消费者的损失将等同于非授权交易的总额。

过错推定的情况有：银行在承担有限责任时，必须证明消费者在卡遗失或被窃之前实际收到卡；银行已经向持卡人全面披露责任限制的限额以及卡发生问题时应如何处理和通知；银行提供识别持卡人的方式。如果银行不能证明这些事实，就不享有责任限制。

在网络银行身份验证方面，美国2005年发布关于网上交易客户身份认证问题的指引规范消费者在网络支付中的身份验证问题。该指引认为，金融机构可以根据风险评估状况采用多因子要素来验证客户身份。

在电子划拨的技术风险方面，适用无过错责任，由银行承担，包括电子系统故障导致未送达给消费者所造成的损害。对于此类情况，法律规定是给予付款人法定迟延付款的权利，即有权中止付款直至系统恢复正常。澳大利亚电子资金划拨指导法确定的赔偿范围限于更正账户金额的错误和返还对持卡人收取的费用。

在电子划拨的操作错误方面适用过错推定原则。发卡人需要就其操作差错赔偿持卡人直接损失和合理的律师费用，不考虑发生错误的主观状态。如果发卡人未按法定程序进行业务处理和进行善意的调查，消费者可以要求追加两倍于实际损失的赔偿。

电子资金划拨法及规则E适用于第三方支付机构。

（2）欧盟立法。

欧盟支付服务指令第五十四条要求，每笔支付都应经过付款人的事先授权，如果付款方与其支付服务商达成协议，每笔支付才可以由付款人事后同意。如果某笔支付未经付款人同意，该笔支付将被视为未经授权的交易。按照第五十九条，支付机构参与的交易实行举证责任倒置，当客户否定某笔交易时，应由其支付服务提供商承担举证责任，支付服务提供商的交易记录并不必然具有证明效力。第六十条规定，如果客户主张某笔交易未经授权，支付服务提供商必须立刻将钱款返还客户，客户还可以依据协议要求其支付服务商予以经济赔偿。第六十一条规定，如果客户的支付工具丢失或被盗窃，或者客户未能履行自己的安全保障义务造成交易被伪冒的，客户的责任限额为150欧元。如果客户及时挂失且无恶意，则无须承担任何责任。

2. 我国立法

我国对银行卡小额支付的规范集中体现在1999年颁布的银行卡业务管理办法。对于银行卡丢失或被窃的规定主要是：

第五十二条第五款：发卡银行应当向持卡人提供银行卡挂失服务，应当设立24小时挂失服务电话，提供电话和书面两种挂失方式，书面挂失为正式挂失方式，并在章程或有关协议中明确发卡银行与持卡人之间的挂失责任。

第五十三条第四款：借记卡的挂失手续办妥后，持卡人不再承担相应卡账户资金变动的责任，司法机关、仲裁机关另有判决的除外。

《银行卡业务管理办法》规定消费者不得以和商户发生纠纷为由拒绝支付所欠银行款项。

3. 课题组观点

课题组认为，电子支付涉及消费者使用电子货币和银行卡等支付工具进行交易，属于小额电子交易。以当前的情况而言，重点是处理好付款人（持卡人、电子货币持有人或支付账户持有人）与银行、支付机构之间的法律关系，而用户因电子货币与支付机构发生的民事法律关系可以准用持卡人与银行的调整规则。

我国现有规定对于持卡人与银行之间的民事关系不够全面，条文过于原则化，缺乏重要概念的定义，对消费者的保护严重不够，且这些规定的效力等级也不够。这造成了持卡纠纷大量存在，严重耗费了社会资源尤其是司法资源，一些落后及不合理的规定也阻碍了应用的技术创新和新技术推广应用。

电子商务立法需要从保护消费者权益为基本点，平衡各方民事权利义务，借鉴国际立法经验，确定以下基本规则：

（1）详细界定银行、持卡人的权利义务；

（2）确定非授权使用的处理规则、界定银行的举证责任和归责原则；

（3）确定在非授权使用、争议处理中消费者的权利；

（4）限制消费者的赔偿责任和数额。

对于以上几个方面，国际立法已经非常成熟，我国立法可以充分借鉴。在立法技术方面应当采用“使用准确和详细的规定来分配责任、界定行为标准、分配风险和建立责任限制，而不是使用宽泛的规定、灵活的原则”。这是因为在电子支付领域，法律关系更加复杂，详细的厘定以上法律问题有助于减少纷争，节约全社会的成本。

（六）非银行支付机构的法律地位、权利义务

非银行支付机构（以下简称为“支付机构”）是新型的支付服务机构，明确其法律地位可以解决法律规则适用和一系列法律难题。

1. 国际立法

（1）欧盟立法。

1994 年，欧洲央行的前身欧洲货币局认为，只有银行才能发行电子货币。但欧盟委员会 1998 年 7 月发布的欧盟电子货币机构指令（草案）中，提出了非银行的电子货币机构也可以发行电子货币。1998 年，欧洲央行发布了电子货币报告确定电子货币监管的要点是：基本货币政策的平稳、支付系统的效率、消费者及商户的权益保护、金融市场的稳定、打击犯罪以及防止市场失效。报告还进一步提出非银行机构发行电子货币所应具备的最低条件：

①严谨而透明的法律安排；

②充分的技术、组织及流程保障；

③防范犯罪；

④向央行提供金融数据；

⑤电子货币具有等值变现能力；

⑥储备金方面的要求。

2000 年 10 月，欧盟颁布电子货币机构设立、运营和审慎监管指令（2000/46/EC），建立了电子货币的法律框架，要求非银行电子支付服务商必须取得营业执照。

欧盟的电子货币服务提供商根据业务内容大致可分为发卡机构、转接清算机构、收单机构、受理机构及为这些机构提供专业化服务的第三方机构，根据对主体法律要求的不同，可分为电子货币机构、银行及信贷机构、支付机构。

2000/46/EC 指令确立第三方的支付服务机构是电子货币机构，并规定了市场准入及运营要求；银行从事电子货币业务的，需要符合银行业的监管要求；信贷公司或可以接受公众存款的公司从事电子货币业务的，受到信贷机构设立及运营指令（2006/48/EC）的监管。根据欧盟 2009 年 10 月颁布的 2009/110/EC 指令，自 2011 年 4 月 30 日起，所有电子货币机构被定位为信贷机构，需要遵循信贷机构指令、支付服务指令等法律规定，不再适用 2000/46/EC 指令。这两个指令根据支付业务的不同制定了不同的资本金、运营等方面的要求，电子支付机构资本金的要求是 35 万欧元，但从事信贷业务时，资本金要求根据不同情况提高到 100 万欧元或 500 万欧元。

同时，欧盟的系列指令在财务风险防范、业务运营、消费者保护、反欺诈、反洗钱等方面均作了规定。

（2）美国立法。

美国对支付机构的立法是以调整支付业务为主，以规范支付主体立法为辅。在具体方式上，是通过修正案将原有法律直接适用于支付机构等新型业务机构。如真实信贷法和电子资金划拨法从调整信用卡、借记卡扩大到电子支付机构业务上，银行卡未经授权的划拨的责任分配、持卡人对发卡行的抗辩权、账单错误的处理均按既有法律操作。

将支付机构作为传统的货币传送业务经营商来看待，属于货币服务商的范畴，而货币服务商包括五类金融服务：货币兑换、支票兑换、旅行支票、邮政汇票或储值卡签发、货币传送业务。货币服务商在市场准入、资金监管、反洗钱等方面应当遵循各州法律的要求。2004 年美国统一州法委员会指定统一货币服务法为示范法。

2. 我国立法

2005 年颁布的《电子支付指引（第一号）》仅适用于境内银行业金融机构开展电子支付业务，实际上是电子银行的支付业务规定。

2010 年颁布的《非金融机构支付服务管理办法》规定非金融支付机构可以作为中介机

构提供网络支付、预付卡的发行与受理、银行卡收单、其他支付服务中的资金划拨服务。

3. 课题组观点

课题组认为，对于支付机构包括未来可能出现的其他新型服务机构，建议按照以下思路进行法律规范：

关于支付机构法律地位的界定：在传统的法律上，有根据企业经营的业务进行分类并确定其所属行业的传统，这有其必要性。但随着经济生活的发展，新商业模式越来越复杂多样，继续遵循这个传统做法面临很大的挑战。

行业分类的做法也应当随经济发展进行改变和调整。即使是在传统的立法上，行业分类的意义也是有限的，远不如业务本身的法律关系重要。行业分类的法律作用更多体现在行政监管法律上。从根本上讲，行政监管的法律需要跟随市场的发展，而从立法技术角度，即使是行政监管法律，淡化行业分类而突出业务本身是完全可行的。

所以，尽管在国际上，对于支付机构的业务是属于银行业务还是非银行业务都曾有争议，但从业务的本身内容去监管并适用法律更加合理。也就是说，定位支付机构属于银行、金融机构还是非金融机构，存有争议，且从发展的角度来看，意义有限。银行和金融业务本身存在很多细分领域，各项业务的内在要求客观上各有不同，对于银行而言，它的设立、运营和监管是按全部银行业务的最高要求来进行的，但不代表某些业务本身也需要具备这样高的要求。

原来属于银行业务的部分业务扩展到其他主体，相关从业要求应当根据这项业务本身的要求来规定。这种规定的好处是，可以最大限度地适用原有对该项业务的规定，只要制定新规定把该项业务的主体要求，如市场准入等，予以明确即可。此外，按这个思路，新型机构如果需要从事某项业务，只要达到该业务的标准就可以了，这对于及时有效立法和保护市场积极性都有好处。

欧盟将电子支付机构作为新的机构“电子货币机构”来规范。2011 年，将全部电子支付机构定位为“信贷机构”，在法律适用上要符合信贷机构的要求。美国是将传统的与支付相关的法律适用于电子支付机构，尽管对于支付机构划拨虚拟账户资金与银行是否相同进而是否需要按银行主体（准入要求等）适用法律存有争议，但因为有了适用支付法律的要求，对于消费者的保护、电子商务的正常运行起到了保障。从立法层面来看，美国的思路更加务实和有效率。

课题组认为，当前我国所更缺乏的是国际立法中成熟的调整小额支付中消费者与银行的民事法律规范，没有现成的法律规范可以准用到消费者与第三方支付机构的关系中。从电子商务法调整范围的角度来看，支付机构的准入、监管不应在调整范围内。

四、电子支付立法建议

（一）定义

本法所称的支付机构，是指取得支付业务行政许可，依法在收付款人之间作为中介机构提供电子支付服务和货币资金转移服务的非银行机构。

本法所称的电子支付，是指付款人通过电子设备授权银行或者支付机构，将其支付账户的资金划拨给收款人，以履行价款交付义务的行为。

本法所称的电子设备，是指付款人用以发起电子支付指令的计算机、电话、销售点终端、自动柜员机、移动通讯工具或者其他设备。

本法所称的电子支付关系，是指通过信息网络在收付款人支付账户之间发生的支付结算关系，包括银行账户之间、银行账户与支付机构账户之间、支付机构账户之间因电子商务收付款发生的支付结算。

本法所称的电子支付服务提供人，是指银行和支付机构。

立法说明：

（1）本条的定义是本章节涉及的最主要的五个基本概念。

（2）关于“支付机构”：目前除了“第三方非金融支付机构”，基金和证券公司等金融机构也在拓展“第三方支付业务”，逐渐形成“支付机构”的统一名称。在调整电子支付法律关系中，把支付机构和银行统称为“电子支付服务提供人”作为一方当事人与用户形成各种支付权利义务关系。

（二）监管机构

电子支付业务监管机构应当根据电子支付的特性和发展状况，制定科学合理的市场准入条件、统一的业务规则和监管规则，加强对电子支付业务的动态监管，对于零星的小微数额支付可以实施分类、分级监管和底线监管，在风险可控的基础上鼓励电子支付的创新，增加电子支付的便利性。

立法说明：

在调整电子支付的市场主体、业务规则等方面，应当设定标准、统一的规则。同时，也要鼓励支付创新。

（三）基本要求

电子支付服务提供人应当严格执行电子支付业务监管机构制定的业务规则，本着安全、审慎的原则经营和处理电子支付业务，建立健全的电子支付业务风险管理体系和内部控制体系，识别、评估、监测和控制电子支付业务风险，及时处理用户的投诉或者报告，保护用户的权益。

用户应当按照支付账户使用规则的要求，正确使用电子账户，妥善保管账户密码、密钥或者其他电子支付工具。

用户是指设立支付账户的自然人、法人或其他组织。

立法说明：

第一款是对电子支付服务提供人的要求；

第二款是对用户的要求。这也是电子支付法律关系中两个主体的基本义务。

（四）电子货币服务

支付机构经电子支付业务监管机构核准可以经营商业预付卡等电子货币业务，为用户提供电子货币支付与结算服务。

电子货币是指通过技术方法和电子设备，实现数字化存储的具有预付价值的货币。

立法说明：

商业预付卡是目前比较常见的一种电子货币，随着支付的创新和发展，会有更多的电子货币种类出现，也会出现一些形式上类似电子货币而实质上并非电子货币的新产物。因此，界定电子货币具有“预付价值”等构成要素具有现实定义，以区别于积分或Q币等。

（五）支付账户开设

电子商务企业或者经营机构应当在银行或者支付机构开设支付账户。

银行或者支付机构应当事人的申请，为其开设电子支付账户时，应当核验申请人身份以及申请资料的真实性，向申请人公开支付业务规则和支付账户使用规则，告知用户的权利义务和风险事项，并以书面或者电子方式与申请人签订协议。

电子账户申请人必须提交真实的开户信息。因提交虚假信息而产生的损失和后果由申请人承担。

立法说明：

第一款既是对从事电子商务的经营机构的要求，也是说明本章中的电子支付是《电子商务法》中的电子支付。

第二款包括两个要点：（1）非经当事人的申请，不能强制或者主动给其开设支付账户，这在当前具有现实意义；（2）要确认身份真实，开户时就应当履行法定的告知义务。这是双方在电子支付法律关系中的账户开设环节的基本义务。

（六）指令执行

用户授权的电子支付指令是有效指令。支付指令按业务规则发出后，用户不得要求撤回或者撤销指令，但双方另有约定的除外。

电子支付服务提供人应当完善业务规则，在受理电子支付指令时应当对指令信息进行验证。电子支付服务提供人可与用户约定，对较大数额或者特定时段的支付指令进行多因素验证，发现支付指令可疑时，应当取得用户确认后再进行安全的资金划拨。小微数额的电子支付，电子支付服务提供人可与用户约定便捷的核实方式。

立法说明：

这是对电子支付法律关系中在指令执行环节时的权利义务的设定。强调了对支付指令的验证，尤其是推动利用新技术、新方法来防范支付风险。

（七）支付完成

电子支付服务提供人完成电子支付后，应当及时准确地向用户提供支付结果信息或者符合约定方式的交易回单。

立法说明：

对电子支付服务提供人设定支付完成后的义务有助于用户及时发现支付错误或者非授权交易，有利于防范风险和追查违法行为。

（八）电子错误

电子支付发生差错时，电子支付服务提供人应当立即查找原因并采取措施纠正。因用户原因造成电子支付指令产生错误的，电子支付服务提供人应当及时通知用户改正。

用户发现支付指令错误时，应当及时告知电子支付服务提供人，电子支付服务提供人在查明原因后需将处理结果通知用户。电子支付服务提供人在收到用户通知后未及时采取措施造成用户损失的，应当赔偿用户的直接损失。

电子支付服务提供人应当就电子错误发生的原因承担举证责任。

立法说明：

本条是设定了双方当事人在发生电子错误时的权利义务及处置原则。

（九）非授权交易

用户发现支付指令未经自己授权时，应当立即通知电子支付服务提供人。电子支付服务提供人收到用户报告后应当立即采取措施调查处理。用户、收款人和提供支付辅助服务的机构均有义务配合电子支付服务提供人的调查并提供相关证据。

电子支付服务提供人应当与用户约定非授权交易中的赔偿责任和赔偿限额。用户得知非授权交易，且超过合理期限未向支付服务提供人报告的，将承担全部或者部分损失。电子支付监管机构应监督和指导支付服务提供人对消费者赔偿限额制定合理的业务规则。

电子支付服务提供人承担非授权交易的举证责任。电子支付服务提供人不得仅根据电子支付交易记录，证明支付已获得用户的授权。

鼓励电子支付服务提供人采用新技术、新方法减少非授权交易的发生。

非授权交易，指因用户的电子支付工具被盗、丢失等原因而发生的未经用户确认的交易。在非授权交易中，电子支付账户的实际使用人不是用户本人或未得到用户的授权，且用户没有因非授权交易而获得收益。

立法说明：

非授权交易在当前电子支付纠纷中大量存在，现行法律缺乏明确的规定，导致处理标准、依据和结果均不一。本条的核心是：（1）建立消费者赔偿限额制度，但不是直接通过法律强制而是推动双方当事人进行约定，这有利于支付服务提供人根据用户的信用记录分级设定，但同时在监管层面，要求支付服务提供人的规则合理适当；（2）建立归责原则和明确举证责任。

（十）电子认证服务

电子支付应当采用依法设立的电子认证机构提供的认证服务。电子支付服务提供人可就小微数额的支付采用其他可靠的电子签名或者其他便捷的验证方式。电子认证服务机构应当按照公布的电子认证业务规则提供电子认证服务，保障认证技术的合法有效。

用户依据认证证书进行交易而遭受损失，认证服务机构不能证明自己无过错的，应当承担相应责任。用户可以向电子支付服务提供人要求赔偿，也可以直接要求认证服务机构赔偿。

立法说明：

电子支付使用电子签名会比较有保障，但小额支付也可以使用简单的密码技术或验证码技术。本条从实际使用出发，允许支付服务提供人根据支付数额等情况采取适当的方式进行认证。对于电子认证机构而言，有助于明确其在电子支付法律关系中的基本义务。

（十一）风险教育

电子支付服务提供人应当制定合理的教育方案，采取多种方式开展支付风险教育活动，帮助用户熟悉金融信息的概念，提高用户的风险意识和防控能力，掌握基本的金融技能。

（十二）信息保护和保存

电子支付服务提供人和提供支付辅助服务的机构应当审慎保管用户的基本信息、支付账户信息和支付行为信息，按照法律、法规的规定和合同的约定使用信息。

电子支付服务提供人应当留存完整的电子支付信息，包括用户账号、商户名称和最终收款人名称、账号、数额、商品等信息，以备核查。

（十三）防范金融犯罪

电子支付服务提供人应当针对电子支付中的各类欺诈行为，制定反欺诈预案，加强对电子支付账户的管理，消除支付漏洞，防范网络洗钱等金融犯罪行为，加强电子支付服务提供人相互之间以及与电子支付业务监管机构、犯罪侦查机构的合作和信息沟通。

立法说明：

以上三条是设定的电子支付机构的三项基本义务，每一项都很重要，并且相互关联。

（上海市人大财政经济委员会课题组）

第七篇 在线数据产品知识产权保护研究

第一章　在线数据产品知识产权保护研究

中国互联网及电子商务行业的发展，经历了五个阶段，即 20 世纪 90 年代的“概念为王”时期；到 2000 年左右，因互联网泡沫破裂，而成为“剩者为王”的时期；之后分别经历了“内容为王”、“渠道为王”、“平台为王”的时期。随着用户数量的增加，互联网及电子商务的快速发展，网络工具使用量的增加，在线数据的快速增加和积累，数据的价值和重要性也逐渐凸显。阿里巴巴、亚马逊、谷歌等互联网“巨头”都越来越重视数据，分别成立了专门负责数据业务开发和运营的部门，由其专司对海量数据进行获取、管理、分析和使用，因此，未来将是“数据为王”的时代。

在“大数据”时代，对海量数据进行收集、整理、分析和加工，形成数据产品，进而形成的数据以产品化、商品化的方式提供服务是必然的发展趋势。我们现在使用的“微信”、“微博”等社交客户端，每天使用的“今日头条”、“天气预报”等 APP 服务软件，写论文时使用的“万方数据库”、“中国期刊网数据库”、“百度文库”等，以及手机上来电号码识别软件都是以海量数据为基础而形成的在线数据终端产品。例如笔者接到一个电话，如果手机上的软件提示该号码被“800 个人标记为广告推销”，那笔者就可以选择拒绝接听，并可以直接将其加入通讯黑名单，防止二次骚扰，这就是典型的在线数据产品的使用。

可以说在线数据产品已经涵盖并惠及我们现今工作、学习、生活的各个方面，给人们的生产、生活带来极大的便利。

一、在线数据产品知识产权保护立法的必要性

在线数据产品，因其是以大量的数据为基础、以互联网网络为传输途径的产品，具有传播速度快、涉及范围广、信息量大，同时涉及的企业和人员众多等特点，因此在出现问题时，不但传播速度快，其波及的范围和影响均很大。例如在 2007 年 11 月，有 6 名博士起诉万方数据公司侵犯其学位论文的著作权，并获得胜诉的案件；而到了 2008 年 4 月，又有 482 名博士、硕士以同样的事由起诉了万方数据公司；在 2011 年 3 月，出现贾平凹、刘心武等 50 名作家声讨百度文库的事件，起因是百度文库收录的文章可以由网民浏览和下载，但却未经相关作家的授权和同意。同时，数据库的安全也面临着巨大的挑战，在 2014 年 3 月携程网发生的数据泄露事件，部分携程网用户身份信息和银行卡信息被泄露，之后有部分携程用户的信用卡因此直接被银行暂停使用。

其中最有影响的一次，是在 2014 年 12 月 25 日，中国铁路客户订票系统（www. 12306. cn）的数据库遭到黑客攻击，超过 13 万条用户数据信息被泄露及贩卖，涉及用户的明文密码、身份证号码、电子邮箱、手机号码等信息。上述信息在互联网上公开售卖及传播，严重侵犯了广大用户的合法权益。信息的泄露一方面会给用户造成永久且不可恢复

的损害，例如人们无法因为身份证号码被泄露而修改号码；另一方面，信息被恶意使用则会给当事人带来二次伤害，例如不法人员利用获取的信息进行诈骗的案件就时有发生。

可见当数据产品存在权属争议或者出现安全问题时，涉及的企业、人员、领域、影响的范围和传播速度等都要远远超过传统行业。

然而，在线数据产品又不同于传统意义上的“产品”，其所具有的特殊性及引发的问题，是现行法律如产品质量法、著作权法、《计算机软件保护条例》、专利法等无法完全涵盖和能够解决的，要解决这些问题，就有必要通过制定新的法律规定加以引导和规范。

二、关于在线数据产品的特征

1. 虚拟性。可在线传输性决定了这种数据产品是数字化的无形财产，在法理上属于无体物、无形物的范畴。

2. 现实性。通过技术手段能够实现及被感知和获取，比如万方数据库、百度文库是可见的，在线音乐是可听的，现有的3D打印技术已经可以将虚拟视图直接变成有形物（打印出实物）。

3. 多样性及多种属性并存。在线数据产品的表现形式一般具有多样性，同时其一般属于多领域交叉学科的产物，从不同的角度研究时可以分别归类于不同的领域，因此在线数据产品要分别受到相关学科属性的影响和决定。

4. 可变性及易变性。例如我们的杀毒软件、手机操作系统可以随时在线更新，而在出现漏洞时，也容易被黑客利用。

5. 对硬件的依赖性。在线数据产品的开发、制作、修改、展示、使用均需要依赖硬件环境。

6. 交互性。现今的在线数据产品一般具有交互功能，一般能够由双方或多方之间进行互动。

7. 可用性和实用性。

三、在线数据产品具有的两方面法律属性

1. 人身属性，即权利人对其产品所享有的各种与人身相联系或者密不可分而又无直接财产内容的权利。

主要包括以下权利：开发权、制作权、发布权、署名权、修改权、保护作品完整权、申请权（包含申请专利、商标及著作权登记等权利）等。

2. 财产属性，即通过某种形式使用该产品，从而使权利人依法获得经济报酬的权利。这种权利是法定的，一般表现为无形财产权、知识产权类型的权利。

主要包括以下权利：复制权、发行权、出租权、信息网络传播权、翻译权，以及应当由权利人享有的其他权利。

四、对在线数据产品立法的原则

1. 基本原则：促进发展、规范秩序、保障各方权益。

2. 具体原则：

（1）安全性原则，安全是在线数据产品交易的基本保证；

（2）同等保护原则，对在线数据产品应与实体产品保护力度一致；

（3）公平交易原则；

（4）技术中立原则；

（5）尊重用户选择权原则；

（6）保护用户信息和隐私权原则。

五、针对现在已经出现的主要问题，以及对未来在线数据产品行业发展的研究，现提出九条立法建议条文，并对其中相关问题给予解释说明。

第一条【定义】

在线数据产品，是指可以通过网络传输的信息数字化产品及相关服务。

【条文说明】

1. “在线”是指基于网络传输，这里的“网络”取广义概念，包括互联网、广域网、城域网以及城际网等各种网络。

其中，对于“在线”中应当包含“互联网”这点没有争议，而对于“城域网”等，以一个例子进行说明：北京的歌华有线电视机顶盒就是典型的城域网的应用终端，其是可以收集并统计用户信息、实时与用户互动的在线数据终端产品，使用范围是在北京市内的400多万户有线电视用户，这是基于北京市的有线电视网而形成的网络，其统计的数据、互动节目也是在线数据产品，不能因其只在北京市范围内就否认其中的数据产品是“在线”的属性。同理，城际网、广域网中的数据产品也符合“在线”的特点和属性。

2. “数据”是数字化的信息，其最基本的组成就是0和1。例如，文字、图像、计算机程序等均可以数字化，放在网上供下载，而像“气味”这种无法在线下载的，就不能算作数据产品。

3. “产品”是指经过数字化包装、封装，并可以使用或独立运行的产品化、商品化的程序、文件及数字信息。

同时，上述“产品”应当是能够生产、开发、制作出来的，能够存储于一定载体中并可以一定的方式呈现。

4. 在线数据产品具有可用性和实用性。

5. 在线数据产品的分类：

按国家统计局《统计用产品分类目录》分类，对产品共分为97大类，815小类，其中第6519类“数字内容服务”是在线数据产品涉及最多的。

为立法研究的需要，现按照在线数据产品提供者的不同，将其分为三类：

（1）在线数据内容提供者，比如万方数据库、北大法宝、在线播放的音乐等等；

（2）在线数据服务提供者，比如网络浏览器、网络游戏客户端、在线播放器等等；

（3）由前两种的结合，以互动为主，例如微信、微博、网络游戏等等。

以上分类，对于在立法过程中确定相关主体的权利、义务具有一定的意义。

此外，我们应当对在线数据产品作广义理解，考虑到现阶段在线数据产品行业的高速发展，我们的认知程度可能仍不及其发展速度，未来一段时间内将会有更多种类和形式的数据产品出现，这就有可能超出我们的预期。因此在立法时，应该从发展的角度来看为未来留有一定空间，我们建议在立法的时候给予考量，做开放式的立法。

6. 本条所述的“相关服务”分为两种类型：一种是独立的服务；另一种是法定的服务，即法律上的附随义务。最常见的就是对交易中所形成数据信息的保存、操作系统防漏洞的更新、“打补丁”等。

第二条【产品开发、制作者的义务】

在线数据产品的开发、制作者应当标识产品真实信息，保障用户的知情权。

标识信息中，至少应包含以下基本信息：

1. 在有相关规定的要求时，提供产品质量检验合格证明；

2. 有中文标明的产品名称，开发、制作者名称、地址及其他联系方式；

3. 开发、制作时间及更新时间、版本号；限期使用的产品应当在显著位置清晰地标明使用期限、授权许可协议；

4. 运行、使用时对计算机或其他设备、设施的硬件配置、软件环境要求；下载时占用的空间大小及安装后使用时占用的空间大小；

5. 根据产品的特点和使用要求，需要标明产品规格、评级（适合的年龄段，是否有暴力、色情或裸露等内容）、使用的语言；

6. 需要事先让用户知晓的信息，应当在产品被使用前向用户提示并提供有关资料；

7. 使用说明书及注意事项，使用不当，可能危及人身、财产安全的产品，应当有警示说明；

8. 安全认证、验证标识符合国家标准、行业标准的说明；

9. 用户信息、个人隐私的保护承诺或政策。

第三条【在线数据产品知识产权的权利归属】

在线数据产品的知识产权及相关权利，除有约定以外，由该产品的开发、制作者享有，用户在授权范围内享有使用权及其他相关权利。

前款所述的知识产权及相关权利，包括专利、商标的申请权及办理著作权登记等权利。

如无相反证明，在线数据产品上署名的自然人、法人或者其他组织为开发、制作者。

第四条【合作开发、制作者的规定】

两个以上的自然人、法人或者其他组织合作开发、制作的在线数据产品，有约定的从其约定；没有约定且可以分割使用的，开发、制作者对各自开发、制作的部分可以单独行使相关权利，但行使各自部分的权利时不得改变或损害合作产品知识产权的整体性；不能分割使用的，其知识产权由各合作开发、制作者共同享有。

第五条【委托开发、制作者的规定】

委托开发、制作的在线数据产品，知识产权及相关权利的归属由委托人和受托人通过合同约定；没有约定的或约定不明的，知识产权及相关权利归开发、制作者享有。

第六条【授权及转让的规定】

在线数据产品的权利人可以许可他人行使其所享有的权利，并有权获得报酬。

在线数据产品的权利人可以全部或者部分转让其所享有的权利，并有权获得报酬。

第七条【对用户使用授权的规定】

用户取得的在线数据产品应包含开发、制作者的授权许可协议。

该协议约定授权使用的时间、范围，双方的权利、义务等信息，未包含授权许可协议的，视为对用户的使用没有作出限制。

第八条【网络信息财产的转让和继承】

在线数据产品中的网络身份标识、账号信息及账号项下的其他相关信息和财产权，可以依法转让或继承，并适用合同法、继承法等相关法律的规定。

【条文说明】

关于QQ账号、网络游戏账号等能否纳入“遗产”的范围而由继承人进行继承的问题，学界还有争议，但如果账号内虚拟财产不允许继承，而由相关产品的开发方或者运营方收回，这对继承人来说有失公允，而此前的法律中没有规定，现在通过立法确定相关的虚拟财产可以被继承，这样较为合理，即对其中的财产权可以继承，而对被继承人的人身权，可以确定继承人有要求保护的权利，具体按照合同法和继承法的规定处理即可。

第九条【使用过程中产生的数据归属】

用户使用在线数据产品或该产品在客户的网络终端上自行运行时所产生的数据信息、文档和程序等，所有权归用户所有。

对在线数据进行开发、制作而产生的数据信息，归开发、制作者所有，但涉及企业商业秘密和个人隐私的数据信息除外。

在线数据产品的开发、制作者，可以在取得用户许可或授权后使用或披露第一款所述的数据信息，但涉及企业商业秘密和个人隐私的数据信息除外。

（中国电子商务协会政策法律委员会课题组）

第二章 在线数据产品的财产权保护

一、在线数据产品研究概况

(一) 国外立法

在 WTO 框架内，最早有关数字产品（Digital Products）贸易的谈判中尝试讨论可否将“产品”和“服务”贸易规则适用于数字产品。该谈判虽无结果，但界定了 WTO 框架内的“数字产品”：通过网络进行传输和交付的内容产品，并可分为电视电影、音乐、软件和录音录像以及娱乐节目等几类。

欧盟使用“信息社会服务”一词概括在线数据产品产业①，其电子签名指令涉及交易过程中产生的数据产品，电子商务指令涉及作为交易对象的在线数据产品。“数据内容产品”（Digital Content Products）为游戏、电子书、在线音乐、视频等能通过下载或流媒体方式获得的电子内容。在大数据行业不断发展的背景下，欧盟数据保护法案规定个人数据（Personal Data）为“与数据主体有关的一切信息”。

美国统一州法委员会在统一电子交易法案和统一计算机信息交易法中规定了“计算机信息”：因计算机使用而取得，或以计算机可处理的形式而存在的信息。州法层面，美国华盛顿州税法数字产品征税规定数字产品：数字货品以及数字服务，数字货品（Digital Goods）指以数字方式传输的声音、图像、数据、事实信息或其组合，包括特定的数字产品，即以数字形式传输的视听产品以及电子书等；数字服务（Digital Automated Service）则指通过一个或多个软件程序以数字形式发送的服务。

美国同时积极推动双边条约层面的进展，《美国与澳大利亚自由贸易协定》、《美国与智利自由贸易协定》和《美国与韩国自由贸易协定》都规定数字产品“包括计算机程序、文字、视频、图像、声音文件以及其他由数字代码编写并且通过数字形式传输的产品（无论协议方在本国法律中将该产品视为货品或服务）”，与 WTO 的上述讨论类似。

(二) 国内立法及存在的问题

我国对“在线数据产品”的研究并不多，也缺乏相应的法律规定。目前，国内立法中涉及“在线数据产品”的仅体现在全国人大决定、工信部规定的个人信息保护的内容中，对个人信息保护作了原则性和系统性的规定。换个角度看，这些立法规定了个人信息的收集、加工与使用，为当前火热的大数据行业中的个人信息保护与在线数据产品保护提供了法律依据。而产品责任法对“产品”的界定并不适用于在线数据产品，新消法虽涉及电子商务领域，但仍以有体物交易为基础，与在线数据产品无关。

---

① 信息社会服务，一般是指在接受服务的消费者的要求下，通过处理和存储数据的电子装置远程提供的服务，如通过计算机网络进行货物买卖、在计算机网络上提供信息或者商业性宣传等行为。郑成思、薛虹：《电子商务法律制度专题研讨各国电子商务立法状况》，http：//www. iolaw. org. cn/showarticle. asp？ id = 1130，最后访问日期 2014 年 7 月 20 日。

结合行业实际情况，我国在线数据产品财产权保护存在着在线数据产品缺乏统一定义、权利归属不明、权利流转混乱和缺乏完善的法律体系保护等问题，有必要对此展开专门研究并提出立法建议。

二、在线数据产品的定义与分类

（一）课题组定义

我们认为，在线数据产品，是指由数字代码编写并以网络数据形式传输的数字化产品，包括作为网络交易对象的数字化产品和网络交易过程中形成的数字化产品。

这里也对相关概念稍作辨析。关于“虚拟财产”，主要指以非物理形态存在的，以0、1二进制数字化形式存在且能为人所支配的信息资源[①]。“无形财产”源于罗马法对“有体物”和“无体物”的划分，有学者认为，将无体物视为物混淆了权利和权利客体的界限，英美法系国家在规范财产权利的客体时采取比较务实的“财产”制度做法，拓宽了财产法的调控范围[②]，因此，“在线数据产品”是“无形财产”的下位概念。此外，还有“信息财产权”、“数据权利”等，这些提法也面临和“无形财产”相同的问题，即外延难以确定，如“信息”、“数据”既有统计学领域的定义，也有计算机等领域的定义；既可涉及传统环境，也可涉及网络环境（含在线和非在线），在此不再赘述。

（二）“在线数据产品”的分类

从交易角度看，在线数据产品可分为“作为网络交易对象的数据产品”和“在网络交易过程中产生的数据产品”两类。

1. 作为网络交易对象的数据产品

是指作为网络交易合同标的、能体现网络交易目的的数字形态的产品。它可再分为：

（1）网游道具，是指由网游经营者开发设计产生的、存在于网络游戏中、用以改变游戏角色属性从而改善消费者游戏体验的虚拟装备。网游道具存在于线上的游戏系统中并发挥作用，具备其应有的使用价值。成熟的网游往往具备游戏交易的功能，而消费者则可采取线上甚至线下的方式进行交易。据市场研究机构的报告，2013年中国虚拟物品交易市场（不包含点卡交易）规模达113.3亿元[③]，在如此巨大的市场规模下，存在多种交易纠纷，有必要从其财产权归属入手确立保护制度，从而为行业发展定纷止争。

（2）网络身份标识，主要指网络服务账号、码号资源等，它在在线数据产品交易过程中起着关键的作用，用以识别服务对象。考虑到实践中存在大量的“账号交易”、“账号继承”的纠纷，课题组在此部分将其纳入研究范围，后文将对其财产属性及交易规则作具体分析。

数据内容产品包括数字化文本、图片、音乐、视频，以及计算机软件、游戏等智力成果，符合作品要件的数据内容产品属可获得著作权法保护的财产，此处不赘述。

2. 在网络交易过程中产生的数据产品

---

① John Romano. A Working Definition of Digital Assets, DIGITAL ESTATERESOURCE BLOG (Sept. 1, 2011), at http: //www.digitalestateresource.com/2011/09/a-working-definition-of-digital-assets/，最后访问日期2014年7月10日。

② 胡开忠：“无形财产形态的历史演变及启示”，《云南大学学报（法学版）》，2003年第1期。

③ 见《艾瑞咨询：中国网络游戏行业多端齐发展，虚拟物品交易平台集中度加大》，http: //report.iresearch.cn/html/20140813/236390.shtml，2014年8月20日访问。

交易过程中产生的数据产品是指网络交易过程中衍生的数据产品，它并非最初交易对象，但经加工、整理后可衍生出新的在线数据产品，成为电子商务特别是在大数据领域中极为重要的角色。

（1）“大数据”行业的在线数据产品，是指在大数据行业中，经营者对消费者在网络交易中形成的消费者个人信息、行为信息、关系链信息等（以下以“个人信息”统称）进行加工、整理而成的数据产品。消费者使用某种在线数据产品，基于技术或产品使用而留存相关信息，这类信息是大数据行业产生与发展的基础，经营者在此类信息的基础上，通过其特有算法、逻辑规则等进行加工、整理，并对消费者的个人信息、隐私信息进行“匿名化处理”，形成新的在线数据产品。一方面，消费者个人信息、消费者行为信息、消费者关系链信息等部分信息，具有一定的人身依附性和私密性，应根据我国的个人信息保护法律制度对其进行保护；另一方面，经营者对此类信息进行加工、整理，匿名化处理后新获得的“在线数据产品”，即此处的研究对象。

（2）游戏过程中的音、视频数据产品，是指消费者在游戏过程中录制游戏过程而产生的数据产品，包括游戏过程、策略选择，以及附加的游戏解说等。该类在线数据产品可被直播或录播，就此产生的经济利益需讨论其财产权保护。

（3）消费者为完善在线数据产品而提供的数据。开放式在线数据产品上的数据有赖于消费者提交补充，如地图产品中的数据、通讯录软件中的“诈骗号码”标记数据、网店的消费评价等，此类数据可统称为“消费者为完善在线数据产品而提供的数据”。消费者提供的数据构成在线数据产品主要功能的一部分，这些数据可以是受到著作权法保护的作品，如地图产品中的照片等，也可能不受著作权法保护，如通讯录软件中的诈骗电话标注等，其属于对一定数量以上的用户单次操作的累积数据，经营者据此可提供“众包”类产品。

三、在线数据产品的财产权归属

（一）在线数据产品的财产属性分析

1. 作为交易对象的数据产品的财产属性分析

作为网络交易对象的数据产品本身具备了可交易、可获益、可排他等财产属性，这里对其财产类别进行分析。

（1）作为网游程序不可或缺的组成部分，网游道具涉及与道具外观有关的美术创作、道具本身介绍的文案创作、数值策划等，因此，符合作品要求的网游道具可获得著作权保护。经营者以其开发的游戏程序为基础，与消费者订立合同，其中网游道具是合同的重要内容，由此，网游道具也与债权有关。有观点认为：网游道具虽内置于游戏，但其在游戏中出现并发挥功能，是游戏消费者付出金钱、时间和行为之后产生的，因此，不论网游道具是否具有独创性，对消费者而言都具虚拟财产性质和给予财产权保护的必要。该观点值得商榷：消费者付出金钱、时间和行为而获得游戏道具，是整个游戏的体验之一，但并非全部，消费者与经营者间的服务协议及行业惯例对消费者享受游戏过程、道具使用与转让等进行了约定，无须从消费者的角度探讨网游道具的财产属性。否则，任何知识产权许可合同都需考虑被许可方的投入。

（2）网络身份标识依附于交易而存在，并对网络交易中的消费者身份进行标识。它因文化赋予的附加值或本身的稀缺性也具有财产价值，如 QQ 靓号、5 位数 QQ 号等，前者因其吉祥意义，后者因其稀缺和纪念性等而具有高于普通号码的价值。而网络身份标识本身的交易标识功能无法与网络交易完全脱离，它必须存在于该交易系统中才能发挥作用，如脱离系统的 QQ 靓号仅为普通数字组合，即使再“靓”也不具备财产属性。因此，此类具财产属性的网络身份标识的使用以及交易，应得到经营者的许可并按交易系统规则进行，这也为交易纠纷的解决提供了参考规则。

2. 在网络交易过程中产生的数据产品的财产属性分析

在被加工、整理的基础上，网络交易过程中产生的数据产品也可具备经济利益，使其具一定财产属性。

（1）“大数据”行业的在线数据产品依托于消费者个人信息，这类信息本身具较强的人身依附性和人格利益，但对这类信息进行加工、整理之后，新形成的在线数据产品则具备了经济利益。比如，可采取统计分析方法，对这些信息进行“匿名化处理”，进而在针对性广告营销活动中使用。经营者利用数据挖掘技术，对数据进行充分的使用和挖掘，进而在商战中获胜，亚马逊即为典型。换个角度看，经营者所持有的这类在线数据产品甚至可成为他们的核心资源，打造出他们自己的优势竞争力。

（2）游戏过程中的音、视频数据产品是消费者游戏过程的记录，它依托于经营者开发的网游程序，游戏画面、背景音乐等属于独创作品，而游戏进程推演及解说则离不开消费者的运筹规划、具体操作，它应属于音像制品：第一，游戏过程中的音、视频数据产品虽记录消费者的游戏过程，但这种过程必然受游戏规则所限，消费者的不同策略并未达到足够的创新性；第二，若消费者的策略或过程具创新性，但方法的创新并不受《著作权法》保护，而该录制产品的素材（音乐、画面、基本情节）却全部来自于游戏软件。因此，它可获得邻接权保护。

（3）消费者为完善在线数据产品而提供的数据可大致分为两类：一类是需消费者进行一定智力创作的数据，如网店消费点评等，这类数据若具备独创性，可享有著作权保护；另一类是在经营者的服务系统内，消费者简单操作完成的数据积累（也即“众包”），如通讯录软件“诈骗号码”标记、网店星级评价等，经处理逻辑和规则，形成系统可用的数据，类似数据库、汇编作品，经营者据此获得的在线数据产品将具备经济价值和财产属性。

综上，作为交易对象的在线数据产品和在网络交易过程中产生的在线数据产品都具一定财产属性，在此基础上，如何分配和保护这些财产之上的权利，便成为在线数据产品财产权保护的焦点议题。

（二）在线数据产品的财产权归属

在线数据产品的财产权归属应遵循“谁投入、谁受益”的财产权归属基本原则，其中，“投入”包括但不限于智力、时间、资金和人力等各方面的投入。

网游道具的原始财产权归属于网游开发商。网游道具由经营者在开发阶段创作完成，经营者为美术设计、代码编写和属性数值策划等进行了投入。此时，若网游道具符合独创性要求，如呈现于电脑屏幕的道具形象属于美术作品，则可获得著作权保护；对于不具备单独获得著作权保护的网游道具，其本身是网游程序的重要组成部分，因网游程序著作权归经营者所有，故该类网游道具财产权应归经营者所有。经营者对游戏程序享有的著作权等权利属专有权，他依合同约定和游戏规则将网游及网游道具许可给消费者使用，消费者依服务协议享有网游道具的使用权，双方之间存在服务合同关系。消费者依许可合同获得的使用权，不能对抗运营商的所有权。

网络身份标识是数据服务产品的必要组成部分，它必须存在于经营者研发的数据服务系统中，受该系统的控制。数据服务产品依赖于网络身份标识，作为服务的整体提供给用户，它应和数据服务产品一起归服务运营者所有，消费者则享有专有使用权，这也符合“投入—受益”原则。以此明确其权利归属，有利于解决实践中大量存在的账号交易纠纷。

按照“谁投入、谁受益”的原则，经营者理应获得“大数据”行业的在线数据产品的财产权。消费者对其个人信息等享有专有权利，但并不等同于对该信息的载体享有权利。而经营者在技术上不断进行研发与革新，收集上述信息并进行加工、整理，“匿名化处理”后形成了在线数据产品，并对此投入了大量人力、资金等资源，该类在线数据产品的财产权应归经营者所有。比如，消费者好友关系链和基于此而产生的在线数据产品亦非同一对象，消费者的好友关系本身具人身属性，其个人信息归本人所有并受法律保护，但经营者把上述信息固化为某种新的数据格式的文档，因合法地加工、编辑等投入而可获得财产权。经营者享有的财产权内容，可参照欧盟数据库保护指令，赋予在线数据产品经营者对此享有复制、变更、发行、公开传播，以及提取、再利用、非实质性内容的提取或再利用等权利，当然，应要求经营者对上述个人信息本身做好匿名化处理，不可侵犯消费者的隐私。

游戏过程中的音、视频数据产品属音像制品，受邻接权保护，其权利归录制者所有。当然，录制者应尊重程序著作权人的利益，制作该产品时应取得经营者（游戏作品的著作权人）的许可，许可他人传播该产品时也应当获得经营者同意。第三方教唆、引诱消费者违约进行商业录制并传播的，需承担侵权责任。

从著作权角度看，用户提供的数据产品涉及委托作品、汇编作品和合作作品。对此，我们认为：首先，众包模式下，参与者间无意思联络，故不属合作作品；其次，经营者对消费者提供的信息进行整合，符合汇编作品的要件，经营者对此享有汇编作品著作权，个别情况下，经营者委托消费者的，则适用委托作品的规定；最后，消费者提供的内容独立构成作品的，则消费者享有著作权，如网店消费点评。同时，经营者可根据合同获得该作品的使用权。消费者为完善在线数据产品而提供的数据财产权主要涉及著作权，其权利内容受到著作权法和双方订立的合同调整，在此不再赘言。

四、立法建议（摘编）

第三条　本法所称在线数据产品，是指由数字代码编写并通过网络数据形式传输的数字化产品，包括作为网络交易对象的数字化产品和网络交易过程中形成的数字化产品。

“作为网络交易对象的数字化产品”，是指数字形态的交换物，作为网络交易合同的标的、能体现网络交易目的的在线数据产品，包括数据内容产品、数据服务产品等。

“网络交易过程中形成的数字化产品”，是指网络交易的成立和履行过程中的产品，其本身不是交易的对象，但可被加工、编辑为新的在线数据产品，包括游戏过程中的音、视频数据产品、消费者在网络交易中形成的数据信息、消费者为完善在线数据产品而提供的数据等。

第四条　在线数据产品的权利人包括在线数据产品经营者和在线数据产品消费者。

前款所称在线数据产品经营者，是指从事在线数据产品经营或者营利性服务的法人、其他组织和个人，以及提供网络交易平台服务的经营者。

在线数据产品的权利人行使其权利时，应当遵守法律，尊重社会公德，不得损害公共利益和他人合法权益。

第五条　在线数据产品的财产权归属于对该产品进行了智力、资金等投入的主体，法律法规另有规定或当事人有约定的除外。

第八条　网络游戏经营者享有游戏道具的所有权，具有独创性的游戏道具可以依据著作权法的规定获得著作权保护。

消费者依据双方协议约定的期限、使用方式和使用范围，享有游戏道具的使用权。

消费者转让游戏道具使用权的，应经网络游戏经营者同意，按照双方协议约定的规则转让给他人。

第十一条　经营者与消费者就网络账号的所有权归属有约定的依约定，约定不明时，在线数据产品经营者享有所有权，消费者享有专有使用权。

第十三条　游戏过程中的音、视频数据产品的录制者享有音像制品录制者权，但其权利行使不得侵犯游戏软件著作权人的合法权益。

第十四条　消费者依法对网络交易中形成的个人信息和涉及个人隐私的行为信息享有所有权。

经消费者同意，在线数据产品经营者享有上述信息的使用权，但不可侵犯消费者隐私，并保证消费者享有知情权和选择权。

第十五条　未经消费者同意，在线数据产品经营者不得向他人提供消费者个人信息和涉及个人隐私的行为信息。

在对上述信息进行去隐私化处理、保护消费者隐私的基础上，在线数据产品经营者可对信息加工、编辑和使用，并就该产品享有权利。

在线数据产品经营者转让其数据服务产品的，应将相关消费者信息一并转让，不得将该类信息与相应的数据服务产品分别转让。

第十六条　对消费者关系链、匿名化处理的消费者信息等加工形成配置文件、文档等数据库产品的，在线数据产品经营者对此享有复制、变更、发行、公开传播，以及提取、再利用、非实质性内容的提取或再利用等权利，但不可侵犯消费者隐私。

消费者依合同约定获得对上述数据库产品的正当使用的权利，在线数据产品经营者应按约履行相关义务，保障消费者权益。

第十七条　消费者为完善在线数据产品而提供的数据，构成作品的，著作权归属依照双方合同约定；无约定的归作者，经营者享有使用权。

对前款数据进行汇编的经营者有权禁止他人对该类产品的整体或实质性部分进行提取或再利用，在材料的选择或者系统结构上具有独创性的在线数据产品还可视为著作权法上的汇编作品，其著作权由汇编者享有。

第二十三条　网络游戏经营者应就游戏及其道具的使用与消费者订立合同，合同内容应包括服务期限、游戏道具交易、游戏过程的视频录制和停止服务的条件等条款。

未经网络游戏经营者的许可，任何人不得将游戏道具用于商业用途或交易。

第二十五条 消费者对游戏过程中的音、视频数据产品进行录制和传播的，需经过游戏权利人的同意。游戏中自带录制功能的，视为权利人同意对游戏过程中的音、视频数据产品进行录制和非营利性传播。

个人非营利性录制游戏解说视频或分享自己的游戏过程，属于对游戏的合理使用，但不包括单独录制游戏背景音乐。

第三十条 第三方平台教唆、引诱消费者违反与经营者的约定，将游戏过程中产生的音、视频数据产品用于商业用途的，应承担连带责任。

（深圳市市场和质量监督管理委员会课题组）

第八篇 电子商务消费者权益保护问题研究

第一章　电子商务消费者权益保护课题研究报告

第一节　电子商务消费者权益保护问题总述

一、电子商务消费者权益保护总则

电子商务消费者权益保护是制定电子商务法需要重点研究解决的问题。网络的虚拟性、开放性、跨地域性、隐匿性对交易安全和消费者权益保护提出了新的挑战。在电子商务中，消费者的弱势地位更为突出，经营者以不公平格式条款、虚假促销、销售假冒伪劣商品等方式损害消费者权益的行为更多、更复杂，消费维权较传统消费方式更为艰难。如果消费者权益保护问题在电子商务立法中得不到很好的解决，不仅会使消费者权益受到较之传统商业模式更为严重的损害，而且会影响消费者对电子商务的信任和信心，从根本上阻碍我国电子商务的健康发展。基于上述考虑，电子商务消费者权益保护总则部分在明确立法宗旨、法律适用的基础上，拟定了以下原则：

第一，平等、自愿和诚实信用原则。这是将民事活动的一般原则直接移植到电子商务中，体现了电子商务的基本属性。其目的在于为电子商务活动中经营者和消费者提供最基本的行为指导，避免经营者利用优势地位以及消费者怠于行使权利的心理损害消费者权益，以及消费者利用电子商务的开放性和可视性对所购商品和服务进行恶意评价损害经营者的声誉，从而促进电子商务市场稳定、有序、健康发展。

第二，遵守法律法规和社会公共利益原则。电子商务活动必须存在边界，这个边界就是法律法规的规定和社会公共利益的维护。其中，守法是基本前提，社会公共利益维护是对守法原则的补充。无论是经营者还是消费者在电子商务活动中均应当遵守法律法规的规定，遵守互联网技术规范和安全规范，尊重社会公德和商业道德，不得损害社会公共利益。

第三，市场主导原则，即在电子商务中应充分发挥市场的资源配置、调节功能，让经营者自由良性竞争，鼓励技术创新和制度创新，尊重电子商务经营者的自主经营和消费者的自我选择，从而实现消费者与经营者的双赢。

第四，国家保护原则，即国家应当保护电子商务消费者的合法权益不受侵害，鼓励对侵犯电子商务消费者合法权益的行为进行社会监督的原则。消费者在电子商务中处于更不利的地位，因此，国家应对电子商务消费者给予倾斜性保护，营造消费者与经营者的公平交易环境，并鼓励对侵犯电子商务消费者合法权益的行为进行社会监督。

二、电子商务消费者权利

我们认为，电子商务消费者权利共包括 11 项：安全权、知情权、自主选择权、公平交易权、获取便利权、收货验货和退货权、无理由退货权、评价权、求偿权、信息保护权、监督权。这些权利虽然借鉴了消费者权益保护法关于消费者权利的规定，但不是消费者权益保护法所规定的消费者权利的重复，而是针对电子商务消费者权利的特殊性作出的针对性规定。

安全权主要突出了信息安全和交易安全；知情权除了商品和服务的真实信息，还包括交易平台合格经营者的真实信息；自主选择权主要突出消费者拒绝推送信息的权利；公平交易权主要突出消费者对经营者提高运费、变相涨价和转移成本等行为有权拒绝；获取便利权主要指消费者有要求电子商务经营者、平台经营者在支付、收货、退货、退款等交易中全程从技术、程序等方面提供便利的权利；收货验货和退货权是基于合同法的基本理论而延伸的，特别是验货权，考虑到电子商务的延迟性、非当场性、物流快递依赖性，必须赋予消费者先验后签的权利；无理由退货权是电子商务消费者最特殊的权利，也是我国消费者权益保护法首次赋予消费者的一项权利，无理由退货权主要突出即使法律法规规定可不予退货的，只要经营者承诺退货就必须履行，而且为了使无理由退货权能够真正实现，第三方支付平台在法定退货期间不得向经营者支付款项；消费者的评价权是电子商务经营者的信用评价体系的重要组成部分，也是消费者向其他消费者提供意见和信息的权利，评价权在依赖信息的电子商务中尤显必要；信息权包括消费者个人信息安全、获取信息的权利和要求经营者提供信息的权利；监督权承继自传统的消费者权利立法，不同的是传统的消费者监督权对象是国家的消费者保护工作和经营者的行为，而电子商务消费者的监督权对象是电子商务经营者、电子商务平台、支付平台和物流服务经营者的经营行为，消费者有权对经营者的经营行为提出建议、意见、批评或控告，这对于规范网络交易有积极的作用，由于网络交易数量庞大，技术上也难以监管，依靠消费者监督对于消费者保护工作的开展具有积极的意义。

三、电子商务经营者义务

如果说消费者权利是概括性、原则性并点到为止的规定，那么经营者义务则必须是具体的、可操作的，因为消费者权利必须通过经营者履行义务来实现。所以有关经营者义务的规定都尽最大的限度做到具体而详细。为了使经营者义务的规定更具有针对性，课题研究在区分电子商务经营者和网络交易平台经营者的基础上，对二者共同的义务以及各自特有的义务分别加以规定。

（一）电子商务经营者和网络平台经营者的共同义务

电子商务经营者和网络平台经营者的共同义务主要涉及以下内容：经营者的信息提供、信息保管义务；格式条款修改应尽的义务；格式条款内容的限制性规定；格式条款的政府、行业规制；收集、使用消费者个人信息的规制；消费者个人信息保护义务；可信交易系统提供义务；交易系统安全维护义务；举证责任义务；网络广告义务等。主要可分为以下几类：

第一，经营者的信息义务。经营者的信息义务应当包括以下三个方面的内容：首先，经营者应当向消费者公布自己的信息并保证信息的真实、全面。欧盟《消费者权益保护指令2011/83/EU》第五条、第六条有类似的规定。其次，要保管好所有的交易信息，并保证其原始真实性，保存期限要符合法律、法规的规定。最后，经营者收集、使用消费者个人信息时应符合其公布的或者变更的并经消费者同意的规则，同时收集使用消费者的个人信息应经消费者同意，对消费者的个人信息应尽到妥善保管的义务。

第二，格式条款义务。格式条款作为一般交易条款在电子商务中以交易规则、用户协议、用户须知等方式大量存在，但经营者往往滥用格式条款从而限制消费者权利，减轻或者免除自身义务和责任。为了营造公平、公正的电子商务市场环境，使消费者不致因经营者滥用格式条款而权益受到损害，经营者使用格式条款时，应当承担以下具体义务：一是经营者不得在格式条款中作出对消费者不公平、不合理的规定；二是经营者修改格式条款应当遵循公开、连续、合理的原则，并善尽通知的义务；三是对格式条款由有关行政部门定期作出规范指引，消费者协会和行业协会有权力和义务对经营者使用的格式条款实施监督。

第三，提供安全可靠的交易系统的义务。主要是借鉴目前各部门成熟的实践经验，以列举的方式明确经营者在利用信息系统向消费者提供商品或服务时应承担的义务，以及按照国家有关信息安全的规定建设、运行、维护交易系统的义务。

第四，举证责任。电子商务与传统交易不同的是经营者掌握着几乎所有的交易数据，在这种情况下再适用传统的“谁主张、谁举证”必然导致消费者举证不能。所以按照谁掌握数据谁举证的原则，在发生争议和交易记录被篡改的情况下，经营者有自证清白的义务。

第五，电子商务广告义务。电子商务广告数量泛滥、形式日益多样化，随意性强、误导欺骗等危害性大、监督难度大。结合消费者权益保护法和广告法等法律法规的规定和实践中存在的主要问题，对电子商务广告活动主体，包括广告主、广告经营者、广告发布者、广告鉴证者的义务应分别有针对性地规范，包括要求通过博客、微博等网络社交载体提供宣传推广服务、评论商品或者服务并因此取得酬劳的，应当如实披露其性质，避免消费者产生误解。为电子商务商品、服务进行推荐或者证明的，应当依据事实，合法，广告经营者、广告发布者和广告鉴证者还应当查验。

（二）电子商务经营者特有的义务

电子商务经营者特有的义务包括：商品、服务信息的披露义务、商品服务质量保证义务、不得拆分经营义务、出具购货凭证和服务单据的义务、无理由退货告知义务、不适用无理由退货的说明义务。

首先是商品、服务信息披露义务。经营者通过电子商务提供商品或者服务，应将有关商品或者服务的基本信息和民事责任等全部提供给消费者，同时保障交易安全并满足承诺的各项条件。以促销的方式提供商品或者服务必须提供原始价格及限制性条件，以供消费者决定是否交易。经营者应保证信息的真实、全面，不得作虚假或者引人误解的宣传。经营者对消费者提出的意见或询问作出真实、准确的答复。以引起消费者注意的文字、符号、字体等特别标识，应当视为经营者采取显著的方式向消费者提供信息。

其次，特别规定了经营者不得拆分销售的义务，应当保证商品或者服务的完整性，不得在无合理理由的情况下拆分商品或者服务。这是根据现在普遍存在的将商品或者服务的整体拆成不同部分进行销售以获取非法利益的现象而作出有针对性的规定。

最后，经营者应当就无理由退货向消费者提示相关信息并就不予退货的情形向消费者作出说明，否则不得随意作出抗辩。

（三）网络交易平台经营者的特别义务

网络交易平台是电子商务的核心媒介，其发挥的作用和重要性是传统实体店无法比拟的。因此，其特别义务包括：身份审查和信息保存义务、规则建立义务、网络交易平台信息真实义务、纠纷解决协助义务、信用评价体系建设义务、保证金建立义务。

首先，网络平台最为重要的义务就是对经营者的身份进行审查，这是把好入口关，保护消费者权益的重要环节。同时要保留经营者所有必要信息，以便其一旦损害消费者权益能找到加害者并解决纠纷。

其次，网络交易平台的另一个重要义务就是建立规则，电子商务法的重要功能之一就是促进规则的建立并监督规则的实施。同时，还必须规范网络交易平台经营者对交易规则的修改行为，应当遵循公开、连续、合理的原则，并提前在网页、软件界面以显著的方式告知消费者与其合法权益有重大关系的修改内容，采取必要的技术措施保证消费者能够便利、完整地阅读和保存。网络交易平台经营者应当告知消费者如不接受修改内容时的处理方法。

再次，网络交易平台纠纷解决协助义务。电子商务实践证明，消费纠纷最后能诉诸法律的少之又少，绝大部分都以协商的方式解决，其中网络平台的作用至关重要。因此，必须给予网络平台协助解决纠纷的义务：一方面消费者要求网络交易平台经营者调解的，网络交易平台经营者应当调解；另一方面消费者通过其他渠道维权的，网络交易平台经营者应当向消费者提供网络商品经营者的真实身份信息和交易记录信息，积极协助消费者维护自身的合法权益。

最后，网络平台信用评价体系建设和设立保证金的义务。这项义务要求网络平台应当为交易平台的正常运行提供安全可靠的交易环境，建立并完善交易的信用评价体系和交易风险警示机制，为消费者提供交易平台中网络商品或服务经营者的信用信息并提示交易风险。国家鼓励和支持网络交易平台经营者之间共享网络商品经营者的信用信息，实现信息的共享与交换。

关于保证金是否必须规定尚存有争议，我们认为，保证金应当由平台经营者和网络经营者选择，作为约束经营者经营行为的有效方式之一，国家可以鼓励和支持网络交易平台经营者和网络商品经营者协议设立消费者权益保证金制度。消费者权益保证金应当用于消费者权益保障事务，电子商务主管部门应对保证金的运行进行监管。

四、电子商务相关服务中的消费者权益保护

电子商务不仅仅是单独靠经营者和网络交易平台就能完成的，离开数据保护、支付平台、物流速递，网络交易将无法最终完成，所有这些系统的行为与行为规范都直接关系到消费者权益的实现，所以相关领域的服务规制必须在消费者权益保护部分予以体现。

（一）银行、第三方支付机构的数据保护规范

银行和第三方支付机构是为电子商务提供支付服务的主体，电子支付中的消费者保护主要涉及资金安全、交易安全、数据安全三大部分，其中的核心是数据安全，数据安全是资金安全和交易安全的保证。这一义务的规定从数据确认、数据保存、数据获取、数据访问、数据使用五个方面分别对电子支付数据的使用规范作出了规定，以确保在支付中对消费者数据的全面保护。

同时，电子支付中构成侵权或者违约的责任承担，因系统故障等原因银行、第三方服务机构等进行赔偿的情形，以及出现不可抗力时银行等的义务也应明确。具体就是因银行、第三方支付等自身系统、内控制度或为其提供服务的第三方服务机构的原因，造成电子支付指令无法按约定时间传递、传递不完整或被篡改，并造成客户损失的，银行应按约定予以赔偿。银行赔偿后却因第三方支付机构的过错或者原因造成的，银行可以向其追偿。因不可抗力等无法控制的原因造成支付不能的，银行及第三方支付机构有义务采取必要措施防止损失的扩大。

（二）配送服务规范和责任承担

物流配送是电子商务中的重要环节，也是消费者权益保护的薄弱环节。规范物流配送，明确服务者在收件、投递、交付中的流程和义务，是电子商务消费者权益保护的重点。规范配送服务需要明确物流配送服务在收件、投递、交付中的义务，要求实现收件验视、审核身份，以及交付验收等，以确保一旦出现问题的可追溯。同时必须明确快递配送服务中的赔偿责任。快递服务中的赔偿责任一直是消费者保护的一个难点，由于很多情况下消费者难以举证，导致责任无法落实。因此，在配送服务过程中，快件（邮件）发生延误、丢失、损毁和内件不符的，经营快递业务的企业应当按照与用户的约定，依法予以赔偿。没有约定的，依现行有关法律的规定予以赔偿。

（三）信用评价服务规范

电子商务中，由于信息流发达和网络交易的交互性，容易形成实时的信用评价信息，成为保障消费者权益免受侵害的重要渠道。目前我国有四种较为典型的电子商务信用评价模式，即中介人模式、担保人模式、网站经营模式和委托授权模式。这四种模式是商务信用评价服务的积极探索，但各自存在的缺陷也是显而易见的。特别是，这些信用模式是交易平台依照商业惯例和网规建立和执行的，所依据的规则基本上都是企业性规范，缺乏必要的稳定性和权威性，缺乏法律规范。因此，从法律的层面进行明确非常必要。为此，有必要借鉴工商总局《网络交易管理办法》的规定，明确“为网络商品交易提供信用评价服务的有关服务经营者，应当通过合法途径采集信用信息，及时向消费者披露，帮助消费者识别商家和交易风险。坚持中立、公正、客观原则，打击虚假信用信息和误导消费者的信息，不得将收集的信用信息用于任何非法用途。”

立法建议稿

第一条【立法宗旨】

为了规范电子商务行为，保障电子商务环境的安全，维护消费者的合法权益和电子商务市场的秩序，促进电子商务产业健康发展，根据《中华人民共和国消费者权益保护法》规定制定本法。

第二条【法律适用】

电子商务中的消费者权益保护适用本章规定，本章未作规定的，适用《中华人民共和国消费者权益保护法》以及其他法律、法规的规定。

第三条【基本原则】

电子商务活动应当遵循平等、自愿和诚实信用原则。

电子商务活动应当遵守法律、行政法规等相关规定，遵守互联网技术规范和安全规范，尊重社会公德和商业道德，不得损害社会公共利益。

国家尊重电子商务经营者的自主经营，鼓励电子商务经营者技术创新和制度创新，尊重消费者的自我选择。

国家保护电子商务消费者的合法权益不受侵害，鼓励对侵犯电子商务消费者合法权益的行为进行社会监督。

第四条【电子商务经营者】

本法所称经营者是指通过网络技术或远程通信技术销售商品，或者为经营者提供关联服务的自然人、法人或其他社会组织。

前款所称关联服务，是指在电子商务活动中提供网络交易平台、推广宣传、支付和结算、物流配送、信用评价、认证认可、信息储存等服务。

第二节 消费者权利

一、主要内容和总体思路

本节为消费者权利部分，主要从电子商务消费者权利的特殊性出发，规定了消费者权利的具体内容，突出了电子商务消费者权利的特点，对消费者权益保护法中消费者权利内容加以借鉴，但并不是对全内容的照搬。

二、拟定的主要条款

第五条【安全权】

消费者通过电子商务平台购买商品或者接受服务，享有人身、财产和信息安全不受损害的权利。

消费者有权获得有关商品或服务真实、全面的信息，保证交易安全。

消费者有权要求电子商务平台、物流速递以及第三方支付平台等提供的商品和服务符合安全要求。

第六条【知情权】

消费者有获得电子商务经营者及其提供的商品或服务、电子商务网络交易平台、服务提供商的真实情况的权利。消费者有权要求电子商务经营者及电子商务网络交易平台主动向其提供全面、真实的信息。

第七条【自主选择权】

消费者有权自主选择电子商务经营者，有权自主选择商品或服务的种类和方式，有权获得充分的比较、鉴别、挑选条件，有权决定是否进行交易。

消费者有权拒绝或者允许电子商务经营者、电子商务网络交易平台推送商品或服务信息。

第八条【公平交易权】

消费者有权要求电子商务经营者、电子商务网络交易平台提供的商品或服务质量与其描述的相一致。

对于以收取高额运费变相涨价、转移成本的行为消费者有权拒绝。

消费者有权拒绝捆绑销售。

第九条【获取便利权】

在电子商务交易过程中，消费者有要求电子商务经营者、电子商务平台在支付、收货、退货、退款等各环节从技术、程序等方面提供便利的权利。

第十条【及时收货、验货、退货权】

消费者有权在合同约定的时间内收到电子商务交易的商品或服务单据，但因不可抗力造成运输迟延的除外。

消费者享有检验收到的商品的权利，有权在签收商品之前就商品的外观、数量、附件和零配件进行检查、验收，发现不符合合同约定的，有权拒绝签收。

消费者签收商品或服务单据后，发现有瑕疵或缺陷的，有权要求退货并要求电子商务经营者退还全部货款，退货的费用由经营者承担。对因电子商务经营者、平台原因不能履行的服务，消费者有权要求退还已付的全部费用。

前款消费者既包括商品或者服务的购买人、付款人，也包括商品的收货人或服务的实际接受人。

第十一条【无理由退货权】

消费者有权自收到商品之日起七日内依照《中华人民共和国消费者权益保护法》第二十五条的规定退货。

对消费者权益保护法规定不宜退货的商品，经营者明确承诺可以退货的，消费者享有退货的权利。

消费者实现无理由退货权，需要保障商品的完好，不得更换商品内容，因消费者行为导致的成本增加应由消费者承担。

消费者有权在购买服务后经营者没有提供服务前的七日内，对未履行的服务退订且无须说明理由。

消费者有权要求第三方支付平台在其收到货物之日起七日内，不得向经营者支付其已预付给支付平台的货款。

第十二条【评价权】

消费者有权就所购买的商品或接受的服务如实进行评价并发表在公共平台。

第十三条【求偿权】

商品或服务造成消费者人身、财产或信息安全损害的，消费者有权要求电子商务经营者、电子商务平台、支付平台、物流服务经营者等责任人赔偿。电子商务经营者、电子商务平台、支付平台、物流服务经营者等未及时采取措施造成消费者损失扩大的，消费者有权要求责任人对扩大的损失承担法律责任。

在途商品或服务单据毁损灭失的，消费者有权向责任人索求赔偿。

消费者向电子商务平台、支付平台或物流服务经营者索取相关交易、支付情况、物流详情等详细信息而上述主体拒不提供或在合理期限内没有保存的，消费者有权要求上述主体进行赔偿。

第十四条【信息权】

消费者享有信息安全不受损害的权利。

消费者有权向电子商务经营者、电子商务平台、支付平台和物流服务经营者索取相关交易、支付情况或物流详情等详细信息，上述主体应当在合理期限内妥善保存并及时提供相关信息给消费者。

电子商务消费者个人信息是在消费者参与网络交易中被收集、使用的，可为信息系统所处理、与电子商务消费者相关、能够单独或通过与其他信息结合识别该特定消费者身份或者其电脑等电子设备的计算机数据。

第十五条【监督权】

消费者有权对电子商务经营者、电子商务平台、支付平台和物流服务经营者的经营行为进行监督，有权对其违法行为提出建议、意见、批评或控告。

消费者有权检举、控告电子商务经营者或电子商务平台以返现、回扣、优惠等方式引诱、唆使消费者作出有违客观事实评价的行为。

第三节　经营者义务

一、主要内容和总体思路

本节是关于经营者义务内容的规定，由于电子商务经营者包括平台提供者，所以为了更明确各自的义务，本节分为三部分对经营者与平台共有义务、经营者特有义务和平台特有义务分别加以规定，并且做到详细而具有可操作性，因为消费者权利是由经营者履行义务来实现的。

二、拟定的主要法律条文

（一）经营者和网络平台的共同义务

第十六条【适用主体】

本部分有关规定适用于网络商品经营者和网络交易平台经营者。

网络商品经营者是指利用电子商务方式从事商品或服务经营活动的自然人、法人或其他组织。

网络交易平台是指网络商品或服务交易活动中为交易双方或者多方提供网络空间、虚拟经营场所、交易规则、交易撮合、信息发布等服务，供交易双方或者多方独立开展交易活动的信息网络系统。

网络交易平台经营者是指在工商行政管理部门登记注册并领取营业执照，从事交易平台运营的企业法人。

电子商务是指基于互联网技术和网络通信进行销售商品或者提供服务的经营活动，并提供相关服务的商业形态。

第十七条【信息提供义务】

经营者应当在从事经营活动的网页、软件界面中以显著的方式持续公示下列信息，并以适当的技术手段保证消费者可以保存和阅读有关信息：

（一）营业执照、组织机构代码证、税务登记证以及各类经营许可证；

（二）互联网信息服务许可登记或经备案的电子验证、标识；

（三）经营地址、法律文书送达地址、邮政编码、电话号码、电子邮箱等有效联系信息；

（四）监管部门或消费者投诉机构的联系方式；

（五）法律、法规规定的其他应公示的信息。

经营者应保证前款所列信息的真实、全面，并应在信息更改时及时更新内容，保证信息与实际情况相符。

第十八条【信息保管义务】

经营者应采取必要的技术手段保存交易过程所产生的全部信息，确保交易数据和资料的完整性和安全性，并应当保证原始数据的真实性。

经营者保存交易信息的期限应符合法律、法规的规定。

第十九条【格式条款修改应尽的义务】

经营者对格式条款的内容进行修改时，应当遵循公开、连续、合理的原则，并提前公示、告知消费者，取得消费者的同意。消费者不同意修改内容时，经营者应提供解决方法。

第二十条【格式条款的限制性规定】

经营者不得以包含以下内容的格式条款作出对消费者不公平、不合理的规定：

（一）排除或者限制消费者权利；

（二）减轻或者免除经营者责任；

（三）加重消费者责任。

含有前款所列内容的格式条款无效，但不影响合同中其他内容的效力。

经营者不得通过格式条款规定由经营者单方面享有格式条款的解释权。

第二十一条【格式条款的行政行业规制】

电子商务主管部门可以根据电子商务产业的发展情况和消费者权益保护的实践情况，适时发布格式条款规范指引。

消费者协会、网络交易行业协会或者其他社会组织可通过多种方式收集消费者对电子商务领域格式条款的意见，发现格式条款违反法律、法规、规章规定的，可以向相关主管部门提出。

第二十二条【收集、使用消费者个人信息保护义务】

除法律规定的特殊情形，经营者收集、使用消费者个人信息，应当遵循合法、正当、必要的原则。

经营者应当在从事经营活动的网页、软件界面中公开下列收集、使用个人信息的规则，并经消费者同意：

（一）收集、使用信息的目的、方式和范围；

（二）经营者的名称、地址、联系方式和消费者投诉机制；

（三）消费者查询、修正、补充、完善个人信息的渠道；

（四）经营者个人信息安全管理制度和个人信息安全保护措施。

经营者收集、使用未成年人信息时，应经其监护人同意。

经营者对其收集、使用个人信息的规则进行修改时，应取得消费者的同意。消费者不同意时，经营者应提供相应的解决方法。

第二十三条【对消费者个人信息保护义务】

除有以下特殊情况，经营者收集、使用消费者个人信息的行为超出其公示的收集、使用个人信息的目的、方式和范围时，应以合理方式告知消费者并取得消费者的同意：

（一）法律法规的特殊规定；

（二）行政机关依法作出的强制行为；

（三）司法机关依法作出的决定、裁定或判决；

（四）学术研究或社会公共利益目的；

（五）保护经营者、消费者、社会公众的权利、财产或安全免受损害。

第二十四条【可信交易系统提供义务】

经营者借助交易系统向消费者销售商品或者提供服务时，不得实施下列侵犯消费者合法权益的行为：

（一）无正当理由拒绝、拖延或者中止向消费者提供服务；

（二）无正当理由限定消费者使用或者不使用其指定的服务或者产品；

（三）以欺骗、误导或者强迫等方式向消费者提供服务或者产品；

（四）提供的服务或者产品与其向用户所作的宣传或者承诺不符；

（五）擅自改变服务协议或者业务规程，降低服务质量或者加重用户责任；

（六）与其他经营者的服务或者产品不兼容时，未主动向用户提示和说明；

（七）未经提示并未由消费者主动选择同意，修改用户浏览器配置或者其他设置；

（八）其他违反国家法律规定，侵犯消费者合法权益的行为。

第二十五条【系统安全维护义务】

经营者应当按照国家有关信息安全的相关规定建设、运行、维护交易系统，建立健全的安全保护技术措施，保障交易的安全性。

第二十六条【承担举证责任的义务】

消费者与电子商务经营者因商品和服务发生争议时，电子商务经营者应当承担经营行为合法的举证责任。消费者、买方和个人需证实损害事实的存在。争议的解决按相关法律法规处理。

消费者提出经营者篡改交易记录，或者更改对商品服务的描述以此来规避责任的，由经营者提出相反证据证明。同时网络交易平台经营者应该协助消费者和经营者，并且保存网络中的相关数据。

第二十七条【网络广告义务】

为电子商务商品交易提供网络广告服务应当符合相关法律、法规、规章的规定。

通过博客、微博等网络社交载体提供宣传推广服务、评论商品或者服务并因此取得酬劳的，应当如实披露其性质，避免消费者产生误解。

为电子商务商品交易提供网络广告服务应当依法订立书面合同。

为电子商务商品、服务进行推荐或者证明，应当依据事实，并且符合本法和有关法律、行政法规的规定。广告主依法提供证明文件的，广告荐证者应当查验证明文件，核对广告内容。

广告荐证者不得为其未使用过的商品或者未接受过的服务进行证明。

对利用其场所或者信息传输平台进行广告活动的互联网信息服务提供商，有权要求利用其场所或者信息传输平台发布广告的主体依法提供相关证明文件；对明知或应知利用其场所或者信息传输平台发布违法广告的，应当予以制止。

（二）电子商务经营者义务的特别规定

第二十八条【经营者市场准入】

从事网络商品经营的法人或者其他组织，应当依法办理工商登记。

从事网络商品经营的自然人，应当通过网络交易平台开展经营活动，并向平台经营者提供其姓名、地址、有效身份证明、有效联系方式等真实身份信息。具备登记注册条件的，依法办理工商登记。

网络商品经营者在从事交易时应当按照法律、行政法规的规定取得必要的行政许可。法律、法规禁止交易的商品或服务，经营者不得利用电子商务方式进行交易。

第二十九条【商品、服务信息披露义务】

网络商品经营者应当在从事经营活动的网页、软件界面中以显著的方式向消费者提供商品或服务的基本信息、经营地址、联系方式、商品或者服务的数量和质量、商品或者服务的准确销售情况、价款或者费用、履行期限和方式、支付形式、退换货方式、安全注意事项和风险警示、保质期、保修期、售后服务、民事责任等信息，采取安全保障措施确保交易安全可靠，并按照承诺提供商品或者服务。

网络商品经营者通过折价、降价、有奖销售等方式促销商品或服务的，应当提供商品或服务的原始价款或者费用、促销方式、规则、期限、商品范围和相关限制性条件等信息，并按照承诺提供商品或者服务。

网络商品经营者通过网页、即时通信信息和其他技术措施提供商品或者服务信息时，应保证信息的真实、全面，不得作虚假或者引人误解的宣传。

网络商品经营者应当以适当的方式接受消费者对商品或服务提出的意见或询问，并对相关意见或询问作出真实、准确的答复。

经营者采用足以引起消费者注意的文字、符号、字体等特别标识，应当视为经营者采取显著的方式向消费者提供信息。

其他法律、行政法规有特别规定的，从其规定①。

第三十条【商品服务质量保证义务】

网络商品经营者向消费者销售商品或者提供服务，应当保证商品或者服务符合法律、法规、规章有关商品或者服务应具有的质量、性能、用途和有效期限的规定。

第三十一条【不得拆分经营的义务】

网络商品经营者销售商品或者提供服务，应当保证商品或者服务的完整性，不得在无合理理由的情况下拆分商品或者服务。

第三十二条【出具交易凭证的义务】

网络商品经营者销售商品或者提供服务，应当按照国家有关规定或商业惯例向消费者出具发票等购货凭证或者服务单据。

购货凭证或者服务单据可以采取书面形式、电子化形式或者其他符合交易性质的形式。电子化或其他形式的购货凭证或者服务单据，可以作为处理消费投诉的依据。交易完成后，经营者不得篡改交易凭证和服务单据的内容。

国家鼓励经营者以电子化形式提供购货凭证或者服务单据。

第三十三条【无理由退货告知义务】

网络商品经营者应当告知消费者消费者权益保护法第二十五条适用的下列信息：

告知消费者退货无须说明理由；

无理由退货权行使的条件、方式、程序、期限；

接受消费者退货的经营者的联系方式；

无理由退货权行使的后果；

法律、行政法规规定的与无理由退货权行使的相关信息。

① 主要是指其他法律、行政法规中对商品或服务信息的特别规定，如产品质量法第二十七条；食品安全法第五十一条第二款、第五十四条第一款、第六十一条第一款；旅游法第三十二条、第四十八条第二款。

网络商品经营者应当采取适当的技术措施告知消费者前款规定的信息，并取得消费者的书面确认。

网络商品经营者未履行前款规定的信息提供义务时，消费者有权自收到商品之日起 180 日内退货，且无须说明理由。网络商品经营者在消费者收到商品之日起 180 日内告知消费者有关信息的，消费者有权自收到商品之日起的 7 日内退货，且无须说明理由。

第三十四条【不适用无理由退货的说明义务】

网络商品经营者以告示、通知、声明、须知、说明、凭证、单据等方式事先告知消费者其所提供的商品属于消费者权益保护法第二十五条第二款规定的不适用无理由退货的情况，应以显著的方式提示消费者注意，并采用适当的技术措施和手段取得消费者的确认同意。

（三）网络交易平台经营者的特别规定

第三十五条【身份审查和信息保存义务】

网络交易平台经营者应当对申请通过网络交易平台进行交易的经营者的经营主体身份和经营资质进行审查，保存网络商品经营者的真实名称、地址、有效联系方式、经营资质许可等信息，并采取必要的技术措施保证信息的真实性。

第三十六条【规则建立义务】

网络交易平台经营者应当建立平台经营中的各项交易规则和制度，包括：

用户注册制度；

平台交易规则；

信息披露与审核制度；

个人信息、隐私权和商业秘密保护制度；

消费者权益保护制度；

广告发布审核制度；

交易安全保障与数据备份制度；

争议解决机制；

不良信息及垃圾邮件举报处理机制；

法律、法规规定的其他制度。

网络交易平台经营者应当在网页、软件界面中通过显著的方式告知消费者各项交易规则，提醒消费者注意与其合法权益有重大关系的内容，并采取必要的技术措施保证消费者在接受规章制度前能够便利、完整地阅读和保存。

网络交易平台经营者修改各项交易规则时，应当遵循公开、连续、合理的原则，并提前在网页、软件界面以显著的方式告知消费者与其合法权益有重大关系的修改内容，采取必要的技术措施保证消费者能够便利、完整的阅读和保存。网络交易平台经营者应当告知消费者不接受修改内容时的处理方法。

第三十七条【网络交易平台保障信息真实义务】

网络交易平台经营者应当采取措施保障网络商品经营者在平台中发布信息的真实、全面，防范和制止网络商品经营者利用平台发布不完整、虚假或者引人误解的信息。

第三十八条【纠纷解决协助义务】

消费者在平台内购买商品或者接受服务，发生消费纠纷或者其合法权益受到损害的，消费者要求网络交易平台经营者调解的，网络交易平台经营者应当调解；消费者通过其他渠道维权的，网络交易平台经营者应当向消费者提供网络商品经营者的真实身份信息和交易记录信息，积极协助消费者维护自身合法权益。

第三十九条【信用评价体系建设义务】

网络交易平台经营者应当为交易平台的正常运行提供安全可靠的交易环境，建立并完善交易的信用评价体系和交易风险警示机制，为消费者提供交易平台中网络商品或服务经营者的信用信息并提示交易风险。

国家鼓励和支持网络交易平台经营者之间共享网络商品经营者的信用信息，实现信息的共享与交换。

第四十条【保证金设立义务】

国家鼓励和支持网络交易平台经营者和网络商品经营者协议设立消费者权益保证金制度。消费者权益保证金应当用于消费者权益保障事务，电子商务主管部门应对保证金的运行进行监管。

第四节　电子商务相关服务中的消费者权益保护

一、主要内容和总体思路

本章是关于与电子商务有关的服务包括电子支付中的数据保护及法律责任，配送服务规则及违反的法律责任，以及信用评价平台的规范及法律责任的内容。

二、拟定的主要法律条文

第四十一条【电子支付中的数据保护】

银行和第三方支付机构应采取必要措施为电子支付交易数据保密：

（一）对电子支付交易数据的访问须经合理授权和确认；

（二）电子支付交易数据须以安全方式保存，并防止其在公共、私人或内部网络中传输时被擅自查看或非法截取；

（三）第三方获取电子支付交易数据必须符合有关法律法规的规定；

（四）对电子支付交易数据的访问均须登记，并确保该登记不被篡改。

银行和第三方支付机构使用客户资料、交易记录等，不得超出法律法规许可和客户授权的范围。银行应依法对客户的资料信息、交易记录等保密。除国家法律、行政法规另有规定外，银行应当拒绝除客户本人以外的任何单位或个人的查询。

第四十二条【电子支付中的责任承担】

因银行和第三方支付机构自身系统、内控制度或为其提供服务的第三方服务机构的原因，造成电子支付指令无法按约定时间传递、传递不完整或被篡改，并造成客户损失的，银行应按约定予以赔偿。

因第三方服务机构的原因造成客户损失的，银行应予赔偿，再根据与第三方服务机构的协议进行追偿。

因不可抗力造成电子支付指令未执行、未适当执行、延迟执行的，银行和第三方支付机构应当采取积极措施防止损失扩大。

第四十三条【配送服务规范】

经营快递业务的企业应当按照快递服务标准，规范快递业务经营活动，保障服务质量，维护用户合法权益。

经营快递业务的企业应当建立并严格执行收寄验视制度，登记交件人身份信息，加强安全管理。

企业应当在承诺的时限内完成快件（邮件）的投递，企业应当将快件（邮件）投递到约定的收件地址和收件人或者收件人指定的代收人处。

经营快递业务的企业投递快件（邮件），应当告知收件人当面验收。快件（邮件）外包装完好的，由收件人签字确认。投递的快件（邮件）注明为易碎品及外包装出现明显破损的，企业应当告知收件人先验收内件再签收。企业与寄件人另有约定的除外。

第四十四条【配送服务中的赔偿责任】

在配送服务过程中，快件（邮件）发生延误、丢失、损毁和内件不符的，经营快递业务的企业应当按照与用户的约定，依法予以赔偿。

企业与用户之间未对赔偿事项进行约定的，对于购买保价的快件（邮件），应当按照保价金额赔偿。对于未购买保价的快件（邮件），按照《中华人民共和国邮政法》、《中华人民共和国合同法》等相关法律规定赔偿。

第四十五条【信用评价服务规范】

为网络商品交易提供信用评价服务的有关服务经营者，应当通过合法途径采集信用信息，及时向消费者披露，帮助消费者识别商家和交易风险。坚持中立、公正、客观原则，打击虚假信用信息和误导消费者的信息，不得将收集的信用信息用于任何非法用途。

（国家工商行政管理总局课题组）

第二章 电子商务消费者权益保护问题研究

第一节 基本概念

一、电子商务的定义和模式

电子商务的常见模式有企业对企业（Business to Business，简称 B2B）、企业对消费者（Business to Consumer，即 B2C）、个人对个人（Consumer to Consumer，即 C2C）、企业对政府（Business to Government，即 B2G）四种商业形态。当前，随着移动互联网技术的普及和网络营销方式的变化，又出现了线上到线下（Online to Offline，即 O2O）、个人对企业（Consumer to Business，即 C2B）等新型的电子商务模式。

总结上述定义，电子商务，是指在以因特网为代表的开放的网络环境下，买卖双方借助于网络服务提供者等提供的网络通信技术手段，不需谋面即可缔结的货物贸易和服务交易以及网络服务提供者等主体提供相关服务的一种商业形态。

二、电子商务和网络购物

“网络购物”，根据 CNNIC 定义，是指通过网络通信手段缔结的商品和服务交易，主要指发生在企业与个人（B2C）和个人与个人（C2C）之间的交易。可见，“网络购物”的范畴小于“电子商务”，其交易双方必须含个人。

三、消费者的定义及基本权利

根据《消费者权益保护法》，消费者指“为生活消费需要购买、使用商品或者接受服务”的民事主体，原则上限于个人，排除了为办公所需发生采购行为的机关、事业、企业等单位。因此，本文所讨论的电子商务以面向消费者为主，即个人作为交易中的一方或双方当事人，包括 C2C、B2C、O2O、C2B 等模式，不包括 B2B、G2B 等模式，C2C、B2C、O2O、C2B 中的个人即消费者。

消费者权益保护法规定，消费者享有安全保障权、知情权、选择权等九项基本权利。

四、电子商务消费者（网络购物消费者）定义及基本权利

电子商务消费者即电子商务 B2C、C2C、O2O、C2B 模式下的消费者，由此可见，网络购物消费者的概念等同于电子商务消费者，可无区别使用，均指“通过网络通讯手段，为生活消费需要购买、使用商品或者接受服务的民事主体”。

电子商务消费者除了享有消费者权益保护法规定的九项基本权利外，因网络购物特殊性质产生的其他权利，下文将进一步探讨和论证。

五、电子商务消费申诉举报（网络购物消费申诉举报）

同理于电子商务消费者和网络购物消费者之间的关系，电子商务消费申诉举报也等同于网络购物消费申诉举报，可无区别使用。

第二节　国内外电子商务消费者权益保护法律法规研究

一、国外有关法律研究

我们对各国电子商务消费者权益保护的法律法规进行了全面梳理，指出各部法律法规对电子商务消费者权益保护的具体规定和意义。其中：美国有全球电子商务纲要、电子信息自由法案、公共信息准则、网上电子安全法案、统一计算机信息交易法、国际国内电子签名法；欧盟有关于个人数据处理与自由流通隐私权保护准则的指令、欧洲电子商务提案、远程契约消费者保护指令、电子签名法指令、电子商务指令；经济合作与发展组织（OECD）有电子商务中消费者保护指南、电子商务行动计划；日本有消费者权益保护基本法、消费者契约法、特定商品交易法、有关电子消费合同和电子承诺通知的民法特例法；韩国有电子商务消费者保护法；德国有信息与通讯服务法案。

二、中国电子商务消费者权益保护有关法律研究

我们对我国和电子商务消费者权益保护的相关法律法规进行了全面梳理，指出各部法律法规对电子商务消费者权益保护的具体规定和意义。涉及的法律法规有：

1. 消费者保护基本法律：消费者权益保护法、民法通则；

2. 禁止和反不正当竞争的法律：电子签名法、反不正当竞争法、反垄断法、物权法、合同法、产品质量法、广告法、商标法和价格法；

3. 行政法律、法规：《网络交易管理办法》、《工商行政管理部门处理消费者投诉办法》。

第三节　电子商务消费申诉举报数据分析

一、杭州市 2011～2013 年网络购物消费申诉举报数据对比分析

2013 年年底前，淘宝、天猫平台位于杭州市滨江区，本小节的分析是基于该分局 2011～2013 年的统计结果。

（一）消费投诉总量分析

2007～2013 年，投诉量年均增长率达到 104%（见图 8－1）。

（二）投诉问题性质分析

结论要点：1. 服务问题占比最大，但呈逐年下降趋势，说明随着行业的发展、规范和成熟，电子商务服务质量稳步提高；2. 因网络购物的远程性和虚拟性，随之而产生的假冒伪劣现象较为严重；3. 虚假宣传和欺诈问题，呈现上升态势（见图 8－2）。

（三）投诉商品种类分析

结论要点：1. 手机、平板电脑等数码产品的翻新、山寨、质量等问题突出，单位交易

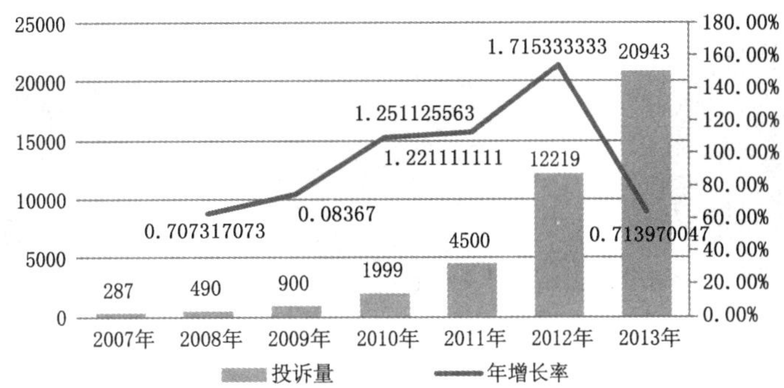

图 8-1　2007~2013 年淘宝、天猫平台投诉数量增长趋势

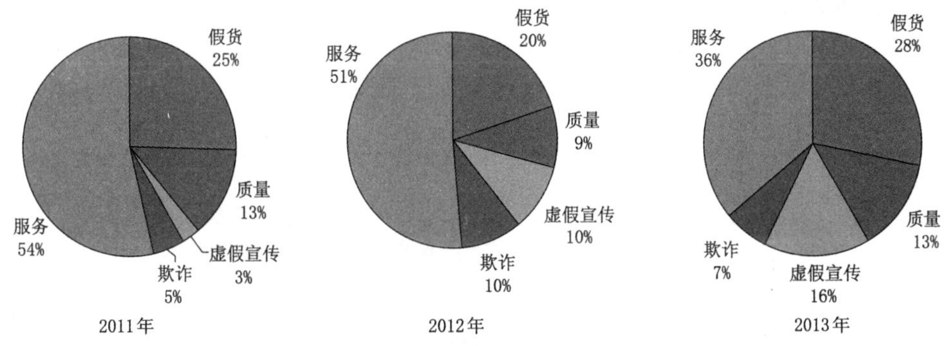

图 8-2　2011~2013 年网络购物消费投诉问题性质分类

额投诉量远高于网络购物平均投诉量；2. 家居生活类商品问题多发；3. 服装、鞋包类商品投诉总量虽高，但单位交易额投诉量低于网络购物平均投诉量；4. 虚拟类商品单位交易额投诉量高于网络购物平均投诉量（见图 8-3）。

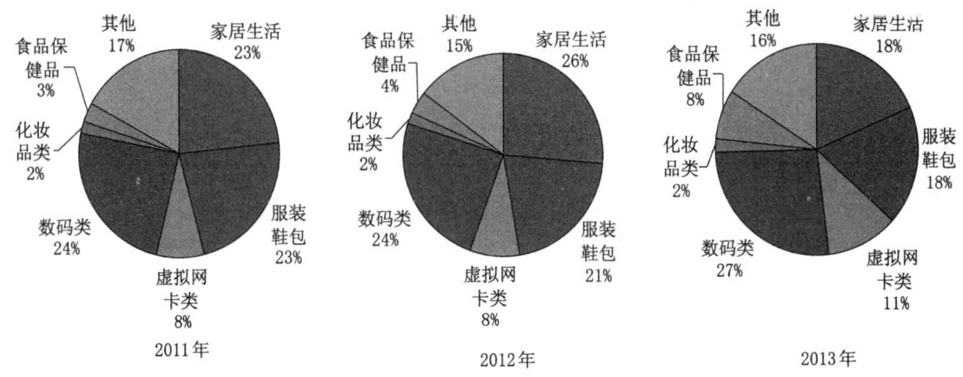

图 8-3　2011~2013 年网络购物消费投诉商品种类分类

（四）投诉涉及金额分析

结论要点：1. 小额投诉占比最高；2. 千元级别占 26%~30%；3. 万元以上仅占 1% 左右（见图 8-4）。

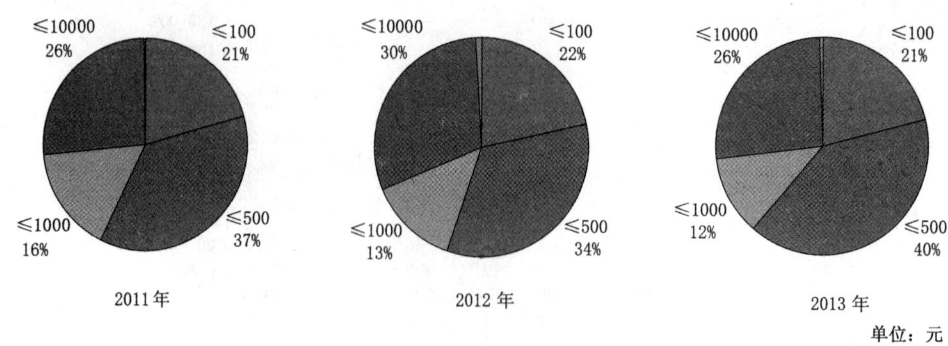

图 8－4　2011～2013 年网络购物消费投诉涉及金额

（五）投诉人类型分析

结论要点：2011 年后，针对淘宝网卖家的职业投诉数量大幅增长（见图8－5）。

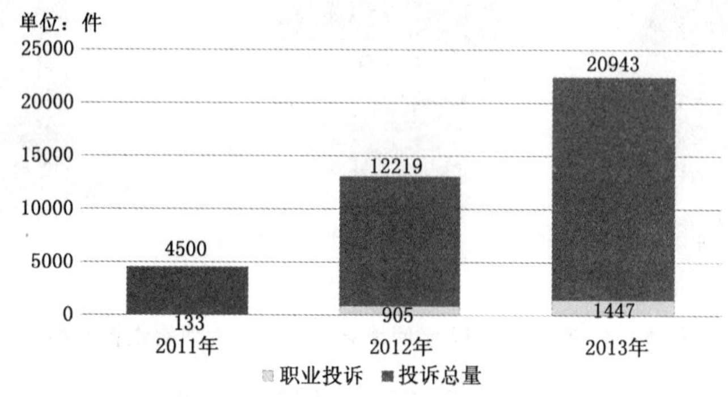

图 8－5　2011～2013 年网络购物消费职业投诉情况

（六）异地协作情况分析

结论要点：网络购物消费投诉或违法案件的查处中异地协作日益频繁，但案件移送的回复率较低，截至 2014 年 8 月，杭州市当年得到的异地回复率仅 31.58%（见图 8－6）。

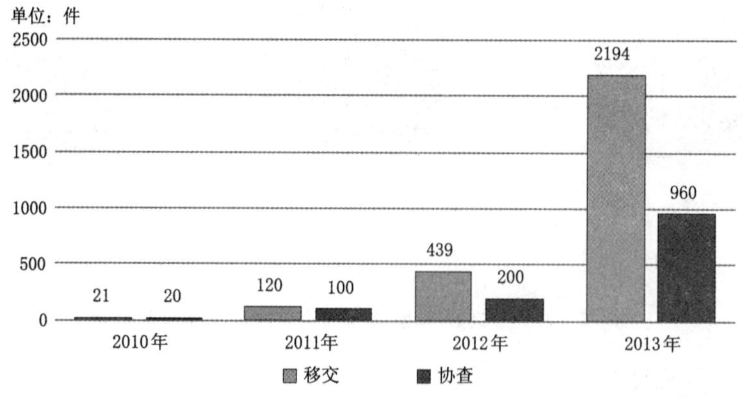

图 8－6　2010～2013 年网络购物消费投诉及违法案件异地协作情况

二、2014 年上半年网络购物消费申诉举报数据分析①

2014 年，系列新法实施对网络购物消费者的权益、网络交易经营者的义务、执法部门的监督职能、网络购物消费纠纷的调处作出新的规定。特将 2014 年的数据单列分析，研究修订后的消费者权益保护法和《网络交易管理办法》对网络购物产生的影响。

（一）2014 年上半年网络购物投诉整体情况分析

2014 年上半年，全市受理淘宝、天猫、阿里巴巴平台的网络购物消费投诉共 19631 件，其中市局投诉举报中心 12315 热线电话占总数的 67.08%，下文以这部分数据为基础进行分析。

数据概况：2014 年上半年，市局投诉举报中心 12315 热线共接听网购相关电话 13168 件，比 2013 年同期（9623 件）增长了 36.84%。

涉及淘宝平台（C2C 模式）总计 9271 件，同比增长 16.93%；涉及天猫平台（B2C 模式）总计 3748 件，同比增长 127.70%；涉及阿里巴巴（B2B 混合 B2C 模式）总计 149 件，同比增长 210.42%。

结论要点：1. 天猫平台的网络消费投诉增长率明显高于淘宝平台；2. 阿里巴巴平台的投诉量呈爆发式增长；3. 三大平台投诉量巨大，基本包干 12315 整体投诉量的增长部分（见表 8－1）。

表 8－1　2013 年、2014 年上半年三大平台网络购物消费投诉数量对比　单位：件

1 至 6 月数据对比	2013 年投诉	2014 年投诉	2013 年举报	2014 年举报	2013 年咨询	2014 年咨询	2013 年总计	2014 年总计
淘宝	5118	6504	138	122	2673	2645	7929	9271
天猫	1343	3062	24	42	279	644	1646	3748
阿里巴巴	11	106	6	6	31	37	48	149
总计	6472	9672	168	170	2983	3326	9623	13168

（二）2014 年上半年新消费者权益保护法相关投诉情况分析

网络购物消费投诉中与新消费者权益保护法新增条款相关的投诉 325 件，占 12315 消费投诉热线电话总量的 2.47%，包括三倍赔偿 172 件、七天无理由退货 82 件、个人信息泄露 61 件、强制交易 7 件、先行赔付 3 件。

“七天无理由退货”占新消费者权益保护法相关投诉总量的 25.23%，仅占 12315 消费投诉热线电话总量的 0.62%。涉及商品按次数由多到少排序，依次为服装鞋帽、手机、家用电器、手表、眼镜等。

从投诉内容看，经营者和消费者的争议集中在：一是拆除商品外包装或者简单试用商品是否影响二次销售；二是食品、内衣等商品是否符合“七天无理由退货”条件；三是退货

① 基于杭州市工商局投诉举报中心 12315 热线电话的统计数据。

产生的运费应当由谁承担。

第四节　电子商务消费者权益常见侵害、保护难点及原因

一、侵害电子商务消费者权益的常见问题及成因分析

从全市2011年以来处理的网络购物消费者投诉的内容来看，在网络购物中，商品宣传失真、商品质量良莠不齐、商标侵权现象广泛、格式合同不规范、物流配送问题频出、货款支付存在风险、售后服务争议突出、欺诈行为屡禁不止、信息安全急需加强等问题较为突出。

九大问题成因分析略。

二、电子商务消费者权益保护的难点及原因分析

由于电子商务的虚拟性、主体的电子化、交易的跨地区性、技术手段的复杂性等特点，使得电子商务消费者权益保护工作存在诸多不同于传统消费者权益保护工作的问题和难点。

当前主要存在主体确认难、投诉量巨大、调解成功难、异地协作难、违法查处难、网站关闭难、平台自律难、法律执行难八大难题（原因分析略）。

第五节　电子商务消费者权益保护的实践和经验

一、国内外电子商务消费者权益保护的实践和经验

我们对国外电子商务发达国家的网络交易监管状况进行考察，对比国内、国外在网络交易国家层面的立法方面、网络交易监督管理的内容方面、网络交易行业协会的自律方面、网络交易的诉讼程式方面的异同，借鉴国外的立法以及丰富的司法实践经验。

二、杭州工商部门近年来网购消费者维权工作的探索、实践与经验

（一）新消费者权益保护法颁布之前

2013年年底之前，淘宝、天猫、阿里巴巴平台均位于杭州市滨江区。面对三大平台近千万的商家和数亿的消费者，杭州市工商局主要做法如下：

政企协商，达成规范发展共识；

行政指导，催生各项行业制度；

政企联动，建立维权协作体系；

积极探索，创新维权新型模式；

重点出击，积极主动破解难题；

部门协作，提升内功优化机制；

舆情监控，预测防范执法风险。

（上述具体内容略）

（二）2014年新消费者权益保护法颁布之后

新消费者权益保护法和工商总局《网络交易管理办法》相继落地，2014年成为网络购

物消费维权工作的新起点。杭州工商部门的消费维权工作面临总量大、主体杂、赔付难、手段少、异地多等复杂的挑战，其主要做法如下：

完善维权机制，提高处理速度，化解“总量大”；

验审真实身份，公示主体信息，化解“主体杂”；

修订平台规则，升级消费保障措施，化解“赔付难”；

出台管理办法，规定实施细则，化解“手段少”；

深化协作机制，加强合作互动，化解“异地多”。

（上述具体内容略）

第六节　电子商务消费者权益保护思考和法律设计

一、关于电子商务消费者权益保护的立法意见

按照全国人大常委会法工委电子商务立法要求，杭州市市场监督管理局进行了广泛调研，结合执法实践，就电子商务消费者权益保护问题提出立法意见，供立法机关参考。

（一）立法框架

针对执法实践中发现的电子商务中侵害消费者权益的常见问题和保护工作的难点，我国应当从电子商务市场经营主体准入、市场经营主体诚信、第三方交易平台对消费者承担特别义务、消费者权利、消费维权途径、行政和司法保护、行政监督和行政部门协调与地区协作机制等方面入手，来实现安全、诚信、公平、文明的电子商务消费环境的构建。

立法的框架：

第一节　电子商务经营者

第二节　提供网络交易平台经营者的特别义务

第三节　电子商务消费者的权利

第四节　电子商务消费者合法权益保护的特别规定

（二）几点说明

1. 关于电子商务经营者管辖权的特别规定

根据行政处罚法，行政处罚由违法行为发生地管辖。但电子商务有别于传统线下交易，其虚拟性和跨地域性突出，违法行为地难以确定，出现特殊的管辖争议。

考虑设置三个管辖层次，综合提高处置效率：一是平台经营者的违法行为和消费者权益争议由平台住所所在地行政部门管辖；二是平台内电子商务经营者的违法行为和消费者权益争议，由电子商务经营者住所所在地行政部门管辖，电子商务交易平台经营者住所所在地承担信息协助职责；三是平台住所所在地行政部门也可以管辖平台内电子商务经营者的违法行为和消费者权益争议，出现异地管辖困难的，平台住所所在地可以向外移送。

2. 对“电子商务经营者”的定义

曾出现分歧意见，讨论后统一：（1）将“各种电子网络”作为载体，即使将来光子网络、量子网络替代电子网络，因未改变其作为信息网络的本质，仍可参照执行；（2）参照反不正当竞争法的表述，定义商品包括服务；（3）相关主体的服务，不表述为“营利性服务”，对经营者的商品或者服务提供相关服务的主体，即使不属于营利性主体，也应当包括在电子商务经营者范畴，否则以营利性界定主体，将引起执法实践的困难。因此修改了电子

商务经营者定义（详见立法建议稿中“电子商务经营者的定义和概括性义务”部分）。

3. 关于电子商务经营者身份信息展示

工商总局60号令规定了经营者亮照的义务，但仅亮营业执照远远不足，包括许可证在内的其他身份信息也须显示，以明确营业主体身份和资格。个人信息较为敏感，建议公示限定在“姓名、网店名称、联系地址等身份信息”。

针对实务中出现的身份信息真实性、有效性问题，规定“电子商务经营者应当对其显示的身份信息不真实承担法律责任”。

4. 经营者向消费者提供商品的附加说明

消法虽然规定了经营者应当明示“经营地址、联系方式等信息”，但网络交易仅仅靠网页明示，可能不利于消费者权益保护，故规定这些信息由经营者以说明书的方式附加于商品，以加强保护。但将“按照交易习惯无须说明的普通商品”作为例外，第二款对此还作了限定，避免出现“无须说明”无法认定的情况。

5. 网络交易平台经营者主体资格的问题

由于网络交易平台电子商务经营者的责任大于一般的电子商务经营者，有必要适当提升门槛，加以限制。

6. 经营者的退货义务

消法已明确相关退货义务，在实践中最令人困惑的是不适用无理由退货的商品范围问题，有经营者自行扩大此范围，引起争议。为此特作规定（详见立法建议稿中“经营者的退货义务”部分）。

7. 保障消费者个人信息安全

消法对此已作规定，但经营者采取各种手段获取消费者个人信息，严重侵害了个人信息权，故对此作扩展规定（详见立法建议稿中“经营者保障消费者个人信息安全义务”部分）。

有同志建议对禁止利用“APP”手段非法收集信息进行强调，因具体手段不能穷尽列举，故删去具体手段。

8. 经营者开展促销活动义务

电子商务的“秒杀”等各种促销，在实际中常因信息不明引发争议，特别是库存不明引起“超卖”等，在此特别强调明示库存等信息（详见立法建议稿中“经营者开展促销活动义务”部分）。

9. 消费者人格尊严保护

当消费者给予“差评”时，有经营者恶语相加，并以电话等方式不断骚扰，影响消费者的正常工作、学习和生活。特作规定（详见立法建议稿中“经营者尊重消费者人格尊严的义务”部分）并明确由公安机关对此作出处理（详见立法建议稿中“对公安机关履行保护消费者人格尊严权的特别规定”部分）。

10. 关于网络商品质量抽检

网络商品质量的抽检有其特殊性，目前并无法律法规支持，难以有效执行。因此对平台和行政部门规定了实施网络商品质量抽检的义务，后续应细化执行规则。

11. 港澳台居民的消费者权益保护

网络交易跨地区甚至跨国，电子商务消费者也包括港澳台居民。在大陆内交易平台购物的港澳台居民，其消费者权益应当受到国家保护，这对促进落实“一国两制”和发展两岸关系，完成祖国和平统一大业都具有积极意义（详见立法建议稿中“对港澳台消费者保护的特别规定”部分）。

12. 国际间合作

按照国家主权和对等原则，积极发展国际合作关系。这不仅对国内消费者的权益保护有利，也促进各国之间的友好合作关系。特对电子商务过程中的电子商务经营者、电子商务消费者以及交易的基本原则加以界定，以明确法律规范的范畴。

立法建议稿

一、电子商务经营者义务

1. 电子商务经营者的定义和概括性义务

本法所称的电子商务经营者，是指通过各种电子网络提供商品或者营利性服务（以下所称商品包括服务），以及为该商品交易提供网络交易平台、信息搜索、信用认证、支付结算、物流、宣传推广、网络接入、服务器托管、虚拟空间租用、网站网页设计制作等服务的法人、其他组织和个人。

电子商务经营者，应当遵守国家消费者权益保护的法律、法规，恪守社会公德，诚信经营，保障消费者的合法权益。不得设定不公平、不合理的交易条件，不得强制交易。

2. 经营者经营资格取得义务

电子商务经营者应当依法取得合法经营资格。需要从事国家特许经营或者限制经营商品的，应当取得相关许可证、批准文件和营业执照。国家禁止经营的商品，不得经营。

3. 经营者身份信息公示义务

取得营业执照以及相关许可经营资格的电子商务经营者，应当在其网站首页或者从事经营活动的主页面醒目位置向公众显示营业执照和相关许可证、批准文件载明的身份信息。

不具备领取营业执照条件的个人，除国家特许或者限制经营的商品外，可以通过网络交易平台从事电子商务活动，但应当在其主页面醒目位置向公众显示真实的个人姓名、网店名称、联系地址等身份信息。

电子商务经营者展示的第一款和第二款规定的信息，发生变动的，应当及时更新。电子商务经营者应当对其显示的身份信息不真实承担法律责任。

4. 经营者向消费者提供商品的附加说明义务

电子商务经营者向消费者提供商品，应当附有载明其经营地址、联系方式、商品的数量和质量、价款或者费用、履行期限和方式、支付形式、退换货方式、安全注意事项和风险警示、售后服务、民事责任等信息的说明书，但按照交易习惯无须说明的普通商品除外。

普通商品的范围，由电子商务经营者在交易网站首页或者网页主页醒目位置向社会公众明示。不明示或者信息不显著的，电子商务经营者应当承担前款规定的附加说明书的义务。

5. 经营者提供商品完整性义务

电子商务经营者提供商品，应当保证商品的完整性，不得将商品不合理拆分，不得确定最低消费标准或者另行收取不合理的费用。

6. 经营者提供商品附加票据义务

电子商务经营者提供商品的，应当按照国家有关规定或者商业惯例向消费者出具购物凭证或者服务单据，消费者索要购物凭证或者服务单据的，经营者必须出具。

电子商务经营者可以以电子化形式出具购物凭证或者服务单据，消费者要求出具书面凭证或单据的，经营者必须出具。

电子化的购物凭证或者服务单据、聊天记录等，可以作为处理网络消费争议的凭据。

7. 经营者的退货义务

电子商务经营者应当按照《中华人民共和国消费者权益保护法》第二十四条和第二十五条规定，分别承担不符合质量要求的退货和七天无理由退货的义务。

提供网络交易平台的经营者，需要对其平台内交易的商品适用《中华人民共和国消费者权益保护法》第二十五条第二款“其他根据商品性质并经消费者在购买时确认不宜退货的商品，不适用无理由退货”规定的，应当拟定不宜退货商品目录和不宜退货的理由，广泛征求消费者协会、行业组织和消费者等意见，并向社会公示，公示期限不得少于30日。

8. 经营者采用合同格式条款义务

电子商务经营者在经营活动中使用合同格式条款的，应当符合法律、法规、规章的规定，按照公平原则确定交易双方的权利与义务，采用显著的方式提请消费者注意与消费者有重大利害关系的条款，并按照消费者的要求予以说明。

电子商务经营者不得以合同格式条款等方式作出排除或者限制消费者权利、减轻或者免除经营者责任、加重消费者责任等对消费者不公平、不合理的规定，不得利用合同格式条款并借助技术手段强制交易。

9. 经营者保障消费者个人信息安全义务

电子商务经营者在经营活动中收集、使用消费者个人信息，应当遵守《中华人民共和国消费者权益保护法》第二十九条的规定，不得侵害消费者的个人信息权利。

电子商务经营者收集的消费者个人信息，包括个人通讯录、短信、通话记录、银行账号以及定位、视频、音频等信息，应当合法，不得用于出售、交换等营利性活动或者其他非法用途。

10. 经营者开展促销活动义务

电子商务经营者开展商品促销活动，应当以显著的方式公开促销方式、促销规则、促销期限、促销商品的范围、价格、数量以及相关限制性条件等信息，并随时披露促销商品的库存数。促销活动结束的，应当即时明示。

前款促销活动含有限制性条件、附加条件的促销规则的，应当以醒目文字、图形、照片等清晰表示。

11. 经营者尊重消费者人格尊严的义务

电子商务经营者不得以电话、短信或者电子聊天工具等方式对消费者进行人格侮辱，不得对消费者的正常工作、生活进行骚扰。

二、网络交易平台经营者特别义务

1. 平台的经营资格取得义务

网络交易平台经营者应当是经工商行政管理部门登记注册并领取营业执照的企业法人。

前款网络交易平台，是指在电子商务活动中为交易双方或者多方提供网页空间、虚拟经营场所、交易规则、交易撮合、信息发布等服务，供交易双方或者多方独立开展交易活动的信息网络系统。

2. 平台对其平台内经营者身份信息展示的义务

网络交易平台经营者应当对通过其平台提供商品的电子商务经营者（以下简称“平台内经营者”）履行本法第×条身份信息展示义务承担管理责任。

领取营业执照的平台内电子商务经营者应当向网络交易平台经营者提供真实的营业执照和相关许可证、批准文件的信息，可以使用电子图文载体。尚不具备领取营业执照条件的个人，应当向网络交易平台经营者提供其姓名、地址、有效身份证明、有效联系方式等真实身份信息。发生变动的，应当及时更新。

网络交易平台经营者应当将第二款规定的信息按照本法规定予以展示。平台内经营者拒绝展示或者提供的信息不真实、无效的，应当不准其进入平台内交易或者停止对其提供网络交易平台服务。

3. 平台对其制定合同格式条款和交易规则征求消费者意见的义务

网络交易平台经营者制定或者修改其涉及消费者权益的协议（合同格式条款）、交易规则，应当遵循公开、连续、合理的原则。协议（合同格式条款）、交易规则的征求意见稿，应当以显著的方式予以公示。公示期不得少于 10 日。对反馈的意见应当予以整理研究，不予采纳的，应当阐明理由，并予以保存。

4. 平台建立和实施商品信息检控制度的义务

网络交易平台经营者应当对通过平台提供商品的平台内电子商务经营者及其发布的商品信息建立检查监控制度，发现有违反法律、法规、规章行为的，应当向平台经营者所在地有关行政部门报告，并及时采取措施制止，必要时可以停止对其提供网络交易平台服务。

网络交易平台经营者实施检查监控制度的，可以对平台内提供的商品进行抽样，交由具有法定资质的检验检测机构进行检测检验。对检测等结果不符合国家标准或者规定的，应当告知被抽样的经营者复检权，并以复检结果为最终结论。网络交易平台经营者应当将抽样结果予以公示。

5. 平台的消费保证金义务

网络交易平台经营者可以设立消费者权益保证金。消费者权益保证金应当用于对消费者权益的保障，不得挪作他用，使用情况应当定期公开。

网络交易平台经营者与平台内的经营者协议设立消费者权益保证金的，双方应当就消费者权益保证金提取数额、管理、使用和退还办法等作出明确约定。

网络交易平台经营者设立的保证金来源于平台内的经营者，保证金缴付数额超过 1000 万元的，应当报告所在地银行业监督管理部门。银行业监督管理部门应当依法对其进行监督管理。

鼓励网络交易平台经营者以自有资金设立消费者权益保证金。网络交易平台经营者应当对保证金的使用制定规则，并予以公开。

6. 平台建立消费纠纷调解和消费维权自律制度义务

网络交易平台经营者应当建立消费纠纷调解和消费维权自律制度。消费者在平台内购买商品或者接受服务，发生消费纠纷或者其合法权益受到损害时，可以应消费者要求进行调解。根据调解达成的协议或者消费者权益保证金协议约定，平台内经营者拒不履行或者拖延履行约定的赔偿等费用的，网络交易平台可以从该经营者缴付的消费者保证金中予以支付。

具备条件的网络交易平台经营者，可以建立消费纠纷调解机构，并接受平台所在地工商行政管理部门的指导。

消费者通过其他渠道维权的，网络交易平台应当保障消费者的知情权，积极协助消费者维护自身合法权益。

7. 类似于平台的其他有关服务经营者的信息记录和保存义务

为电子商务提供网络接入、服务器托管、虚拟空间租用、网站网页设计制作等服务的有关服务经营者，应当要求申请者提供经营资格证明和个人真实身份信息，签订服务合同，依法记录其上网信息。申请者真实身份信息等信息记录备份保存时间自服务合同终止或者履行完毕之日起不少于两年。

三、电子商务消费者的权利

1. 消费者总体权利

电子商务消费者依法享有《中华人民共和国消费者权益保护法》规定的权利以及本法规定的权利，电子商务经营者应当保障消费者的权利。

2. 消费者对进口商品甄别的特别权利

电子商务经营者声称其提供的商品为进口商品的，电子商务消费者有权要求其提供进口商品的合法来源凭证以及属于进口商品的证明。

3. 消费者自主选择权的特别规定

电子商务消费者在自主选择商品时，对同一经营者提供的商品，可以要求经营者提供让其进行比较、鉴别和挑选商品范围的信息，包括商品品种、性能、规格、质量、产地、价格等信息。

4. 消费者对经营者促销的知情权利

电子商务经营者开展优惠促销等活动的，消费者有权要求该经营者对促销规则、促销优惠等事项予以具体说明。

5. 消费者受到侵害的特别索赔权利

消费者购买、使用电子商务经营者提供的商品，其合法权益受到损害的，可以向电子商务经营者索赔。电子商务经营者无法联系或者拒绝赔偿的，且商品质量本身存在缺陷的，也可以向生产者索赔。

消费者通过网络交易平台购买商品的，网络交易平台经营者不能提供销售者或者服务者的真实名称、地址和有效联系方式的，消费者也可以向网络交易平台经营者要求赔偿。网络交易平台经营者作出更有利于消费者的承诺的，应当履行承诺。

消费者按照第一款和第二款的规定，有权选择向商品提供的经营者、商品生产的经营者和网络交易平台经营者索赔。

6. 消费者对交易规则等制定的参与权利

消费者有权参与保护消费者权益的立法工作，有权参与电子商务经营者制定网络交易规则、合同格式条款等涉及消费者自身权益的事项。

7. 消费者依法维权的权利

消费者应当努力掌握消费者权益保护法律知识，依法行使权利，提高自我保护意识。正确运用法律手段，在法治轨道上维护自身的合法权益。

四、电子商务消费者权益保护的特别规定

1. 对人民政府及其所属部门保障消费者权益的总体规定

各级人民政府应当采取措施保障电子商务消费者的合法权益，其所属个部门应当依法对电子商务经营者的行为实施监督检查，查处侵害消费者合法权益的行为。

2. 电子商务经营者违法和消费者争议管辖权的特别规定

网络交易平台经营者的违法行为、网络交易平台经营者与电子商务消费者发生权益争议的，由平台经营者住所所在地县级以上的相关行政部门管辖。

平台内电子商务经营者的违法行为、平台内电子商务经营者与电子商务消费者发生权益争议的，由电子商务经营者住所所在地县级以上的相关行政部门管辖，需要调取交易记录、经营者注册信息等电子资料的，可要求平台经营者住所所在地县级以上的相关行政部门提供协助。

平台内电子商务经营者的违法行为、平台内电子商务经营者与电子商务消费者发生权益争议的，也可由平台经营者住所所在地县级以上的相关行政部门管辖。平台经营者住所所在地县级以上的相关行政部门管辖异地经营者有困难的，可移交电子商务经营者住所所在地县级以上的相关行政部门处理。

3. 对行政部门实施商品抽检的特别规定

有关行政部门在各自的职责范围内，应当定期或者不定期对所在地电子商务经营者提供的商品进行抽查检验，并及时向社会公布抽查检验结果。有关行政部门应当制定网络商品抽检的程序规定。

网络交易平台住所所在地的行政部门，可以对进入该平台内交易的商品或者服务进行抽查检验，不受平台内经营者的地域限制。

4. 行政部门对严重危害消费者权益的商品采取召回等措施的规定

有关行政部门发现并认定电子商务经营者提供的商品或者服务存在缺陷，有危及人身、财产安全的，应当立即责令经营者采取停止销售、警示、召回、无害化处理、销毁、停止生产或者服务等措施。

5. 对电信主管部门履行保护消费者权益职责的特别规定

电信主管部门应当依法履行互联网行业管理职责，在网站备案信息核查、网络接入服务信息核查等方面积极配合有关行政部门的消费者权益保护工作。

有关行政部门发现电子商务经营者违法或侵害消费者权益，可将违法网站名单和查处情况等送交省级电信主管部门，电信主管部门应当依法及时处理。因电子商务经营者违法情节严重，为避免造成对国家、社会或消费者更大的损害，有关行政部门制发屏蔽或者停止服务协助书的，电信主管部门应立即依函请采取停止互联网接入服务的紧急处置措施。

6. 对公安机关履行保护消费者人格尊严权的特别规定

电子商务经营者所在地公安机关应当对违反本法规定侵犯消费者人格尊严，进行骚扰的行为予以训诫，具结悔过。情节严重或者继续其行为的，依照《中华人民共和国治安管理法》的相关规定予以处罚。

7. 对行政部门取得的电子数据证据效力的特别规定

行政部门对电子商务经营者商品交易及有关服务活动的技术监测记录等资料，可以作为对违法电子商务经营者实施行政处罚或者采取行政措施的电子数据证据，也可以作为处理消费者权益争议的电子数据证据。

8. 对消费纠纷处理的特别规定

电子商务消费者与经营者发生消费者权益争议的，可以进行协商和解。消费者也可以请求经营者住所所在地的消费者协会或者依法成立的其他调解组织进行调解。

前款消费者向行政部门投诉的，应当由电子商务经营者住所所在地县级以上的相关行政部门管辖。行政部门可以使用在线纠纷调解等手段，提高调解效率。

消费者根据与经营者达成的仲裁协议提请仲裁机构仲裁的，按照协议约定向有关仲裁机构提请仲裁。

人民法院电子商务消费者权益争议案件的管辖，由最高人民法院规定。

9. 对港澳台消费者保护的特别规定

中华人民共和国香港特别行政区、中华人民共和国澳门特别行政区的中国永久居民或者台湾地区居民，与电子商务经营者因购买商品发生消费者权益争议的，可以向电子商务经营者所在地的有关行政部门投诉处理。无法确认或者不知道投诉的行政部门的，可以向电子商务经营者所在地的设区的市人民政府港澳事务或者台湾事务管理机构投诉，并由其分送有关部门处理。

10. 与外国（地区）消费者权益保护的国际合作特别规定

国务院有关主管部门按照国际条约、协定或者双边或多边协议，与外国（地区）政府加强国际间的消费者权益保护合作，建立合作管道和合作机制。

（杭州市市场监督管理局课题组）

电子商务税收问题研究

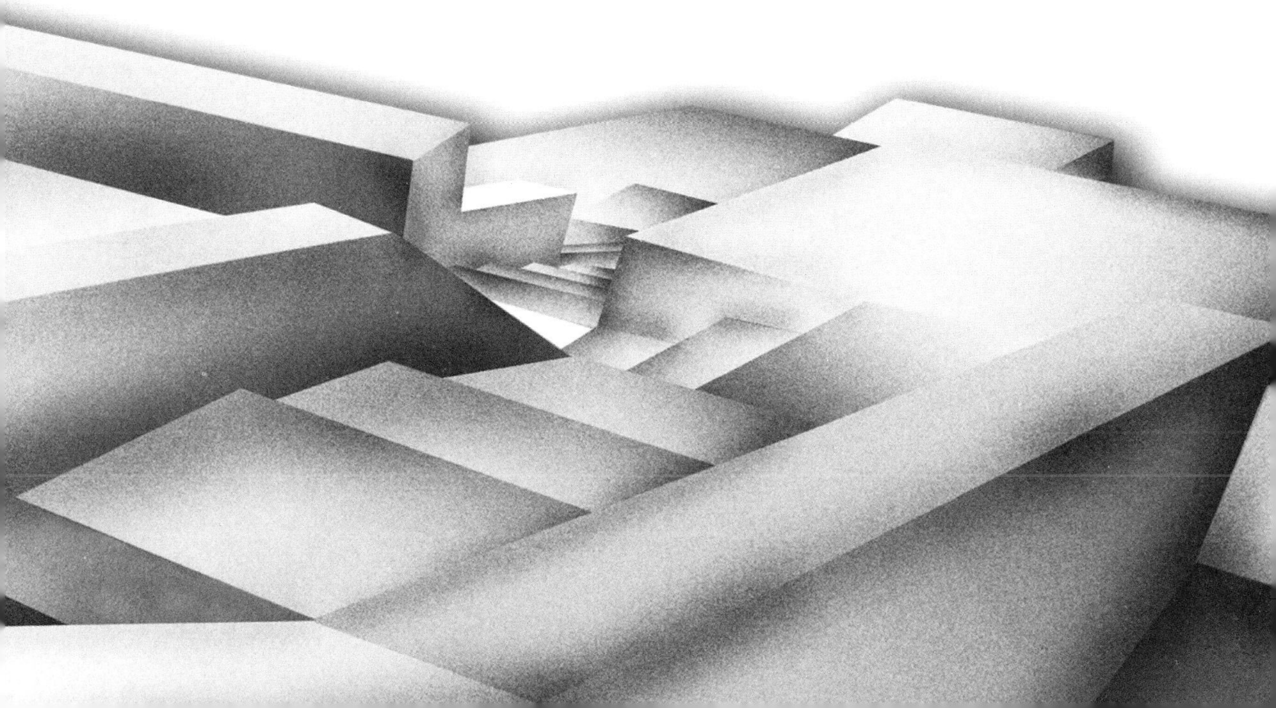

第一章　电子商务税收问题研究

近年来，我国电子商务发展迅速，2013 年市场交易规模达 10.2 万亿元，同比增长 29.9%。其中网络零售市场规模达到 1.85 万亿元，相当于社会消费者零售总额的 7.8%，超过美国成为全球最大的网络零售市场①。深入分析电子商务税收面临的新挑战，进一步健全完善税收政策和征管措施，提高电子商务税收管理水平，推进税收治理体系和治理能力现代化，是税收工作的一项重要任务。

一、电子商务税收管理现状及挑战

电子商务与传统交易方式相比，交易的本质属性是相同的，都是商品和服务的有偿交易，现行税制的基本框架对电子商务是适用的。但作为一种以现代信息技术为基础迅速发展的新兴商务模式，电子商务具有虚拟性、复杂性、跨区域性等特点，变革创新速度快，现行税收管理还不能完全适应电子商务的发展要求。

按交易主体的不同，我国电子商务市场主要分为 B2B、B2C、C2C 三种模式，其交易额分别占电子商务市场交易总额的 84%、6%、10%②。B2B 模式下，由于交易双方都是企业，买方一般都会向卖方索要发票，以便记账核算或抵扣税款，双方存在天然的制约、监督关系，可以与传统商务纳税人一样实施税收管理。B2C 模式下，由于买方多为自然人，不一定索要发票，作为卖方的企业存在通过不开发票、实体店与网店名称不关联等方式隐瞒交易收入逃税的行为，这是电子商务税收管理的重点。但因其具备较好的税收管理基础，税务机关仍可通过一些有针对性的措施进行监管。电子商务税收管理的难点在于 C2C 模式。该模式下，买卖双方均为个人，卖家一般不办理工商和税务登记，买家通常也不索要发票，游离于税收监管的边缘。当前社会舆论关注的焦点也在于此。事实上，该模式下的税收流失并非个别媒体臆测得那么严重。据阿里巴巴集团公开的数据显示，占 C2C 网络零售市场 96.4% 的淘宝网注册卖家 700 多万户，其中月均销售额在 2 万元起征点以下的占全部卖家的 94.8%（2014 年 10 月 1 日起征点提高到 3 万元后该占比会更高），按照税法规定，对这部分起征点以下的卖家不征增值税和营业税；月均销售额达 2 万元起征点的占全部卖家的 5.2%，这部分卖家的税款缴纳基本依靠其自我申报、自我遵从。

按交易标的不同，电子商务市场可分为间接电子商务市场（有形商品的离线交易）和直接电子商务市场（无形商品的在线交易）。前者需要线下仓储、物流的配合才能实现交付，税务机关可据此进行税收管理。后者以数字化形式通过网络传送直接达成交易，税务机关难以确定税制诸要素并且难以发现其交易行为，管理难度大，这也是国际电子商务税收管

① 2014 年 6 月 17 日商务部例行新闻发布会公布。

② 按《中国电子商务报告（2012）》（中华人民共和国商务部）提供的数据计算。

理面临的共同问题。

具体而言，电子商务的税收管理挑战主要表现在以下几个方面：

（一）电子商务的税收观念尚需进一步澄清

电子商务税收问题冲击和挑战了传统的税收观念。普遍征税、平等征税、量能课税等税收公平原则，是否适用于电子商务领域，社会各界尚有分歧，主要观点包括两个方面：一种认为，电子商务是国家战略性新兴产业，从扶持发展、促进就业、保障民生等方面考虑，应予以减税、免税或暂缓征税。如在淘宝网等平台开设的个人网店大多未办理工商和税务登记，即表明税务机关已经“默许”个人网店不用缴税。另一种认为，电子商务与传统商务并无本质区别，应该征税，否则对传统商务不公平。近年来部分人大代表、政协委员就此提出过建议和提案，呼吁大力加强电子商务税收征管，营造公平统一的税收环境。

社会上对税收观念的不同认识，纳税人纳税意识普遍不强，加之部分地方政府担心对电子商务征税不利于电子商务在当地的发展，影响了电子商务经营者的税法遵从度。正如经济心理学所认为的那样，“如果一个纳税人相信不遵从是广泛存在并为社会接受的行为，那么这个纳税人更不愿意遵从”①。电子商务领域存在的不遵从行为在一定程度上对传统商务的遵从造成了冲击，税法的严肃性受到了挑战。

（二）电子商务的税制还有待于进一步明确

我国现行税制要素是基于传统交易模式确定的，电子商务条件下某些税制要素的内涵和外延界定难、解释难、明确难。一是纳税主体界定难。现行税法一般以纳税人机构所在地、应税行为发生地、应税收入来源地等标准来确定纳税主体和纳税地点。增值税、营业税、所得税、印花税等均强调了销售货物、提供应税劳务服务和所得的“境内”概念，但电子商务的全球性或无址化特性对“境内”概念提出了挑战。如企业所得税法对销售货物所得以交易活动发生地确定所得是否来源于境内，但对交易活动发生地是合同签订地、发货地还是到货地没有具体规定。电子商务模式下，依据不同标准确定交易活动的发生地，对纳税主体的界定结果是不同的，特别是虚拟空间上签订的电子订单使合同签订地的确定变得困难。二是某些课税对象属性确定难。电子商务模糊了某些商品与服务及不同服务间的界限，使某些电子商务活动在适用税种、税目上会因对应税行为的性质理解不同而出现差异。如网络酒店预订服务属代理服务还是提供交易平台、网络远程教育属培训服务还是提供教育信息平台等在实践中不好划分，划分结果不同，适用的税种、税目和税率也就不同。电子商务中的数字化产品交易，模糊了无形商品、特许权使用等概念之间的界限，税务机关通过现行税制难以确认其所得是销售所得、劳务所得还是特许权所得，进而难以确定适用的税种和税率。三是电子商务税收管辖权归属难。电子商务领域交易性质及税收管辖权的不同判定标准，往往导致不同的税收归属，对分税制财政体制必然带来影响，征管制度设计如何避免税收管辖权和地区间税收分配的争议是一个难题。

（三）电子商务的税收征管有待于进一步加强

与传统商务相比，电子商务经营者身份具有虚拟性，经营场所具有不确定性，交易行为具有多样性，账簿、凭证等呈现数字化特征，对税收征管能力和手段提出了更高的要求。一是电子商务税收配套法律制度不够完善。一方面，缺少电子商务部门监管和行业规范的法律

① （意）埃里希·科齐勒：《税收行为的经济心理学》，中国财政经济出版社 2012 年版。

规制。目前，我国电子商务相关法制建设滞后，现行相关的制度办法覆盖面小、法律级次低，难以对电子商务税收管理提供配套的法律支撑。比如，电子签名法仅解决电子签名的合法性问题，其他法律对电子数据的法律效力、电子数据的保存管理、电子财产的认定等尚未有明确规定，税务机关难以将电子数据作为税务检查和处理的依据，存在较大的执法风险。再如，工商部门对个人网店实行自愿登记管理，以工商登记为前置条件的税务登记制度无法落实，难以对未办理工商登记的个人网店实施有效的税收管理。据调研了解，浙江义乌电子商务经营户达10万家以上，但税务登记户仅5000余户，登记率不足5%；海宁市7000多家电子商务经营户中登记率仅为7.3%。另一方面，缺少获取电子商务第三方涉税信息的法制保障。电子商务是信息流、资金流、物流“三流”信息高度集中的领域，但根据现行法律规定，税务机关难以从相关部门有效地获取电子商务信息，又缺乏对交易平台、支付平台等第三方报送涉税信息的强制性规定，失去了获取电子商务涉税信息的“金钥匙”。我国社会信用制度建设比较滞后，纳税人失信成本小、代价低，加之电子商务隐蔽性的特点，助长了电子商务经营者的不遵从行为，人为增加了税收管理的成本和难度。二是传统税收征管方式难以适应电子商务业态的发展需要。我国现行税务登记、发票管理、申报征收、税务检查等都以属地管理为基础，税收征管的属地化与电子商务的无址化、跨区域化的矛盾突出，以现有的管理方式实施对电子商务的税收管理存在着天然的体制障碍。税务机关缺乏相应的信息技术手段捕获、存储、梳理海量的电子商务涉税信息，尚未建立现代化信息系统来分析、识别和应对电子商务经营者税收流失风险。三是税务干部电子商务税收管理水平有待提升。部分税务干部还存在着按地域、实体、实物等要素实施税收管理的路径依赖，与电子商务税收相适应的管理理念和思维方式还没树立起来，缺乏一支勇于开拓创新、知识结构合理、专业技能匹配的电子商务税收管理队伍。

二、电子商务税收管理的探索

从我国现行的税制看，电子商务活动涉及的税种主要包括增值税、营业税、企业所得税、个人所得税、印花税等。通过网络销售货物的，征收增值税；提供服务的，根据服务类型不同，分别征收增值税或营业税；从事电子商务活动形成所得的，对企业征收企业所得税，对个人征收个人所得税。近年来，为更好地适应电子商务发展的需要，财税部门进一步研究和完善了税收政策，不断增强税收政策对电子商务的适应性。2003年，将电信单位提供的因特网及其他数据传送业务、网络接入及网络托管业务、因特网增值电信业务等按“邮电通信业”税目征收营业税；2006年，明确对电子应税凭证征收印花税；2008年，明确对个人加价出售虚拟货币所得征收个人所得税；2012年起，在“营改增”试点过程中，明确网站对非自有网络游戏提供的网络运营服务、依托计算机信息技术提供的电子商务平台等按信息技术服务征收增值税；2014年，对符合条件的电子商务出口货物与普通出口货物同样享受增值税和消费税退（免）税或免税政策等等。

近年来税务机关在电子商务税收征管的实践中也做了大量工作，取得了较好成效。一是以风险管理为导向对电子商务税收实施分类管理。根据电子商务主要交易类型的特点以及税收流失风险的大小，实施差异化管理策略。对B2B、B2C模式的卖家，税务机关基本按照现有征管模式进行管理，督促其线上线下合并申报，并有针对性地开展风险分析识别和应对，实现对此类企业的有效控管。对C2C模式的卖家，税务机关主要从电子税务登记、自然人登记、涉税信息获取和应用等方面研究探索有效的税收管理方法。二是针对电子商务特点创新信息管税手段。在电子商务领域推行电子发票，推动“以票控税”到“信息管税”的转变。据调研了解，北京市自2013年6月先后在京东商城、小米科技等四家企业试点，截至2014年6月底累计开具电子发票1900万份，金额达110亿元。江苏省自2013年9月在江苏苏宁、南京苏宁试点，截至2014年6月底，累计开具电子发票437万份，金额达7.5亿元。一些地区还探索运用大数据和云计算技术搜集、分析电商经营数据，开展纳税评估，查找税收征管漏洞。三是适应电子商务发展的需要完善法律制度。有关部门正积极修订税收征管法，健全完善自然人税务登记的条款，赋予税务机关对网络交易平台和支付服务机构等进行检查的权力，为加强电子商务税收管理提供法律支撑。四是加强国际合作应对电子商务挑战。积极参与“税基侵蚀和利润转移”（BEPS）行动计划相关工作，就数字经济给现行国际税收规则带来的问题表明我方的立场和主张，以更好地维护我国的税收权益。提出将电子商务税收问题作为税收征管论坛（FTA）重点讨论和研究的热点难点问题，提高税收国际合作的针对性。

总结回顾近年来电子商务税收管理的探索实践，可以得出以下两点重要启示：一是信息不对称是制约电子商务税收管理工作推进的瓶颈问题。与传统商务相比，电子商务具有涉税信息集中存储、交易行为痕迹化和可追踪等特性。如果税务机关能够及时掌握这些涉税信息，电子商务经营者的应税交易活动将由隐蔽变得透明，税收管理将取得事半功倍的效果。但现实情况是，税务机关获取这些信息存在较大的法律和技术障碍，征纳双方信息严重不对称。二是加强制度建设是解决电子商务税收问题的治本之策。当前理论界和实务界提出的技术手段和管理方法，主要是围绕电子商务平台服务商来设计和实施的，需要跟随电子商务组织结构和运营模式的变革创新而及时进行调整，转换成本高，具有一定的局限性、滞后性。长远来看，应从制度层面做好顶层设计，积极营造自觉遵从税法的法治环境，建立规范电子商务发展和高效获取涉税信息的法律制度等，从根本上解决电子商务的税收问题。

三、电子商务税收管理的国际经验

近年来西方国家和国际组织在电子商务税收管理上形成了一些共识，主要是：在税收政策上，对电子商务视同传统商务适用现行税法，不开征新税或免税；在税收征管上，依托现有征管体系，有针对性地加强电子商务税收的征收管理。具体体现在五个方面：

（一）对电子商务视同传统商务平等适用税法

电子商务与传统商务同样适用现行税法、平等征税，是国际社会的普遍共识。经济合作与发展组织（OECD）自20世纪末以来先后发布了一系列电子商务税收的研究报告，提出为电子商务免税和开征新税都是不可取的，一定要与传统商务适用相同的税收原则。美国电子商务税收管理经历了对无形商品从免税到征税、对有形商品从个别征收到普遍征收销售税的过程。欧盟则对电子商务一直持征税态度。澳大利亚主要在货物和劳务税制度框架内完善了电子商务税收政策。2011年11月举办的亚洲税收管理与研究组织（SGATAR）第四十一届年会认为，对电子商务征税应建立在中性、效率、确定、简便、公平等原则上，大多数成员目前没有建立专门的针对电子商务的征税规定，而是适用现行的税法规定①。

① 中国税务代表团：“参加亚洲税收管理与研究组织第四十一届年会暨考察缅甸税制情况的报告”，2011年。

（二）以全面覆盖的纳税人识别号为核心建立完备的信用体系

建立纳税人识别号（Taxpayer Identification Number，缩写为 TIN）制度，并依此构建完备的社会诚信体系，是世界各国和地区加强税收管理的普遍做法。电子商务纳税人与其他纳税人一样，都要有纳税人识别号并纳入社会诚信体系，促进其自觉遵从税法。美国根据不同种类的纳税人分别赋予社会保障号码（Social Security Number，缩写为 SSN）、雇主识别号码（Employer Identification Number，缩写为 EIN）或纳税人识别号（Individual Taxpayer Identification Number，缩写为 ITIN），把美国人几乎所有的信用记录都串联起来，如有信用污点将严重影响其社会经济生活。澳大利亚税收管理的一个显著特点就是建立税务档案号码（简称“税号”），相关部门通过税号可以看到个人信誉等级，如果没有税号，将被税务部门课以 48.75% 的惩罚性税款①。德国、意大利、丹麦、阿根廷、巴西等国家也都建立了纳税人识别号制度，以之作为纳税、享受社保和公共福利等的重要依据。

（三）利用现代信息技术手段加强电子商务税收管理

为应对电子商务等新兴业态对税收管理带来的挑战，一些国家和地区纷纷加大税收信息化建设投入力度，建设高效便捷的税收信息系统。美国联邦税务局设立了 3 个功能不同的国家级数据处理中心（数据中心），其中之一即是负责指导为孟菲斯服务中心所服务的 6 个区域办公室内的所有电子商务系统提供的联合测试、日常操作和运维等服务②。德国联邦税务局的数据处理与技术中心（ZIVIT）能为税务和其他政府部门提供全方位、多功能的信息服务，其中包括电子支付平台的支援服务等③。一些国家和地区还通过推行电子发票提高信息管税水平。比如，我国台湾地区自 2012 年 1 月 1 日起全面推行电子发票，并通过有奖发票制度调动消费者使用电子发票的积极性④。智利目前的电子发票使用比例高达 44%，其目标是全面覆盖⑤。韩国、巴西、阿根廷等国也于近年推广使用电子发票，以适应信息化条件下税务管理的需要。

（四）建立涉税信息共享和报告制度广泛获取税收情报信息

建立部门间涉税信息共享制度、规定第三方向税务机关提供涉税信息的法定义务，是各国税收管理工作中的通行做法。美国《国内税收法典》第六十一章⑥共用 65 个条款、6.3 万字详细规定了包括政府部门在内的几乎所有主体向财政部长（税务机关）报送涉税信息的义务。韩国征收资料提交法规定，税务机关可以向政府部门、金融机构、非营利法人等搜集 76 种涉税资料⑦。《德国税收通则》第一百零五条⑧明确规定，相关机构和个人的保密义务不适用于他们向税务机关提供情况和出示材料的情形。特别值得关注的是，近年来，涉税信息交换共享呈现出由主权国家内部向国际领域扩展之势。2013 年 9 月 G20 圣彼得堡峰会发布了税收国际合作若干问题的共同宣言，目前全球有 60 多个国家已经或承诺签署《多边税

① 云南、海南省国家税务局考察团：“澳大利亚大企业税收管理考察报告”，2011 年。

② 国家税务总局课题组：“外国税收征管模式发展趋势研究”，2012 年 1 月。

③ 河北、河南省国家税务局赴德国培训团：“赴德国参加税收征管制度和税收信息化建设培训情况的报告”，2011 年。

④ 税务总局赴台湾考察组：“台湾税收征管工作情况考察报告”，2012 年。

⑤ 中国税务代表团：“关于出访智利、秘鲁情况的报告”，2012 年。

⑥ 外国税收征管法律译本编写组：“外国税收征管法律译本”，中国税务出版社 2012 年版。

⑦ 中国税务代表团：“关于日本和韩国税收制度和组织体系考察情况的报告”，2012 年。

⑧ 外国税收征管法律译本编写组：《外国税收征管法律译本》，中国税务出版社 2012 年版。

收征管互助公约》，同意由各国税务主管当局以批量形式提供税收情报。2014 年 7 月 1 日起生效的美国《海外账户税收合规法案》（FATCA）规定，外国金融机构必须向美国国税局提供美国相关纳税人的海外账户资料，否则将被加征其在美国所得 30% 的预提税。截至 2014 年 7 月 1 日，与美正式签署实施 FATCA 政府间协议的辖区和经双方同意视同已签署协议的辖区已达到 99 个。国际社会高度重视并积极开展国际税收征管信息情报交换工作，对于提升跨境纳税人的税收管理水平、营造公开透明的税收环境具有重要意义，也必将对以跨区域经营为基本特征的电子商务的税收管理产生深远影响。

（五）探索建立专门机构负责电子商务税收管理

2000 年，日本设立了专门的电子商务税收管理机构，主要从事电子商务信息收集和涉税检查工作。目前，此类机构已遍布日本所有的地区税务局。泰国也设有专门机构，主要负责电子商务税务审计和相关数据信息技术支持工作。欧美部分国家提出了建立以监管支付体系为主的电子商务税收征管模式的设想，设立了专门的电子信息稽查机构从事电子信息稽查工作和有关的国际合作，以确保对电子商务交易实施有效监控[①]。

四、电子商务税收管理的对策及建议

党的十八届三中全会首次提出要推进国家治理体系和治理能力的现代化。税收制度是国家治理体系的重要内容，征管能力是国家治理能力的重要体现。电子商务作为迅速发展的新兴经营业态，对其税收管理水平，在很大程度上体现出税收治理体系的完备程度和治理能力的高低。借鉴国际电子商务税收管理经验做法，结合我国国情、税情，我国电子商务税收管理的基本取向是：坚持税收中性、税收公平、简化透明、便于征管、统筹协调的原则，既法理上一视同仁，又支持规范发展，积极营造有利于电子商务发展的税收环境。基本思路是：以制度建设为根本，辅之以管理方法和技术手段创新，重点建立健全统一的纳税人识别号、社会信用体系、信息共享和报告等制度，完善电子商务税收政策，加强电子商务税收征管力度，形成管理合力，提高电子商务税收管理质效。

（一）推进电子商务税收治理体系建设

一是建立健全的电子商务相关法律法规。推动包括电子商务法、合同法、会计法、电子签名法等相关法律法规的制定、修订和法律解释工作，填补现行法律法规体系在电子商务领域的空白。建立完善的电子商务国家标准和行业标准体系，制定各类电子商务技术标准、经营管理和服务规范。确立电子商务监管部门信息共享和相关第三方信息报告制度，为税收治理体系建设提供配套的法律支撑。二是完善电子商务税收政策。根据电子商务的新特点，清晰界定税制要素，确保电子商务活动适用税种、税目及有关税收政策准确、统一。积极参与 OECD 的 BEPS（税基侵蚀与利润移转）项目，增强电子商务税收管辖权国际规则制定领域的话语权，维护国家税收主权。统筹电子商务与传统交易的税负水平，鼓励支持电子商务创新发展。

（二）提升电子商务税收治理能力

一是加快修订以税收征管法为核心的电子商务税收征管法律制度。按照商事登记制

---

① 中国税务代表团："参加经济合作与发展组织税收管理论坛中小企业纳税遵从工作组第十次会议情况的报告"，2011 年。

度改革要求，创新税务登记管理制度，建立起适应电子商务税收征管的电子税务登记方式，从而完善纳税申报制度，创新申报方式，降低纳税成本。全面推行电子发票，规范电子发票技术标准，确立电子发票的法律地位。优化电子商务税收征管流程，方便电子商务经营者履行纳税义务。研究按住所、生产经营地等要素确定税收管辖权的制度办法。探索建立电子商务第三方服务平台税款扣缴制度，实施电子商务税收源泉控管。二是研究建立电子商务税收监管体系。按照建立税收现代化目标的要求，把电子商务税收纳入税收征管改革中统筹规划，建立协调配套的电子商务税收监管体系。树立互联网思维、大数据应用和风险管理理念，加强电子商务税收管理与先进技术的融合，搭建电子商务税源信息采集与监控分析平台，建立完善电子商务税收的风险模型和预警指标，形成风险分析、应对、评价的良性运行机制。加强对国家宏观政策、电子商务发展趋势的分析研判，综合考虑电子商务税收征管能力与征收成本等因素的影响，积极稳妥、分类分步推进电子商务税收管理工作。探索设立专门的电子商务税收监管机构，对电子商务税收实施专业化管理。

（三）建立电子商务税收共治长效机制

充分发挥政府部门和社会各界关心支持税收工作的积极性，逐步实现政府与社会相结合的税收治理机制。一是大力加强电子商务税收的宣传和舆论引导，树立税收公平理念，对线上线下纳税主体平等对待，创造有利于电子商务税收共治的舆论氛围。二是加强工信、商务、金融、工商、税务、海关等部门的合作，推动建立适合我国国情的电子商务监管体系和部门协作机制。有效整合电子商务信息资源，推进部门间信息资源共享，提高信息采集、交换、应用效率。三是积极参与以公民身份证号和组织机构代码为基础的统一社会信用代码制度及信用信息平台建设，将电子商务信用纳入社会信用体系，落实电子商务信用奖惩机制。

（四）配合做好电子商务法立法工作

一是做好与有关法律的衔接。从法律层面解决电子商务税收管理问题，需通盘考虑电子商务法与相关法律之间的关系，做到有序衔接、协调一致。二是做好顶层设计。电子商务法作为电子商务领域的综合性法律，宜从全局出发，就涉及电子商务税收的基础性、原则性、重要性问题作出规定。三是明确立法涉税条款。目前，税收实体法和程序法已对税收具体问题作出明确规定，电子商务税收制度问题也已纳入税收法律法规修订内容。建议电子商务法立法涉税条款包括以下内容：针对电子商务税收认识上的不同观念，明确电子商务与其他商务平等适用税法，税务机关应依法履行电子商务税收的管理职责；从扶持电子商务长期健康发展的角度出发，提出完善税收政策措施的原则要求；针对电子商务管理中的突出问题，明确电子商务信用体系建设内容；根据电子商务经营现状和管理要求，明确电子商务经营实名制和相关第三方涉税信息报告义务等。

电子商务法立法建议

第一条【电子商务纳税义务及税务机关管理职责】从事电子商务活动以及为电子商务提供服务的单位和个人，应当按照税收法律、行政法规的规定，履行纳税义务。

以电子商务方式进口货物的单位和个人、向境内提供服务的境外单位和个人，应当按照税收法律、行政法规的规定，缴纳增值税。

税务机关应当按照税收法律、行政法规的规定，实施电子商务税收管理。

条文说明：电子商务与其他商务活动相比，交易的本质属性是相同的，应遵循税收中性、税收公平、简化透明、便于征管、统筹协调的原则，统一适用税法。针对目前社会对电子商务税收的认识误区，有必要通过立法强调税收公平原则，规定从事电子商务活动以及为电子商务提供服务的单位和个人，都应同其他商务活动的经营主体一样，按照税收法律、行政法规的规定履行纳税义务。同时，也明确税务机关对电子商务税收的监管职责。

另外，增值税条例和营改增有关政策规定：在中华人民共和国境内销售货物或者提供加工、修理修配劳务以及进口货物的单位和个人，为增值税的纳税人；在中华人民共和国境内提供交通运输业、邮电通信业和部分现代服务业服务的单位和个人，为增值税的纳税人。因此，对于以电子商务方式进口货物的单位和个人、向境内提供服务的境外单位和个人，应当缴纳增值税，由境内货物购买方或劳务接受方履行代扣代缴义务。

第二条【电子商务税收政策措施】国家鼓励和支持电子商务产业发展，从事电子商务活动以及为电子商务提供服务的单位和个人依据税收法律、行政法规享受税收优惠。

条文说明：按照十八届三中全会“税收优惠政策统一由专门税收法律法规规定”的要求，电子商务法宜对利用税收等手段促进电子商务发展作出原则性规定，体现该法鼓励电子商务产业发展创新的立法宗旨。近年来，税收法律法规先后明确了对小微企业、个体工商户、高新技术企业等的税收优惠政策，对相应的电子商务经营者一直是适用的，符合条件的电子商务经营者都可享受此类财税政策。

第三条【电子商务信用体系建设】国家将电子商务信用信息纳入社会信用体系建设中，实现电子商务信用信息资源共享。

条文说明：我国的信用体系建设水平与市场经济发展水平不相适应，失信行为成本低、代价小，这也是我国纳税人与市场经济发达国家相比纳税遵从度不高的重要原因之一。按照党的十八届三中全会精神，我国将大力推进社会信用体系建设，实现社会信用的全面覆盖。在电子商务领域推进社会信用体系建设，应当把电子商务经营者以及为电子商务提供服务的单位和个人有关的信用信息进行有效的整合利用，建立信用奖惩联动机制。这既有利于对电子商务经营者形成倒逼效应，促进其依法诚信纳税，提高税法遵从度；又有利于提高税收征管效率，降低税收征管成本。

第四条【电子商务经营者实名制】从事电子商务活动的经营者，应使用真实身份和真实信息，并在其网站首页或从事经营活动的主页面醒目位置公开税务登记证信息。

条文说明：当前，电子商务产业发展还很不规范，假冒伪劣、侵权违约、商业欺诈、偷逃税款等现象屡禁不止，社会各界反应强烈。电子商务经营者使用真实身份和真实信息是解决上述问题的关键。《国务院机构改革和职能转变方案》也提出要完善信息网络、金融账户等实名登记制度。目前，电子商务经营者主要包括法人、其他组织、个体工商户、除个体工商户外的其他个人。从税收管理角度看，电子商务经营者应当按照税收法律的规定办理税务登记，税务机关可应用现代信息技术手段创新税务登记管理，采取电子税务登记方式，要求纳税人在其网站首页或从事经营活动的主页面醒目位置公开税务登记证信息，在方便纳税人的同时加强税收管理。

第五条【电子商务信息报告制度】为电子商务提供服务的单位和个人，应当向税务部门提供其所掌握服务对象的电子商务涉税信息。

条文说明：及时、全面、准确地掌握电子商务涉税信息是税务机关实施电子商务税收管理的关键。按照目前税收法律法规，纳税人有定期向税务机关报送生产经营数据和财务会计报表的法律义务，而相关第三方报告涉税信息的制度仍很不完善。根据电子商务经营特点，电子商务交易平台、支付平台等保存有大量的电子商务交易时间、交易数量、交易金额以及账户账号、资金收付等涉税信息，这些信息对税务机关极具监管价值，有必要从立法层面统一规定其信息报告义务，为电子商务领域实施信息管税奠定坚实基础。

（国家税务总局课题组）

第二章　电子商务税收问题的调研报告

一、电子商务税收现状

（一）电子商务行业纳税遵从情况

按电子商务发生对象划分，电子商务主要有 B2B（企业对企业）、B2C（企业对个人）、C2C（个人对个人）三种模式。规模较大的 B2B 和 B2C 企业，如京东商城、苏宁易购等都是纳税较规范的企业，依法进行税务登记和发票管理。在 B2B 模式下，买方企业为了抵扣增值税，会主动向卖方企业索要增值税发票，企业的财务核算较为健全。对于大型的 B2C 电商，纳税流程与实体经营商纳税并无大的区别，有营业执照和税务登记证，税务机关也能够进行税收征管和稽查。对现行的税收体系造成巨大冲击的主要是 C2C 电子商务。个人卖家一般只要获得电商平台网站的认证并成功注册后即可开店，绝大部分个人网店因担心增加成本，不办理工商登记与税务登记。部分消费者出于获得优惠价格等利益考虑，也不主动索要发票。因此，我国现行的“以票控税”的方法在 C2C 模式中行不通，通过不开发票的手段隐匿销售收入进行偷税的现象十分普遍。同时，C2C 模式中小卖家居多，流动性与分散性更强，加大了税务机关的征管难度。

（二）电子商务企业税负水平

在调研中，广州有 11 家企业披露了其近年来大致的税负区间（企业税负 = 税收额/营业额），税负水平在 5% 以下的有 6 家，5%~10% 的有 2 家，10%~15%、15%~20% 和 20%~25% 的各有 1 家。据统计，目前全国各类企业的税收占销售总额的平均税率为 6.65%，以此标准来看，11 家电商企业中有 6 家的税负水平低于全国企业的平均水平，有 2 家接近全国企业的平均水平，有 3 家企业的数据显示其税负水平高于全国企业的平均水平。其中，衣联网近三年的税负水平分别是 8.94%、8.51%、7.38%，高于全国企业的平均水平，其增值税和企业所得税税负偏重，主要原因在于其适用税率高，而企业没有享受到税收优惠。在企业所得税方面，衣联网反映广告费和业务宣传费与营业收入的比率近三年中有两年分别为 18.72% 和 19.15%，其认为我国企业所得税税法规定的广告费和业务宣传费税前扣除比率（15%）偏低，由此会造成企业所得税的负担过重。

（三）新技术成为影响电子商务及其税收的重要因素

电子商务与新技术互相促进，云计算、大数据、二维码等新技术的不断应用和实现，成了电子商务发展的重要技术手段，电商企业通过挖掘内部和外部数据，形成智能化的决策和管理体系。新技术的发展使税收征管面临巨大挑战的同时，也带来了新的机遇，税务部门正在推行的电子发票试点就是解决电子商务税收征管难题的一个重要抓手。电子发票不以纸质发票为统计依据，而是以服务器中的数据为准，能有效对抗不开票、假发票、阴阳票等顽疾，相对于手写发票、税控打印发票有着不可比拟的优势。电子发票将传统的“以票控税”（基于纸张发票）提升到“以信息流控税”（基于交易真实性判别准则和数据库记录）的层次，可以大大加强政府对税源监控的能力，无论是统计效率还是监控力度，都有很大的提升。电子发票的推广将会大大节约电商的开票成本，得到了众多电商的支持。

二、电子商务税收制度与征管存在的主要问题

（一）税制要素不明确

一是征税对象不明确，现行的税法是建立在有形产品生产和流转的基础上的。电子商务活动中，商品从有形变成无形，并以数字化的形式传递，如软件、音乐、照片的有偿转让属于商品销售、提供信息服务、还是特许权利转让使用？二是纳税环节不清。流转税是以商品的流转额和非商品的流转额为计税依据，在生产经营及销售环节征收的。电子商务中，交易环节减少，无法通过中间商代扣代缴税款。三是纳税地点无法确定。电子商务的流动性加强，纳税人有可能在多个不同的地点进行经营活动。四是纳税义务人难以确定。电子商务交易双方可以隐身登录、匿名出现，真实身份难以确认。五是纳税期限难以确定。现行税制以传统支付方式、销售货物发票的开具时间来确定纳税义务的发生时间，而以网络为基础的在线交易，既没有纸质发票，又没有现金、支票流动，使现行税法规定的纳税期限难以确定。

（二）传统税收征管方式无法实施

一是电子商务影响税务登记。目前没有工商登记、税务登记的强制要求针对 C2C 个人卖家，税务机关难以通过税务登记制度来对纳税人进行监管。二是电商企业采用电子记账，只有平台商才掌握交易数据，税收检查困难。传统税收检查是建立在有形的凭证、账簿之上的，电子凭证易于修改且不留痕迹，如果平台商不提供数据，税务机关难以追踪交易、核实经营活动。三是“以票控税”失灵，税源更易隐瞒。传统交易中存在多道中间环节，通过对这些中间商的发票管理，可以有效地统计其应税收入。而电子商务中，生产商可以直接向最终消费者进行零售，消费者很可能为了得到优惠价格而不索取发票，这样就会瓦解通过发票管理掌握企业收入的计税机制，造成偷漏税等现象。四是资金流监控缺位。现金付款、电子货币加大了资金监控的难度。特别是如果信息源为境外某地的银行，则税务部门很难对支付方的交易进行监控，从而也丧失了一种对逃税者的重要威慑手段。

（三）实体店铺与电子商务税负不公平

税收政策应当为纳税人提供平等的竞争环境。电子商务和实体店铺相比，其本质都是通过销售商品或提供劳务获取收益。如果对实体店征税是合理的，那么也就同样应该向电子商务征税，不能因为电子商务与传统商务在形式上不同而采取不同的税收政策，或者因征管手段的差异造成实际税负的不公平。实体店铺成本主要是由店租、装修费、水电、人工等成本构成，电子商务成本主要是设备维护、人工、物流、广告宣传费用等。在电子商务发展初期，或对小微电商可以考虑减免税收，以促进行业发展。从长远的角度看，电子商务的竞争力不应当建立在不公平的税负上，而应该通过提升产品与服务质量，实现消费者与经营者的双赢。

（四）跨境电商税收征管亟待改革

目前，跨境电子商务零售出口企业通常以邮政包裹、快件等方式直接出口给境外消费者，多为临时采购，因货物数量少、金额小未能取得有效票据，不能享受增值税、消费税免税政策，企业所得税税前成本也无法抵扣。部分跨境电子商务零售出口企业因税收政策问题未能按“清单核放、汇总申报”的模式办理报关，导致无法取得出口报关单而无法正常出

口结汇。外贸型综合服务平台企业和物流企业代理出口业务仍按照传统外贸企业的一般贸易出口业务看待，而不是按现代服务业进行管理，包括保税区在内的物流企业及电商服务平台存在较大的税务风险。

目前进口电商的通关形式可以分为四种，第一种形式是通过邮包方式进境，海关按照邮递物品进行监管，征收个人物品进口税（俗称“行邮税”）；第二种是通过快件方式进口，海关对其中按照货样广告品申报的，征收货物进口关税及进口环节代征税（即：增值税和消费税），对快件中的个人物品，征收个人物品进口税；第三种是货物方式进口，缴纳进口关税及进口环节代征税；第四种形式是海关总署新设立的跨境电子商务通关方式，海关对收件人是个人消费者的征收个人物品进口税，收件人是企业的征收进口关税及进口环节代征税。其中，以邮包或快件方式进境的，由寄件人对包裹或快件进行申报，海关按照一定比例抽查，由于申报主体的主观因素，存在模糊申报、价格伪报、瞒报的现象，造成税收流失。

（五）税收管辖权需进一步明确

电子商务条件下，组成交易的各个要素由传统商务中的聚集一地，改为电子商务环境下的分处各地，从而形成各要素所在地政府对税收管辖的争议加剧或协调失灵，及跨国避税的加剧。如买方在一地，卖方在另一地；纳税主体注册在一地，经营、仓储在另一地；签约在一地（甚至无法确认在何处签约），交货在一地，结算账户又在另一地等。交易环节分散对区域税收、国际税收管辖提出了挑战。如果是电子商务平台运营商代扣代缴，既涉及法律义务问题，也涉及课税对象的确认，税目、税率的适用和国、地税管辖问题。税款征收后又遇到是否需要分配及如何进行分配的问题，要充分顾及中西部次发达地区的财力情况，保证现行的税收管辖权不变的原则，避免因电子商务课税而导致地方财政利益向东南沿海发达地区不公平地转移。

（六）电子发票的推广使用仍然存在众多问题

在实行“以票控税”的监管模式下，电子发票是加强电子商务税收监管的重要抓手。但从目前的试点情况看，电子发票主要针对个人消费者，企业采购并不能使用，且电子发票不能作为报销凭证；电子发票无法做账，受票企业并不接受其作为记账依据；电子发票的标准并不统一，试点的电子发票都是各省自行建立平台和规范，各个平台独立运行未互联互通，造成信息孤岛，使电子发票的接收工作非常困难。

三、推进电子商务税收工作的对策建议

（一）完善电子商务税制

与完善现有税制相比，开征新税的税收设计会更复杂，税收的征管难度更大，纳税人也要承担更大的遵从成本。因此，电子商务征税应在现有税制的基础上进行完善，不开征新税以及附加税。可以考虑将电商征税与目前的“营改增”改革相结合。从本质上说，增值税是以商品在流转过程中产生的增值额作为征税对象而征收的一种流转税，增值税税负与商品周转次数无关，只与增值额有关，其抵扣机制可有效地避免重复征税，同时也符合税收中性的原则。将增值税的征税范围扩大到电子商务中的“数字产品”和服务中，这将妥善地解决电子商务适用税种的问题，也可以防止企业利用增值税与营业税的税负差异避税。

（二）加强电子商务税收管理机构及职能

针对电子商务无地域性的特点，建议在国家税务总局设立专门负责电子商务税收管理的

部门，负责全国电子商务的税收管理和协调工作。在大型电子商务平台所在地，国、地税局建立联合征管部门，专司电子商务税收征管工作，并与电子商务平台运营商配合，做好网店的注册登记审核、信息传递、税务登记办理、交易信息获取等基础工作。借助金税三期全国数据集中优势，建立“网络税收管理服务平台”，对外可提供连接到各类电商交易平台、电子支付平台、网上银行和电子账簿等的接口，对内可与电子税务登记系统、电子申报缴税系统、电子发票管理系统等进行对接。

（三）实行电子商务实名登记制度

电商征税必须在实名制的前提下才能进行，电子商务登记制度可以帮助税务机关全面掌握电子商务企业和个人的详细信息，查实纳税人的身份和网络交易情况，规范电子商务的经营活动。为便于对从事电子商务的单位和个人进行税收管理，同时考虑到税收征管的特点及正在推行的商事登记制度改革情况，建议税务登记不再以工商登记为前置条件，从事电子商务的个人统一纳入管理范畴，进行分类管理。对没有进行工商注册的个人纳税人，可以只作税务登记，识别号可以为身份证号码。税务登记识别号应在税务机关和提供网上交易平台的电子商务运营商间共享。作为提供网上交易平台的电子商务运营商，在受理单位和个人网上开店的交易申请时，还应要求申请人提供税务登记相关材料，在网店页面的显著位置予以公示。参考香港的做法，条件成熟时，还可以考虑将工商登记和税务登记合并为商业登记，并加大对不按规定登记的行为的处罚力度，如在香港不依法进行商业登记的，可判罚款 5000 元及监禁 1 年。同时，要逐步建立和完善电子商务诚信体系。

（四）简化申报征收模式

明确在交易支付环节征税，以电子商务平台运营商为扣缴义务人，在支付环节进行征收的申报征收模式。这个模式应该包括对纳税人以支付宝、信用卡划款、货到收款等不同方式获得营业收入的确认方式，建立退货、优惠、折扣等情况下的税收处理办法。可以采用固定综合税率，按月对当月交易净收入额进行简易征收，规避增值税抵扣及其他税种确认困难等复杂环节。其当月应纳税款由运营商代扣代缴，运营商代收税款扣款成功即视同该纳税人已经履行了纳税申报义务，并由电子申报系统实时生成电子申报表。运营商在按月扣缴后，合并当月累计扣缴金额，在规定期限内向其主管税务机关解缴税款。

（五）推广使用电子发票

电子发票不以纸质发票为统计依据，而是以税局服务器的数据为准。开票须和税局联网，通过税局服务器签发一份发票信息，并用开票方的数字证书对发票进行数字签名。收票方不是通过发票纸张的外观鉴别真伪，而是通过验证与税局数据库中的发票记录进行发票验真。可以考虑电子发票由电子商务交易平台连接税局的电子发票接口，为每笔成交的交易自动生成发票信息。在线开票后，既可由买卖双方分别登录交易系统，通过交易系统上的开票模块自行打印，也可以由卖方统一打印后分发给买方。每个人只能打印在该交易平台中由自己成交的交易发票，不能查询和打印他人的发票（为保护商业机密和个人隐私）。电子发票将传统的“以票控税”（基于纸张发票）提升到“以信息流控税”（基于交易真实性判别准则和数据库记录）的层次，可以大大加强政府对税源监控的能力。在立法中，明确电子发票具有等同于纸质发票的法律效力，可以以此作为扣税和报销的凭证，保障电子发票的入账与报销的应用。及时修改税收征管法、会计法和其他税收实体法，对涉及电子发票的相关内容作修改和完善，完善发票管理办法或者单独制定电子发票管理办法，细化电子发票的具体使用规定，尽快建立全国统一的电子发票平台与标准。

（六）明确电子商务的税收管辖

以机构所在地和交易平台所在地为标准，确定管辖地税务机关，办理税务登记。修改“常设机构原则”，放宽常设机构对于“固定场所”的认定条件，代以实质上的、持续性的、辅助性质的经济联系条件，来判断是否可进行机构所在地税收管辖征收（如可认定服务器和 ISP 也构成常设机构）。

国家税务总局负责建立和完善符合电子商务税收征管需要的全国税务信息化系统，协调有关部门实现信息共享，对电子商务跨区域税收问题进行统筹协调，完善财政管理和转移支付体制，依靠国际、区域交流与合作解决跨区域避税和税收争端问题，建立统一税收区，统一征收管理，统一合理分配。通过电子商务交易平台从事经营活动的纳税人，其税收管辖应当由交易平台运营商所在地的税务机关代为履行，征收税款进入国家税务总局专设账户，由国家税务总局在各地间统一分配。其他方式从事电子商务的纳税人，应当由为其办理税务登记的主管税务机关进行税收管辖。

（七）为跨境电子商务发展提供服务

支持跨境电子商务发展，需要配套的财税政策支持。如加大资金补贴，引导物流商或电商改变现行客户的支付方式和习惯；降低跨境电子商务零售出口企业适用免增值税、消费税的条件，鉴于部分企业在采购环节无法取得合法有效的进货凭据，成本也难以核算，建议明确属于“跨境贸易电子商务”的出口免税不需要提供纸质进货凭证，并按一定税率核定征收企业所得税；向跨境电子商务企业提供增值税发票，由政府建立资金池，简化出口退税手续，解决退税问题；对跨境电子商务经营平台的经营主体进行明确界定，使以邮件包裹方式出口并按试点政策报关出口的外汇收入能正常结汇；将外贸型综合服务平台企业的一般贸易代理进出口与传统外贸企业的一般贸易进出口业务进行区分，减轻企业的税收负担等。同时，畅通跨境电商进口的正常通道，合理调整税率，堵塞税收流失的漏洞。

（八）创新税务稽查手段和方法

在电子商务的环境下，税务稽查要依靠信息化监控手段，破解网店的虚拟化经营所带来的税收征管难题。一是建立专业化的稽查队伍。专门成立电子商务稽查部门，抽调专业化的复合人才，利用互联网技术，通过信息采集比对、数据情报分析、实地调查取证等手段，针对网店交易大户开展税务稽查。二是建立针对电子商务的全国稽查信息共享系统，实现跨省、市的信息快速传递，建立跨区域税务稽查协作制度。三是强化税银合作，落实税收征管法的授权，加大对网店经营者银行账户的监控核查力度。四是加强对电子商务平台运营商的税收稽查和网络监督。在建立对网店经营者的代扣代缴制度后，税务机关就可以据此对运营商的代扣代缴行为进行税收稽查和网络监督，检查其收入核算是否正确，税款是否足额入库。

综上所述，电子商务税收立法应围绕着“简税制、宽税基、低税率、严征管”的原则，从优化我国税制的角度，制定适合我国的电子商务税收体制，在确保国家税收收入的同时，促进电子商务健康发展。

电子商务法税收相关条文（建议稿）

第一条【纳税义务】凡在中华人民共和国境内从事各类电子商务的单位和个人，为所适用各税种的纳税人，应当依照国家税收法律、行政法规缴纳相关税款。

（说明：此条明确了从事电子商务活动主体的纳税义务，对电子商务纳税人征收现有税种，不开征新税。）

第二条【适用范围】从事电子商务的境内单位和个人，应当就其来源于中国境内、境外的所得，缴纳相关税款。

从事电子商务的境外单位和个人，应当就其来源于中国境内的所得，以及发生在中国境外但与其境内所设机构、场所有实际联系的所得，缴纳相关税款。

应税收入包括：销售货物、数字产品、劳务、特许权使用收入，利息、租金收入以及其他应税收入等。

（说明：此条参考《中华人民共和国企业所得税法》第二条、第三条关于居民企业和非居民企业的纳税表述，规范电子商务税收征管的适用范围。）

第三条【税收优惠】国家支持电子商务的发展，从事电子商务的单位和个人依法享受相关各类税收优惠。

（说明：在调研中，有意见认为，电子商务发展仍处于起步阶段，应在税收方面加以扶持，针对电子商务的特点制定专门的优惠政策。另一方面意见则认为，相比传统商业模式，电子商务已经有了一些成本优势，对其制定特殊的税收优惠政策，会造成不公平竞争，严重冲击传统商业。调研组认为，电子商务与传统商业只是运营模式不同，按照税收中性的原则，无须制定专门的优惠政策，可以同传统商业一样享有各项税收优惠。）

第四条【扣缴义务人】税务机关可以指定提供网上交易平台的电子商务平台运营商、第三方支付平台等为扣缴义务人，按月代扣代缴境内、境外纳税人应纳税款，在规定期限向其主管税务机关解缴税款，并报送代扣代缴明细申报表。

[说明：在调研中，大部分意见认为，按照简便易行、减少征管成本的原则，确定提供网上交易平台的电子商务运营商为扣缴义务人，向其所在地主管税务机关解缴税款，是实施税收征管的有效方式。

与此观点相反，另一方面意见认为，如果解决好电子商务中的税务登记问题（详见第六条表述），并且立法要求电商及电商平台能够及时、准确地向税务机关提供纳税人交易信息，就能解决税务机关与纳税人之间信息不对称问题，可以继续按照属地原则进行征管。同时，电商平台与其中的电商是不同的经营主体，电商平台也无法全面地掌握所有商户的真实经营情况，如果增加了电商平台运营商的扣缴义务，将会增加其违法风险，造成抑制电子商务发展的负面影响。

建议对以上两种意见进一步研究。考虑到税务机关的监管能力和可操作性，调研组暂采纳了第一种意见。]

第五条【协税护税义务】税务机关依法查询从事电子商务的纳税人开立账户、交易、资金等情况时，有关电子商务运营商、第三方支付企业、银行和其他金融机构应当予以协助。

国家根据电子商务税收征收管理的需要，积极推广使用电子商务税控装置和信息系统。纳税人、电子商务运营商、第三方支付企业、银行和其他金融机构应当按照规定安装、使用税控装置和信息系统，不得损毁或者擅自改动。

第六条【税务登记】从事电子商务的单位和个人应当进行税务登记，所取得的税务登记代码，应当在网店首页的显著位置展示。

从事电子商务的境内单位和个人，应当在其所在地的税务机关办理税务登记；从事电子商务的境外单位和个人，应当与提供网上交易平台的境内电子商务平台运营商签订税务代理协议，由其负责申报纳税等涉税事项。

提供网上交易平台的电子商务运营商，在受理单位和个人网上开店的交易申请时，应当要求申请人提供税务登记代码，并将登记信息传递给经营者所在地的税务机关。

（说明：目前，以工商登记为前置环节的税务登记制度，导致电子商务的税务漏登漏管。国家工商总局 2014 年 1 月发布的《网络交易管理办法》规定："从事网络商品交易的自然人，应当通过电商平台开展经营活动，并向电商平台提交其姓名、地址、有效身份证明、有效联系方式等真实身份信息。具备登记注册条件的，依法办理工商登记"。为便于对从事电子商务的单位和个人进行税收管理，同时考虑到税收征管的特点及正在推行的商事登记制度改革情况，建议税务登记不再以工商登记为前置条件，从事电子商务的个人统一纳入管理范畴，进行分类管理。对没有进行工商注册的个人纳税人，可以只作税务登记，识别号可以为身份证号码。税务登记识别号应在税务机关和提供网上交易平台的电子商务运营商间共享。参考香港的做法，条件成熟时，还可以考虑将工商登记和税务登记合并为商业登记，并加大对不按规定登记行为的处罚力度，如在香港不依法进行商业登记的，可判罚款 5000 元及监禁 1 年。）

第七条【税收管辖】国家税务总局负责建立和完善符合电子商务税收征管需要的全国税务信息化系统，协调有关部门实现信息共享，对电子商务跨区域税收问题进行统筹协调，建立统一税收区，统一征收管理，统一合理分配。

通过电子商务交易平台从事经营活动的纳税人，其税收管辖应当由交易平台运营商所在地的税务机关代为履行，征收税款进入国家税务总局专设账户，由国家税务总局在各地间统一分配，具体办法由国务院另行制定。其他方式从事电子商务的纳税人，应当由其办理税务登记的主管税务机关进行税收管辖。

（说明：为避免税收不合理转移，针对电子商务税收的特点，建议由国家税务总局对通过电子商务交易平台从事经营活动的纳税人所缴纳的税款进行统一征管，并按照收入来源地，统一在各地分配。）

第八条【电子发票】电子发票是合法的收付款凭证，能够作为报销凭证和入账依据，鼓励从事电子商务的单位和个人使用电子发票。在对外发生经营业务收取款项时，收款方应当向付款方开具电子发票。不得利用电子发票进行转借、转让、虚开发票及其他违法活动。

税务机关应当确保电子发票信息正确生成、可靠存储、查询验证、安全唯一，做好监督管理，促进电子发票的规范使用。电子发票管理办法由国务院另行规定。

第九条【电子凭证】从事电子商务活动中，真实的电子税务登记证、电子申报表、电子账簿、电子发票、电子税票等电子凭证与纸质凭证具有同等的法律效力，国家鼓励使用电子凭证。

纳税人、扣缴义务人必须按照国务院财政、税务主管部门规定的保管期限保管电子账簿、记账凭证、完税凭证及其他有关电子凭证。电子凭证不得伪造、变造或者擅自损毁。

（说明：为了适应电子商务的特点，第九、第十条规范了电子发票和其他电子凭证的使用，建议税收征管法、会计法和其他税收实体法中增加电子发票等电子凭证的有关内容，使其与纸质凭证具有同等的法律效力。）

第十条【纳税申报】从事电子商务的纳税人或扣缴义务人应当按照税务机关规定的期限和要求，如实办理纳税申报。税务机关应当建立、健全纳税人自行申报机制，减少纳税人税收遵从成本。

纳税人在纳税期内没有应纳税款的，也应当按照规定办理纳税申报。纳税人享受减税、免税待遇的，在减税、免税期间应当按照规定办理纳税申报。实行定期、定额缴纳税款的纳税人，可以实行简易申报、简并征期等申报纳税方式。

第十一条【税款缴纳】电子商务纳税人和扣缴义务人按照当月交易净收入额和税务机关核定的税率计算应纳税额，按月在规定期限内向其主管税务机关缴纳和扣缴税款。扣缴义务人应建立退货、优惠和折扣等情况的税款处理办法。

第十二条【跨境电子商务】跨境电子商务企业出口货物可以按有关规定申请免税和办理退税。跨境零售出口货物的电子商务企业，可以免于提供纸质进货凭证。

税务机关支持货源企业向出口电子商务企业提供增值税专用发票，并为出口电子商务企业提供办理退税服务。通过对交易数据的监察和核实，简化出口电子商务企业的缴税和退税手续。

海关应当加强对跨境电子商务的进出口监管，完善海关税收制度和管理，防止国家税收流失。

第十三条【税务检查】税务机关根据电子商务的特点，应当建立专业化的电子商务税收稽查队伍和全国稽查信息共享系统。依靠信息化监控手段进行网络监督，完善跨省、市税务稽查协作制度，强化与银行和其他金融机构、第三方支付平台的合作。加强对电子商务纳税人和扣缴义务人的税务检查。

法律责任（略）

（广州市人大财政经济委员会课题组）

第十篇 电子商务争议解决机制研究

第一章　电子商务纠纷解决机制研究（之一）

第一节　电子商务纠纷解决机制的总体设计

一、立法体例

1. 基本观点及立法建议

实行电子商务法的专门规定和民商事纠纷解决的一般制度相结合的模式，构建多元化的纠纷解决机制。具体是：

（1）在电子商务法中专章规定“电子商务的纠纷解决”，规定电子商务纠纷解决的特殊方式以及本章规定与民事诉讼、仲裁、调解等民商事纠纷解决的一般制度的衔接、协调。

（2）修改和完善民事诉讼法、仲裁法中解决民商事纠纷的一般法律制度，对于诉讼、仲裁中电子商务纠纷解决的相关问题加以规定。

2. 简要说明及理由

（1）由于电子商务的特殊性，电子商务纠纷的解决除适用于传统的方式外，在线纠纷解决机制的构建适应了电子商务发展的趋势和要求。此外，第三方交易平台在电子商务纠纷的解决中起到了重要的、不可忽视的作用。这些专门针对电子商务纠纷解决的模式不适宜在普通的诉讼或仲裁制度以及人民调解制度中规定，有必要通过电子商务法专门予以规定。

（2）尽管电子商务的诉讼或仲裁存在特殊性，但其仍然以普通的诉讼或仲裁制度为基础，从立法成本上以及制度协调上考虑，电子商务纠纷解决的诉讼、仲裁，在民事诉讼法、仲裁法中修改或增加相应条款加以规定更加合理。

（3）域外电子商务纠纷解决制度主要是通过完善传统的诉讼或仲裁制度再加上确立其他专门制度而建立的。美国 1999 年《统一计算机信息交易法》规定了诉讼协议管辖的原则。在司法实践中通过一些判例将符合最低联系标准的长臂管辖原则和滑动标尺标准运用到电子商务纠纷之中[①]。替代性纠纷解决机制则由 1998 年制定的替代性纠纷解决法（ADR 法）规定。欧盟对电子商务诉讼管辖 2000 年颁布了民商事案件管辖权和判决执行规则，对于电子商务的非诉讼纠纷解决问题，欧盟则通过专门的法律制度予以规定。2013 年 7 月欧盟颁布了“替代性争议解决指令”和“网上争议解决法规”[②]。2012 年 11 月联合国国际贸易法委员会拟定了《跨境电子商务交易网上争议解决程序规则草案》。

---

① 刘斌斌、蔡秉坤：《网络交易主要法律问题研究》，中国社会科学出版社 2013 年版。

② 薛虹：“国外及国际电子商务立法现状与发展趋势研究”。

二、制度框架

1. 基本观点及立法建议

（1）在电子商务法中，“电子商务的纠纷解决”一章规定了以下内容：电子商务纠纷解决的原则、方式；电子商务纠纷解决方式的衔接：包括诉讼与非诉讼纠纷解决方式的衔接、线下与在线解决纠纷方式的衔接；电子商务纠纷的投诉处理与线下调解；电子商务纠纷的在线解决：包括第三方在线解决争议机构在线调解与裁处、仲裁机构的在线仲裁、通过电子商务交易平台在线处理争议。本章还明确了与民事诉讼法、仲裁法、人民调解法中相关规定的适用关系。

（2）在仲裁法、民事诉讼法等法律中规定网上仲裁制度、电子商务纠纷的诉讼管辖、电子数据证据的收集与确认、电子商务诉讼程序中的网络传输信息手段的运用等。

2. 简要说明及理由

（1）电子商务法的“电子商务的纠纷解决”专章，主要应规定民事诉讼法、仲裁法、人民调解法等没有涉及的争议解决方式，至于电子商务纠纷解决的诉讼、仲裁方式，很多问题都适用于民事诉讼法、仲裁法的一般规定，因此其特殊问题只需规定在民事诉讼法与仲裁法中即可。

（2）在我国的实践中，电子商务纠纷的非诉讼纠纷解决机制除了仲裁外，主要是通过电子商务交易平台解决纠纷。此外，还有通过商事组织和行业组织的调解加以解决的。第三方专业机构在线解决电子商务纠纷（ODR）在发达国家发展较快，我国尚处于起步阶段，但具有较好的前景。因此在电子商务纠纷解决的非诉讼方式中，除仲裁外，应以这三个方面的制度为基本内容。

（3）多元化的纠纷解决机制应尊重当事人的选择，同时应考虑效率，因此应规定各种纠纷解决方式的衔接问题。

第二节　电子商务纠纷解决的原则与方式

一、电子商务纠纷解决的原则

1. 基本观点及立法建议

在电子商务法的“纠纷解决机制”部分规定争议解决的机构和争议当事人，应遵循保护交易、促进电子商务发展、维护消费者合法权益、维护公平有序的市场秩序的原则，公正、高效地解决当事人之间的纠纷。

2. 简要说明及理由

在线解决争议等电子商务纠纷解决的新模式本身就是为克服传统纠纷解决方式时间长、成本高的问题而产生的，因此，电子商务纠纷解决的原则，除了公正以外，还应当把高效纳入其中。此外，解决纠纷的目的应把保护交易、促进发展和维护消费者合法权益放在同等重要的地位。

二、争议解决的方式及依据

1. 基本观点及立法建议

(1) 在电子商务法“纠纷解决机制”中规定，当事人发生争议的，可以通过自行和解或协商、向有关部门或消费者组织投诉、请求第三方调解或处理、提起仲裁、向人民法院提起诉讼等方式解决。

(2) 当事人以非诉讼方式解决争议的，可以根据需要和条件，选择线下方式、在线方式和线下在线相结合的方式。采用非诉讼方式解决纠纷的，应当基于争议各方当事人一致同意。除法律另有规定外，同意的方式可以是书面的，也可以是口头的。一方向相关机构申请以某种非诉讼方式解决纠纷，且另一方不持异议的，视为同意。

2. 简要说明及理由

从国内外实践来看，电子商务的纠纷解决机制应当是多元化的，因此，除了各种在线解决争议方式（包括通过第三方交易平台解决争议）外，电子商务纠纷当然也适用于传统的解决方式，即诉讼、仲裁、调解、和解。这是因为电子商务纠纷也属于民商事纠纷，产生于平等主体之间。非诉讼方式不属于国家司法救济，基于自愿原则，是否选择某种解决方式、选择何种方式解决争议，只能由当事人自行选择决定。至于同意的方式，基于高效原则，应当允许灵活的方式存在。

第三节 投诉处理与线下调解

一、投诉途径及处理

1. 基本观点及立法建议

在电子商务法“纠纷解决机制”中规定，当事人之间发生电子商务纠纷的，可以向有关行政部门、行业协会、第三方交易平台等机构投诉，一方是消费者的，消费者也可以向消费者协会投诉。当事人向有关部门投诉的，该部门应当自收到投诉之日起 7 个工作日内启动调解或将处理情况告知当事人。

2. 简要说明及理由

一是参照消费者权益保护法中对争议解决的规定，根据性质和职能，行业协会、消费者协会也应受理投诉[①]。二是为尽可能地使投诉机制发挥作用，建议明确受理投诉的调解职责。若无法启动调解，根据情况和职权，也可作出其他处理，并告知当事人。

二、线下调解

1. 基本观点及立法建议

在电子商务法“纠纷解决机制”中规定以下制度：

---

① 当事人未达成协议或者调解书生效后不履行的，当事人可以依照《中华人民共和国民事诉讼法》向人民法院起诉。又如，“中国消费者协会投诉和解平台”为中国消费者协会倡导下建设的网络维权站点，旨在为消费者与企业之间搭建一个沟通平台，消费者利用和解联络的绿色通道机制，与企业直接沟通、表达诉求。同时，通过消协组织等第三方消保维权资源公正客观的介入，达到多方协同处理，快速解决消费纠纷，促进和谐消费。

根据北京市工商局 12315 综合信息采集服务平台登记的数据显示，2013 年涉及电子商务的消费投诉量与 2012 年基本持平，占投诉总量的 50%，其中通过“北京市工商局消费者争议快速解决绿色通道”机制，企业与消费者自行和解占网购投诉总量的五成多。参见北京电子商务协会网，http://www.beca.org.cn/info.aspx?id=941，最后访问日期 2014 年 4 月 26 日。

（1）当事人发生电子商务纠纷的，可请求依法设立的商事调解组织、行业调解组织、人民调解组织、消费者协会等调解机构进行调解，一方不同意调解的除外。

（2）当事人请求调解机构调解的，视为其同意按照该调解机构当时适用的调解规则进行调解。经协商一致，当事人可以根据需要选用该规则的规定或对该规则中的有关条款约定变更，但选用或变更不得违反法律、行政法规的强制性规定。

（3）工商行政管理部门、电信管理部门、商务管理部门等政府有关部门，根据其职责，建立电子商务交易及信息服务争议的应急处理机制，对社会影响严重的事件，应启动协调和处理机制。

2. 简要说明及理由

（1）人民调解制度针对的主要是普通民事纠纷，并非商业争端，更不是利用现代技术通过互联网进行商业活动的电子商务，很少适用于电子商务纠纷，有必要引入中立性、专业性的商事调解机构和行业调解机构，作为电子商务纠纷调解的主要平台。近几年我国商事调解组织和行业调解机构发展迅速，积累了一定的经验①。

（2）根据调解的原则，调解组织调解纠纷必须以纠纷当事人自愿为前提，不能强迫。而且在调解过程中，当事人也可拒绝调解。

（3）不同的商事调解组织其性质、规则有所不同，构建多元化的纠纷解决机制，应尊重当事人的选择，接受相应机构的调解规则并受其约束。但是调解机构制定的调解规则不得违反国家法律法规。

（4）行政调解具有权威、高效的特点。在我国其他法律中有相关规定，例如，如根据商标法第六十条的规定对商标侵权纠纷可以请求工商行政管理部门处理并进行调解。此外工业和信息化部于2011年发布过一个《互联网信息服务市场秩序监督管理暂行办法（征求意见稿）》。这些都可以成为在电子商务法中规定政府机关介入调解的参考依据。但是，行政调解如果适用不当，也会演化为行政干预，因此政府机关介入调解依然要遵循自愿的原则。此外，只有对社会有严重影响的事件，政府机构才能主动介入调解。

第四节　在线解决机制

一、仲裁机构的在线仲裁

1. 基本观点及立法建议

（1）将仲裁法第十六条第一款修改为：“仲裁协议包括合同中订立的仲裁条款和以其他书面形式在纠纷发生前或者纠纷发生后达成的请求仲裁的协议。书面形式包括合同书、信件、电报、电传、传真、电子数据交换和电子邮件等可以有形地表现所载内容的形式。”

（2）在仲裁法增加一章“网上仲裁的特别规定”，应确认：除当事人另有约定外，当事人选择网上仲裁方式解决电子商务争议的，视为其同意按照该仲裁调解机构当时适用的网上

① 例如2010年成立的北京中关村企业家商事调解中心；2011年1月经上海市商务委、上海市社团局批准成立的上海经贸商事调解中心；2011年4月经深圳市人民政府授权同意，由深圳市仲裁委员会主导，市律师协会、市商业联合会、市个体劳动者协会、市私营企业协会共同发起设立的深圳市民商事调解中心；2011年8月成立的北京仲裁委员会调解中心；2012年12月20日成立的国内首个电子商务调解中心——中国贸促会/中国国际商会电子分会电子商务调解中心等。

仲裁规则进行仲裁。有关仲裁的一切文书的传递、送达，一般采用电子邮件、电子数据交换、传真等方式传输、送达[①]。开庭审理，应当采用以网络视频会议及其他电子或者计算机通讯形式所进行的网上开庭方式，根据案件的具体情况，仲裁庭也可以决定采用常规的现场开庭方式。仲裁机构应就仲裁裁决制作纸质文本，但也可以在线送达。当事人要求送达纸质文本的，应当送达纸质文本。送达日期不一致的，以先到的时间为送达日期。

2. 简要说明及理由

（1）在线仲裁是国际上在线解决争议机制的方式之一，在域外已有实践经验可以借鉴。根据联合国国际贸易法委员会的定义："在线仲裁是一种以电子通信方法进行大部分甚至全部仲裁聆讯的仲裁"。世界范围内的在线仲裁机构主要有世界知识产权组织仲裁与调解中心的 WIPO 电子案件设施、国际商会仲裁员设立的 NETCASE 在线文件传输平台、美国国家自动化信息研究中心和网络法研究所发起设立的"虚拟治安法官项目（the Virtual Magistrate Project）"和 webdispute. com 网站[②]。

（2）在我国，一些仲裁机构开展了网上仲裁业务。如中国国际经济贸易仲裁委员会（贸仲委）网上争议解决中心，其前身是 2000 年 12 月成立的贸仲委域名争议解决中心。2009 年制定了《中国国际经济贸易仲裁委员会网上仲裁规则》，适用于解决电子商务争议，也可适用于解决当事人约定适用本规则的其他经济贸易争议[③]。

（3）在理论中对于在线仲裁协议的效力、在线仲裁裁决是否有强制执行力、在线仲裁是否排除司法管辖存在争议，国际上对于在线仲裁的强制执行力也并无一致的做法。但是，在国外，各类民间设立的在线解决争议机构（ODR 机构）都可以作出在线仲裁，而这些机构一般都自由设立，很多并不是正式的仲裁机构。而在我国，按照我国仲裁法规定，仲裁委员会由市人民政府组织有关部门和商会统一组建，只有依仲裁法设立的仲裁机构，才有权受理仲裁案件，并作出裁决，其裁决具有强制执行力。因此，法定仲裁机构的网上仲裁本质上仍然属于仲裁，它是传统仲裁在网络环境中的一种全新应用，应当予以确认其与线下仲裁具有相同的性质与效力，并补充相应内容。

---

① 以中国国际经济贸易仲裁委员会的网上仲裁为例，其在线仲裁的网站是 http：//www. cietacodr. org/，进入网上仲裁网站后，则要进行基本信息注册，如对个人的要求是：个人提起仲裁申请说明需要在线提交个人身份证明和个人签名（电子文本或扫描件均可），以获得注册。如果申请人在注册时，有委托代理人参与仲裁，那么其在注册时应同时在线提交授权委托书和委托代理人的个人签名。为方便查询，申请人可在提交有关文档时，在描述档中对文档进行必要说明，说明文字不超过 120 字。对企业的要求是：企业提起仲裁申请说明需要在线提交企业营业执照、企业法定代表人身份证明及企业签章，以获得注册。如果申请人在注册时，有委托代理人参与仲裁，其在注册时，应同时在线提交授权委托书和委托代理人的个人签名。为方便查询，申请人可在提交有关文档时，在描述档中对文档进行必要说明，说明文字不超过 120 字。

② 刘斌斌、蔡秉坤著：《网络交易主要法律问题研究》，中国社会科学出版社 2013 年版。

③ 我国现有 180 多家仲裁机构，其中有一部分初步具备实施在线仲裁的条件。贸仲自 2001 年起，采用在线仲裁的方式解决互联网域名争议，截至 2010 年 12 月 31 日，在线办案共计 944 件。转引自：刘斌斌、蔡秉坤著：《网络交易主要法律问题研究》，中国社会科学出版社 2013 年版。书中的数据来源于中国国际经济贸易仲裁委员会 2010 年工作报告，网址 http：//cn. cietac. org/AboutUS/AboutUS3. asp？ ptype = 9&ptitle. 现在无法再访问。而"中国国际经济贸易仲裁委员会 2011 年工作报告暨 2012 年工作计划"中，只是总结了域名争议仲裁情况，即 2011 年，域名业务处共计受案 172 件，同比下降 37%，其中. cn 域名争议案 61 件，同比下降 68%，通用顶级域名（gtld）争议案 109 件，比去年同比增加 40%。共计结案 211 件，其中. cn 域名争议案 94 件，通用顶级域名（gtld）争议案 116 件。并没有在线仲裁电子商务纠纷的情况说明。只是说明"网上争议解决中心"积极宣传中心的各项业务，参加各项研讨会等。参见中国国际经济贸易仲裁委员会，http：//cn. cietac. org/AboutUs/AboutUS3Read. asp？ ptitle，最后访问时间：2014 年 5 月 22 日。

二、专门的在线解决争议机构的纠纷处理

1. 基本观点及立法建议

在电子商务法“纠纷解决机制”一章规定以下制度：

（1）处理纠纷的依据与方式：依法成立的在线解决争议机构，可以基于双方自愿的原则，对电子商务纠纷进行调解，争议解决规则规定在线解决争议机构可以作出处理决定的，在调解不成或当事人不同意调解时，在线解决争议机构可以作出处理决定。当事人选择在线解决争议机构解决纠纷的，应受该机构制定的争议解决规则约束，当事人另有约定或在线解决争议机构的规则违反国家法律、行政法规的除外。

（2）政府的鼓励推动。国务院工商行政管理部门、其他有关部门和地方人民政府应当鼓励、推动行业自律组织、社会团体、企业、事业单位、专业服务机构或从业人员设立在线解决争议机构。

（3）设立与等级认证。在线解决争议机构的设立和程序由国务院授权有关部门制定。在线解决争议机构的设立应当根据运行机制和发起单位，分别办理事业单位、民办非企业单位登记或工商登记，涉及行政许可的，应当取得政府有关部门的许可。经在线解决争议机构的同意或申请，行业协会可以对在线解决争议机构的资质等级进行认证。

（4）在线方式的法律确认。有关在线争议解决中的一切文书，当事人交流、谈判以及在线机构人员与当事人之间的协调沟通、交流，一般采用电子邮件、电子数据交换、传真等在线方式传输、送达。

（5）处理争议的原则和公开要求。在线解决争议机构应独立、中立、公平公正地解决当事人的争议。在线解决争议机构的争议解决规则、负责处理案件的人员名单和基本情况应当公开。当事人双方同意时，在线争议解决的程序和结果可以采取公开的方式。在线解决争议机构对当事人的商业秘密和隐私承担保密义务。

（6）在线标志。在线解决争议机构可以通过授予当事人使用其在线标志的方式，加强当事人自律，促进在线调解协议和处理决定获得当事人的遵守和执行。在线解决争议机构处理纠纷，可以根据其规则，收取合理的费用。

（7）终止在线争议解决的情形。在线解决争议机构不再进行调解或作出处理决定的情形主要有：双方同意退出在线争议解决程序；当事人一方在在线解决争议机构处理争议期间向法院起诉；争议解决规则没有规定争议解决机构有权在调解不成时作出处理决定，一方当事人不同意调解或退出在线争议解决程序；提出请求的一方撤回申请。

2. 简要说明及理由

（1）在线纠纷解决机制（online dispute resolution，简称 ODR）是为了适应电子商务特征的纠纷解决机制，越来越受到各国的重视[①]。为促进电子商务的发展，有必要通过立法，对专门的在线解决争议机构处理电子商务纠纷加以规定。

（2）从 ODR 发达国家的 ODR 发展的轨迹来看，政府设立 ODR 网站一般是在 ODR 发展的早期，当 ODR 网站试验成功且积累了一些本国的运营经验后，政府机关一般会退出 ODR

---

① 张楚：《电子商务法》（第三版），中国人民大学出版社 2011 年版。

市场，交由企业进行商业化运作①。在我国，虽然有过民间设立的电子商务在线解决争议机构，但由于权威性不够，几乎没有开展业务②。目前也有一些政府推动项目，如深圳众信电子商务交易保障中心开展 ODR 服务。2012 年 10 月 13 日成立了中国贸促会/中国国际商会电子分会电子商务调解中心，但不见该调解中心的独立网址和具体的操作规则。为了推动在线解决争议机构的发展，增强权威性，目前需要明确政府推动行业组织、在线解决争议机构的制度。

(3) 在国外，通过在线解决争议机构处理争议的方式包括在线申诉、在线调解和在线仲裁。在我国已经规定了向政府部门、行业协会、消费者协会投诉的争议解决方式，向民间性质的在线解决争议机构投诉不具有实质意义。对在线解决争议机构是否具有作出强制执行力的裁决的权力，理论中有不同的认识。一种认为，应当借鉴国外临时仲裁的制度，赋予在线解决争议机构作出具有强制执行力的裁决；另一种意见认为不应赋予在线解决争议机构作出仲裁裁决的权力。我们认为，不宜赋予在线解决争议机构作出具有强制执行力的裁决的权力，第一，从国外的实践看，尽管在线仲裁机构可以作出仲裁裁决，但是对于在线仲裁处理结果的执行问题，普遍持谨慎态度，多数不具有司法上的强制执行力，只在当事人之间具有类似于契约的效力，有的只在一定条件下具有强制执行力③。第二，在我国，虽然仲裁活动具有民间性，但只有法定仲裁机构的裁决才有强制执行力。而在线解决争议机构不过是一般的法律服务者，并非仲裁法意义上的法定仲裁机构。第三，实践中专门在线解决争议机构的发展缓慢，不具备中立性保障制度，不宜赋予其仲裁的权力。但是，如果在线解决争议机构仅具有调解的功能，则其功能并不完整，也不利于提高其信任度和权威性。在我国电子商务第三方交易平台的争议解决机制中，有对当事人纠纷作出不具有司法强制性的处理决定的做法，且已经在实践中被普遍接受。可以借鉴这一做法以及国外对在线仲裁非正式仲裁的定位，当在线解决争议机构的规则有规定时，允许其对当事人的纠纷作出处理决定。联合国国际贸易法委员会拟定了《跨境电子商务交易网上争议解决程序规则草案》，对此有类似制度设计。

(4) 在一些国家，为了对 ODR 的品质作出甄别，指导潜在当事人选择合格的 ODR 网站以保护当事人，由有关机关对 ODR 的品质予以认证。如日本对 ODR 采取自愿认证的方式予以认证，对于符合认证条件、认证通过的 ODR 网站所作出的裁决，国家赋予其一定的法律效力，如产生时效中断的效力④。因此我国也应当规定在线解决争议机构的设立条件，并借鉴日本的规定进行自愿认证。

(5) 在线解决争议机构处理争议的具体规则，如文件的传输、送达，在线解决争议机构处理争议的具体方式等，都可以借鉴仲裁机构网上仲裁和调解组织线下调解的相关制度予

① 例如最早在美国 1996 年 3 个试验性的在线替代性纠纷解决网站正式开始运行。但后来一个停止运营，两个被其他网站吸收合并。主要原因是这些网站不是独立的企业化服务，而是由学术机构成立的实验性网站。

② 截至 2009 年 5 月，该网站只调解了 3 起案件，今天在网络上有关中国在线争议解决中心的信息不多，中国电子商务法律网上也查询不到相关的信息。如今现该网站已无法访问。参见刘斌斌、蔡秉坤著：《网络交易主要法律问题研究》，中国社会科学出版社 2013 年版。

③ 郭鹏：《电子商务法》，北京大学出版社 2013 年版。例如在美国，如果当事人同意接受在线仲裁裁决的约束，法院会依据美国法院中的《完全诚信条款》执行该裁决。

④ 郑世保："ODR 研究"，西南政法大学博士学位论文，2010 年。

以规定。

（6）为了保证在线解决争议机构的处理结果能够得到执行，国外一些知名的ODR网站通过允许企业使用在线标志的方式加以约束，将在线争端解决机制与企业信誉相结合，确保商家对在线调解的参与以及对调解协议或裁处结果的履行。例如，作为专业第三方机构在线调解或仲裁的Square Trade网站，实行一种网站徽章程序（Square Trade Seal Program）的电子商务自律规范[①]。这一方式可以为我国所借鉴，以增强在线解决争议机构处理结果的软约束力。

（7）在线解决争议机构应该是独立的机构，为保障其持续运作，有权依照争端解决规则收取合理的服务费用。

三、电子商务第三方交易平台在线处理纠纷

1. 基本观点及立法建议

在电子商务法“纠纷解决机制”一章对第三方交易平台处理纠纷的实践惯例予以确认和规范，主要包括以下制度：

（1）确定平台经营者解决纠纷的义务。电子商务第三方交易平台经营者应建立纠纷解决制度，并通过平台提供在线纠纷解决服务。当事人通过平台内交易发生纠纷而向平台投诉或请求调解的，平台经营者应当介入协调、调解。

（2）平台经营者解决纠纷的权限。当事人通过平台进行交易，并与平台经营者约定由平台经营者处理交易双方争议的，平台经营者可以根据一方或双方的请求，就争议作出处理决定，但当事人与平台经营者及其关联企业之间的争议除外。

（3）平台规则的约束力及限制。当事人与平台经营者约定由平台经营者处理交易双方争议，平台经营者制定并公布的争议处理规则，对当事人有约束力，平台经营者可以按照该规则处理争议。但是，争议处理规则违反法律、行政法规的除外。

（4）平台经营者解决争议的方式确认。除另有约定或争议处理规则另有规定外，平台经营者处理交易双方的争议，通过平台系统在线处理。文件传输、送达按照平台争议解决规则规定的方式或平台系统的提示、通知执行。

（5）平台处理结果的执行。交易平台可以通过建立信用评价体系、信用披露制度，加强当事人自律，促进交易双方当事人遵守和履行经平台介入达成的调解协议或平台经营者对争议所作的处理决定。

（6）平台经营者处理与司法救济的关系。平台经营者作出处理决定后，当事人起诉处理决定与法院的生效判决不一致的，应根据判决结果作出相应处理。

2. 简要说明及理由

（1）截至2013年底，中国电子商务市场交易规模达10.2万亿元，其中，B2B电子商务市场交易额达8.2万亿元，网络零售市场交易规模达1.89亿元。国内B2C、C2C与其他电商模式企业数已达29303家。实际运营的个人网店数量有1122万家，中国网购的用户规模达3.12亿人。面对海量的电子商务业务，我国的专门在线解决争议机构（ODR机构）还基

---

① 谢新胜：《在线争议解决机制（ODR）初探》；载张平主编：《网络法律评论》（第3卷），北京大学出版社2003年版。

本上没有发展起来，网络零售电子商务纠纷更常见的解决方式是通过第三方交易平台在线处理争议。以淘宝网、易趣网为代表的电子商务网络交易平台提供商以一系列内部纠纷解决规则为基础，在获得参与网络交易的主体双方事先同意的基础上，由网络交易平台提供商担任纠纷解决者和裁决者，逐渐演化形成了具有中国特色的在线纠纷解决机制在纠纷解决方式、电子证据的处理、在线争端解决等众多领域中符合自身需求的规则体系①。这一模式极大地促进了电子商务的发展，同时在制度层面上，已经有相关的规定对第三方交易平台建立纠纷解决机制提出了要求②，因此，在电子商务法中应当确认在当事人同意的情况下第三方交易平台处理争议的权利，确认争议解决条款对当事人的约束力。

(2) 第三方交易平台在处理网络零售电子商务纠纷中发挥了巨大作用是不争的事实。不过，对于存在利益关系的纠纷，交易平台经营者也不具有单方作出认定并作出相应处罚的权力和正当性。因此，需要限制其单方处理争议的范围，即无权处理当事人与交易平台及其关联企业之间的争议。同时对第三方交易平台制定争议规则或交易规则，应予以必要的限制，即不得违反法律法规的强制性规定。

(3) 交易平台不是司法机关仲裁机构，是当事人同意其处理争议的第三方。因此，一般情况下，交易平台经营者对纠纷的处理决定不具有司法上的强制执行效力，也不应排除司法管辖。其决定主要是通过建立信用评价和公示系统保障其权威性及当事人的遵守。

(4) 有的平台规则规定：不对作出的争议处理结果承担任何责任③。理论中有人认为这里显然淡化了第三方的责任，第三人交易平台只有权力没有义务，这影响了第三方行为的正当性。我们认为，如果对第三方交易平台经营者追究错误处理的责任，则平台经营者会为规避风险而放弃或拒绝处理争议，不利于电子商务的发展。并且总体而言，由于有比较细致的处理规则和交易规则，发生错误的比例会较低。因此不应对其课以处理错误的责任追究制度，只需要要求交易平台根据法院判决作出相应处理即可。

第五节　诉讼方式解决电子商务纠纷的特别规则

一、电子商务纠纷诉讼的管辖问题

1. 基本观点及立法建议

在民事诉讼法“管辖”部分补充电子商务纠纷的管辖制度。

(1) 对电子商务合同纠纷，首先适用约定管辖。当事人可以按照民事诉讼法的规定约定由与合同有实际联系的地点的人民法院管辖。当事人没有约定或约定无效的，由被告住所地或合同履行地的人民法院管辖。当事人没有约定履行地的，电子商务的商品接收地（或服务提供地）视为履行地。履行标的为信息数据或相关服务的，下列地点为履

---

① 张欣：“中国电子商务在线治理研究”，《北京航空航天大学学报（社会科学版）》，2014 年第 1 期。

② 《网络交易管理办法》第二十八条规定：第三方交易平台经营者应当建立消费纠纷和解和消费维权自律制度。《第三方电子商务交易平台服务规范》规定：平台经营者要建立争议解决机制，在制定、修改业务规则和处理争议时应当遵守公正、公平、公开原则。

③ 《淘宝争议处理规范》、《个人交易平台争议解决补充规则》规定：“淘宝并非司法机关，对凭证/证据的鉴别能力及对争议的处理能力有限，淘宝不保证争议处理结果符合买家和（或）卖家的期望，也不对依据本规范作出的争议处理结果承担任何责任。”

行地：①发送信息服务一方的网站许可地或备案地或网络服务商（ISP）营业所在地；②接收信息一方的网站许可地或备案地所在地或网络服务商（ISP）营业所在地；③通过电子商务交易平台进行交易的，交易平台经营者住所地或网站许可（备案）地、商品接收地为履行地。

（2）对于因电子商务经营活动中的网络侵权行为提起的诉讼，由下列地点人民法院管辖：①被告住所地；②侵权行为实施地；③发生侵权行为的网站针对特定当事人实施侵权行为的原告住所地，实施侵权行为的网络服务器所在地、计算机终端等设备所在地视为侵权行为实施地。

（3）对于涉外电子商务纠纷，在存在其他有管辖权的法院时，如果我国某个有管辖权的法院审理此案给当事人带来不便，不能有效解决纠纷时，我国法院可以拒绝行使管辖权。

2. 简要说明及理由

（1）电子商务环境下传统诉讼管辖依据发生了动摇。网络空间的虚拟性、全球化、非中心化打破了主权疆域的界限，使以“地域”为基础的管辖权标准发生动摇①。此外，以行为为基础确定管辖地如侵权行为地、合同履行地等标准在电子商务环境下也增加了难度，履行地或侵权行为地有多个或具有扩散性，比如信息数据产品服务、侵权结果发生地等。传统管辖权中的联系标准以及被告住所地标准都发生了分歧或由于多样性而存在认定上的困难。因此，应当以当事人意思自治为首要原则确定管辖权，允许当事人在电子商务的多个连接点中选择管辖法院。

（2）在当事人没有约定的情况下，电子商务合同依然要遵循民事诉讼法的规定，由被告住所地或合同履行地法院管辖。

（3）确定商品接收地为履行地的理由是：第一，电子商务交易，多数是卖方负责邮寄送货，而不是买方提货，根据我国司法实践中确定的买卖合同履行地的规则，卖方送货的，应以交货地为履行地；第二，电子商务交易买方在合同签订时往往对货物发送的具体地址并不知情，且对货物并没有事先查验，只有收到货物后才对货物有所了解，因此收货地与合同的联系较其他地点更为密切。

（4）合同标的为信息数据或相关服务的，实行网上“交货”。卖方把产品或服务信息发送到买方指定的特定系统（该系统由第三方有偿或无偿提供，如电信局提供的电子信箱）。在这类电子商务中，卖方将数据发送到当地的 ISP——互联网服务商、数据在若干 ISP 之间传递，传送到卖方所在地 ISP，再从卖方所在地 ISP 传送到买方电脑上。在此过程中，“交货”依靠网络服务商提供发送电子邮件服务的方式实现。发送信息服务一方及其所在地的网络服务商，与信息数据存在最初的掌握和接触，与合同的联系最为紧密，此种情形应将信息发出一方的网站许可地或备案地或网络服务商（ISP）营业所在地视为履行地。为了保证我国法院对从境外发送信息数据的电子合同也拥有管辖权，在此把信息数据的接收地也作为合同履行地。

（5）按照我国现行消费者权益保护法的规定，大部分商品实行七日无理由退货，而通过电子商务交易平台进行交易的，许多情况下是买方收货且同意付款后，第三方支付平台才

① 郭鹏：《电子商务法》，北京大学出版社 2013 年版。

向卖方付款。在此情形下，买方若在7日内退货，基本上不存在障碍或损失。因此，买方需要退货的，大多不需要起诉。若卖方不同意退货而起诉的，货物往往已经退走，再以买方收货地为履行地并不利于案件的处理，对卖方也不公平。此外，通过第三方交易平台交易，交易平台在某种程度上控制着合同的履行，且争议往往先通过交易平台处理，因此，交易平台所在地与合同联系最为密切，应以交易平台经营者住所地或网站许可（备案）地为合同履行地。

（6）至于电子商务网络侵权纠纷，除了按照原告就被告的原则确定被告住所地法院有管辖权外，由于网络侵权结果发生地具有非单一性、发散性等特征，为避免管辖权过度扩张、享有管辖权的法院数量大量增加而带来的大量管辖权的冲突问题，原则上应仅以侵权行为实施地为确定管辖权的依据，即主要是实施侵权行为的网络服务器所在地、计算机终端等设备所在地等。这在我国最高人民法院颁布的相关司法解释中也有相应的规定①。但是，如果侵权行为地的确定存在困难，借鉴美国等国家确定管辖权的最低程度联系原则以及区分消极接触的网站和积极接触的网站的做法，确定在一定条件下，原告所在地法院具有管辖权。

（7）在涉外民事诉讼管辖上，一个法院虽然有管辖权，但如果审理此案给当事人及司法带来种种不便，从而无法保证司法公正，不能使纠纷有效解决，此时如果存在对诉讼同样具有管辖权的法院，则原法院可以自己属于“不方便法院”为由作出自由裁量而拒绝行使管辖权。这是一种有效的预防各国管辖权冲突的方法，值得我国在涉外电子商务纠纷管辖中采用。

二、电子商务诉讼中在线手段的运用

1. 基本观点及立法建议

在民事诉讼法中专门规定电子商务纠纷中的在线诉讼手段的运用问题。具体如下：

人民法院审理电子商务纠纷，具备相应技术和设施条件的，可以运用网上立案、文书送达、递交材料、证据交换与质证等在线技术手段，开展诉讼活动。

当事人或其代理人通过人民法院指定的系统在线提交诉讼材料或进行诉讼活动的，与民事诉讼法中规定的其他提交材料方式和诉讼活动方式具有同等效力。

在各方当事人同意并具备相应的技术和设施条件的情形下，人民法院可以组成在线诉讼法庭通过三方视频模式审理电子商务纠纷。通过网络开庭审理案件的，人民法院应当同时将纸质判决书或调解书送达当事人。

2. 简要说明及理由

目前国内外都有一些在线诉讼活动的实践和规定。例如芬兰、奥地利、韩国、美国密歇根州赛博法院等。我国上海市第一中级人民法院、天津市第一中级人民法院等建立了在线诉讼服务平台。当事人可以通过该平台进行网上立案、提交相关诉讼材料、证据等。运用数字化管理案件和卷宗以及诉讼中在线技术手段的推行是适应信息化时代发展和电子商务发展的创新措施。但由于技术条件的限制、传统力量等诸多方面的因素，完全的在线诉讼并不普及，也不成熟。目前国内外出现的一些在线诉讼都是在线技术在电子商务诉讼中的运用，与

① 《关于审理计算机网络著作权纠纷案件适用法律若干问题的解释》第一条。

线下手段同时使用。为了适应电子商务发展的需要，我国电子商务法中应当对实践中出现的诉讼中在线手段的运用措施予以确认。

第六节 电子数据的发送接收及证据的规则

一、电子数据信息的发送接收规则

1. 基本观点及立法建议

修改电子签名法第十一条第二款中有关数据信息收到时间的规定，确立以下制度：（1）通过网络以电子方式发送的，收件人指定特定系统接受数据信息的，以数据信息进入该特定系统并能够由收件人在该系统检索识别的时间为准；（2）未指定特定系统的或虽经指定，但未发送到指定系统而发送到收件人的其他系统的，以收件人知悉数据信息进入该系统且能够由收件人在该系统检索识别的时间为准；（3）当数据信息进入收件人的系统时，推定收件人能够在该系统中检索识别。

2. 简要说明及理由

关于电子数据的发出到达时间，我国电子签名法有相应规定，此规定与《联合国电子商务示范法》的规定大致相同，但此规定存在对接受人过苛，没有考虑信息是否能够交互兼容的问题，这在《联合国国际合同适用电子通讯公约》第十条以及美国统一电子交易法中有考虑，并对此作了相应的规定。这值得我国借鉴，并修改电子签名法第十一条的规定。

二、电子证据的认定规则

1. 基本观点及立法建议

（1）在民事诉讼法中规定电子证据的概念，明确电子证据是以电子签名法规定的数据电文为表现形式的证据。

（2）在民事诉讼法中补充规定电子证据真实性的认定规则，即符合电子签名法第六条规定的，推定为具有真实性的证据。对方当事人提出足以反驳的相反证据除外。认定电子证据真实性所考虑的因素，适用电子签名法中第八条的规定。

（3）修改电子签名法第六条第三项有关电子证据形式要求中时间的规定为：“对已有的数据电文的发件人、收件人以及发送、接收的时间等信息予以留存。”

（4）在民事诉讼法中补充规定电子证据合法性认定的要求。电子证据的收集、保全应符合本法规定的程序和要求。法律、行政法规对电子证据的收集、保全有特别规定的，从其规定。部门规章、地方性法规中有关电子证据收集和保全的规定与法律、行政法规不抵触的，可以参照适用。

（5）在民事诉讼法中补充规定电子证据证明力认定规则的相关条款，具体如下：一是原件的认定应符合电子签名法第五条的规定；二是经过公证保全、电子认证、网络服务商作证、技术鉴定、专家证人等方式保全或确认的电子证据，具有优于一般电子证据的证明力。

2. 简要说明及理由

（1）我国电子签名法第二条对数据电文的概念进行了规定：“本法所称数据电文，是指以电子、光学、磁或者类似手段生成、发送、接收或者储存的信息。”这一规定与《联合国电子商务示范法》第二条（a）的规定基本一致[①]，体现了对电子数据的开放性定义原则，符合电子商务发展的需求。因此，对电子证据概念的规定可以援引电子签名法中的规定加以确立。

（2）参照《最高人民法院关于民事诉讼证据的若干规定》第七十五条规定，对于电子数据真实性的认定，可以采用推定的方式。对此，域外法也有相应规定。美国《联邦证据规则》第九百零一条的规定：如果辩方试图挑战计算机程序的可靠性而否认其生成记录的真实性，那么辩方就举证方所提出的证据不具有真实性负举证责任；如果辩方不能提出证据证明自己的怀疑理由，那么法律应当推定计算机输出的信息是真实的。

（3）电子签名法第八条对于审查签名的真实性应考虑的因素进行了规定，这一规定与《联合国电子商务示范法》的规定类似，应当保留。

（4）我国电子签名法第六条规定："符合下列条件的数据电文，视为满足法律、法规规定的文件保存要求：①能够有效地表现所载内容并可供随时调取查用；②数据电文的格式与其生成、发送或者接收时的格式相同，或者格式不相同但是能够准确表现原来生成、发送或者接收的内容；③能够识别数据电文的发件人、收件人以及发送、接收的时间。"符合形式上的真实性的要求，具备了证据适格性。以上规定前两点与《联合国电子商务示范法》的规定一致。但是，第六条第三项的规定可能造成对数据信息的歧视性待遇，违反技术中立原则。因为，法律对于纸质文件的保存要求没有这样的要求。如果文件发件人身份、接收、发送的时间在某一法律关系中没有特殊意义，则不必强行要求这些信息的存在。而电子签名法的这一普遍性要求，使得数据电文由于欠缺或不能识别数据电文的发件人、收件人以及时间而在整体上丧失了满足法律、法规规定的文件保存要求，这对电子证据来说是苛刻的要求[②]。《联合国电子商务示范法》第十条（c）类似的规定是：如果有的话，留存可据以查明数据电文的来源和目的地以及该电文被发送或接收的日期和时间的任何信息。因此，为了体现技术中立原则，促进电子商务的发展，应借鉴该规定，对电子签名法第六条第（三）项的规定予以修改。

（5）与传统证据一样，非法获得的电子数据不应当作为证据采用。我国已经有一些法律、法规对于电子证据收集、保全有规定，如《互联网信息服务管理办法》、《互联网上网服务营业场所管理条例》、《最高人民法院关于民事诉讼证据的若干规定》、《网络交易管理办法》等。这些规定中的具体操作性规定，在不与法律、行政法规抵触的情况下，可以参照适用。

（6）一般而言，具有完整性的证据才有证明力。完整性认定标准主要实行的是最佳证据规则或称为原始文件规则。相比传统证据，电子数据不存在传统意义上的原件，只要证明电子数据自其最初形成时其内容未经改动，即可确定其具有原始性。《联合国电子商务示范法》第八条、英美法和大陆法国家的一些立法都对此有相应的规定。我国电子签名法第五

---

① 该规定是："数据电文系指经由电子手段、光学手段或类似手段生成、储存或传递的信息，这些手段包括但不限于电子数据交换（EDI）、电子邮件、电报、电传或传真"。

② 吴伟光：《网络与电子商务法》，清华大学出版社2012年版。

条也有相应规定①，这一规定与国际上的电子证据原件认定规则基本一致，因此，应当在民事诉讼法中援引该条规定，确认电子证据原件的形式和效力。

（7）电子数据因其高度易更改性、隐蔽性、高度科技依赖性等，决定了其真实性与完整性往往难以通过法官的直接感知和直观判断得以认定，为克服电子数据的缺陷，确保电子证据证明案件事实的真实性和可靠性，有必要利用补强规则来强化电子证据的证明功能。电子数据补强规则确立的具体路径有：公证保全及电子认证、网络服务商作证、电子数据鉴定、专家证人等。

第七节　电子商务纠纷解决方式的衔接

一、诉讼与非诉讼纠纷解决方式的衔接

1. 基本观点及建议

在电子商务法“纠纷解决机制”中规定非诉讼方式与诉讼方式及司法救济的衔接制度。主要包括：（1）当事人选择其他非诉讼方式解决争议的，一方或双方有权放弃该种争议解决方式，向人民法院提起诉讼；（2）当事人选择其他非诉讼方式解决争议，通过依法成立的调解机构达成调解协议或自行达成和解协议的，就调解协议或和解协议提起诉讼、调解协议效力的司法确认及强制执行，参照适用人民调解法和民事诉讼法的相关规定；（3）当事人选择在线解决争议机构或电子商务第三方交易平台经营者解决争议的，在线解决争议机构或交易平台经营者作出责任认定和处理决定，当事人有异议的，可以向人民法院提起诉讼。当事人共同向法院确认该处理决定的效力的，可以请求人民法院强制执行。

2. 简要说明及理由

（1）非诉讼纠纷解决机制又称为替代性纠纷解决机制（ADR 机制），在国外有比较成熟的制度，例如 1998 年美国的替代性纠纷解决法。除仲裁外，非诉讼争端解决方式尽管快捷，但大多数没有强制执行力。当事人均有权继续进行诉讼程序。如果纠纷当事人不自觉履行和解、调解协议，再进行诉讼，这将增加纠纷解决的成本。因此，有必要确立相应的诉讼与非诉讼（包括 ADR 和 ODR）争端解决方式对接机制。

（2）《最高人民法院关于建立健全诉讼与非诉讼相衔接的矛盾纠纷解决机制的若干意见》、人民调解法、民事诉讼法都对调解与诉讼的衔接进行了规定。根据这些规定，双方通过非诉讼调解组织调解达成协议的，经法院确认效力后，具有强制执行的效力。一些地方法院就诉讼与非诉讼争端解决方式的衔接也进行了实践，如上海市浦东新区人民法院自贸试验区诉讼与非诉讼相衔接的商事纠纷解决机制于 2014 年 5 月 27 日正式启动。这些制度和实践

---

① 这一规定是：“符合下列条件的数据电文，视为满足法律、法规规定的原件形式要求：（一）能够有效地表现所载内容并可供随时调取查用；（二）能够可靠地保证自最终形成时起，内容保持完整、未被更改。但是，在数据电文上增加背书以及数据交换、储存和显示过程中发生的形式变化不影响数据电文的完整性。”

中取得的经验可以应用到电子商务纠纷解决中[①]。

（3）在我国，通过电子商务第三方交易平台解决纠纷是争议解决的主要形式之一。第三方交易平台建立了很多争议机制，其中规定了基于交易一方当事人的请求处理争议的制度。当事人对处理结果不服的，可以提起诉讼。例如具有代表意义的《淘宝争议处理规范》第五十八条、第七十条的规定等。此种模式已经成为商业惯例，应当予以确认。

二、线上与线下解决纠纷方式的衔接

1. 基本观点及建议

在电子商务法“纠纷解决机制”中规定线下解决纠纷与在线解决纠纷不得相互排除的制度。

2. 简要说明及理由

由于电子商务纠纷的网络性，一些电子商务纠纷适于在线解决，而还有一些电子商务纠纷当事人选择线下解决，却离不开在线证据的获取和认定，因此，一些电子商务纠纷的解决，必然是线上与线下的结合。所以，不能将电子商务纠纷的解决方式绝对的限定为“诉讼或非诉或在线方式”中的一种。因为电子商务纠纷的民事性，纠纷的解决方式还是应该尊重当事人的选择。电子商务纠纷解决机制的目的是为当事人提供多种解决途径，以保护当事人的实体权利。

立法条文建议稿

第一部分　电子商务法“纠纷解决机制”一章

一、原则与争议解决方式

第一条【原则】

人民法院、政府有关部门、仲裁机构、依法成立的调解组织、在线解决争议机构、电子商务交易平台经营者等参与解决电子商务纠纷的单位或个人，应当公正、高效地解决当事人之间的纠纷。

第二条【争议解决方式与依据】

电子商务交易当事人、第三方交易平台经营者、其他有关服务经营者等参与电子商务交易的各方之间发生争议的，可以通过自行和解或协商、向有关部门或消费者组织投诉、请求第三方调解或处理、提起仲裁、向人民法院提起诉讼等方式解决纠纷。

当事人以非诉讼方式解决争议的，根据需要和条件，可以选择线下方式、在线方式和线下在线相结合的方式。

---

① “上海启动自贸试验区诉讼与非诉讼相衔接的商事纠纷解决机制”，2014 年 5 月 27 日 18:50，中国新闻网。具体的做法是：浦东法院在自贸区法庭内建立司法与非诉讼纠纷解决的对接平台，引入商事调解组织、行业协会、商会及其他具有调解职能的组织，建立自贸试验区商事纠纷特邀调解组织名册，对属于自贸区法庭受案范围的、适宜委托调解的涉自贸试验区的商事纠纷，经当事人同意、选择后，在立案前委派或者立案后委托调解组织先行调解，法院依照有关规定审查确认调解协议的法律效力。

采用非诉讼方式解决纠纷的，应当基于争议各方当事人的一致同意。除法律另有规定外，同意的方式可以是书面的，也可以是口头的。一方向相关机构申请以某种非诉讼方式解决纠纷，另一方不持异议的，则视为同意。

第三条【争议解决的在线和非在线途径】

除法律或争议解决规则另有规定外，选择线下争议解决方式的，不排除在线传输信息手段，选择在线争议解决方式的，不排除线下信息传输手段。

二、投诉与线下调解

第四条【投诉途径与处理】

当事人之间发生电子商务纠纷，可以向有关行政部门、行业协会、第三方交易平台等机构投诉，一方是消费者的，消费者也可以向消费者协会投诉。当事人向有关部门投诉的，该部门应当自收到投诉之日起七个工作日内启动调解或将处理情况告知当事人。

第五条【线下调解】

当事人发生电子商务纠纷的，可请求依法设立的商事调解组织、行业调解组织、人民调解组织、消费者协会等调解机构进行调解。一方不同意调解的除外。

当事人请求调解机构调解的，视为同意按照该调解机构当时适用的调解规则进行调解。经协商一致，当事人可以根据需要选用该规则的规定或对该规则中的有关条款约定变更，但选用或变更不得违反法律、行政法规的强制性规定。

工商行政管理部门、电信管理部门、商务管理部门等政府有关部门，根据其职责，建立电子商务交易及信息服务争议的应急处理机制，对社会影响严重的事件，启动协调和处理机制。

三、在线解决争议机构的调解与处理

第六条【在线解决争议机构的调解和处理】

依法成立的在线解决争议机构，在双方同意时，可以受理当事人的申请，对纠纷进行调解。该机构的争议解决规则可以作出处理决定的，在调解不成时，在线解决争议机构可以就当事人的纠纷作出处理决定。

第七条【在线解决争议机构的设立与认证】

在线解决争议机构的设立条件由国务院工商行政管理部门会同商务管理部门、行业组织制定。

各级人民政府应当鼓励、推动行业自律组织、社会团体、企业、事业单位、专业服务机构或从业人员设立在线解决争议机构。

在线解决争议机构的设立应当根据运行机制和发起单位，分别办理事业单位、民办非企业单位登记或工商登记，涉及行政许可的，应当取得政府有关部门的许可。

经在线解决争议机构的同意或申请，行业协会可以对在线解决争议机构的资质等级进行认证。

第八条【在线解决争议机构规则效力】

当事人选择在线解决争议机构解决纠纷的，应受该机构制定的争议解决规则约束。当事人另有约定或在线解决争议机构的规则违反国家法律、行政法规的除外。

第九条【在线争议解决的公开与保密】

在线解决争议机构应独立、中立、公平、公正地解决当事人的争议。在线解决争议机构的争议解决规则、负责处理案件的人员名单和基本情况应当公开。当事人双方同意时，在线争议解决的程序和结果可以采取公开的方式。

在线解决争议机构对当事人的商业秘密和隐私承担保密义务。

第十条【在线争议解决中的文书交换与传送】

有关在线争议解决中的一切文书，如申请、答辩、通知、陈述、证据、调解书、处理决定及其他相关的文件和材料，当事人交流、谈判以及在线机构人员与当事人之间的协调沟通、交流，一般采用电子邮件、电子数据交换、传真等在线方式传输、送达。

第十一条【在线争议解决的终止】

下列情形下，终止在线争议解决，在线争议机构不再进行调解或作出处理决定：

（一）双方同意退出在线争议解决程序的；

（二）当事人一方在在线解决争议机构处理争议期间向法院起诉的；

（三）争议解决规则没有规定争议解决机构有权在调解不成时作出处理决定的，一方当事人不同意调解或退出在线争议解决程序的；

（四）提出请求的一方撤回申请的。

第十二条【在线争议解决的收费】

在线解决争议机构在线处理纠纷时，可以根据其规则，收取合理的费用。

第十三条【在线解决争议的标志使用】

在线解决争议机构可以通过授予当事人使用其在线标志的方式，加强当事人自律，促进在线调解协议和处理决定获得当事人的遵守和执行。

四、电子商务交易平台经营者的在线调解与处理

第十四条【平台提供者介入协调、调解的义务】

电子商务第三方交易平台经营者应建立纠纷解决制度，并通过平台提供在线纠纷解决服务。当事人在平台内发生交易纠纷而向平台投诉或请求调解的，平台经营者应当介入协调、调解。

第十五条【平台提供者的调处与除外】

当事人通过平台进行交易，并与平台经营者约定由平台经营者处理交易双方争议的，平台经营者可以根据一方或双方的请求，就争议作出处理决定，但当事人与平台经营者及其关联企业之间的争议除外。

第十六条【平台规则的约束力】

当事人与平台经营者约定由平台经营者处理交易双方争议，平台经营者制定并公布的争议处理规则，对当事人有约束力，平台经营者可以按照该规则处理争议。但是，争议处理规则违反法律、行政法规的除外。

第十七条【争议的在线处理】

除另有约定或争议处理规则另有规定外，平台经营者处理交易双方的争议通过平台系统在线处理。文件传输、送达按照平台争议解决规则规定的方式或平台系统的提示、通知执行。

第十八条【平台经营者的处理决定效力】

平台经营者作出处理决定后当事人起诉，处理决定与法院的生效判决不一致的，应根据判决结果作出相应处理。

第十九条【信用评价与处理决定的执行】

交易平台可以通过建立信用评价体系、信用披露制度，加强当事人自律，促进交易双方当事人遵守和履行经平台介入达成的调解协议或平台经营者对争议所作的处理决定。

五、非诉讼方式解决纠纷的司法救济

第二十条【非诉讼方式的放弃】

当事人选择其他非诉讼方式解决争议的，处理过程中一方或双方有权放弃该种争议解决方式，向人民法院提起诉讼。

第二十一条【非诉讼方式调解协议与处理决定的司法确认与执行】

当事人选择其他非诉讼方式解决争议，通过依法成立的商事调解组织、行业调解组织、第三方交易平台、在线解决争议机构、人民调解委员会等调解机构达成调解协议或自行达成和解协议的，就调解协议或和解协议提起诉讼、调解协议效力的司法确认及强制执行，参照适用人民调解法和民事诉讼法的相关规定。

当事人选择在线解决争议机构或电子商务第三方交易平台经营者解决争议，在线解决争议机构或交易平台经营者就当事人的请求和各方的责任作出认定和处理决定，当事人共同向法院确认该处理决定的效力的，一方可以请求人民法院强制执行。

当事人对处理结果有异议的，可以向人民法院提起诉讼。处理决定与法院的生效判决不一致的，作出处理决定的机构应根据判决结果重新作出处理。

第二部分　仲裁法

一、把第一章第十六条第一款修改为：

“仲裁协议包括合同中订立的仲裁条款和以其他书面方式在纠纷发生前或者纠纷发生后达成的请求仲裁的协议。书面形式包括合同书、信件、电报、电传、传真、电子数据交换和电子邮件等可以有形地表现其所载内容的形式。”

二、增加“网上仲裁的特别规定”一章

第一条【法律适用】

网上仲裁适用本章规定，本章没有规定的，适用本法规定。

第二条【规则适用】

当事人选择网上仲裁方式解决电子商务争议的，视为同意按照该仲裁机构当时适用的网上仲裁规则进行仲裁。当事人另有约定或变更的除外。

第三条【文件传输方式】

除当事人另有约定或仲裁庭要求外，有关仲裁申请、答辩、通知、陈述、证据的文件和材料，一般采用电子邮件、电子数据交换、传真等在线方式传输、送达。

第四条【开庭方式】

开庭审理的案件，应当采用以网络视频会议及其他电子或者计算机通讯形式所进行的网上开庭方式，根据案件的具体情况，仲裁庭也可以决定采用常规的现场开庭方式。

第五条【仲裁裁决与送达】

仲裁机构应就仲裁裁决制作纸质文本，但可以在线送达。送达日期不一致的，以先到的时间为送达日期。

当事人要求送达纸质文本的，应当送达纸质文本。

第三部分　民事诉讼法

第一条【电子商务纠纷的地域管辖】

因电子商务合同纠纷提起的诉讼，当事人可以约定由与争议有实际联系的地点的人民法院管辖。

当事人没有约定或约定无效的，由被告住所地或合同履行地的人民法院管辖。

当事人没有约定履行地的，电子商务的商品接收地（或服务提供地）视为履行地，履行标的为信息数据或相关服务的，发送信息服务一方的网站许可地或备案地或网络服务商营业所在地为履行地。信息发送方所在地难以确定或人民法院无法有效管辖时，由接收信息一方的网站许可地或备案地或网络服务商营业所在地的人民法院管辖。

通过电子商务交易平台进行交易的，交易平台经营者住所地或网站许可（备案）地、商品接收地为履行地。

因电子商务经营活动中的网络侵权行为提起的诉讼，由下列地点人民法院管辖：

（一）被告住所地（含住所地、实际营业地、经常居住地）；

（二）侵权行为实施地；

（三）发生侵权行为的网站针对特定当事人实施侵权行为的原告住所地。

实施侵权行为的网络服务器所在地、计算机终端等设备所在地视为侵权行为实施地。

涉外电子商务纠纷，在我国有管辖权的人民法院审理此案给当事人带来不便，不能有效解决纠纷的，在其他国家或地区存在有管辖权的法院时，我国法院可以不予受理。

第二条【电子商务纠纷诉讼的在线手段】

人民法院审理电子商务纠纷，具备条件的，可以运用网上立案、文书送达、递交材料、证据交换与质证等在线技术手段开展诉讼活动。

当事人或其代理人通过人民法院指定的系统在线提交诉讼材料或进行诉讼活动，与民事诉讼法规定的其他提交材料方式和诉讼活动方式具有同等的法律效力。

在具备技术和设施条件并经当事人同意时，人民法院可以组成在线诉讼法庭通过三方视频模式审理电子商务纠纷。

通过网络开庭审理案件的，人民法院应当同时将纸质判决书或调解书送达当事人。

第三条【电子证据的认定及证明力】

电子证据是以电子签名法规定的数据电文为表现形式的证据。

符合电子签名法第六条规定的，推定为具有真实性的证据，有足以推翻的相反证据的除外。认定电子证据真实性的条件，适用电子签名法第八条的规定。

电子证据的收集、保全应符合法律、行政法规的规定。部门规章中有关电子证据收集和保全的规定与法律、行政法规不相抵触的，可以参照适用。

符合电子签名法第五条规定的电子证据具有原件的证明力。

经过公证保全、电子认证、网络服务商作证、技术鉴定、专家证人等方式保全或确认的电子证据，具有优于一般电子证据的证明力。

第四部分　电子签名法

一、把电子签名法第十一条第二款的规定修改为：

“……（2）收件人指定特定系统接收数据电文的，数据电文进入该特定系统并能够由收件人检索识别的时间视为该数据电文的接收时间；未指定特定系统的或虽经指定，但未发送到指定系统而发送到收件人的其他系统的，以收件人知悉数据信息进入该系统且能够由收件人检索识别的时间为接收时间；当数据信息进入收件人的系统时，推定收件人能够在该系统中检索识别。”

二、把电子签名法第六条第（三）项修改为：

“对已有的数据电文的发件人、收件人以及发送、接收的时间等信息予以留存。”

（国家工商行政管理总局课题组）

第二章　电子商务纠纷解决机制研究（之二）

一、引言

随着21世纪知识经济时代的进一步发展，社会信息化程度快速提高，网上购物已成为一种重要的商业贸易模式。2013年中国电子商务市场交易规模达到1.85万亿元，增长42.0%。未来几年，随着传统企业大规模地涌入电商行业，加之移动互联网的发展促使移动电子商务日益便捷，中国电子商务市场整体还将保持相对较快地增长，预计到2016~2017年中国电子商务市场交易规模将达到40000亿元。与此同时，电子商务中争议发生的概率和涉及的金额也会越来越大。由于其本身的性质，使得电子商务纠纷具有以下一些鲜明的特点：

1. 空间上跨区域。交易主体以网址为主要活动场所，其之间的交易及由此可能产生的纠纷可能涉及世界任何国家和地区。

2. 地位上不对等。消费者讨价还价的地位明显低于生产商和服务商，交易主体特别是消费者的权益不能得到较好的保护。

3. 主体上虚拟化。电子商务纠纷主体往往仅以网址存在，其真实姓名、地址在网络上并不明示。

4. 证据上电子化。当事人虚拟化，网络交易多采用非实名制，这直接导致了责任主体复杂，责任追究困难。

2014年3月15日施行的《中华人民共和国消费者权益保护法》对网络消费者、经营者的权利和义务进行了更明确的规定，并有针对性地提出了举证责任倒置、七日无理由退货等新要求，这对我们处理电子商务交易纠纷提供了新的思路和要求。

二、电子商务纠纷两个重要理论问题分析

（一）电子商务交易纠纷利益主体分析

1. 当事人：电子商务纠纷的当事人，主要是进行交易的买卖双方。

2. 服务提供者：一是平台服务提供者；二是辅助服务提供者。

3. 行业协会：电子商务交易行业或与电子商务相关的企事业单位等自愿结成的非营利性社会组织。

4. 行政机关：主要是从事网络交易监管的工商部门。

5. 人民法院：人民法院代表国家行使司法权，化解电子商务纠纷，保护当事人的合法权益。

由于纠纷中多元化利益主体不断博弈，各方利益难以实现平衡，导致电子商务纠纷解决模式也暴露出较多问题。比如：制度上的缺陷，造成追责有缺陷，经营者容易规避责任；消费者维权能力不足，难以解决纠纷；权责不明确，服务提供者怠于配合解决纠纷，纠纷解决

成本太高。

从这些难点出发，我们探索破解这一难题的思路：一是利益协调是纠纷解决的内在要求；二是利益协调是减少纠纷解决成本的重要途径；三是各方利益的一致性，使利益协调成为可能。

（二）管辖权问题分析

行政机关、司法机关或仲裁机关享有对电子商务交易当事人或者电子商务交易行为的管辖权，是进行管辖和规范的前提。在电子商务交易的当事人不在同一地域的情况下，网上在线发生的电子商务行为，其发生地究竟是哪里？电子商务交易的经营者移动计算机或服务器，其主要经营地点就会发生改变，因此电子商务交易行为的发生地处于动态化。网络空间具有相对独立性，在此空间中，地理位置失去了其在物理空间中的重要意义，传统管辖权原则的存在价值受到了挑战。

1. 司法管辖。一是在不违反强行性法律规定的前提下，在电子商务合同中确定司法管辖选择条款；二是适用被告住所地和合同履行地法；三是适用侵权行为地或者被告住所地的法律。

2. 行政管辖。2014 年 1 月 26 日，国家工商总局发布了《网络交易管理办法》（国家工商总局令第 60 号），其中对管辖权进行了明确的规定：

（1）明确了对违法行为的管辖。第四十一条第一款：“网络商品交易及有关服务违法行为由发生违法行为的经营者住所所在地县级以上工商行政管理部门管辖。对于其中通过第三方交易平台开展经营活动的经营者，其违法行为由第三方交易平台经营者住所所在地县级以上工商行政管理部门管辖。第三方交易平台经营者住所所在地县级以上工商行政管理部门管辖异地违法行为人有困难的，可以将违法行为人的违法情况移交违法行为人所在地县级以上工商行政管理部门处理。”这一规定与现行的暂行办法中确立的管辖原则保持一致，既符合行政处罚法的相关规定，又有效地避免了“一事二罚”的情况。

（2）新增了对指定管辖的规定。第四十一条第二款：“两个以上工商行政管理部门因网络商品交易及有关服务违法行为的管辖权发生争议的，应当报请共同的上一级工商行政管理部门指定管辖。对于全国范围内有重大影响、严重侵害消费者权益、引发群体投诉或者案情复杂的网络商品交易及有关服务违法行为，由国家工商行政管理总局负责查处或者指定省级工商行政管理局负责查处。”这一指定管辖有利于在操作中提高执法效能，避免出现管辖争议。

（3）明确了对网络消费者投诉的管辖。第四十二条：“网络商品交易及有关服务活动中的消费者向工商行政管理部门投诉的，依照《工商行政管理部门处理消费者投诉办法》处理。”

2014 年 2 月 14 日国家工商总局发布《工商行政管理部门处理消费者投诉办法》（国家工商总局令第 62 号），自 2014 年 3 月 15 日起施行。该办法明确了消费者根据实际情况，可以自主选择管辖部门，收到投诉的工商行政管理部门按照首办责任的原则处理。办法第六条具体规定为：“消费者投诉由经营者所在地或者经营行为发生地的县（市）、区工商行政管理部门管辖。消费者因网络交易发生消费者权益争议的，可以向经营者所在地工商行政管理部门投诉，也可以向第三方交易平台所在地工商行政管理部门投诉。”这一规定，首次明确了对网络交易消费者投诉的管辖。

三、目前国内现行的电子商务交易纠纷解决现状分析

2012 年 12 月 20 日，国内首个电子商务调解中心——中国贸促会、中国国际商会电子信息行业分会电子商务调解中心在北京成立，标志着我国电子商务争议调解工作拥有了新的实体平台，对促进电子商务持续健康发展具有十分重要的意义。目前，国内尚没有成熟的关于电子商务交易纠纷处理的现成方式和范例。除域名争议外，2007 年成立的贸易仲裁网上仲裁机制至今尚未真正使用。可以说，国内关于电子商务的交易纠纷处理尚处于空白状态，大部分仍然是由各个电子商务企业自行解决的。

（一）线下解决

1. 仲裁解决。与一般民商事仲裁相比，电子商务仲裁在我国发展尚不成熟。首先，仲裁适用的领域有限；其次，仲裁缺乏连带性，仲裁的基础源于当事人的合意，仲裁不得将第三者纳入裁判程序，这使得仲裁在某些时候显得僵化；最后，仲裁裁决效力存在不自足性。

2. 诉讼解决。由于在电子商务环境下纠纷具有突出的国际化、网络化的特征，因而利用传统的诉讼机制解决电子商务纠纷时，当事人的诉讼成本更加高昂，审判包括执行效率更加迟缓，导致电子商务参与者对传统法律机制的信心更加不足。

3. 投诉解决。国家工商总局的《网络交易管理办法》、《工商行政管理部门处理消费者投诉办法》对行政投诉、执法等方面已经进行了明确的规定。但在执行过程当中，依然存在诸多问题。比如，虽然明确了工商部门的执法权限，但由于网络交易的特殊性，在实际操作上依然存在难点；对一些实际问题仍然无法解决，需要对《中华人民共和国消费者权益保护法》中有关网络购物无理由退换货“商品完好”的规定，进一步作出详细解释等等。

（二）线上解决

在线纠纷解决机制，即 ODR（online dispute resolution），是指利用互联网进行全部或主要程序的各种争议解决方式的总称。按照解决争议的具体方式划分为：在线谈判、在线仲裁、在线调解。

在线调解是目前使用频率最高的一种 ODR 方式。在线纠纷解决在欧盟被广泛地推广，因为它借助于网络的便捷与调解而具有很多的优势：一是经济性、便捷性和灵活性；二是利于人类社会的和谐与交往；三是有利于纠纷的解决。尽管在线纠纷解决有节省时间和费用，利于当事人解决纠纷等优势，但它也存在需要进一步完善的地方。

总之，对于电子商务的纠纷，仅靠单一的某种解决方法来处理是远远不够的，因此，应该整合现有的纠纷解决模式，使其相互作用、相互配合，扬长避短，形成一套完整的有机联系的纠纷解决体系。只有这样，才能使消费者对于纠纷解决方式有多重选择，才可以真正彻底地解决纠纷，提高纠纷解决的效力与质量，从而促进电子商务健康有序地发展。

四、国外电子商务交易纠纷解决方式的启示

2011 年美国成立的 Modria 冲突调解平台，是目前世界最大的在线纠纷调解系统，每年处理超过 6000 万件的网购纠纷，以 SaaS 方式运行，通过扮演矛盾调解员来化解、调解电子商务买方和卖方之间发生的矛盾。此平台由 Colin Rule 和 Chittu Nagarajan 两人共同创立，这两人曾分别在 eBay 和 PayPal 长期担任纠纷调解系统开发人员。据国外媒体报道，Modria 冲突调解平台已经于 2012 年 11 月 26 日正式向全网开放使用。目前世界各国都在探索电子商

务领域中各个方面的问题，纠纷的解决就是其中重要的内容之一。我们选取日本和欧盟两个经典地区（国家）解决电子商务纠纷的措施，分析其经验做法与给我们的启示。

（一）日本互联网交易纠纷咨询室

从2003年开始，在日本政府经济产业省的委托下，由电子商务协会创设了互联网交易纠纷咨询室。纠纷咨询室向纠纷的当事人提供诉讼外解决纠纷的解决办法等相关服务，包括建议、调解、斡旋、仲裁等。特别注重第三人以中立的立场介入到纠纷当中进行斡旋，提出解决方案，寻求最佳的解决办法。日本互联网交易纠纷室在这些方面的努力工作，将会对构建放心的电子商务市场环境起到积极的促进作用，同时还可以积累大量的事例，为以后的电子商务规则的修订，起到重要的参考作用。

日本互联网交易纠纷咨询室的设立给我们最主要的启示是：设置诉讼外解决纠纷的机制，成立专门的机构应对在电子商务中出现的纠纷，不但可以缓解法院的诉讼压力，而且能够切实地解决实践中出现的问题，这对促进我国电子商务的发展将起到积极的作用。

（二）欧盟在在线纠纷解决方面的主要举措

1. 纠纷解决的发展。首先，欧盟在促进在线纠纷解决上作出了很多的努力。如它的内部申诉程序是阻止商家与客户纠纷出现的通常方法。在商家和消费者之间，直接的谈判是很重要的，很多纠纷都可以通过这种方法来解决。其次，欧盟实施了消费者申诉表、电子消费者纠纷解决项目（ECODIR）和欧洲消费者网络中心（ECC－Net）等项目，以求提振电子商务的发展。最后，在执行方面，为了避免司法执行，一些在线纠纷解决服务设计了有效的自我执行机制。同时，它通过信息通信技术的适用，可以弥补当事人缺乏面对面交流的缺憾。

2. 纠纷解决的完善。近几年，欧盟进一步完善了在线纠纷解决机制。首先，提高认知度。如果消费者意识不到在线纠纷解决的重要性以及如何使用它，那么，在线纠纷解决就很难发挥它应有的作用。其次，注意透明度与保密性之间的平衡，为了获得当事人在在线纠纷解决中的自信，应增强透明度并给予消费者应有的知情权。

（三）对我国纠纷解决带来的思考

1. 纠纷解决要更新观念。当前，我国公民和企业对在线纠纷解决（ODR）的了解甚少。我们要想和世界经济融入一体，就必须加快电子商务的发展并运用在线纠纷解决机制。

2. 纠纷解决要建立有效的制度。在构建在线纠纷解决（ODR）的制度上，我们可以把一些国际组织所制定的、有益于电子商务纠纷解决的规则作为基本原则。同时，可以借鉴欧盟等国家先进的经验和技术。另外，也要在电子商务中加强诚信建设，构建良好的电子商务诚信监管机制。

3. 纠纷解决要完善仲裁渠道和规则。许多解决ODR的网络服务商并不能算作行政机构，如果争议是通过我国非仲裁机构的网站而解决的，那么，裁决往往不能得到有力的执行。

五、南京市的实践与探索

近年来，南京市认真贯彻落实国家发改委《关于开展国家电子商务示范城市创建工作的指导意见》、《市政府关于鼓励和支持电子商务发展的若干意见》等文件精神，强力推进国家电子商务示范城市创建工作，目前各项试点工作有序推进，全市电子商务产业快速成长。2013 年，我市电子商务市场规模不断扩大，企业应用不断深入，网络购物人数迅速增加，电子商务交易额达 5230.5 亿元，同比增长 30.72%；网络零售额达 618.5 亿元，同比增长 76.7%。2014 年 1 至 9 月份，我市电子商务交易额达 4826 亿元，同比增长 28%；网络零售额达 688 亿元，同比增长 64.5%。

（一）南京电子商务纠纷基本情况

2013 年，南京市工商部门接收涉及网购的投诉案件 11421 件，与上年相比增长 139.7%。2014 年，截至 5 月 16 日，收到网购投诉案件 6290 件，同比增长 3 倍多（去年同期 2063 件）。网购涉及的品种繁多，其问题主要反映在促销规则、网页宣传、交易环节、物流配送、售后服务、商品质量等方面。例如对促销返券的使用限制提醒说明不足，网页广告的商品及服务性能、品质与实际不符，网店擅自取消消费者订单，有的经营者未及时监测业务量，致使物流配送能力跟不上网络销量、不能及时发货，安装不及时、退款不及时，商品质量存在问题不能正常使用，还有的网站承诺的旅游等服务的品质与实际不符。

我们专门对南京电子商务纠纷的解决途径情况进行了调查，得出的基本数据显示：

第一，主体年龄段相对集中。中青年群体的占多数。

第二，人们在网上购物的过程中都比较重视其交易商品的质量，而对商家信用的关心则次之。

第三，采取隐忍的态度对待网购纠纷的现象比较严重。

第四，对于纠纷解决的途径，消费者也是知之甚少。较多的是消费者采取自行与卖家进行协商的方式，最后通过和解来解决纠纷。

（二）南京对电子商务纠纷解决机制的探索

南京市于 2012 年由市发改委牵头，市工商局、苏宁云商股份有限公司共同组织实施了南京市电子商务交易纠纷解决试点项目，并得到了国家发改委的批复。该项目主要是为了响应政府对于电子商务交易纠纷调解网络化、信息化、标准化、智能化的发展，通过企业建立标准化的网络消费纠纷解决机制及智能化的服务平台，实现与政府网络购物消费者权益保护监管网络的实时交互，从而形成动态监管机制，逐步推进社会电子商务交易纠纷解决体系的建设与完善。该项目立足于工商部门与企业两个纠纷解决服务平台的对接，在以下几个方面进行探索：

第一，探索由政府执法部门、网络商品交易平台商、产品供应商、行业协会、专家团队及消费者等不同社会组织和人员共同参与，充分体现了网络商品交易“行业管理”的特点，考虑了不同企业、不同经营模式、不同产品的差异性，在法律法规、政策条款不断完善的基础上，建立网络交易消费解决的新规则，减少因现实市场中没有规则或规则模糊而导致的消费纠纷。

第二，以企业诚信自律管理为核心，探索标准化管理体制，形成消费纠纷预控机制。通过售前的商品引进、售中的交易管理、售后的服务监督等诚信交易机制的建立，确保每一个消费者的交易质量，实现消费纠纷预控管理。

第三，企业通过建立智能化消费纠纷解决平台，快速、有效地化解并保护消费者的合法权益。所有环节均需实现流程标准化、操作透明化、信息数据化，以确保不同企业的管理机制可复制、消费者的消费行为可追踪。

第四，建立政府网络经济预警、管理、调解体系，事前加强对系统性和局部性风险的预防，事中加强对各类风险的及时动态控制，事后便于对风险进一步分析、研判和总结，提高市场经济的管理能力。

第五，建立消费者、企业、政府关于消费纠纷信息的“动态监管”、“瞬时数据”、“信息情报”等新概念，运用“以网管网”、“流程再造”、“诚信评价”等新原则和手段，实施对消费纠纷解决的数据化、量标化管理。

第六，努力实现网络商品交易运行有序，动态监管和可持续发展的新规则、新标准、新环境，为实现国际化发展，提升国际竞争力打下坚实基础。牢牢抓住诚信这个根本不动摇，让诚实信用由看不见变为看得见，让诚实信用由没有效益变为网络商品经营者的金字招牌。

六、典型案例分析

（一）在线纠纷解决案例

苏宁云商股份有限公司消费纠纷解决服务平台已于 2013 年 9 月初正式上线，目前业务需求和系统需求均已确定，大部分系统功能已进入使用阶段。在仅一年的试运行过程中，我们选取了 10 个典型实例场景，通过案例分析总结纠纷解决的经验。

场景一：在保维修——案例：邮寄维修

2013 年 8 月 4 日南京顾客张先生在苏宁购买万利达学生电脑一台，在 2014 年 2 月 7 日使用时发生故障，联系厂家，厂家称商品需要升级，后顾客收到由厂家发来的升级文件，但安装的时候显示失败，并且文件损坏。再次联系厂家时，厂家告知需要把商品寄回厂家维修，但顾客不愿邮寄。

处理思路：客服联系顾客了解不愿邮寄的原因：1. 听说厂家倒闭，不放心邮寄；2. 觉得麻烦。客服与采销确定厂家并未倒闭，因万利达这个品牌在当地没有售后点，只能寄回厂家维修，邮费公司可以给其报销。同时对于顾客觉得麻烦，公司可以安排物流上门取件代客邮寄。

经验总结：在顾客体现出不愿意的时候客服应首先了解原因，从原因中寻找解决的方案，快速、有效地解决顾客的问题。

场景二：送货延迟——案例：要求赔偿

西安顾客刘先生 2013 年 12 月 25 日在苏宁购买三星彩电 PS51F4500AJXXZ，顾客收货后发现商品质量有问题，屏幕破损，客服为顾客做了换货处理，顾客要求 2014 年 1 月 29 日之前必须送到，结果一直未收到货。顾客要求退货并赔偿 1000 元。

处理思路：由于公司物流未按时送货，公司存在过失，按照公司相关规定，送货延迟补偿商品金额的 10%，大件最高 200 元，考虑到顾客当时急等彩电结婚，客服多次与顾客协调，顾客最终认可收货并给予补偿 500 元。

经验总结：从这起投诉分析出，在首次明确该顾客急等此商品的情况下，客服应立即联系当地物流负责人给顾客申请业务，用车立即送货，且物流在春节期间出现停运应提前报备，避免出现未及时送货的投诉。

场景三：发票相关——案例：无发票退货

顾客 2014 年 1 月 17 日在苏宁购买的海信彩电 LED42EC310JD，收到货后使用时发现有质量问题，来电投诉要求退换货，但表示发票已丢失。

处理思路：对于大件商品反馈的质量问题首先应联系厂家上门鉴定，并出具质量鉴定报告单。在商品有货的情况下直接给予顾客办理换货，无需发票。在商品无货的情况下办理退货换异型。顾客发票丢失，客服应为顾客申请无发票退货流程，给予办理退货。

经验总结：1. 商品质量问题非顾客责任，公司应给予顾客办理退换货；2. 顾客自身发票丢失，客服应积极协调无发票退货，不因发票问题让顾客承担损失。

场景四：销售服务——案例：实物与页面不符

顾客来电公司投诉收到的飞毛腿（SCUD）移动电源 TS260（桃红）（商品金额 48 元）与网页描述不符，网页是五千多毫安，实际只有两千多，要求退货并补偿。

处理思路：客服核实是否确实网页参数错误：是，沟通处理。方案 1：退货，并给予适当补偿；方案 2：给顾客更换与网页参数一致的商品，无须补加费用给顾客。在补偿方面客服应根据实际情况灵活掌握额度，以尽快与顾客达成一致方案。

经验总结：首先核实参数不符的真实性，判定责任方。确定是公司责任后积极与顾客协商处理方案，以达顾客满意。公司应以此为警戒，加强管理。

场景五：参加售卖赠送活动——案例：返券活动规则

顾客反映 7 月 4 日在苏宁易购下单购买的 NUCELLE 纽芝兰正品女包西堤岛时光牛皮手提斜跨两用包 136 黑色延迟返券，现要求公司为其双倍赔付。

处理思路：首先核实延迟返券的原因：顾客下单时间不在公司活动的时间范围内；活动时间公司已在页面公告，考虑顾客感知可以给顾客申请返券，相当于顾客参加了活动，但若顾客仍要求双倍赔偿，无法予以满足。

经验总结：在公司无责的情况下已经给予顾客最大的补偿方案，但顾客不满足于此，对于过高的无理要求，公司无法承担。

场景六：质疑商品质量——案例：不愿鉴定

顾客 2014 年 2 月 11 日在苏宁购买的九阳原汁机 JYZ - E91，于 2 月 14 日收货，2 月 18 日来电反应机器噪声大、出汁少，要求退货。

处理思路：因顾客商品已经使用，当顾客质疑商品有质量问题时需厂家鉴定证实。若顾客坚持不认可鉴定，要求直接退换货的，考虑顾客投诉的强烈程度及商品类型等方面，公司可以适当放宽退换货门槛。

经验总结：原则上部分商品已使用要求退换货均需鉴定，但公司也会根据商品的类型及顾客感知等方面酌情考虑直接办理退换货。

场景七：外观问题——案例：彩电屏裂

临沂顾客 2013 年 8 月 12 日在苏宁购买东芝彩电 39L2300C，支付金额 2499 元。前期顾客家中装修，于 8 月 30 日送货到家。送货人员走后顾客自行开箱发现屏裂，当即联系公司客服人员，要求退换货。

处理思路：客服应与送货人员核实是否有提醒顾客待安装的时候开箱验机：有，联系厂家上门查看，厂家表示因外力因素导致屏裂，无法出具鉴定单。与顾客解释私自开箱发现问题，无法退换货，可适当补偿，建议维修。若顾客不认可，协调厂家减免顾客的部分维修费。若仍不认可，上报公司领导申请给顾客办理非正常退换货。

经验总结：因顾客自行开箱验机发现屏碎，无法判断责任，公司客服也积极与厂家协商方案，在公司已经尽力协调的基础上，公司领导站在顾客感知的角度最终给予办理了换货。

场景八：质量问题——案例：赠品质量问题（要求换货）

南京顾客王先生1月16日在易购购买索尼微单相机NEX－5RL/BQCN2＋SF－16N4/T2，公司赠送16G卡。顾客反馈当时有开箱验机，但只看了相机的情况，没有注意16G卡。后期使用时发现16G卡有质量问题，无法使用，顾客要求给其换货。

处理思路：客服确认16G卡确实存在问题，但由于商品是赠品，无法直接给其办理换货。联系采销反映顾客的问题，确认公司通过第三方快递的方式单独给顾客再次寄送赠品，建议顾客耐心等待，顾客认可后，投诉解决。

经验总结：从这起投诉分析出，虽然是赠品质量出现问题，但也属于公司有责，应根据相关法律法规及公司相关规定并结合顾客的要求，从而定出一个合理的解决方案来解决顾客的问题，解决客户投诉。

场景九：客观因素——案例：热水器无法开通燃气

顾客于2014年1月5日在苏宁购买了康宝烟灶热水器套餐BE36＋A95＋E02FX，机器已安装好，安装人员开了一个验收报告，收了50块钱，但是顾客去开通燃气时，却表示因没有备案，无法开通燃气。

处理思路：先与厂家售后核实是否已在港华备案才安装，如果未备案为何会给顾客安装好。因非顾客责任导致的，厂家应该给予顾客办理退换货，且同时因安装收取的费用应同步退还顾客。

经验总结：由于厂家售后未在港华备案的情况下直接给顾客安装燃气热水器，导致顾客无法正常使用此商品，公司作为经销商应在第一时间给顾客协调解决问题。

场景十：退款问题——案例：顾客卡注销

顾客2013年7月12日在苏宁易购购买的AA72贝亲自然实感宽口径玻璃奶瓶160ml，后商品办理退货，但是顾客反馈银行卡已经销户，要求重新退款到其他卡里。

处理思路：首先核实顾客此笔退款的状态，经核实公司已退款成功，目前钱款已在银行，若卡注销，只需顾客带着身份证去银行拿钱即可。在已退成功的状态下，顾客要求退到其他卡中，考虑到钱款的安全及可操作性都无法满足顾客需求。

经验总结：因涉及到顾客财产安全方面，非现金支付的订单公司都是支持退款原路返回。

（二）投诉纠纷解决案例分析

1. 京东商城奢侈品授权纠纷案

案情：2012年3月初，施华洛世奇上海贸易有限公司对外宣称，公司目前为止没有在中国地区内授权给任何网站销售施华洛世奇的产品。也就是说，京东商城等电子商务网站存在侵权的可能。尽管施华洛世奇方面提出了“口头警告”，但截至3月8日，京东商城方面仍在对其产品进行在线销售。对此，京东商城相关负责人回应称，销售都是通过合法渠道的，并且保障一定的售后服务。施华洛世奇公司公关部负责人表示，对于网上一切侵权或非法销售施华洛世奇产品的行为，会考虑采取相应的法律行动。

分析：品牌商和电商之间的冲突越来越多，电商的低价打破了品牌商传统的价格体系、销售体系，但是只要电商所卖商品不是假货，即使没有经过品牌商授权，法律上也并不侵犯品牌商的权利。品牌商难以通过法律途径限制电商，于是不少品牌商对电商销售的商品不提供售后服务，希望以此方式打击电商。但是从消费者权益角度，品牌商对于线下、线上商品的消费者不应歧视对待，否则可能会被消费者投诉甚至起诉。长远来看，电子商务是大势所趋，品牌商也需要逐步适应这一趋势，主动变革自己的传统销售模式，自主开展网络销售或者与电商企业合作。

2. 美国花旗参诉淘宝商城卖家及淘宝网侵权案

案情：美国威斯康星州花旗参农业总会在洋参产品类目下注册有鹰形商标，2011 年，该总会发现淘宝商城上某店铺销售印有其商标的产品，并确认从未授权该卖家在该商品上使用其商标。随后，农业总会以侵权为由向马云（而非淘宝网）发送律师函（函中未提供具体侵权链接），后将该商城卖家和淘宝网一并诉至吉林中院，淘宝网在接到法院的诉讼材料后，删除了涉嫌侵权的链接。

吉林中院一审认为，淘宝商城对外承诺“品牌正品，商城保障”，应在接到投诉后着手进行主动审查，而非被动地等待投诉人提交侵权链接，淘宝网认为原告投诉不适格的抗辩不适用在商城平台上，故判决淘宝公司部分承担与卖家的连带责任。案件上诉至吉林高院，二审后，吉林高院认为淘宝商城的“正品保障”是针对网店经营行为的保证，而农业总会的起诉是针对淘宝的侵权，二者不能混为一谈，因此还应该回归到网络服务提供商的法定义务上，本案淘宝网已尽到合法注意义务，且原告的投诉没有达到法定要求，故判决撤销原判，改判淘宝网不承担侵权责任。

分析：淘宝商城是淘宝网分拆出来的一个电商平台，以经营有合法渠道产品的卖家为服务对象，从而与淘宝集市形成区别，现已改名天猫。应该说此前，以侵犯知识产权为由要求淘宝网与卖家承担共同侵权责任的案例并不鲜见，但此案的不同点在于案件发生在商城卖家而非之前的集市卖家。商城基于“正品保障”的承诺会在一定程度上考验法官对案件的认知，也许正因如此，吉林中院和吉林高院在淘宝网责任问题上作出了不同的判决。实际上，仔细研究会发现“正品保障”是淘宝网向卖家提供的一种规则约束同时也是消费者的维权渠道，在淘宝网官方页面上可以看到其对“正品保障”的详细表述：“什么是‘正品保障’服务？在淘宝商城购物时，若买家认定已购得的商品为假货，则有权在交易成功后 14 天内按本规则发起针对该商家的投诉，并申请‘正品保障’赔付，赔付的金额以买家实际支付的商品价款的 3 倍 + 邮费为限（此规定 2010 年 1 月 1 日生效）”。因此，不难发现“正品保障”这是淘宝为维护消费者权益制定的一项消费保障措施，通过协议和保证金的形式适用到商城卖家，而这项措施并未从根本上影响到淘宝网第三方中立的网络服务提供者的法律地位，了解到这一点，就不难明白吉林高院作出终审判决的缘由了。

3. 七格格网店财产分割案（财产纠纷案）

案情：“七格格”是一家在淘宝网颇有知名度的夫妻档女装店，2011 年，“七格格”员工人数超过 400 人，年销售额达 2.5 亿元。然而到 2012 年，这对创始人夫妻却因感情破裂和财产分割问题在杭州市下城区法院对簿公堂。案件的焦点问题在于网店的归属权，根据淘宝目前的做法，淘宝店是以实名认证的支付宝账户来确定网店的所有权，如果要分割也只能分割支付宝账户内的资产，目前淘宝店尚无法继承和转让，除非法院明确判决了网店的归属，淘宝可根据判决办理相应手续。

分析：因离婚、转让、继承等要求变更虚拟财产的所有权主体，这样的案例并不鲜见，实践中越来越多的夫妻、合伙人不争房、不争车，争的是网店、QQ 农场、游戏装备等。随着网络社会向人们生活的逐步渗透，越来越多的虚拟事物也具备了现实世界中的财产属性，因此引发纠纷在所难免。实际上，纯粹从法律角度分析，网店也好、网游装备也罢，都是网络服务提供商提供给用户的一种服务，这种服务在法律看来属于一种合同之债，因此债权的流转在一定程度上依赖于网络服务提供商和用户之间的初始约定。考虑到网店经营者的管理能力和诚信等因素，淘宝等平台对于网店的流转存在顾虑是可以理解的。在法律没有对虚拟财产进行除债权之外的重新界定之前，网络提供商可以限制其虚拟财产的流转。当然，考虑到网店等的所有权流转可以更大程度上增加其经济价值和使用效率，未来网络提供商设置出相应的流转机制应该是迟早的事。从用户的角度看，在创立网店之初，对网站的所有权、管理权限、分工和贡献考核等作出约定很有必要。此外，由于网店归属在界定上比较模糊，那么可以寻求法律上较为清晰的相关权利，例如网店商标、域名的注册，约定其归属，同时做好财务统计，在很大程度上降低网店分割时的不确定性。

4. 当当网撤销订单案（合同纠纷案）

案情：2011 年 7 月底至 8 月初，当当网连续出现三起价格乌龙事件。从“一元阿迪鞋”、“110 元三星手机”到“儿童图书促销”事件，十天内，当当网三次违约，给出的原因却都是“操作失误”。事件发生后，当当网提出的赔偿方案，下单订货的消费者并不买账，部分消费者把当当网告上法庭。2011 年 12 月 5 日，东城法院一审确认前两笔合同未成立，而第三笔成交订单，当当网在特价促销的情景下“重大误解”的主张不成立，应按照双方成交的合同，向钱女士发货，并赔偿其公证费用。一审判决后，当当网不服提起上诉，2012 年 7 月 3 日，二审法院驳回上诉，维持原判。

分析：“只有当我们向您发出商品出库的电子邮件，通知您我们已将商品发出时，我们和您之间的订购合同才成立。”这样的条款几乎无一例外地出现在各大 B2C 网站的用户协议或订购条款中，这一条款在履约方面赋予了卖方非常大的自由空间，理论上，只要卖方不想履行合同，其通过不发货就可以做到并且以合同不成立为由逃脱责任。所以这一条款的存在实质上对网络交易消费者的不利影响非常之大。反观本案，看似消费者取得了胜诉，但实质上法院是认可了上述条款，前两笔订单因为当当网的缺货撤单而没有成立，第三笔订单因为已经发货所以成立，从这个角度来看，消费者并没有取得实质性胜利。

从法律层面分析，合同法第三十三条的确规定了“当事人采用信件、数据电文等形式订立合同的，可以在合同成立之前要求签订确认书，签订确认书时合同成立”，而本案中的邮件通知也的确符合确认书的性质，但问题就出在“发货后合同成立”这样的约定本身属于合同法中免除己方责任的格式条款，是可以被认定为无效的。因为毕竟网站对于其到底可以拿到多少货是能够做到提前预知的，其可以在备货量小于消费者订货量时直接拒绝消费者的订购和付款，否则，消费者支付了货款即履行了主要义务，合同应该成立。再进一步，合同法规定的确认书，其主要目的在于双方对合同内容和细节进行最终确认，并且是需要经过双方签订的，单方的约定也好或通知也罢，不能产生“签订”的效果。

因此，本案判决并未从根本上起到保护消费者的积极作用，这种不合理、不公平的条款将继续存在，随着媒体对于电商网站单方撤单案例越来越多的报道，相应的争议也会愈加尖锐，我们只能寄希望于法院在日后的案例中作出新的突破。在合同成立的情况下，单方取消订单的行为属于违约，除非具备法定理由。标错价可视为法律上的重大误解，但是电子商务网站要想撤销订单，一方面需要举出员工操作失误的证据，另一方面不能自行作出撤销合同的决定，依据合同法应该通过司法或仲裁机构判定才可以撤销。企业在开展电子商务的过程中，难免会出现各种各样的失误，需要在法律规定的范围内进行处理，也需要及时采取补偿措施，以免声誉受到影响。

5. 24券团购券无法兑换被诉案（合同纠纷案）

案情：2011年8月，24券哈尔滨分站开展团购“哈根达斯冰激凌”优惠活动，原价50元的抵金券只卖38元，取券地点为道里区红专街79号欧柏林大厦6楼，即24券哈尔滨分站，该券只能在哈尔滨地区消费。李女士于2011年8月28日共购买了该站的哈根达斯冰激凌抵金券2400份，支付价款9万多元（网页上写明：“代金券可购多张，单次消费不限使用数量”）。按照24券的要求，在购买后专程从上海来到哈尔滨分站兑换抵金券时，24券只给兑换453份，余下的1947份不予兑换，理由是李女士违规使用礼包。但是，24券对礼包的使用说明为：“礼券有效期：自团购结束之日起6个月，无消费限制”，“礼包可购买24券精品商城任意商品”。李女士多次与24券沟通，但24券均不给付，只表示退还李女士的已付价款。而李女士不认同这种退款方式，认为24券不诚信，坚持要求对方把货补齐，这令双方协商进入僵局。2011年10月24日，李女士一纸诉状将24券告上法庭。

分析：2011年“3·15”后，团购券过期不退的行业潜规则已被打破，目前大型团购网站大多支持团购券过期退款。但总体而言，有几个限制条件：（1）需用户主动申请而非自动退款，有的规定过期后再超过一定期限不申请的用户则不再支持退款；（2）退款至网站的注册账户，而非原路返回，有的需收取一定比例的手续费；（3）支持过期退款的范围有限制，实物配送类产品、票务类产品、商城抵用券以及事先声明过期不退的不支持过期退款；（4）有的规定只有因商户原因导致团购券过期的才支持过期退款，因用户个人原因导致团购券过期的不支持退款。2012年“3·15”前夕，国家工商总局出台了《关于加强网络团购经营活动管理的意见》。就维护消费者权益、解决过期退款这一投诉焦点问题而言，此次团购监管政策可以说规范的力度很大，几乎没有弹性空间。

七、建议

（一）建立和完善统一的非诉讼在线纠纷解决机制

在全国范围内建立健全的ODR机制对于规范网络市场交易行为、降低维权成本、减少网购纠纷、提高交易效率、打造健康、安全的电子商务可信交易环境具有重大的现实意义。

模式一：由国家工商总局指定机构统一建设，全国运行。国家工商总局负责牵头协调，指定各省、自治区、直辖市主管部门统一建设ODR服务机构，加强对电子商务诚信环境建设的指导，把阶段性成果和经验逐步以法律、法规、规章、规范性文件的形式固定下来。各地ODR服务机构由地方主管部门直接组建，职能、编制、组织架构、人员任命等依照地方政府的相关程序确定，基础设施建设以及未来运营经费由地方政府财政支出提供。

模式二：以现有试点单位为基础，实现联网运行，再向全国推广。该模式本着“以点带面”的原则，立足于示范城市的ODR机制建设，在形成一定规模后再进行城市之间的联网对接，建立区域协同合作模式。经过一段时期的运作磨合之后，再向全国范围推广，推动全国其他省、自治区、直辖市并参照业已形成的规则体系与业务流程，组建各自的ODR服务团队，最终实现全国范围的业务对接。

（二）完善关于电子商务纠纷解决的立法

1. 推行交易实名制，防范经营者规避责任。通过推行交易实名制，防止经营者恶意规避法律责任，提高违法成本，抑制违法利益，保护个人经营者隐私等合法权益。

2. 明确服务提供者解决纠纷的地位。建议规范服务提供者的注意义务，由事后的补救义务转为事前的审查义务。一是交易主体准入审查，对申请经营主体的资格进行审查；二是交易信息审查，检查监督经营者及其发布的商品、服务信息的合法性。

3. 探索设立“卖家保证金”制度。设立保证金用于消费者的交易损失赔付，激发平台服务提供者协助解决纠纷的积极性，保障消费者的合法权益。

4. 立法的内容。主体方面，主要是规制电子商务经营者，实行行业准入制度，对电子商务经营者予以实名登记；行为方面，对电子商务交易的各个环节加以规制，包含商品服务的宣传推广，物流配送的责任划分，电子支付的安全责任，以及消费者退换货权和求偿制度的设计等等。

（三）推动信用体系建设

加快实施企业等级评定和信用分级管理，支持具备条件的第三方机构对电子商务企业进行信用评价，向消费者提供信用评价信息。发挥诚信体系预防纠纷的作用，鼓励行业协会参与制定电子商务规范，开展交易主体资信评估，协助构建电子商务的安全认证、信用体系等，建立对诚信经营者表彰激励、违法经营者通报限入等制度，加大对不法经营者的信用惩戒，保障消费者的知情权，预防纠纷的发生，健全电子商务主体信息披露制度。

（四）增强行政机关在纠纷解决方面的作用

1. 创新监管，加大行政调处力度。一方面，需要探索实行全国联网一体化网络交易监管，从根本上解决经营者难以确定的问题；另一方面，由于行政管理涉及网络交易众多方面，行政机关可以充分利用行政处罚、行政强制等手段，全方位地介入、解决纠纷。

2. 资源共享，健全联动协作机制。建立行政机关与人民法院的联动协作机制，完善不同纠纷解决方式的衔接，实现优势互补：行政机关不断完善网络交易规章制度，通过行政执法固定经营者违法证据，为人民法院裁判提供借鉴；人民法院则总结多发性纠纷特点及监管薄弱环节，通过司法建议等形式，加强行政机关对纠纷频发领域的规范，预防潜在网络纠纷的发生。

3. 构建第三方在线纠纷解决机制。建议构建公平可信的第三方在线平台，比如在网络纠纷解决平台接入消协的在线投诉端口，消协有权在受理投诉后，获取买卖双方的真实信息和交易过程，以便公允地处理纠纷。这一模式需要大量的财力投入和科技支撑，需要政府部门的介入和引导。

（五）进一步完善法院诉讼解决纠纷机制

1. 在裁判理念上，注重加强对利益衡量的考虑，实现合法性与合理性的有机统一，法律效果与社会效果的有机统一。

2. 在裁判主体上，注重加强对行业专家的吸纳，实现职业化与专业化的有机统一：一方面，加强电子商务纠纷审判庭建设，丰富法官专业知识，积累审判经验，促进裁判职业化；另一方面，积极动员社会力量，聘任相关行业的专家担任人民陪审员，协助法官全面理解相关专业知识，充分发挥行业规范、规则和惯例等的作用，增强裁判职业化。

3. 建立电子商务纠纷小额诉讼模式。由于实践中电子商务交易的纠纷大部分是小额的，因此将电子商务纠纷纳入小额诉讼模式中处理有其必要性，以简便快捷的方式审理案件，达到快捷高效维护电子商务消费者合法权益的目标。

（南京市发展和改革委员会课题组）

第十一篇 电子商务交易信息安全保障制度研究

第一章　我国电子交易信息安全保障制度研究

近年来，我国电子商务发展迅速，但违法背德事件亦不绝于耳，尤其是电子商务交易中信息安全问题引人注目。电子交易信息安全的内涵，是指电子交易中所涉及的所有主体的信息，在电子交易活动中，不受任何形式的威胁或者其利益未被损害。安全不仅仅是个技术问题，更重要的是一个管理问题，而且还与社会道德、行业管理以及人们的行为模式都紧密地联系在一起。因此，需要加强电子交易信息安全方面的制度保障。

一、电子交易中的信息安全问题

按照信息流模式（零售型、批发型）、一般交易流程（数据保存、身份认证、信息匹配与协商、合约订立、资金支付、商品交付）以及交易双方（卖方、买方）三个维度，可以发现电子交易中的信息安全问题主要包括以下九个方面，通过专家调查法我们从中找出了6个关键的安全问题。

（一）在交易平台上提供的实际身份信息不能得到确认

电子商务中任何交易主体在电子商务平台上的交易，形式上是以虚拟身份完成的，但实际上仍然是实体身份之间的交易。通过电子交易获得的收益是每一个实体的交易者获得的实实在在的利益，而信息安全风险也是每一个实体交易者所面临的风险。在互联网上，受到政府相关政策以及市场或者行业内部的相关规范制约，许多电子商务交易主体，主要是卖方的身份是可以而且已经被确认的，然而也的确存在许多交易主体的实际身份没有或者无法得到确认。许多网络诈骗、钓鱼网站等犯罪案件破案难，恰恰是因为无法找到实际的身份所有者，或者实际身份与虚拟身份之间的关联。

（二）非授权程序利用系统和网络漏洞获取付款信息

在电子交易中，尤其是零售型电子商务中，在线支付已经成为许多人购物支付的选择。在线支付在方便支付的同时，也给许多人带来了安全隐患。一些不法分子会千方百计地将“木马”程序植入一些计算机中，如果买方未设置安全保护措施，当买方在计算机上输入银行账号密码时，木马程序就会记录这些银行信息并传输给非法分子。除了植入木马外，不法分子还可能通过直接攻击网络，获取银行账号信息。通常来说，金融机构和大型企业自身的计算机系统拥有较为完备的安全防护，因此这类计算机系统被攻击的可能性不大。但是对于普通消费者或者中小企业来说，由于安全技术成本较高，常常疏于防范，给黑客造成了可乘之机。如果支付链接未曾加密，则黑客还可能通过直接攻击网络来获取或者篡改支付信息。

（三）填写地址信息不需要确认

在电子商务交易过程中，至少有两次需要提供物流信息。一次是买方将信息传给卖方，第二次则是卖方将信息传给物流方。在这两个环节中，如果没有对所提交的地址信息进行确认的机制，就有可能出现地址信息填写出错，最终导致物流无法完成的可能，而费用却要卖方或者买方承担。这种情况对于大中型企业之间的交易来说很少发生，对于一些业务量非常大的小型企业来说，如果物流订单是通过计算机直接打印到物流单，那么在第二个环节出错的可能性也较小。如果这两个环节都需要人工录入，无论是在计算机上录入，还是在纸质单据上录入，那么在这两个环节中就都很有可能出现问题。还有一种情况是，一些卖家的发货量太大，导致贴错包裹单。

（四）有意提供错误或模糊信息实施网络诈骗

有意识地提供错误的或者模糊的信息可能包括以下两种情况：一是提供非真实的信用信息。目前，互联网上“刷”信用的手段越来越先进，越来越难以监控。二是提供非真实的或者不完整的商品信息。卖方在网络上提供的关于商品的品牌、质量、特性、图片等信息与实际商品不符，或者提供的上述信息不充分，甚至有意隐瞒相关关键信息，这样会对买方形成错误的信息诱导，从而在后面的实际交易中造成买方的损失。

（五）设立钓鱼网站骗取银行账号信息

所谓的“钓鱼网站”是指不法分子利用各种手段，仿冒真实网站的 URL 地址以及页面内容，比如大量随机散布垃圾邮件，在交易协商时提供虚假链接等，或者在真实网页站点中插入不易发觉的自执行代码，以此诱使一小部分警惕性较低的收件人提供其财务信息。目前，钓鱼网站给网民造成的危害已超过病毒和木马。国内主要有七类网站常被黑客仿冒用来钓鱼：仿冒 QQ 网站及客户端、仿冒邮箱、仿冒银行网站、仿冒支付宝类网络支付工具、仿冒淘宝等购物网站、仿冒医疗、药品网站。如果从狭义的电子商务来看，上述七类网站中有五类与电子商务直接相关，而如果从广义上看，这些网站都与电子商务有关。

（六）用户身份及认证信息被非授权使用

在电子交易过程中，消费者在平台上可能留有个人隐私或企业基本信息，比如个人职业与教育情况、出生年月、身份证号码等，企业在借助第三方交易平台交易时，常常会在交易平台上留有自己的基本信息，即使企业没有提供基本信息，其交易的情况也属于企业的商业秘密。所有这些信息在交易过程结束后，仍然会在交易平台上长期保留。如果交易平台出现安全问题，比如被黑客攻击，或者内部人员利用职权，这些信息就有可能被他人窃取，并影响到个人隐私或者企业机密安全。

二、电子交易信息安全问题的原因分析

从当前电子商务发展的视角来看，造成各种信息安全风险的因素可概括为“电子”和“商务”两个方面。

（一）基于技术特性的分析

一是交易平台实现市场交易数据的大规模集中。原先在实体商务中分散在每个交易者那里的分散型信息流，被数字化、统一地、集中地存储起来，变成了一种集中型结构。数据的大规模集中相对于传统商务来说具有巨大的优势，但不可忽视的是，数据集中的同时也会产生典型的信息安全问题。所谓“信息安全”，通常是指信息及信息系统免受未经授权的访问、使用、披露、破坏、修改、记录及销毁等。信息安全问题的实质是关于信息的控制权问题。因为无论谁掌握了对信息的控制权，谁就可能从这些信息中获得价值。

对于个人来说，隐私泄露可能被不法分子非法利用，对个人造成损失。对于组织来说，包括政府、企业等，都积累了大量的机密信息。如果这类信息通过各种秘密的渠道，落入这

些组织的竞争对手手中，那么安全性的丧失可能导致经济上，乃至政治上的损失。

二是网络连接构建了“有形”的社会经济网络。信息网络被人们称作是“虚拟世界”，但随着信息网络与社会生活越来越紧密地联系起来，网络的真实性也是毋庸置疑的。网络的真实性对于信息安全问题来说会带来在物理世界中原本并不存在的信息安全风险，这种“真实”的网络所蕴含的信息安全风险，正是“连接”所带来的风险。

事实上，电子交易中很多信息安全问题都与这种连接相关。其中最显著的安全问题是与交易无关的第三方“攻击”这种有线连接所造成的威胁或损失。连接使得人们可以非面对面就能达成交易、互换信息、支付资金。然而，因为连接是广泛的，交易双方与其他无关方之间是“逻辑隔离”，而非“物理隔离”，因此，无论网络攻击采用何种方式以及针对的对象是什么，其造成的威胁显然要比在物理世界中广泛而严重得多。

（二）基于商务特性的分析

“身份”问题是电子商务交易信息安全中的核心问题，在电子交易中存在身份认证和身份保管这两种不同的责任。

身份认证责任是指对用户在电子商务中使用的网络身份与其真实身份建立确定的有关联关系的责任。由于电子商务系统是开放性的，其用户是不稳定的，系统平台实际上无法完整地、可靠地承担这一责任。因此，电子商务系统缺少一种可行的，与社会系统中类似的，强制性的认证与管理制度，以建立网络虚拟身份与真实实体身份之间的关联，这往往是电子商务中存在的许多安全问题的根源。

身份保管的责任是指在电子商务平台上已经认证的信息网络身份与以该身份交易的实际身份之间建立确定的有关联关系的责任。电子商务的身份保管是指电子商务交易中使用的虚拟身份不被他人冒用。目前对网络身份信息保管的法律规定分布在一些法规中，如《计算机信息网络国际联网安全保护管理办法》第九条，电信条例第五十八条第二款，《互联网信息服务管理办法》第十五条第八款，《网络商品交易及有关服务行为管理暂行办法》第十六条、第二十二条等，然而，这些规定大多过于简单笼统，缺乏可操作性，法规的效力层次也比较低。

三、保障电子交易信息安全的立法建议

信息安全不仅仅是个技术问题，更重要的是一个管理问题，而且还与社会道德、行业管理以及人们的行为模式都紧密地联系在一起。现从制定法律的角度提出以下建议：

（一）厘清电子交易主体身份管理思路，明确安全责任主体，实现相关法规之间的衔接

一是涉及电子商务经营主体是否需要认证。对于企业来说，根据《无照经营查处取缔办法》第二条规定，任何单位和个人不得违反法律、法规的规定，从事无照经营。但是不是说，任何单位和个人不得从事无照经营，中间加了“不得违反法律、法规的规定”的限制词。但是界定仍然模糊，是否只要是营利性的经营，都要办理营业执照，否则就是“无照经营”？目前中国还没有统一的“商事登记法”。而按照行政许可法的规定，如果市场能够有效地调节，除了相关法律明确要求之外，并非所有的企业都需要办理营业执照。对应到电子商务，是否在电子商务平台上从事交易必须办理营业执照，或者电子商务卖家办理营业执照的条件是什么，应有相关的政策法规作出规定。

对于消费者来说，按照《中华人民共和国身份证法》第十三条规定，公民从事有关

活动，需要证明身份的，有权使用居民身份证证明身份，有关单位及其工作人员不得拒绝。对“有关活动”的司法解释是，泛指公民从事与公民身份相适应或者相一致的各种活动。所谓“需要证明身份”，是指公民从事有关活动时，根据有关规定或者约定等需要证明自己有关身份事项的情形。在现实生活中，公民需要证明身份的情形主要有以下两种：（1）根据法律、行政法规规定需要用居民身份证证明公民身份，如变更常住户口登记项目、进行选举登记等；（2）根据公民从事的有关活动的性质或者该活动相对应的要求，需要证明其公民身份，比如公民进入某一公私场所时，根据该场所的要求，需要证明其身份等。据此，公民在网络上签订交易合约，是否需要出示身份证件？如果需要，什么样的方式是被法律认可的方式？仅靠在网络上上传身份证复印件是否具有法律效力？如果不需要出示身份证件，那么如何界定其履行合约的身份？

二是身份认证的责任者认定的问题。工商总局在2011年出台的《网络商品交易及有关服务行为管理暂行办法》明确对在网络上销售货物或出售服务的法人、其他经济组织或者自然人，以及提供网络交易平台服务的网站经营者的市场行为，尤其是对这些主体的义务作出了规定，包括各种类型经营者的登记制度。可以说，这个“办法”对确认电子商务主体身份，规范主体行为，作出了比较明确的制度安排。但是问题在于，对是否必须办理由国家监管的营业执照并没有强制性规定，而是将身份审核权交给了交易平台经营者。这种安排能够充分调动社会资源参与电子商务治理，减少政府行政监管成本，但是由于交易平台经营者是营利性的，与其平台上的商家存在一定的利益关联关系，因此很难保证公平竞争的环境。

三是身份认证法规与其他法规如何衔接的问题。我国在2005年正式施行了电子签名法，为电子商务中的身份确认提供了技术层面的法律保障。但是其他相关法规，比如合同法等，并没有将电子签名纳入其中，这就涉及了电子签名法在电子商务中究竟如何应用，如何与其他法规，如合同法、票据法、档案法等相互衔接。当然现在已经有了一些判例，但是还需要在相关法规中进一步明确。

（二）完善《中华人民共和国合同法》，提高对电子交易的实用性

《中华人民共和国合同法》于1999年颁布，当时已经涉及到数据电文形式的合同内容问题，但是随着电子商务在这些年的迅速发展，合同法在实际操作中便出现许多不尽人意的地方，应在以下方面作出新的规定。

首先，应对“电子代理人”的行为效力作出规定。虽然合同法对电子合同要约进行了规定，但是在实际操作中，由于电子商务中的电子代理人（即计算机系统）具有自动审核判断的功能，数据回执和合同订立过程几乎完全是在计算机的操作下完成的。电子代理人究竟有没有缔结合同的效力？法规应作出明确的规定。

其次，对电子合同的撤销应作出细分的规定。在电子商务中，要约能否撤销应该视其所采用的电文通讯方式而定。如果采取电子数据交换（EDI）的方式，由于速度极快，要约人撤销要约几乎不可能实现，而如果采取电传、电报、传真等通讯方式，则存在时差，从而可以撤销。因此，在法规中，应分别对数据电文的要约撤销作出规定。

再次，应鼓励或强制采用可信的电子手段支持电子合同订立。合同法第十一条规定，电子数据交换（EDI）、电子邮件等数据电文形式都属于合同书面形式，但是第三十三条又规定，当事人采用数据电文等形式订立合同的，可以在合同成立之前要求签订确认书，签订“确认书”时合同成立。这种规定，主要是处于电子交易安全的考虑，避免纠纷。目前以电子签名和电子认证为核心的相关技术手段已经比较成熟，对“确认书”的规定已显多余。

最后，对影响电子合同效力的因素应作出明确的规定。（1）交易双方都使用了安全系统，但其中一方试图悔约，可能会声称所作承诺（或要约）是其工作人员或系统操作员未经授权的擅自作为；（2）有些交易设置了系统自动确认或自动回复功能，交易方可能会提出由于系统自动回复而未经确认，因此主张合同无效；（3）因为技术操作、通信中断或瘫痪、病毒或黑客攻击等方面的问题，导致合同要约或承诺造成错误回应。

（三）加快制定国家经济信息或个人隐私立法，保障国家和个人的信息安全

电子交易中的信息安全问题涉及消费者、企业和国家三个层面，无论是对于市场交易安全还是国家经济安全来说都具有重要性，因此有关部门应尽快立法，加强对电子交易数据和信息的监管，保障国家经济信息安全和市场交易安全。

首先，应尽快对电商交易平台中的数据立法。如前所述，一些大型的电子商务平台拥有的数据极为重要，因此，有关部门应尽快对上规模的电子交易平台数据库的二次使用、修改、转移、备份、删除等作出明确的规定。在合适的条件下，应要求电子交易平台提供系统接口，在不涉及企业机密和消费者个人隐私的前提下，从交易平台获取交易数据，为国家经济统计和宏观决策提供数据支持。

其次，应尽快针对互联网和电子商务中的个人隐私保护立法。我国目前还没有针对个人隐私保护的法律。电子商务虽然在宪法、刑法、民法、行政法中有涉及隐私权的条款，但对于电子商务中的隐私权保护来说，还需要进一步根据电子商务的特点作出补充。电子商务中的隐私权包括多种类型，其中受到威胁最大的是个人资料不被非法利用的权利，而隐私权保护的最基本原则之一就是个人资料应在资料所有者许可的情况下被收集利用。电子商务消费者信息属于消费者隐私，这些资料可能被出卖而挪作他用。

因此，首先应当界定电子商务平台中的消费者数据的所有权，其次应当明确规定因特网服务提供商（ISP）、电子商务服务平台商等对于网络与电子商务中隐私权保护所负有的重要责任与义务。此外，由于电子商务本身的特点，消费者的隐私权不是仅靠一个国家就可以彻底完成保护的，因此还需要加强与其他国家在法律上的合作。

（工业和信息化部信息化推进司课题组）

第二章　电子交易信息安全保障制度研究

一、电子交易流程

（一）电子交易相关方关系分析

本项目所研究的对象可以定义为：

1. 电子交易是指应用现代信息技术进行的各类交易活动，包括货物贸易、服务贸易和知识产权贸易。

2. 电子交易信息指电子交易过程中所涉及的数字化信息。电子交易信息具有合同法和证据法两方面的法律意义。

电子交易涉及多个交易主体（卖方、买方、第三方交易平台）、服务主体（电子支付企业、物流企业）和监管主体（工商、工信、公安、央行）。

电子交易参与方的相关关系如图 11－1 所示，在图 11－1 中，电子交易的参与者可以分为三类：

（1）电子交易主体：即直接参与电子交易的相关方，主要包括：买方、卖方、电子交易平台服务方。

（2）支撑服务提供者：为电子交易提供支撑的相关方，主要包括：支付服务提供商、物流服务提供商、网络提供商、IT 基础设施服务提供商（如云平台运营商）、身份认证服务提供商、征信服务提供商、信息安全服务运营商等。

（3）监管机构：对电子交易信息安全进行监管的相关机构，主要包括：支付监管（中国人民银行）、工商行政管理部门、信息安全保障主管部门（工业和信息化主管部门）。

（二）电子交易流程的概念

电子交易流程是指为完成网络交易而进行的一系列逻辑相关活动的有序集合。在电子交易中，参与者、交易环节、操作次序是电子交易流程的三个基本要素。在立法研究中引入流程管理的思路是一种新的尝试，它有助于厘清立法思路，抓住起草交易规制的关键因素，提高立法质量。在本课题中，首先根据实际电子交易活动对电子交易流程进行描述，然后通过总结、归纳和提炼，形成可以作为立法依据的电子交易流程。

（三）电子交易的主要环节

以电子交易买方为主要视角，可以把一般电子交易过程分为：注册环节、登录环节、契约/交易环节、支付环节、供货环节、评价/结算环节。不同类型的电子交易的交易过程有所区别，可能不需要包含全部的环节，可能跳过某些环节直接进入关键环节，各个环节之间也可灵活组合。

课题组认为，为了保证电子商务交易的安全，应当按照电子商务交易的流程对整个电子商务的交易过程进行控制。这种过程控制包括技术控制、管理控制和法律控制。图 11－2 显示了这一思想的基本轮廓，电子商务交易安全保障体系如表 11－1 所示：

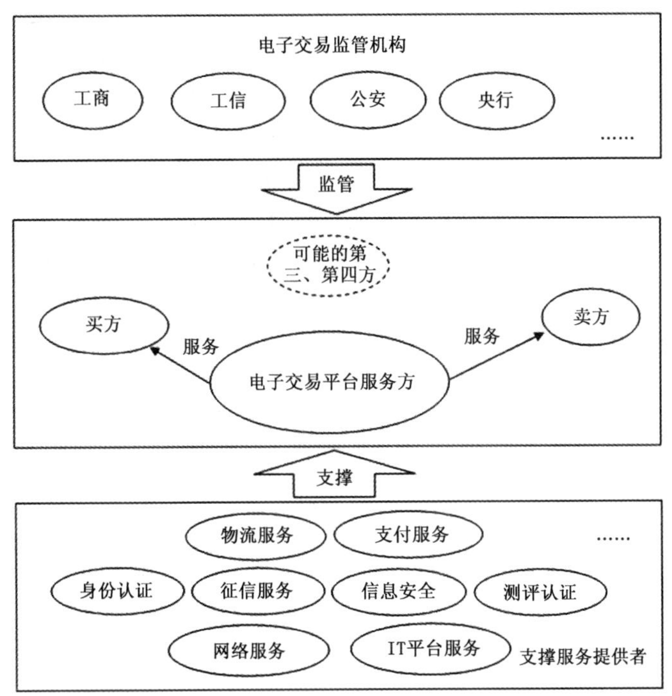

图 11－1　电子交易参与方的相互关系

表 11－1　　电子商务交易安全保障体系

		技术保障	管理保障	法律保障
电子交易流程	信息发布与检索	信息传输控制 访问控制 黑客攻击方案 病毒防范	内容审查 安全管理	广告法 刑法 消费者权益保护法
	合同洽谈与签订	电子签名 CA 认证 文件加密传输	信用管理 权限控制	合同法 电子签名法 电子商务法
	电子支付	密码保护 CA 认证 文件加密传输	金融风险控制 个人隐私管理	金融法律法规 电子商务法 《非金融机构支付服务管理办法》
	商品配送	商品信息监控	商品质量管理 个人隐私管理	合同法 个人信息保护法律法规 《快递市场管理办法》

电子商务交易安全的法律保护问题，涉及两个基本方面：第一，电子商务交易首先是一种商品交易，其安全问题应当通过民商事法律规范加以保护；第二，电子商务交易是通过计算机及其网络而实现的，其安全与否依赖于计算机及其网络自身的安全程度。我国目前还没有出台专门针对电子商务交易的法律法规，究其原因，还是由于上述两个方面的法律制度尚不完善，因而面对迅速发展的这种商品交易与计算机网络技术结合的新型交易形式难以出台较为完善的安全保障规范性条文。所以，我们应当充分利用已经公布的有关交易安全和计算机安全的法律法规，保证电子商务交易的正常进行，并在不断的探索中，逐步建立适合中国国情的电子商务的法律制度。根据表 11 - 1 的分析，结合电子交易信息安全保障的主要目标，可以提炼出电子交易信息安全所涉及的各种要素（详见图 11 - 2）。

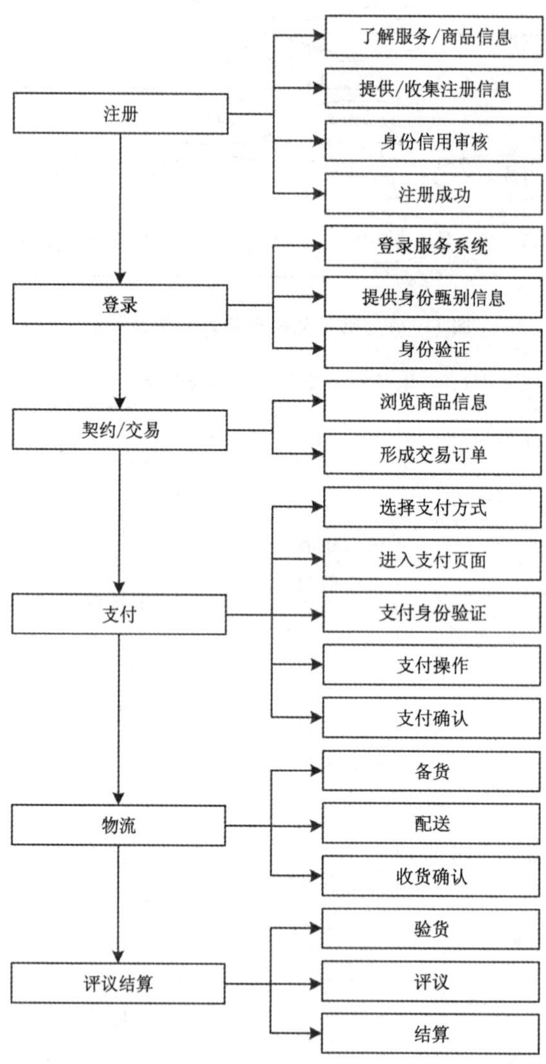

图 11 - 2　电子交易信息安全保障流程

二、电子交易信息安全保障现状

（一）电子交易信息安全保障的概念

电子交易信息安全保障是指在电子交易过程中应用相关技术、法律、行业自律、监管等手段以保证交易正常进行的有组织的系列活动。从法律角度看，电子交易信息安全保障是对电子交易中的参与者（如买方、卖方、电子交易平台、管理机构）行为的规范，是对电子交易过程中发生的信息收集、应用、存储、管理和销毁等相关行为的规范。

（二）境内外电子交易信息安全立法比较

境内外电子交易信息安全的立法差异如表 11－2 所示。

表 11－2　境内外电子交易信息安全立法的差异比较

内　容	境　　外	我　　国
信息安全保障	有主干法律，如美国 2002《联邦信息安全管理法》、1987《计算机安全法》、1995《俄罗斯联邦信息、信息化和信息保护法》。美国的信息安全战略经历了从主张“发展优先”到“安全优先”，从“适度安全”到“先发制人”，根据国家需求，构建了“信息基础设施保护”、“网络信息安全管理制度”和“信息安全文化与价值观”三位一体的国家信息安全战略体系，建立信息安全责任制、强制报案制度，对政府采购的信息进行安全立法	我国当前法律法规、管理办法数量形成一定规模，但不能构成完整的体系，没有一部信息安全基本法。 在监管制度方面包括信息安全产品销售许可证制度、等级保护、分级保护制度等。 我国对信息安全保障高度重视，但目前存在监管方面“九龙治水”、核心技术受制于人、军民脱节等现象
电子签名的法律地位	采用相应法律确定电子签名的合法地位，如美国电子签名法	电子签名法
对电子交易平台服务方的法定义务规定	对服务商要求相对宽松。体现技术中立、媒介中立，避免政府对电子商务不当干预	对服务商规定了过多的资质门槛和义务
对个人信息的保护	注重隐私权保护，制定严格的法律保护权利	没有专门的隐私保护法。近期有相关行业规定和网络信息保护相关管理办法出台，在相关网络服务行业中对信息保护进行规定。消费者权益保护法的修订在《全国人大常委会关于加强网络信息保护的决定》的基础上也新增了对个人信息保护的规定

（三）当前电子交易主要面临的信息安全风险

通过大量的调查，当前我国电子交易主要面临的信息安全风险如表 11－3 所示。

表 11－3　　电子交易主要面临的信息安全风险

电子交易主要环节	序号	安全问题	方　式	影　响	受损方	责任方
注册环节	1	钓鱼网站（注册）	攻击者采用钓鱼网站假冒注册网站骗取用户敏感信息	用户敏感信息遭窃	买方、卖方	攻击者
	2	非法获取信息	服务提供方在注册环节获取非必需的额外用户信息	用户敏感信息被非法获取	买方、卖方	交易平台服务方
	3	提供虚假身份信息	用户利用服务提供方验证身份的缺陷，提供虚假信息或冒用他人身份相关信息注册	所提供信息为虚假信息，可以实施欺诈交易	交易相关方（买方、卖方）	假冒方（买家、卖家）
	4	滥用联网身份认证功能	服务提供方滥用身份联网认证机制，获取无关公民信息	其他公民敏感信息遭窃取	其他公民	交易平台服务方
	5	更改绑定信息	利用交易服务方的验证缺陷，更改注册信息（如绑定手机号），用以非法交易	如用于验证的手机号被篡改，可用于实施非法交易	买方	攻击发起方、交易平台服务方
	6	账户信息删除不彻底	用户要求注销账户的情况下，注册信息销毁不彻底	用户隐私数据被非法保存和使用	买方、卖方	交易平台服务方
登录环节	7	钓鱼网站（登录）	攻击者采用钓鱼网站假冒登录页面骗取用户鉴别信息，并利用该信息冒用合法用户进行相关交易操作	用户经济利益受损	买方、卖方	攻击发起方
	8	窃取鉴别信息	利用交易平台服务提供者系统缺陷（如客户端缺陷、传输缺陷、服务端系统漏洞等），窃取身份鉴别信息	用户敏感信息遭窃，经济利益受损	买方、卖方	攻击发起方
	9	冒用身份登录	利用交易平台服务提供者身份验证方法的缺陷，冒用他人身份登录（如绕过身份鉴别环节等）	用户敏感信息遭窃，经济利益受损	买方、卖方	攻击发起方、交易平台服务方

续表

电子交易主要环节	序号	安全问题	方　式	影　响	受损方	责任方
契约/交易环节	10	攻击入侵交易平台	恶意攻击、入侵、利用电子交易平台或交易终端，篡改/伪造交易信息，窃取敏感信息，实施非法交易等	交易信息（如商品信息）被篡改； 敏感信息遭窃取或泄露； 实施非法交易	买方、卖方（经济利益）； 电子交易平台服务商（声誉）； 国家、社会（正常经济秩序）	攻击入侵发起方
	11	违规留存信息	交易平台非法获取、留存交易信息（如银行卡号、验证码等）	用户敏感信息遭窃，被非法利用，扩散到应知范围之外	买方	交易平台提供者
	12	违规使用信息	交易平台非法利用、买卖交易信息，或由于事务泄露交易信息	用户信息被非法利用，或扩散到应知范围之外	买方、卖方	交易平台提供者
	13	拒绝服务攻击	对交易平台实施拒绝服务攻击	交易平台无法正常提供服务	交易平台提供者 买方、卖方	攻击发起方
	14	错误交易	由于电子服务提供者自身原因（包括系统漏洞、必要的权利申明、告知确认机制的缺陷）导致错误/异常交易	形成异常交易； 释放错误信息，诱导错误交易行为； 交易信息完整性遭破坏； 经济利益受损	买方、卖方（经济利益）	电子交易服务提供者 云平台等 IT 服务提供商
	15	利用虚假信息欺诈	卖方通过发布虚假商品信息，或利用交易平台的缺陷（如防抵赖机制）否认所发布的商品信息，实施欺诈型交易	形成违背意愿的交易，相关方经济利益受损	买方、卖方（经济利益） 电子交易平台服务提供者（声誉）	欺诈实施方（包括买方、卖方）

续表

电子交易主要环节	序号	安全问题	方　式	影　响	受损方	责任方
支付环节	16	攻击、利用支付系统	利用支付环节缺陷（如告知确认缺陷等），采用欺诈手段（如钓鱼 + 替换订单）、攻击入侵手段等，诱使用户实施违背意愿的支付	买方经济利益受损	买方	攻击发起方、支付服务方（未尽告知确认义务情况下）
	17	网络金融欺诈	采用电信欺诈/社会工程学等手段，骗取用户实施相关违背意愿的支付操作（例如转账、充值等）	买方经济利益受损	买方	攻击发起方
	18	利用支付平台的违法行为	利用支付平台进行金融违法犯罪行为，如洗钱、恶意透支、盗刷信用卡、提现等行为	影响社会经济秩序	社会	违法犯罪行为发起者、支付平台（未尽职情况下）
	19	信息泄露	支付环节中相关交易信息、注册信息被泄露、非法利用、非法买卖	用户敏感信息被泄露	买方、卖方	支付服务提供者
物流环节	20	信息泄露或滥用	由于供货服务方的管理缺陷，使用户的敏感信息被内部人员非法使用或扩散	用户敏感信息遭窃	卖方	供货服务提供方
	21	收货否认	利用供货环节的确认机制缺陷，否认收货并拒绝结算	卖方发货后不能收到货款	卖方	供货服务提供方
评价结算阶段	22	恶意评价	发表违背事实的恶意评价信息	买方、卖方声誉受损	买方、卖方、交易平台提供方（声誉）	恶意交易实施方（主要是买方）、交易平台服务提供者（平台缺陷情况下）

续表

电子交易主要环节	序号	安全问题	方 式	影 响	受损方	责任方
评价结算阶段	23	操纵信用等级	利用评价机制的缺陷，采用相关技术或人工手段蓄意提高或降低相关用户的信用等级	虚假的信用等级影响后续交易	买方、卖方（声誉）	恶意交易实施方（主要是买方）、交易平台服务提供者（平台缺陷情况下）
	24	恶意交易	以损失卖方经济利益和声誉为目标蓄意订购—退货—差评的恶意交易行为	卖方无法正常经营	卖方	恶意交易发起方
	25	调查取证困难	交易发生争议时无法得到取证支持	无法获得争议解决的相关证据，利益无法得到保证	买方、卖方	交易平台提供者（未尽职情况下）

（四）电子交易信息安全保障制度发展现状

1. 信息安全保障方面

（1）《中华人民共和国计算机信息网络国际联网管理暂行规定》、《计算机信息网络国际联网安全保护管理办法》、《计算机信息系统安全保护条例》等从行政法规层面定义了互联单位、接入单位等组织应建立的基本安全制度，规定不得利用国际互联网从事违法犯罪活动。

（2）《信息安全等级保护管理办法》、信息系统安全等级保护定级指南等配套技术标准组成的信息安全等级保护系列规范，是根据信息系统遭受破坏后所造成的影响划分安全保护等级，根据相应等级实施信息安全保护的制度。涉密信息系统按照“分级保护”（《涉及国家秘密的信息系统分级保护管理办法》）的制度进行管理。

（3）对信息安全产品采取销售许可证制度，同时相关领域如保密、金融、军方等销售还需要通过相关行业的安全测评。

2. 电子交易相关行业规范方面

（1）电子签名规范：《中华人民共和国电子签名法》确立了电子签名的法律效力。

（2）支付行业规范：我国第三方支付行业采取许可证制度，许可证由中国人民银行发放和管理。《非金融机构支付服务管理办法》定义了非金融机构支付服务类型，规定了支付业务许可证的申请与许可制度。支付行业主要参照的信息安全保障规范包括：国际PCI（Payment Card Industry）规范、中国人民银行颁布的银行业标准体系、《电子支付指引（第一号）》等行业规范。

（3）网络交易行业规范：国家工商行政管理总局令第60号《网络交易管理办法》，规定了网络商品经营者和有关服务经营者的义务，以及相关的工商登记注册和监管制度。商务部发布的《第三方电子商务交易平台服务规范》规定了第三方交易平台的设立与基本行为规范，《电子商务模式规范》规定了五种电子商务模式的基本要求。

(4) 电子商务认证机构行业规范：《电子商务认证机构管理办法》(信息产业部征求意见稿) 规定了认证机构被审查与批准的要求及应遵守的规定。《电子商务认证机构建设、运营和管理规范指南》(信息产业部信息化推进司、国家电子商务认证机构管理中心 2003 年颁布) 定义了相关建设运行管理规范。

(5) 互联网信息服务行业规范：国家对经营性互联网信息服务实行许可制度，对非经营性互联网信息服务实行备案制度。《互联网信息服务管理办法》、《非经营性互联网信息服务备案管理办法》对此进行了相关规定。

(6) 物流行业规范：国家对快递业务实行经营许可制度，《快递市场管理办法》(依据《中华人民共和国邮政法》) 定义了相关准入制度，以及应尽的义务。

3. 信息保护方面

(1) 中华人民共和国工业和信息化部令第 24 号《电信和互联网用户个人信息保护规定》规定了电信业务经营者、互联网信息服务提供者在提供服务的过程中收集、使用用户个人信息应遵守的规范。

(2)《全国人民代表大会常务委员会关于加强网络信息保护的决定》规定了任何组织和个人不得窃取或者以其他非法方式获取公民个人电子信息，不得出售或者非法向他人提供公民个人电子信息，以及网络服务提供者和其他企业、事业单位在业务活动中收集、使用公民个人电子信息的过程中应遵循的规范。

(五) 电子交易信息安全保障制度现存的主要问题

1. 目前我国没有专门针对电子商务和电子交易的立法，相关条款分散在行政法规、部门规章及规范性文件中。上述法律层级低，内容受到部门立场和立法权限制约，缺乏全局统筹。

2. 以电子交易平台为代表的电子商务各类主体行为缺乏有针对性的信息安全保护、规范的内容，其内容需要深入研究，对电子商务有重大影响的平台尤其需要予以规范。

3. 电子签名应用不够广泛，需要反思和总结经验教训。同时，合同法内容主要是针对传统的纸质和口头合同，对于电子合同的法律特征缺乏规范，需要进一步研究。

4. 是否考虑设定企业的信息安全保障义务及其具体内容，以明确目前尚未就钓鱼网站攻击等信息和系统安全问题，界定在发现、追踪、取证和阻断针对重要电子交易平台和支付平台的钓鱼网站过程中的应尽职责。

5. 目前立法缺少对于账户删除以及其他退出、删除信息等方面的规定，包括欧美出现的被遗忘权讨论，但如何规范需要研究。

6. 在电子交易中，应当考虑如何平衡个人、企业信息保护需求与大数据应用之间的关系。

7. 关于信息保护方面，当前我国法律主要保护的是公民个人信息的安全。企业在电子交易中生成的信息也有被保护的需求，但在法律上缺乏保护企业信息的请求权基础。除采用商业机密和独创性数据库的手段外，目前缺乏手段对企业的商业数据进行有效地保护。

8. 计算机信息安全本身是分等级进行保护的，可以考虑将建议立法上升为法律规定，从而提高法律层级。

9. 在电子交易信息安全的监管机制方面，目前的法律尚不明确，是否可以考虑在信息安全方面引入中介机构，例如律师、会计师事务所等对电子交易信息安全事故的监测、认定和处置的基础设施、工作标准等进行审核、审计或者验证，这样可以借助市场力量提高保护水平，分散政府的监管压力。

三、电子交易信息安全保障立法的必要性

（一）有助于维护国家安全

我国的国家安全，大致经历了政治安全与军事安全并重（1949~1969 年）、军事安全第一（1969~1982 年）、经济安全占据主导地位（1982~2014 年）三个阶段，目前进入到第四阶段“网络安全”。2014 年 2 月，中央网络安全和信息化领导小组成立，中共中央总书记习近平任组长，显示出国家在保障网络安全、维护国家利益、推动信息化发展方面的决心。研究国家安全的转变过程可以发现，第一与第二阶段中国的安全观念基本上是传统范畴内应变直接而紧迫威胁的战略，第三阶段从高位政治领域（政治、军事）转向了低位政治领域（经济），而第四阶段与世界信息化发展的大趋势相吻合，反映出我国安全观与时俱进的基本思路。

在现代信息社会中，国家安全与经济安全越来越不可分割，而经济安全越来越依赖于网络自身的安全程度。电子交易信息安全是网络安全的一个重要组成部分，是电子商务交易安全的核心。电子商务作为战略性新兴产业，在短短的十几年中，已渗透到国民经济的各个领域，不仅在商品交易、外贸、旅游等领域得到广泛地应用，而且与工业、农业、金融、物流等行业须臾不可离，成为国民经济的重要支撑，其自身也已经成为一个庞大产业。如果不能保障电子商务的交易安全，不仅不能获得信息化带来的效率和效益，还直接影响到整个经济体系健康、有序地运行，以经济安全为主导地位的国家安全必将受到严重威胁。所以，加强电子交易信息安全保障的立法对于保障国家安全具有极为重要的意义。

（二）有助于保障电子商务交易数据的安全性

电子商务作为一种全新的业务和服务方式，为广大客户提供了更丰富的商务信息、更简捷的交易过程和更低廉的交易成本。随着网上交易规模的扩大，电子商务企业在日常运营中生成、累积了大量的用户网络行为数据。如何保护电子交易信息不被非法获取、盗用、篡改和破坏，涉及交易各方主体的利益，如买方存在信用卡密码被窃的风险；卖方存在未能防止黑客攻击导致“钱货两空”的结果；银行则存在向虚假商家兑现后因买方收不到货从而拒付的风险。

2012 年 5 月，我国电子商务网站“1 号店”90 万全字段的用户信息，包括手机、订单金额、地址、邮箱等，被黑客在网上公开出售；2013 年 10 月，如家、七天等连锁酒店个人开房信息泄露，并在淘宝网上公开贩卖；2014 年 3 月，京东商城发生“撞库”[①] 事件，用户密码被盗；8 月，支付宝用户再次遭黑客“撞库”盗窃，账户内 32 万元存款被转走。调查

---

① 撞库：黑客通过收集互联网已泄露的用户注册名和密码信息，生成对应的字典表，利用用户相同的注册习惯（相同的用户名和密码），尝试登录其他的网站后进行攻击或盗窃，因为很多用户喜欢使用统一的用户名和密码。

显示，截至2014年8月底，中国反钓鱼网站联盟累计认定并处理钓鱼网站204099个。其中，支付交易类、金融证券类、媒体传播类网站一直是钓鱼网站的高发区，占处理总量的80%。

大量事实说明，要保障电子商务交易的正常运作，必须高度重视交易信息的安全问题。除了相关技术措施之外，还需要法律秩序的保障。加快电子交易信息安全保障立法，提供一套电子商务的各类参与者保护和应用大数据的规则，为电子商务的健康、快速发展营造良好的制度环境。

（三）有助于利用现代信息技术促进交易活动

电子交易信息安全保障立法不仅要从技术角度来处理电子商务关系，还要包括合理使用电子交易中产生的大量信息。电子交易过程中产生了大量商业信息，个人信息的滥用给社会带来了巨大困扰，引起了社会的广泛不满，加强个人信息保护的呼声也愈发强烈。与此同时，电子商务企业和信息技术企业呼吁允许对信息进行合理的商业化应用，如果立法不当，将可能导致中国企业在全球商业竞争中处于不利地位。通过电子交易信息安全保障立法，平衡两者之间的利益，促进交易信息的合理应用，可以降低交易成本、推进交易活动发展。

（四）有助于填补电子商务立法的空白

我国政府高度重视有关信息安全的问题。2011年的刑法（修正案）已经将窃取、贩卖个人信息等违法行为列入追究刑事责任的范畴；2012年，全国人大常委会通过了《关于加强互联网信息保护的决定》；2013年，工业和信息化部公布了《电信和互联网用户个人信息保护规定》；2014年3月15日实施的《中华人民共和国消费者权益保护法》也将个人信息保护纳入工商行政机关的监管中，并且赋予消费者提起民事诉讼的权利。尽管国家就信息保护的某些方面作了具体规定，对现代通信方式的使用作了某些限制，但这些规定没有涵盖电子商务运作中产生的大量法律问题，针对性还不强，有的并没有对电子交易的违法者形成震慑力量，需要在电子商务立法的过程中，就涉及的交易信息安全和网络个人隐私保护问题进行深入研究。

四、电子交易信息安全保障立法建议

（一）立法的基本原则

1. 促进电子商务规范发展原则

我国电子商务持续快速发展，在国民经济发展中发挥着日益重要的作用。同时，我国的电子商务发展还处于起步阶段，整体应用水平比较低，在电子商务信息内容发布、信息传播、信息维护等方面仍然存在一定的问题。正确处理好发展与规范的关系，防范市场风险、化解交易矛盾、促进电子商务健康发展，是电子交易信息安全立法最重要的原则。

2. 线上线下一致性原则

对电子交易信息安全的法律规制必须遵循线上线下一致性原则。联合国在电子商务立法的过程中提出了一种称作“功能等同”的新方法，这种办法立足于分析传统商务要求的目的和作用，以确定如何通过电子商业技术来达到这些目的或作用。线上线下一致性原则借鉴功能等同原则的思路，提出线上的规范不能与线下现有的规范发生冲突，应当根据互联网环境的特点，制定相应的法律规定，使得整个法律体系保持一致性。

3. 交易效率与交易安全性平衡原则

交易的高效率是电子商务超越传统商务最重要的法宝，但高效率也带来了高风险，电子商务领域出现的安全问题也同样困扰着电子商务企业。电子商务立法一方面是对安全问题进行防范，另一方面，应注意控制力度，防止由于过度规制而使电子商务丧失发展的活力。

4. 交易信息合理使用和个人隐私有效保护原则

网上商业活动带来了大量的商业数据，这些数据对开展网络营销非常有效。但这些数据大都与个人隐私有关。电子商务立法必须正确处理信息的合理应用与个人隐私有效保护之间的关系。在信息收集、利用、存储的各个环节都应注意对个人信息的保护，在不危害个人信息的前提下实现交易信息的合理应用。

（二）立法建议

1. 建立电子交易信用与诚信体系方面

（1）电子交易信息安全立法是对电子商务网站运行的最低要求，必须强制实施。

（2）我国现在实行的网络实名制，对于诚信体系的建设发挥着重要的作用。商家需要在此环境下合法营业。

2. 企业资质要求方面

除特定销售的领域或产品外，目前对电子交易没有强制工商注册的要求，应继续如此规定。对于有互联网从业资质要求的，应当予以严格地限定，但应当明确设置行政许可的程序，避免行政机关随意设定市场准入的限制。

3. 信息权益保护方面

（1）电子交易信息的所有权、使用权、查询权、删除权等如何界定。建议通过法律对以上权限进行界定。

（2）用户要求删除相关信息，其相关信息能否彻底删除。建议通过法律规定如果用户要求删除涉及个人信息和隐私的内容，其内容必须彻底删除。

（3）关于出售交易信息。《电信和互联网用户个人信息保护规定》中第十条规定："电信业务经营者、互联网信息服务提供者及其工作人员对在提供服务过程中收集、使用的用户个人信息应当严格保密，不得泄露、篡改或者毁损，不得出售或者非法向他人提供。"电子交易信息与个人信息不同，它具有潜在的商业价值，电子交易信息需经过处理才可以买卖或者做其他商业性应用。建议规定电子交易信息进行大数据应用的条件（促进大数据应用），不能出售未经处理的电子交易信息（企业利益）。

（4）建议细化规则，确立仅收集履行合同或者执行服务所必要的信息，不能非法收集个人信息，也不能非法收集电子交易信息。

（5）建议明确个人信息的人身权益性质，赋予公民对个人信息同意和授权的撤销权或者任意解除权。即使征得用户的同意，也不能赋予商家合法伤害权，且商家不能滥用信息，对用户造成损害。

4. 促进发展方面

交易平台的大小不同，要求应该也不一样。抓大放小，主要抓大型交易平台。在某些国家的法律中，平台不需负责任或者责任较轻，而中国网络欺诈甚至犯罪较为常见的国情决定了平台需要承担一定的监管责任。国家工商总局颁布的《网络交易管理办法》等规章，以及在"净网"行动中对销售淫秽作品的打击，都体现了这一点。

5. 监管机制方面

建议用法律形式建立电子交易信息安全事故的监测、认定和处置（基础设施）机制。

（三）建议草案

1. 关于电子交易信息的定义

条文：本法所称的电子交易信息，是指在电子交易活动中所收集、整理、流转、存储的可以用于交易活动的数字化信息。

条文释义：电子交易信息安全保障制度研究有两种理解：一是“电子交易”的信息安全保障制度研究，二是“电子交易信息”的安全保障制度研究。对于电子交易是指仅仅限于电子交易信息还是涵盖所有电子商务的信息，也可以有两种理解。课题组经请示全国人大财经委后，将本课题的研究限定于电子交易的信息安全，包括系统安全和交易信息的安全保障两个层面。具体在电子商务法立法时，可能还需要就此再讨论。

立法理由：本条是按照逻辑顺序，对本次立法和本课题所研究的电子交易信息安全问题涉及的概念进行梳理，以便立法者在采用时予以参考，最终的电子商务法的概念和定位可能有所调整。在整个电子商务法中，相关概念需要在立法定稿前梳理统一，但根据现行立法体例，除非特别重要或者需要对理解有差异的概念进行限定，否则不一定对涉及的众多概念一一予以定义。

2. 关于保护电子交易信息

条文：国家保护合法的电子交易信息的收集、整理、流转、存储和利用活动。

国家对电子交易信息安全保障实行分等级保护制度。

立法理由：本条第一款意在正确处理信息保护与使用的关系，为大数据的应用留下空间。具体何为合法的收集、挖掘和利用，需要行政法规和规章予以进一步规范。

条文释义：本条将现行的计算机信息系统安全等级保护上升为国家立法层面的规定，具有较高的效力。课题组经讨论认为，就个人信息保护来说，有必要通过个人信息保护法确立个人信息权作为独立的民事权利，但对于企业信息，即商业数据，是否可以确立企业信息权为独立的民事权利，以及这种权利的具体权利义务内容如何界定，目前条件尚不成熟。需要进一步研究。

鉴于在企业信息保护理论上有争议，本条从信息安全的角度对企业的信息进行保护，回避了民法中有关保护依据的争论问题。

3. 关于主管部门职责

条文：电子交易信息安全主管部门承担下列职责：

（1）制定电子交易信息安全保障管理办法和相关标准；

（2）监督专业机构对电子交易平台落实安全保障的法律要求进行审核；

（3）对企业落实法律法规的安全要求进行抽查；

（4）对重大电子交易安全事件进行调查处理；

（5）法律、行政法规规定的其他职责。

立法理由：目前，中央网络安全和信息化领导小组已经成立，其中包括国家发改委、财政部、工信部、科技部、教育部、文化部的领导。电子交易信息涉及的部门比较多，信息系统安全涉及工信部门，网络交易数据涉及商务部门，第三方支付涉及人民银行。从中央网络安全和信息化领导小组已经成立的情况看，电子交易信息安全主管部门的确定也势在必行，但此问题涉及国家大部门制度改革和不同机关的职责定位问题，因此，本条按照课题名称拟定了电子交易信息安全主管部门的职责。

本条的创新点在于借鉴财务的审计制度和企业上市等法律事务由律师事务所出具法律意见书，引进专业机构，例如律师事务所，对企业落实国家信息安全制度进行法律审核，这样可以减轻政府的监管压力，政府对企业的监管由普遍监管改为抽查，以及监督专业机构审核企业是否落实了国家的安全法规和标准。

4. 关于电子交易信息系统安全制度

条文：从事电子交易的平台或者企业应当建立电子交易系统安全管理制度和保障措施，加强对从业人员电子交易信息的安全管理教育和培训。

提供信息处理和备份的服务机构应当建立符合国家有关保密标准的安全制度，确保未经许可的个人或者机构不得接触信息内容。

5. 关于电子交易信息处理中心

条文：中国境内企业的电子交易信息处理中心应当设置在境内。信息处理中心设置在境外的，应在中国境内设置可以记录和保存电子交易信息的镜像设备，并能够满足管理部门现场检查的要求。

鼓励企业和社会机构建立第三方电子交易信息备份和处理中心。

鼓励跨国电子商务企业将本企业的电子交易信息处理部门设置在中国境内。

条文释义：由于电子商务具有跨国、跨区域的特征，传统上以服务器所在国作为管辖的连接点。考虑到部分外国企业服务器不在我国境内却仍在我国有较多交易，因而规定在我国提供电子交易平台服务的，需要满足我国的安全保障要求，但没有涵盖平台以外的其他服务提供者。

立法理由：本条是对系统安全的保障要求。电子交易平台系统安全很重要，属于国家经济安全中一项比较重要的内容。同时，电子商务的交易系统安全也是全社会的计算机信息系统安全的一部分，还要综合考虑金融等更为严格的信息系统安全要求。因此，最终立法的条文需要斟酌考虑上述情况后再确定条文的繁简程度和措辞。

6. 关于电子交易信息认证

条文：在大额交易中，电子商务平台应当提示各方依照《中华人民共和国电子签名法》使用可靠的电子签名。

电子认证服务提供者应当对使用电子签名开展交易的自然人、法人或者其他组织进行实名认证，对被认证的电子交易相关方的真实性负责，并为所收集的信息保密。

条文释义：基于成本考虑和用户便捷性，目前电子商务平台大部分都没有按照电子签名法的规定使用电子签名，但对于大额交易，由于电子签名法已有电子签名等同于纸质合同效力的规定，应当提示但不是强制当事人采用电子签名。对于认证责任的规定，主要是考虑现状，除了依法设立的CA认证外，还存在大量的商业机构和行业协会对电子商务企业进行认证，对此目前法律并无规范。本条对此予以规定，希望其引导真实认证，对虚假认证等行为承担法律责任。

立法理由：电子签名的认证由电子签名法解决，对商业和行业协会的认证应当予以规范，商业和行业协会需要根据权利义务一致的原则承担责任。

7. 关于电子交易信息采集与生成

条文：信息采集人在收集、生成电子交易信息时，应事前告知信息提供人收集信息的目的、范围、用途，以及信息使用、管理与删除的规则，信息提供人有权决定是否提供信息以及提供信息的范围。

禁止采用盗窃、欺诈、胁迫、非法访问或其他未经信息提供人合理授权的手段获取电子交易信息。

电子交易信息提供人有权决定是否提供信息以及提供信息的范围。

条文释义：电子交易信息包括两大类，一是用户注册采集的身份和主体信息，二是按照采集方要求提交的信息。本条对此内容进行了限定，意图对信息收集过滥的状况进行规范。此外，对于电子交易生成的信息，既不能删除，也不能随意公开，但应当许可企业进行大数据应用，以及对外发布一些数据统计、挖掘等信息。

立法理由：对数据采集应当进行合理限制，按照最低必要原则允许企业收集信息，改变目前信息收集过滥的现状。

8. 关于电子交易信息查询与处理

条文：信息提供人有权查询所提供的个人信息和自己在交易过程中生成的电子交易信息，有权要求更正或者删除已提供的个人信息，双方另有约定的除外。

信息采集人可以根据公示的规则对所收集或生成的交易信息进行处理，但不得对信息提供人造成损害，也不得侵害他人权益或公众利益。

从终止服务后信息保存期限届满两年之日起，信息提供人要求删除个人信息或商业机密的，信息采集人应当彻底删除其信息，但有正当理由不能删除的除外。

条文释义：对采集的信息，允许查询、删除，体现了被遗忘权，但对于交易生成的信息，实际是电子档案，关系第三方的利益和交易安全，不宜允许删除，但应该允许查询。信息保存两年的依据是诉讼时效，目前的客观现状是有些企业一直在保存，因而最终立法时需要讨论对诉讼时效的规定，还有对税务机关十年凭证保管的规定，以及企业成本等因素。此外，还有专家提出，是否需要规定强制删除信息，否则可能出现几代人的数据都在网上的情况，根本无隐私可言。客观无法删除的例外是因为有些信息难以删除，不能对企业设置过分的要求，否则会加重企业的成本负担。

立法理由：收集的信息应允许纠正错误，删除相关信息，这是对欧美最新讨论的“被遗忘权”的体现。电子交易生成的信息实际是一种电子档案，但在大数据时代其具有财产属性，具有商业价值，因而总体被允许使用，但要规范使用。防止过度商业开发对企业和个人所造成的骚扰和侵害。

9. 关于电子交易信息使用

条文：电子交易信息的使用应当符合信息提供人认可的目的、范围和用途。变更收集信息的目的、范围、用途的，应当公示修改后的信息使用规则，还应征得信息提供人的同意。

未经信息提供人的同意，信息采集人和使用人不得将其掌握的电子交易信息擅自公开或者转让。

利用电子交易信息实施广告推送服务或者其他营销行为的，应当事前获得消费者的同意。对于明知或者应知实际受益人的广告推送服务或营销行为，应当依法审查信息来源的合法性。用户可以随时通知其停止推送广告。

国家机关及其授权组织不得超越其职责范围向电子商务企业调用电子交易信息，不得滥用依靠职权获得的电子交易信息。

因科学研究或者个人学习目的使用电子交易信息的，应当注明电子交易信息的来源。

条文释义：第三款主要是约束通过设立代理企业进行网络营销或者广告的规避法律的行为。由于广告法的规定，直接的广告侵权行为会受到打击，有很多企业就通过代理企业发布广告，这样打击的对象就是空壳企业，法律流于空谈。本款设计的目的就是希望能够有效地解决这个问题。

立法理由：第一款意在规范企业擅自修改使用规则的行为。目前很多企业都有规则，但是对超出规则之外的收集和使用电子交易信息没有法律规制，也没有程序进行管理，因此发生过很多类似于电商企业“当当网”改变积分规则等案例。

根据实际调查的情况看，目前有很多案例是国家工作人员利用工作便利从而获得信息进行违法活动，所以第四款予以规范。第五款主要是探索信息合理使用的基本规则。本条在为大数据商业开发开绿灯的同时，也考虑了公众合理使用和需要的情况，对规避法律等行为进行约束。

10. 关于电子交易信息流转

条文：信息采集人、使用人应当按照经权利人同意的信息使用、管理规则转移电子交易信息。

在中国境内运营的电子商务企业收集中国自然人、法人和其他组织交易信息的，应当将收集、存储和处理数据的服务器设置在中国境内。

因正当理由需要向境外转移电子交易信息的，应当遵守国家有关网络和信息安全的规定。

涉及国民经济和社会发展秘密事项的电子交易信息，包括经数据挖掘形成的电子交易信息，应当遵守《中华人民共和国保密法》的规定。

条文释义：第一款是保密义务，第二款是在网络信息安全引起重视的大背景下，采取类似俄罗斯的举措要求服务器放在中国，这与现状相符合，可以将此上升到法律高度。第三款是对涉及国家经济安全的数据的特殊保护，这需要与国家信息网络安全、经济安全的立法统一战略，综合考虑。

立法理由：个人信息已经由《全国人大常委会关于加强网络信息保护的决定》规定不准买卖，但电子交易信息不限于个人信息，电子交易信息除有商业价值外，对于大型电子交易平台的数据，还可能具有影响国家经济安全的战略意义，因而，拟立法对电子交易信息的流转予以规范，将其列为经济安全审查的范围。

11. 关于电子交易信息存储与备份

条文：电子交易信息的备份与存储应与信息的收集、整理、流转同步规划、同步建设、同步运行。

电子交易信息自生成日起，保存期限不得少于两年。涉及纳税等其他法律法规强制性规定的，不得低于法律法规规定的时间。

条文释义：本条是按照安全要求设定的信息存储与备份的“三同步”要求。本条设立的存储时间要求、服务器在国内要求，是出于对国家信息安全的考虑。

立法理由：电子交易信息的存储与备份关系到国家经济与网络安全，信息保存时间要兼顾企业成本、管理要求、公众信息保护与被遗忘权等多方面因素。

12. 关于电子交易信息销毁

条文：提供电子交易的平台或者企业应当在服务协议中明确告知用户账户休眠期限。用户账户休眠期未满两年的，信息采集人不得将其注销。

提供电子交易信息的企业应当制定信息销毁制度。对于个人信息、交易信息以及超过规定存储期限的信息，信息收集人或者使用人应当严格按照国家相关规定和约定程序予以销毁。

电子商务网站经营者退出市场，应当按照电子交易信息安全管理的规定封存与销毁数据。

条文释义：第一款规定了用户账户休眠期限，避免企业损害用户的权利。第二款解决了信息的销毁问题，但对这个问题可能有争论，不宜统一规定，也要观察技术尤其是存储技术的发展情况。因而本条规定了销毁，但把具体期限留待国务院另行规定。第三款是经常出现的一种情况，需要特别规定。

立法理由：信息有产生，但若无销毁，则逻辑不成立，实务也难实行。因而对信息销毁必须设立规则。为留有一定的前瞻性，需要根据技术发展来确定时间，并由行政机关予以确定，以便可以灵活地调整但不影响法律的稳定性。

13. 关于禁止性规定

条文：任何组织和个人都不得利用电子交易平台开展违法犯罪活动。严格禁止下列行为：

①设置钓鱼网站实施诈骗；

②窃取、截取、恶意篡改电子交易信息；

③发送虚假或误导性商业信息；

④攻击、非法进入或复制电子交易系统；

⑤制作、传播计算机病毒、木马或者其他恶意程序；

⑥法律、法规禁止的其他行为。

立法理由：对于严重危害网络安全的行为，必须坚决制止。目前，对于禁止性行为，企业一般都照搬《互联网信息服务管理办法》的规定。可以预见，对于电子商务信息安全的禁止性规范，企业可能在很大程度上照搬电子商务法关于此方面的规定，因此这部分需要进一步深入研究。

14. 关于持有信息一方的特别义务

条文：电子交易当事人因电子交易信息相关事实发生争议的，持有信息的一方应当提供信息原始记录；信息由第三方电子交易平台存储的，第三方电子交易平台应当协助提供信息原始记录，或者协助查验信息是否真实、准确和完整。

条文释义：本条根据电子交易的特殊情况明确了举证责任倒置。因为举证责任倒置必须在法律有明文规定。

15. 关于违反本章规定的法律责任

条文：（1）关于信息采集人的责任。信息采集人不公示信息收集的目的与规则，对于收集、存储、应用、删除等处置信息的行为违反法律规定或者约定的，应当停止侵权、赔礼道歉、赔偿经济损失以及赔付维权的合理费用。

（2）关于处理和备份服务机构的责任。提供信息处理和备份的服务机构，因过失而造成信息丢失的，应当赔礼道歉，赔偿经济损失。

（3）关于侵权赔偿。信息采集人隐瞒或者提供虚假的收集信息目的、推送的商业信息侵害他人权益，造成他人严重精神损害的，被侵权人可以请求精神损害赔偿。

（4）关于公益诉讼。对侵害众多消费者个人信息的行为，中国消费者协会以及在省、自治区、直辖市设立的消费者协会，可以代表消费者向人民法院提起保护个人信息和隐私权利的诉讼。

（上海市人大财政经济委员会课题组）

第十二篇　跨境电子商务研究

第一章　跨境电子商务

一、我国跨境电子商务的发展现状

近年来我国跨境电子商务市场和业务高速发展。据有关机构统计，我国跨境电子商务交易规模2013年已经超过3万亿人民币，保持了30%以上的增长速度。从全球范围看，跨境电子商务的增长速度已经远超全球贸易额增速，中国跨境电子商务增速（年增速30%）也大大超过贸易总体增速（年增速8%左右），跨境电子商务交易额占我国进出口贸易额的12%左右，已经开始改变贸易的版图。从事跨境电子商务贸易的经营主体也愈发多元化，我国从事跨境电子商务的公司约20万家，包括B2B和B2C，为中小企业、创业者提供了迅速把握全球商机的捷径，也成为大型电商企业走出去的重要平台。

跨境电子商务与传统国际贸易模式相比，受到地理范围的限制较少，受各国贸易保护措施的影响较小，交易环节涉及的中间商少，因而价格低廉、利润率高。但同时也存在明显的通关、结汇和退税障碍，贸易争端处理不完善等劣势。通过对两者进行对比，可以看出其中的差异（见表12－1）。

表12－1　跨境电子商务与传统国际贸易模式对比

	传统国际贸易	跨境电子商务
交易主体交流方式	面对面，直接接触	通过互联网平台，间接接触
运作模式	基于商务合同的运作模式	需借助互联网电子商务平台
订单类型	大批量、少批次、订单集中、周期长	小批量、多批次、订单分散、周期相对较短
价格、利润率	价格高、利润率相对低	价格实惠、利润率高
产品类目	产品类目少、更新速度慢	产品类目多、更新速度快
规模、速度	市场规模大但受地域限制，增长速度相对缓慢	面向全球市场、规模大、增长速度快
交易环节	复杂（生产商—贸易商—进口商—批发商—零售商—消费者），涉及中间商众多	简单（生产商—零售商—消费者或生产商—消费者），涉及中间商较少
支付	正常贸易支付	需借助第三方支付

续表

	传统国际贸易	跨境电子商务
运输	多通过空运、集装箱海运完成，物流因素对交易主体的影响不明显	通常借助第三方物流企业，一般以航空小包的形式完成，物流因素对交易主体的影响明显
通关、结汇	按传统国际贸易程序，可以享受正常通关、结汇和退税政策	通关缓慢或有一定限制，无法享受退税和结汇政策（个别城市已尝试解决）
争端处理	健全的争端处理机制	争端处理不畅、效率低

归纳来看，跨境电子商务呈现出传统国际贸易所不具备的五大新特征：多边化、小批量、高频度、透明化、数字化。“多边化”是指跨境电子商务贸易过程相关的信息流、商流、物流、资金流已由传统的双边逐步向多边的方向演进，呈网状结构；“小批量”是指跨境电子商务相对于传统贸易而言，单笔订单大多是小批量的，B2C 甚至是单件；“高频度”是指跨境电子商务实现了单个企业或消费者能够即时按需采购、销售或消费，交易双方的交易频率大幅提高；“透明化”是指跨境电子商务不仅可以通过电子商务交易与服务平台实现直接交易，各种相关单证在网上也可实现瞬间传递，增加了贸易信息的透明度，并且全程可追溯；“数字化”是指越来越多的传统跨境贸易借助于电子化平台开展，传统的贸易环节相关信息也更好地以无纸化的方式呈现，数字化产品的贸易量快速增长。

二、我国跨境电子商务中存在的法律问题

（一）政府监管问题

跨境电子商务监管涉及“关、检、汇、税”，监管和便利之间的矛盾难以解决，部门之间的协调难度大。在海关监管方面，跨境电子商务的交易呈现碎片化的特点，而我国对小额交易通关没有相应的法律规定，海关便利通关的做法缺乏法律依据。以邮件和快件形式进出境的物品也无法纳入海关贸易统计中，使现有的数据不能全面、准确、及时地反映跨境电子商务的整体情况，影响政府宏观决策和企业经营战略的制定。在检验检疫环节方面，一般贸易的检验检疫方式不适用于以快件进出口为主的跨境电子商务模式，办理进出口检验检疫十分复杂。通过海淘等方式进来的国外货物，不符合在中国市场销售的认证标准。在外汇支付方面，电子商务的虚拟性，直接导致外汇监管部门难以对跨境电子商务交易的真实性、支付资金的合法性进行审核，难以防止境内外异常资金通过跨境电子商务办理收支。在税收方面，零售进出口退免税政策有待完善，跨境电子商务的缴税监管难度很大。利用样品、广告品、个人物品免税政策逃税的做法十分普遍，需解决税率冲突和逃税问题。进口以个人物品入境报关，关税参照“行邮税”标准，而“行邮税”模式难以适应跨境电子商务行业的发展，也造成了与传统贸易相比税负不公的现象。

（二）个人隐私和跨境数据风险管控问题

个人数据是跨境电子商务的基础，要获得这些主体的信用，就需要获得这些数据，

包括自发形成、记录形成、分析形成的大量数据，通过收集、储存、分析，可以用在各个行业。当前跨境电子商务主体普遍对数据隐私的安全性和数据控制方面重视不够，个人数据被滥用、个人隐私被侵犯的现象十分普遍。跨境电子商务主体与国外交易主体发生纠纷时，往往国外法律机构要求国内平台提供商家信息，一旦提供，商家信息就会陷入被公开的风险。

（三）知识产权保护问题

在知识产权侵权风险管控方面，跨境电子商务目前以中小额交易为主，很多产品是从传统工厂和内贸企业转型而来，过去主要靠仿制品牌商品的外观及设计加上相对低廉的价格吸引国外客户，而跨境电子商务对产品专利的保护和需求远远超过境内电子商务，在商业环境和法律体系较为完善的国家，很容易引起知识产权纠纷，后续的司法诉讼和赔偿十分麻烦。多国海关以知识产权为由对来自我国的快递和邮政小包的检查日渐严格，不少网站的掉包率和退款率有所上升，扣留后就只能交税或退回，给企业增加了成本压力。国外一些电子商务平台甚至针对中国卖家制定了歧视性的规定，如更高的佣金、更严厉的处罚措施等。

（四）跨境信用风险问题

由于面临不同国界和不同文化，在语言、时差、沟通方式和购物习惯等方面有所差异，跨境电子商务相对于国内电子商务而言，买卖双方的信息不对称问题更为严重。一方面，国外顾客很难对卖家的信用以及售后服务水平作出准确地判断；另一方面，卖家也很难对国外顾客的消费能力和资信作出准确评价，国外顾客可以盗刷信用卡，或以各种理由拒绝收货，使得卖家损失物流费用和资金手续费，甚至钱货两空。尽管目前大部分跨境电子商务平台有卖家信誉度作为参考，但买家无从辨别信用评价的真假，尚没有第三方信用机构对其进行信息评估和认证，仅仅是完全依赖跨境电子商务平台自身的预防、监督机制来避免争端发生，并没有明确的制度来解决纠纷。

（五）消费者权益保护和纠纷解决问题

我国消费者跨国维权难度很大，境外消费者对我国法律和网站提供的争端解决机制缺乏信任。现行消费者权益保护法律法规中规定的解决网上交易纠纷的程序繁琐、取证难，造成纠纷处置时间长、成本高、效率低，无法满足快速发展的跨境电子商务需求。

三、我国关于跨境电子商务的现有规定

近年来，我国出台了一系列促进跨境电子商务发展的文件，如发改委、财政部、商务部等联合下文《关于进一步促进电子商务健康快速发展有关工作的通知》、国务院办公厅《关于促进进出口稳增长、调结构的若干意见》、《商务部关于利用电子商务平台开展对外贸易的若干意见》、《关于实施支持跨境电子商务零售出口有关政策意见的通知》，以及海关总署确定在上海、重庆、杭州、宁波和郑州 5 个城市开展的跨境电子商务通关服务试点工作，一系列措施初步解决了一些长期困扰我国跨境电子商务发展的瓶颈问题。但是在法律法规的层次，只有《互联网信息服务管理办法》、电子签名法等几部相关法律法规，对于跨境电子商务涉及的交易、税收以及消费者权益保障等方面尚未出台专门的法律和法规，不能满足跨境电子商务产业持续健康发展的需求（见表 12－2）。

表 12-2　　新出台的跨境电子商务政策

主要问题	政策、法律、法规	颁布机构	关键突破
当前跨境电子商务对外贸的作用	外贸国六条	国务院	从国家对外贸易政策高度对跨境电子商务多个方面的鼓励支持
跨境零售出口	《关于实施支持跨境电子商务零售出口有关政策的意见》、《国务院办公厅转发商务部等部门关于实施支持跨境电子商务零售出口有关政策意见的通知》（89 号文）	商务部、发展改革委、财政部、人民银行、海关总署、税务总局、工商总局、质检总局、外汇管理局	考虑了新的模式：突破非一般贸易管理的零售出口模式
支付、结汇	《支付机构跨境电子商务外汇支付业务试点指导意见》	外汇管理局	鼓励新的服务：鼓励为跨境电子商务做专门的支付服务，加强集中收付和结售汇
通关	《海关总署关于跨境贸易电子商务进出境货物、物品有关监管事宜的公告》（56 号文）	海关总署	理顺参与者和流程：考虑了跨境电子商务企业和个人，考虑了货物与物品两类通关，涉及多类平台（交易平台、服务平台、管理平台等）和监管区域经营者、物流经营者等
保税进口	《海关总署关于跨境贸易电子商务服务试点网购保税进口模式有关问题的通知》（2014 年 3 月）	海关总署	考虑了新的模式：保税进口模式的商品范围、购买金额和数量、征税、企业管理等
外贸综合服务	《关于外贸综合服务企业出口货物退（免）税有关问题的公告》（2014 年第 13 号）（2014 年 4 月 1 日施行）	国家税务总局	考虑了新的模式：对外贸综合服务的退税单独设立申报业务类型

四、有关跨境电子商务的国际规则制定

世界各国以及包括 WTO 在内的国际组织对于跨境电子商务各个方面的问题尚未取得一致的意见。1998 年 5 月 20 日，世界贸易组织达成《日内瓦协议》，对在互联网上交付使用的软件和货物免征关税，但不涉及实物的采购即从网站订购产品，然后采用普通方式运输，

通过有形边界交付使用的行为。各世贸成员的共识是“各成员方维持现有做法，不对电子交易征收关税”。免税对象是“电子传输”，“电子传输”意味着所有的行为都应在线完成。该宣言针对的只是关税，国内税收不包括在内。大部分国家认为首先需要解决的关键问题是电子商务的规则应该是归在《关税与贸易总协定》或《服务贸易总协定》下，还是另立一个门类。此外，跨境第三方交易平台的法律地位和权利义务如何确定？怎样确立包括知识产权侵权在内的跨境交易纠纷在线调解机制？怎样建立跨国协调机制以打击和防范跨境欺诈？对于这些重大问题发达国家以及发展中国家各国立场不一，WTO 以及 OECD 等国际组织尚未拿出各国都能认可的国际条约或协定，只有个别国家进行了双边协商，签订了双边贸易协定。

近年来，商务部代表中国政府积极参与联合国、世贸组织、亚太经合组织、上海合作组织等国际与区域组织中的电子商务工作，开展中韩、内地与澳门、中日韩、区域全面经济伙伴关系等自贸区电子商务议题谈判，与荷兰、日本、韩国建立了电子商务双边交流合作机制。

五、对电子商务法跨境电子商务的立法建议

（一）基本原则和制度

一是发挥市场在资源配置中的决定性作用。这是决定跨境电子商务可持续发展的关键所在。从事跨境电子商务，除非涉及特殊行业和产品，不设置市场准入要求。

二是适当引导、规范发展。我国跨境电子商务的快速发展不过几年的时间，是刚刚在互联网和电子商务这棵“大树”上冒出的“新芽”。对跨境电子商务的形态、业态，到目前为止我们都无法完全准确地预测和判断，目前阶段应主要对跨境电子商务适用的主要法律、原则进行规定。

三是规则制定要尽可能与国际接轨。建立符合国际通行规则的电子商务制度，努力形成更加国际化、市场化、法治化的市场环境，帮助我国跨境电子商务经营者和消费者更加适应全球经济环境。与国际通行规则接轨时既要主动对接，尊重国际规则和惯例，又要基于自身实际，不断调整、有所创新。

四是政府有效推动。跨境电子商务的发展，应充分发挥政府的推动和引导作用。跨境电子商务流程复杂，涉及海关、外汇、税务、质检等多个部门，跨境电子商务管理在监管环节应更多地使用信息化手段，建立涵盖政府部门、电子商务企业、物流企业、支付企业在内的信息共享、综合管理机制。

五是充分考虑现有法律的要求，确保跨境电子商务与现有法律体系的协调。现有立法已经规定的外贸、海关、质检、外汇等方面的基本制度，电子商务法无须另行规定。

六是功能等同和线上线下一致性原则。跨境电子商务中使用的电子文书、票据应被视为符合传统书面要求。从事跨境电子商务的经营者与传统市场经营者应当享有同等的权利和义务。

（二）条文建议

第一条【立法目的】

国家鼓励跨境电子商务发展，建立公平开放的市场环境，保护跨境电子商务相关主体的合法权益。

第二条【定义】

本法所指的跨境电子商务，是指利用现代信息技术和互联网开展的各类跨境商品交易、服务交易及为交易提供的相关服务。跨境电子商务主体包括交易主体以及为交易提供各类服务的服务提供者。

第三条【国际合作】

国家推动建立与不同国家（地区）间跨境电子商务相关的商事主体的相互认可制度。

国家推动促进数字签名和认证证书的跨国互认，参与建立国际统一的电子合同和电子签名规范。

第四条【准入机制】

从事跨境电子商务的经营者应按有关法律法规办理工商登记，取得营业执照，并符合对外贸易法、海关法等法律的相关规定。

第五条【电子商务经营者责任】

跨境电子商务交易和服务主体、第三方跨境电子商务平台可以根据相关法律法规和国际惯例，建立交易规则、交易安全保障、消费者权益保护、知识产权保护、不良信息处理、交易纠纷处理等制度。

第三方跨境电子商务平台明知或者应知平台内经营者利用其平台侵害他人合法权益，未采取必要措施的，依法与平台内经营者承担连带责任。

第六条【风险控制】

国家建立跨境商业及网络犯罪等风险预警联动机制，完善跨国协作机制，通过监管合作防止跨境商业欺诈及网络犯罪。

第七条【信用体系】

鼓励跨境电子商务交易和服务主体、第三方跨境电子商务平台建立跨境电子商务信用体系，构建诚信交易环境，并可应监管部门要求提供相应信息。

第八条【数据共享和保护】

国家建立跨境电子商务相关的数据公开和共享机制，促进数据合理应用。

跨境电子商务参与者应依法保护交易中获得的个人信息和商业数据，建立跨境电子商务交易数据的存储和保护机制。

跨境电子商务参与者将境内消费者的个人数据和其他重要数据存放或传输至境外的，应确保有关数据在当地得到不低于我国法律法规所规定的保护水平的保护。

国家可就不得存放或传输至境外的重要数据作出规定，并可就跨境电子商务有关数据保护问题与其他国家缔结条约协定。

第九条【监管机制】

国家建立跨境电子商务主管部门间监管信息共享制度，实现政府监管信息开放共享、互联互通。

第十条【争议解决】

国家根据对外缔结的条约、协定和互惠原则承认和执行跨境电子商务交易网上争议解决机制下作出的境外仲裁裁决和当事人达成的调解协议。

（商务部课题组）

第二章　跨境电子商务立法研究

一、关于电子商务

（一）关于电子商务的内涵和外延

目前，世界上对电子商务的概念并无统一界定。世界贸易组织将电子商务简单定义为通过电子通讯网络进行产品的生产、广告、销售和分配。欧共体理事会认为，电子商务是通过电子手段进行的商务活动，包括了对货物和服务的电子贸易、数字内容的网上交货、电子资金转移、电子股票交易、电子提单、商业拍卖、设计开发以及广告和售后服务等各种商业行为。《联合国国际贸易法委员会电子商务示范法》，将电子商务定义为“以电子手段进行或履行全部或部分的商务活动，”是商务活动各环节的电子化和网络化，将一切现有的或将来可能出现的通讯计算机技术的商业化应用，都纳入到电子商务法的调整范围之内，这是最广义范畴的电子商务。

美国、澳大利亚、新加坡等多数国家有关电子商务的法律文件，标题基本都叫“电子交易法（案）”，但没有具体名词解释。韩国电子商务基本法则明确电子商务是指部分或全部地利用电子数据进行货物或服务交换的交易行为。

（二）国内外电子商务发展的基本情况

有关数据显示，2013 年全球互联网用户已占世界总人口的 1/3，有近 10 亿人进行网上购物。全球 B2C 电子商务交易额达到 1.3 万亿美元，同比增长 18.3%，占到全球零售总额的 5%。B2B 电子商务交易总额是 B2C 电子商务交易总额的两倍以上。美国电子商务市场规模约占全球的 1/3，欧盟电子商务市场规模与美国大体相当，新兴市场电子商务快速发展，亚太地区一直是电子商务最具潜力的地区。

我国专门制定了电子商务“十一五”和“十二五”发展规划。十年来，电子商务在各个领域的应用不断普及和拓展，电子商务交易额呈倍数增长，形成与实体经济深入融合的发展态势，主要体现在：大型企业成为电子商务的主力军，网上营销占比逐年上升，研发、制造、经营等网络化供应链集成协同能力基本建立；超过六成的中小企业经常性应用电子商务，并成为营销发展的主要模式；网络零售呈规模化发展，并不断创新模式；移动电子商务用户达到全球领先水平；围绕电子商务的网络基础设施、平台服务、信用服务、电子支付、现代物流和电子认证等支撑体系加快完善。数据显示，2014 年我国电子商务交易总额突破 13 万亿元，增速达 28.6%，带动就业、创业超过 1000 万人。电子商务正在成为中国经济发展的新引擎。近日国务院印发《关于大力发展电子商务加快培育经济新动力的意见》，进一步激发了电子商务的创新动力、创造潜力、创业活力，加速推动经济结构战略调整，实现经济提质增效。

二、关于跨境电子商务

（一）关于跨境电子商务的内涵和外延

考察国际组织和多个国家电子商务的法律文件，没有专门区分跨境电子商务的内容，除非在讨论跨境通关、国际税收等特殊领域的国际合作议题中，或者与国内电子商务区分时，才特别强调。事实上，电子商务的无边界性、无纸化、虚拟化、即时性等特征，使商务活动在全球范围内进行。

我国商务部等九部委于 2013 年 10 月发布的《关于实施支持跨境电子商务零售出口有关政策的意见》，对跨境电子商务零售出口进行了定义，即指出口企业通过互联网向境外零售商品，主要以邮寄、快递等形式送达的经营行为。海关总署 2014 年发布的《关于增列海关监管方式代码的公告》，将跨境贸易电子商务定义为：境内个人或企业通过电子商务交易平台实现交易，并采用“清单核放、汇总申报”模式，办理通关手续的电子商务零售进出口。由此来看，我国目前政策文件将跨境电子商务基本界定为通过互联网等各种电子通讯手段开展的跨越关境的国际贸易活动。

我国海关法中的“进出境”，一般指进出“关境”，而非进出“国（边）境”。我们理解的“跨境电子商务”主要涉及跨越中华人民共和国关境。

（二）国内外海关对跨境电子商务的监管

由于涉及进出口通关、税收、外汇、运输等多个方面，以及相应的安全和风险防控，这使得跨境电子商务与境内电子商务有所不同。

综观世界海关组织和多数国家海关，普遍认为电子商务打破了时间和空间上的限制，减少了中间环节，但电子商务活动和交易项下的商品仍要通过物流渠道实际送达，并没有改变海关对商品通过邮寄、快递和货运渠道进出境进行的监管，因此没有专门针对跨境电子商务的监管模式。

美国对无形商品或网上服务等经由网上进行的交易一律免税，对有形商品的网上交易，其进出境监管及税负按照现行规定办理。海关监管的重点是在商品安全、食品健康及知识产权侵权等方面。进口征税方面，以商品价值（200 美元、2500 美元）为限，分为三个等级，分别规定不同的监管方式，实行低额商品快速通关放行、中间值商品简易申报、高价值商品正规申报（报关代理）三种分类处理的监管模式。

欧盟海关监管的重点在知识产权侵权方面，认为电子商务的快速发展，使得通过邮递、快递渠道通关的商品日趋增多，侵权人通过这类渠道，化整为零将侵权商品进行跨境运输与交付。欧盟海关为此制定了特殊程序，以简单快捷的方式处置侵权。

我国海关总署从 2012 年开始，在八部委共同推动的国家电子商务示范城市建设的工作机制下，负责牵头推动跨境电子商务试点工作，试点工作在上海、重庆、杭州、宁波、郑州、广州、深圳 7 个城市开展，试行一般出口、特殊区域出口、直购进口和网购保税进口 4 种通关监管模式。其实，我们认为这 4 种通关监管模式是跨境电子商务交易活动及相应商品的具体进出境通关形态，与现行海关对货物、物品通过邮寄、快递和货运渠道进出境进行监管的方式相比并无特别之处。

其中，网购保税进口模式（主要是 B2C）下，电商将整批货物运入海关特殊监管区域内，境内个人网购商品后，电商委托报关代理公司向海关申报，海关参照个人邮递物品进行征税。这种模式顺应了网络零售业规模化发展的需要，减少中间环节，国内消费者可以方便地通过平台购买到外国产品，进一步满足合理需求，带来贸易增量，吸引国人海外消费回流，减少海外代购、水客走私等不规范行为的发生，受到消费者、企业、电商等各方面的普遍认同。

三、电子商务立法需要解决和关注的问题

我们认为，电子商务本质上属于民商事法律调整的范畴，其中也涉及政府的行政管理。对其立法考量，一方面，要坚持以市场为导向、以企业为主体，充分体现市场在资源配置中的决定性作用，遵循电子商务发展的客观规律；另一方面，要按照简政放权、转变职能的要求，正确处理好政府、市场和企业的关系，适度合理监管，尽可能避免和减少不必要的行政干预，营造宽松、便利的环境，鼓励发展创新。从政府部门的角度，我们对电子商务立法提出以下需要解决和关注的问题：

（一）缺乏高层级法律规范的保障和引领

近十年来，我国在电子商务领域不断进行立法探索和实践，以电子签名法和《网络交易管理办法》为最高立法位阶，形成了法律法规、发展规划、指导意见、行业标准等多达60余项的制度系统，涉及经营者和服务者行为、信息监管、支付清算、物流、电子认证、纠纷解决、税收、通关、示范试点等多方面，电子商务方面的政策规范逐渐完善，但比较分散，缺乏高层级立法，导致对电子商务的内涵和外延、调整的客体、主体、权利义务、法律责任、政府监管定位等根本性问题缺乏明确的法律规定。

立法上，对电子商务主体的设定，应当考虑将交易双方或多方、经营者、平台、物流、支付等电子商务活动的各参与者尽可能地都涵盖进去，并明确其权利义务和相应承担的法律责任。目前海关法对监管对象的规定主要限于进出口货物收发货人、报关企业，范围相对较窄，不能涵盖电子商务涉及的各方主体。

（二）缺乏对电子商务的全面认知和创新

电子商务包括直接电子商务和间接电子商务，直接电子商务为纯数字化，即通常所说的“数字商品”和“数字贸易”，世界软件业联盟将其定义为“通过互联网传输的产品和交易服务”，其内含高密集智力劳动成果和知识创新。此类性质的商业活动和开发公司主要由欧美发达国家创造和拥有，未来随着3D打印技术的成熟，数字商品和数字贸易的市场会越来越大，并推动电子商务的全面创新和高级发展。

目前，全球范围内并没有明确的贸易规则来规范数字商品和数字贸易，WTO成员各方对于通过电子传递或交付无形商品的管理分歧较大。美国全球电子商务政策框架明确，对无形商品或网上服务等经由网上进行的交易一律免税，并积极主导多边、双边贸易的协定。如何实现对数字贸易尤其是在线传输方式下的数字跨境贸易的管控，是当前世界各国面临的新课题。综观我国电子商务发展领域，无论是理论探索、政策制定，还是市场交易、投资营销，都极少涉足“数字商品”和“数字贸易”的范畴。

对电子商务客体的设定，应当参考和借鉴有关国际组织、国外立法的表述，适用更广义的范围，覆盖所有贸易形态，为电子商务的发展和创新预留法律上的空间，比如“数字商品”和“数字贸易”内容。

（三）政府公共服务和市场监管不到位

我们认为，政府在电子商务发展中的职能定位主要是提供公共服务和实施市场监管。一方面，从公共服务来讲，电子商务的发展离不开电子政务的支撑，政府不仅要成为电子商务的推进者，更要成为参与者。我国政府的信息公开、网上办公不断拓展，但电子政务与电子商务未能形成有效衔接，政府部门按传统模式条块监管，各自为政，导致民间电子商务发展活跃，一旦到电子政务处理环节就受到掣肘。另一方面，从市场监管来讲，政府部门还停留在前期登记备案、经营许可等直接管理方式上，行政主导性比较强，手段单一，而信息化和大数据是电子商务的基础，要求政府部门充分利用电子商务产生的信息流、资金流和物流，提高信息化监管的能力，这也是政府转变职能和改革创新的发展方向。

立法上，对政府公共服务和市场监管应当提出刚性要求。在公共服务上，要将政务管理电子化、信息化作为行政管理的刚性基础和标准，实现电子政务与电子商务的对接，建立政府部门间协调配合机制，促进业务标准和技术标准的规范和统一，实现“信息互享、执法互助、监管互认”。在市场监管上，要兼顾促进贸易便利和防范贸易安全的目标，一方面，要尽可能地减少行政许可，减少部门前置审批环节，监管方式和手段要适应数据化、信息化、网络化的发展要求，以事中监控、事后追溯为主；另一方面，要严厉打击网上侵犯知识产权、制售假冒伪劣商品、恶意欺诈、洗钱、逃汇等违法犯罪行为，建立诚信体系和准入、退出机制。

（四）跨境电子商务零售进口在现行法律层面给政府监管带来的困惑

目前来看，跨境电子商务给海关监管和征税带来较大影响和压力的，主要是网络零售业的爆炸性增长而引发的贸易便利和贸易安全方面问题。与传统大宗贸易相比，跨境电子商务零售进口商品种类多、数量少、金额低，商品直接提供给最终消费者，原来可以从少数中间人征收的税款，变成向广大消费者各自征收小额税收或不征税。同时，通过快件、邮递渠道，以拼箱及拆单手法偷逃税款，分散进口单一价值较低、免税或低税的物品，引发“蚂蚁搬家”式的“网上水客走私”。我国已明确提出要推动网络零售业规模化发展，鼓励生产、流通和服务企业发展网络销售。如上所述，监管部门已在电子商务监管方面进行了积极有益的探索和改革。从现行法律来讲，跨境电子商务零售进口主要给政府监管带来了两个困惑：

1. 模糊贸易性和非贸易性的分类规则

我国海关法将进出境商品分为货物和物品两类，其中货物具有贸易性，物品以“自用、合理数量”为限，体现最终使用功能。由于以前出国人员较少、出国成本高，并且有数量和金额的限制，传统的行李、邮递物品多为个人自用或者馈赠亲友，较少为了转卖或销售。随着跨境网购的兴起，传统的“进口—批发—零售”流通模式被改变，中间环节被减缩，商品直接到达消费者手中，呈现贸易碎片化，具有小额交易的性质和特征，交易的虽然是个人消费品，但是不等同于传统意义上的物品。而跨境网购本人自用的消费品，又不等同于传统意义上的货物，因此跨境电子商务零售进口产生了对传统货物与物品内涵及性质界定的模糊界限。

2. 税收征管属性不明确

我国海关法以对货物和物品的分类为基础，分别适用货物税和行邮税，两种税制及相应的监管、征税模式完全不同。现行海关法对于“物品”的界定主要从商品用途和使用的目来判断，这与当时国际交往不易、出国成本高的背景密切相关，在当时的环境下判断“物品”是相对容易的，但是随着跨境网购的快速发展，在跨境电子商务零售进口通关环节，难以判断网购商品是不是“自用”，因此认定“物品”存在较大困难。

我国以对货物和物品、贸易性和用途的区分为基础，安排不同的进出境监管和税收制度，不仅造成法律上的困惑，还越来越不适应跨境电子商务的发展实际。多数国家尤其是发达国家，在进出境环节，无论商品是货物还是包裹、行李等形态，也无论商品是否有贸易的性质，均实施单一税制，即“以商品价值为基础、分类别办理相应的进出境通关手续”（如前述美国、欧盟），这种制度设计更加科学、合理，也符合进出境监管的实际。为了从根本上解决跨境电子商务零售进口的税收征管问题，建议改革目前区分货物税与行邮税的两种税制，实行单一税制，借鉴国际通行做法，不再区分货物与物品，按照商品价值征税，实行低额商品快速通关放行、中间值商品简易申报、高价值商品正规申报的分类监管方式，从而有效解决跨境电子商务零售进口带来的监管和征税问题。

另外，实践中有建议将“跨境电子商务”作为一种贸易方式，将其项下进出口货物、物品列入海关统计。我们认为，电子商务就其存在形式讲是一种交易的技术手段，不是国际上通常所讲的贸易方式。海关统计条例规定：“实际进出境并引起境内物质存量增加或者减少的货物，列入海关统计。”从实际看，目前能准确纳入海关统计的主要是适用于通过电子商务交易平台（电子口岸）实现交易的进出口商品。由于存在大量未通过监管部门备案平台进出的进出境商品，有关统计数据不能完整地体现跨境电子商务的整体规模。如果将“跨境电子商务”作为一种贸易方式，将其项下进出口货物、物品列入海关统计，会使海关统计的准确性受到质疑，从而引发对国家外贸数据（包括顺差、逆差）失真的关注。

四、立法建议和法条表述

通过上述分析，结合监管实际，我署就跨境电子商务监管的立法建议稿（12 条）代拟如下：

第一条【适用范围】跨境电子商务交易主体以数据电文为形式，通过互联网（含移动互联网）等电子技术，开展跨越中华人民共和国关境交易商业活动的，适用本法。

通过海关特殊监管区域、保税监管场所开展跨境交易商业活动的，参照本法处理。

第二条【具体范围】跨境电子商务贸易包括货物贸易、服务贸易和技术贸易。

数字产品进出境应当纳入监管范围。

第三条【监管职责】海关依照本法和其他有关法律、行政法规，对跨境电子商务进出境商品实施监管，征收进出口关税和其他税费，查缉走私，编制海关统计，开展知识产权边境保护和履行其他职责。

商务、税务、工商、质检、外汇等监管部门应当依法促进跨境电子商务的健康可持续发展，同时履行各自的监管职责。

各监管部门应当加强联系配合和协调沟通，做到信息互换、监管互认、执法互助。

第四条【各参与主体】本法所称的跨境电子商务参与主体主要包括如下：

电子商务经营者，是指通过互联网（含移动互联网）等电子技术跨境交易商品的法人、其他组织或者个人。

电子商务交易平台企业，是指为跨境贸易提供网页空间、虚拟经营场所、交易规则、交易撮合、信息发布等交易服务的平台企业。

支付企业，是指为跨境电子商务提供外汇、人民币跨境支付等金融服务的银行和其他支付机构。

物流企业，是指为跨境电子商务提供运输、储存、装卸、包装、配送等物流服务的企业。

个人，是指参与跨境电子商务的自然人。

第五条【共同义务】电子商务经营者、支付企业、物流企业应当将进出境商品交易原始数据（包括有关身份识别信息）与监管部门联网对接，实时向监管部门传输交易、支付、物流等数据。

第六条【电子商务经营者备案义务】电子商务经营者应当向监管部门登记备案。

电子商务经营者应当将进出境商品信息提前向监管部门备案，接受监管。

第七条【电子商务交易平台企业联网义务】电子商务交易平台企业应当将进出境商品交易电子底账数据与监管部门联网对接。

电子商务交易平台企业负有协助监管部门对本平台上从事经营活动的电子商务经营者实施监管的义务。

第八条【电子化问题】跨境电子商务商品在进出口环节的申报、纳税等实行电子化。

进出口商品的经营者或者其代理人应当凭法定样式的电子清单向海关申报。

电子清单与进出口货物报关单、电子税单与纸质税款缴款书具有同等的法律效力。

第九条【境外电子商务企业参与】境外电子商务经营者可以自己的名义，或者委托境内经营者，或者设立子公司参与中华人民共和国境内的跨境电子商务活动。

境外电子商务经营者应当将进出境商品交易原始数据与中国监管部门联网对接，并接受相关监管规定。

第十条【与境外平台企业对接】境外电子商务交易平台企业可以申请将底账数据与中国监管部门联网，促进进出境通关便利。

第十一条【信用制度建设】建立健全的跨境电子商务领域进出口信用体系，各参与主体的进出口信用信息统一纳入全社会信用体系中进行综合评价，同时监管部门根据跨境电子商务参与主体的信用等级实行相应的监管措施。

第十二条【对等原则适用】对于跨境电子商务进境商品的待遇，与中华人民共和国签订条约、协定的，适用条约、协定的规定。没有签订条约、协定的，按照对等原则处理。

（海关总署课题组）

第三章　跨境电子商务研究

一、我国跨境电子商务存在的问题

目前我国跨境电子商务在政策法规支持环节方面主要存在商务信息、通关、商检、结汇以及退缴税五类问题。

（一）商务信息

1. 经营主体的真实性问题

跨境电子商务经营主体不仅有企业，还有大量的自然人，目前仅通过电子商务平台对商户进行身份审核的方式，其信息的真实性和合法性较难考证。

2. 商品信息的真实性与规范性问题

目前，商品信息发布缺乏统一的规范，同一商品在不同网站中的描述可能不一致，容易滋生虚假广告信息和假冒伪劣商品，执法监管也缺乏依据。

（二）通关方面

1. 物品性质认定问题

跨境网购物品大量采用航空小包、邮寄包裹、快递等方式运输进境，直接对个人消费者进行交易，既具有货物的特点又有物品的特点，而现行法律没有明确规定，各地判断标准不统一。

同时，也正是这个原因，市场上存在大量海淘、代购、水客带货、大单包税入境等行为，进口货源难以进入规范渠道。

2. 网购单次金额限制的问题

目前，跨境电子商务保税进口和直购进口都参照邮递物品的管理要求，每次限值 1000 元（港澳台 800 元），该限值规定于 1994 年（2010 年调整）。显然，1000 元的限值已经跟不上时代发展的需要。

3. 个人身份认证问题

在跨境 B2C 模式下，商品的最终流向是个人，但认购时进行严格的身份认证影响了消费者的用户体验，同时也存在身份认证困难、效率低的问题。

4. 与境外电商交易平台对接的问题

目前，大量从事零售出口的中小微电子商务企业主要依托境外大型电子商务交易平台，如亚马逊、易贝等。由于存在法律、政策、技术、语言等差异，口岸监管部门与境外电子商务交易平台联网对接较为困难。

（三）商检问题

1. 缺少有针对性的监管政策措施

跨境电子商务目前还处于起步阶段，相关的法律制度、行业规范、社会信用体系等亟待完善，国家质检总局也尚未出台针对跨境电子商务的规范性文件，给规范执行带来了一定困难。

2. 传统检验监管手段不适用

跨境电子商务涉及的货物来源广而杂，追溯其生产企业非常困难，传统的生产企业分类监管模式无法实行。

3. 网购保税进口商品的检验问题

对于网购保税模式进口的商品存在按货物或个人物品监管的争议。若按照货物监管，不符合跨境贸易电子商务小批量、多批次、品种杂、货值低、时效性要求高的特点。另外部分试点城市的检验检疫局要求入驻商户提供进境检疫审批许可、输出国或地区官方出具的检疫证书和原产地证、品牌授权或销售授权、食品和化妆品网购保税进口保证书等，这在一定程度上提高了跨境试点电子商务企业的入驻门槛，导致很多电子商务企业对网购保税进口模式持观望态度。

(四) 结汇

目前很多出口电子商务企业将货物委托给邮政或快递公司，以邮件或快件方式通关。由于该通关方式的申报主体是快递企业，缺乏海关报关单证明联，出口电子商务经营主体无法正常结汇。

因此，这类企业采取一些非常规的结汇方式。比如开设多个个人账户，来规避个人账户每年最多只能兑换 5 万美元的限制，或者通过地下外汇中介处理外汇问题。

(五) 退缴税问题

1. 退税周期长，手续相对繁琐

参与试点的企业普遍反映退税时间长，一般情况是企业完成报关、结汇后，准备相关退税资料，再提交国税部门走退税流程，整个的流程大概需要 3 ~ 6 个月的时间，退税周期长延缓了企业的资金回流速度，增加了企业资金成本。

2. 个人和小微企业较难取得退免税条件

跨境电商中有大量的商户是小微企业甚至个人，他们的商品多是从市场上采购的。根据财税〔2013〕96 号文，他们不能满足第一条一般纳税人资格，也不能达到第二条第三款“购进出口货物取得合法有效的进货凭证”的要求。对于广大的电子商务平台下的个人卖家，不能满足一般纳税人资格，也不能达到第二条第一款“电子商务出口企业已办理税务登记”和第三款“购进出口货物取得合法有效的进货凭证”的要求。如此一来，占出口卖家比例较高的个人和小微电子商务企业就不具备免税条件，更不能退税。

二、我国跨境电子商务立法现状及问题

(一) 我国跨境电子商务的现行法律法规

1. 跨境电子商务专门立法

随着我国跨境电子商务的发展，我国虽然还没有针对跨境电子商务的综合性立法，但围绕跨境电子商务的零售出口、海关监管、税收、外汇支付等方面，颁布了一些相应的法规和政策规范。

(1) 国务院办公厅《关于实施支持跨境电子商务零售出口有关政策意见的通知》(国办发〔2013〕89 号)。本通知提出了具体的支持政策，其中包括对电子商务出口经营主体的分类、建立适应电子商务出口的新型海关监管模式并进行专项统计、建立相适应的检验监管模

式、支持企业正常收结汇、鼓励银行机构和支付机构为跨境电子商务提供支付服务、实施相适应的税收政策，以及建立电子商务出口信用体系。

（2）国家外汇管理局《支付机构跨境电子商务外汇支付业务试点指导意见》（汇综发〔2013〕5号）。本指导意见决定在上海市、浙江省、深圳市、北京市、重庆市开展支付机构跨境电子商务外汇支付业务试点，允许参加试点的支付机构集中为电子商务客户办理跨境收支和结售汇业务。

（3）财政部《关于跨境电子商务零售出口税收政策的通知》（财税〔2013〕96号）。本通知就电子商务出口企业适用增值税、消费税退（免）税政策进行了规范。

（4）海关总署《关于增列海关监管方式代码的公告》（总署公告〔2014〕12号）。本公告增列海关监管方式代码“9610”，全称为“跨境贸易电子商务”，简称为“电子商务”，适用于境内个人或电子商务企业通过电子商务交易平台实现交易，并采用“清单核放、汇总申报”模式办理通关手续的电子商务零售进出口商品。

（5）海关总署《关于跨境贸易电子商务服务试点网购保税进口模式有关问题的通知》（署科函〔2013〕59号）。59号文明确了试点商品应为个人消费品，以“个人自用、合理数量”为原则，每次限值为1000元人民币，以电子订单的实际销售价格作为完税价格，参照行邮税税率征收税款，应征税额在50元及以下的免予征收。

（6）海关总署《关于跨境贸易电子商务进出境货物、物品有关监管事宜的公告》（总署公告〔2014〕56号）。56号文明确规定了通过与海关联网的电子商务平台进行跨境交易的进出境货物、物品范围，以及数据传输、企业备案、申报方式、监管要求等事项。

（7）海关总署《关于增列海关监管方式代码的公告》（总署公告〔2014〕57号）。57号文增列海关监管方式代码“1210”，全称为“保税跨境贸易电子商务”，适用于境内个人或电子商务企业在经海关认可的电子商务平台实现跨境交易，并通过海关特殊监管区域或保税监管场所进出的电子商务零售进出境商品。

2. 其他政策法律中的相关规定

（1）《国务院办公厅关于促进进出口稳增长、调结构的若干意见》（国办发〔2013〕83号）。意见要求积极研究以跨境电子商务方式出口货物（B2C、B2B等方式）所遇到的海关监管、退税、检验、外汇收支、统计等问题，完善相关政策，抓紧在有条件的地方先行试点，推动跨境电子商务的发展。

（2）《国务院办公厅关于支持外贸稳定增长的若干意见》（国办发〔2014〕19号）。意见要求加快电子商务贸易平台建设，出台跨境电子商务贸易便利化措施。

（3）《质检总局关于支持跨境电子商务零售出口的指导意见》（国质检通〔2013〕593号）。意见要求积极探索建立和完善跨境电子商务零售出口的检验检疫监管制度。

（4）中国人民银行等《跨境贸易人民币结算试点管理办法》（人民银行公告〔2009〕第10号）。该办法对跨境贸易人民币结算试点的业务范围、运作方式，试点企业的选择、清算渠道的选择等问题作了具体规定。

（5）中国人民银行等《跨境贸易人民币结算试点管理办法实施细则》（银发〔2009〕212号）。实施细则对跨境贸易人民币结算具体操作细节进行了规定。

（6）海关总署《关于调整进出境个人邮递物品管理措施有关事宜》（总署公告〔2010〕43号）。43号文调整了进出境个人邮递物品管理政策，个人邮寄进境物品应征进口税税额在人民币50元（含50元）以下的，海关予以免征。

（二）我国跨境电子商务立法存在的问题

1. 缺乏高位阶专门立法

从我国跨境电子商务立法现状来看，主要是行政规章和政策性规范，缺乏高效力位阶的行政法规和法律。

2. 法律制度不健全

目前对于跨境电子商务这一新兴贸易形态的管理方式未有法律法规予以明确，各管理部门对跨境电子商务进口商品的性质认定存在不同的判断标准。

3. 立法缺乏可操作性

基于跨境电子商务需求，相关部门制定了一些新政策，但是在实践中，各职能部门却没有尽快出台针对这些新政策和新办法的监管细则和管理流程，造成政策迟迟不能落地。

三、我国跨境电子商务立法建议

目前我国跨境电子商务出现的问题，有法律层面、管理层面上的，还有属于发展中的阶段性问题。因此，在全面分析这些问题的基础上，课题组有三点认识：一是目前跨境电子商务出现的问题，不可能都用立法来解决，因为很多问题不是法律问题；二是由于跨境电子商务属于新型业态，正处于发展初期，今后还会出现新情况、新问题，因此建议立法时宜粗不宜细；三是跨境电子商务是国际贸易与互联网相结合的产物，是大势所趋，且也有利于我国社会经济发展，因此建议明确跨境电子商务的法律地位，规范化监管。

1. 明确跨境电子商务监管模式

跨境电子商务正加快改变着传统外贸发展的格局，对于我国经济发展，特别是外贸“转方式、调结构”具有重要意义。因此，建议将跨境电子商务零售进出口货物从一般贸易货物及邮政物品中独立出来，新增为海关的第三类监管模式，并设立跨境电子商务监管专区进行集中监管，让其身份合法化、监管规范化。

建议法条：

电子商务企业或个人通过经海关认可并且与海关联网的电子商务交易平台实现跨境零售进出境货物的，须按照跨境电子商务监管模式接受海关监管。

2. 明确跨境电子商务经营主体及商品备案制度

跨境电子商务经营主体包括电子商务企业和个人两类。其中，电子商务企业是指通过自建或者利用第三方电子商务交易平台开展跨境贸易电子商务业务的境内企业，以及提供交易服务的跨境贸易电子商务第三方平台提供企业；从事跨境电子商务业务的个人是指通过第三方电子商务交易平台开展跨境贸易电子商务业务的境内居民。

建议法条：

跨境电子商务经营主体包括电子商务企业和个人。开展跨境电子商务业务的企业，如需向海关办理报关业务，应按照海关对报关单位注册登记管理的相关规定，在海关办理注册登记。个人从事跨境电子商务业务，须通过在海关注册的电子商务企业向海关办理报关业务。

电子商务企业应将电子商务进出境货物、物品信息向海关备案，货物、物品信息应包括海关认可的海关商品编码及物品税号。

3. 明确跨境电子商务小额贸易关税制度

目前参照一般贸易货物征收关税或参照邮递物品征收行邮税的做法均不能适应跨境电子商务的发展现状，建议单独制定跨境电子商务监管模式下货物进出口税收制度，独立于一般贸易关税和行邮税之外。

建议法条：

按照跨境电子商务监管模式进出境货物、物品，由海关依法征收跨境电子商务小额贸易货物关税。

4. 明确跨境电子商务电子清单的法律地位

由于出口退税和结汇仍沿用一般贸易管理方法，企业办理退税、结汇手续时必须提供出口报关单。电子商务企业在通过电子清单完成出口申报后，还需汇总申报形成出口报关单。此种现状一是造成了出口电子商务企业事实上的两次申报，增加企业通关成本，二是以出口报关单作为出口退税结汇依据的做法，手续繁杂，不适应跨境电子商务的发展。建议明确跨境电子商务出口申报清单的法律地位，口岸监管部门以电子清单作为执法依据，并建设配套的信息化系统，予以保障。

建议法条：

电子商务经营主体应提交“中华人民共和国海关跨境贸易电子商务进出境货物申报清单”（以下简称“货物清单”）办理电子商务进出境货物报关手续，“货物清单”与“进出口货物报关单”具有同等法律效力。

5. 明确通过专门机构实现执法数据共享与监管互认

依托专门机构（如电子口岸）建设机制和平台优势，实现跨境贸易电子商务企业与口岸管理相关部门的业务协同与数据共享，做到口岸管理部门之间“信息互换、监管互认、执法互助”，避免企业多头申报。

建议法条：

跨境电子商务监管模式的各口岸监管部门执法数据通过专门机构实现数据共享及监管互认。

（郑州市发展和改革委员会课题组）

第四章　跨境电子商务立法研究法律成果转化

一、跨境电子商务现状分析

跨境电子商务由于具有简化贸易流程、降低交易成本、提高资源配置效率等特点，近年来发展迅猛。2012 年全球跨境电子商务市场规模超过 1 万亿美元，同比增长约 21%。2012 年我国跨境电子商务进出口交易额达 2.3 万亿元，同比增长 31.5%，中国、美国和日本是世界上三个跨境电子商务发展较快的国家，2013 年通过跨境电子商务从其他两国的购入金额，中国为 2332 亿日元，美国为 1075 亿日元，日本为 145 亿日元。2013 年我国跨境电子商务交易额达 2 万亿元，同比增长超过 25%，增速超过外贸增速，成为拉动中国外贸增长的重要力量。跨境电子商务对国际要素流动、要素组合和价值分配正在产生深刻的影响。

我国政府非常重视跨境电子商务的发展，发改委、商务部等多部门持续出台了一系列法规政策，发展态势良好，但与发达国家相比，尚存在法制滞后、行业发展参差不齐、交易不规范行为时有发生、服务贸易相对薄弱等问题，其中首当其冲的是相关法律体系的建立。

二、跨境电子商务立法的国际比较及启示

对比研究国外跨境电子商务立法情况，有助于我国跨境电子商务立法工作的开展。

（一）贸易协议：TPP

TPP（跨太平洋伙伴关系协定）中与跨境电子商务有关的主要内容，是明确了海关手续中的无纸化贸易、快件处理与风险管理，以及政府采购中的鼓励通过电子化平台采购。

TPP 的主要特征，一是试图突破传统自由贸易协定中较多涉及例外的模式，达成所有商品和服务在内的高标准的自由贸易协议；二是更加关注工人、中小企业、农民和环境；三是以自由和公平贸易为旗帜，维护发达国家出口利益；四是推行美国的全球价值观。

TPP 在跨境电商方面的分歧在于，美国主张不受约束的电子数据跨境传输，澳大利亚等则主张给予政府更多的酌情处置权。

TTIP 是美国对欧洲国家设计的与 TPP 类似的协议。

（二）美国相关立法

税务重组与改革法案和减少政府纸面文件法案体现了联邦政府在建立信息高速公路、促进全球电子商务等问题上的积极推动，在市场规范方面的主导角色淡化。

《全球电子商务政策框架》提出：私营企业应在电子商务的发展中起领导作用；政府应避免对电子商务的不当干预；政府干预的目的是以预定的“最低限度主义”来支持和推行与电子商务相协调的、简化的法律环境；政府必须承认互联网的特殊性质；应以全球为基础促进互联网电子商务。

美国政府的主要政策措施有：

1. 增强网络的安全性，保护网上消费者的利益；

2. 推动小企业发展电子商务；

3. 积极开展多双边合作，促成 WTO 成员国同意对电子商务免征关税，促成与日本等国的电子商务双边合作协议。

(三) 欧盟相关立法

与电子商务有关的四部法律，设立了成员国立法的最低标准：电子商务指令用于管理欧盟内的跨国电子商务，规定了成员国的电子商务原则；电子签名指令用于协调由成员国采用的与管理电子签名技术有关的各种不同方法，保护在电子商务中使用电子签名的消费者；远程销售指令明确了消费者在远程销售合同中的特别保护；数据保护指令为数据管理建立了总的原则。

(四) 英国相关立法

电子商务条例涵盖了互联网上几乎所有的商业活动，明确了网上信息和服务提供者的要求、网上商品和服务的描述、网络广告要求、在线合同订立、"原产地"原则、在线争端解决等内容；隐私和电子通信条例要求商家必须先取得消费者同意后才能发送直接营销电子邮件；合同法等对电子合同的缔约、电子支付以及网络交易的消费者保护作出了规定；数据保护法保护信息和隐私安全；消费者保护法明确了对消费者权益的保护。

(五) 德国相关立法

德国涉及电子商务的法律主要有民法典、广告法、联邦信息保护法等。新反不正当竞争法凸现了以保护消费者利益为核心和通过加强企业及商家之间的互相监督来规范行业秩序的两大新特点；远程销售法强调和突出网上销售业者的告知义务和保护消费者交易过程中的知情权；电信媒体法是准电子商务法，用来规范电子商务经营者的商业行为。

(六) 澳大利亚相关立法

电子交易法奉行"技术中立"原则，用于鉴别电子通讯发送人的身份，消除电子商务合同的形式障碍，促进使用电子交易；电子资金划拨指导法、支付系统监管法由国会通过，其法律层级要高于中国《电子支付指引》等部门规章。

(七) 韩国相关立法

韩国的电子商务在亚洲国家中首屈一指。电子商务基本法对电子通讯信息、电子商务安全、电子商务的促进、消费者保护等进行了规范，内容较为全面。

韩国的电子商务市场体制非常完善，而这依赖于以政府牵头的诸如 e－trust 认证制度、电子商务仲裁委员会等一系列政策的实施。

(八) 中国香港相关立法

中国香港是亚洲最佳电子商务环境的三大经济体系之一。

1999 年通过了电子交易法例，建立了稳妥可靠的电子商务法律架构，并建立了数字证书的电子认证系统和较为完善的网上支付系统。

香港生产力促进局与香港中华出入口商会建立了"商贸通"网上贸易商业系统，积极为中小企业开展电子商务服务。

(九) 新加坡相关立法

《新加坡电子交易法》是综合性地调整电子商务活动的法律，涉及电子记录和签名、网络服务提供商的责任、电了合同、安全电了记录和签名、数字签名的效力、有关数字签名的一般责任、认证机构及证书申请者的责任、认证机构的认证规则、电子记录和签名的政府使用等。

(十) 国际经验的启示

政府有关部门应当通过不懈的努力，推进国家在电子商务各方面和各层面的立法。

1. 立法的宗旨是消除跨境电子商务发展的法律障碍，保障交易安全，更好地促进跨境电子商务的发展。

2. 完善跨境电子商务交易平台，推进应用先进技术，鼓励多元化网络体系发展。

3. 加快推进、循序渐进地积极面对信息时代全球化商务革新的浪潮，如韩国的做法是先建立韩国—日本电子贸易网络，然后参与亚洲电子商务联盟项目，协作建立一个共同的电子商务网络，再不断扩大电子商务的国际合作范围。

4. 从跨境电子商务的国际经验来看，现有国家鲜见对海关监管，少见对跨境电子商务交易征税。

5. 建立统一的经济统计制度，有利于跨境电子商务的发展。

三、跨境电子商务立法的法律成果转化

课题组经研究和专家论证，对我国跨境电子商务立法提出如下的成果转化法律意见。

(一) 对电子商务产业以法律形式加以确定

提请国家根据世界电子商务立法现状，建议我国对电子商务产业以法律形式加以确定，以利于多双边自由贸易谈判。

近年来，全球范围内电子商务的发展经历了一个由弱小到壮大，由分散到集中，由自发到自觉的演变过程。与电子商务从简单粗放到复杂精致的进步相呼应，商业角度的研究逐渐让位于产业视野的研究，具体的行业研究上升为系统的产业研究，微观的产品与交换的市场研究发展为涵盖整个产业链的中观层面的产业性经济研究。无论在国际上还是在国内，电子商务产业都还是一个实践先行的产业类型。

从分散具体的行业研究，向电子商务产业研究提升，是分析、研究并预测经济发展趋势的需要。从产业经济学的发展历程来看，其重要作用就是便于分析、研究并预测社会经济的整体走势与演进规律。

目前的三次产业分类的产业结构，是在六七十年以前提出的。以信息技术为代表的高新科技的发展，对社会经济产生了深刻影响，新的经济业态层出不穷，把这些新业态纳入第三产业统计范畴，越来越不合时宜。

鉴于此，提请国家根据世界电子商务立法现状，建议我国对电子商务产业以法律形式加以确定。电子商务产业的法律化定位对国与国之间的贸易具有特别重要的意义，亦有利于多双边自由贸易谈判的开展。

课题组借鉴国际经验，参照欧美普遍认同的做法，将电子商务产业定义为：电子商务产业是指利用网络及其他信息技术手段，从事任何形式的商业活动的价值链上的活动的总称。

由此，基于网络的任何直接的商业交易，诸如互联网金融、在线教育，以及相关的商业活动，诸如信用体系、交易规则等，均属于这一范畴。其具体的行业范围，可借鉴国际经验，结合我国国情和2002年国家统计局公布的《国民经济行业分类》的标准加以界定。

电子商务产业界定的必要性，一是电子商务产业是区别于一般贸易与邮政包裹的新型服务与贸易业态；二是当今电子商务发展中面临的诸多问题都是由于缺乏对电子商务产业进行

明确界定而带来的；三是电子商务产业界定有助于保持电子商务的快速稳定发展，带动工业、农业、服务业的协调发展与转型升级。

电子商务与电子贸易相比，前者含义更为广泛，是包含互联网金融、信用体系在内的泛商务。

跨境电子商务是电子商务应用过程中一种新型的、独立的形式，指不同国家或地区的交易各有关方之间，利用现代信息通信技术，通过因特网、移动网等互联网络，以邮件或者快递等形式通关，将传统贸易中的展示、洽谈、成交、结算等环节数字化，实现产品与服务进出口的新型贸易方式。跨境电子商务是电子商务的基本逻辑在国际贸易领域渗透、深化所产生的必然结果。

跨境电子商务有别于一般意义的电子商务的特点，一是应用领域不同，跨境电子商务要应对关税、汇率等国际贸易领域常见问题；二是参与主体不同，跨境电子商务更多地涉及政府行政管理部门和结算、运输、商检部门；三是跨境电子商务涉及多个不同关境，对其进行监管需要多个管理当局之间的国际协调和配合。

跨境电子商务与传统贸易相比，后者流程一般需要 23 个环节，而前者一般只需要 8 个环节，从而提高了贸易效率。

（二）跨境电商参与主体

产业主体就是指活动在同一产业链上的各类厂商与其他机构组织，以及与这些产品或服务有密切产业关联性的相关厂商与机构组织等，前者决定产业的长度，后者决定产业的宽度。产业主体活动的特征决定了产业的基本特征。产业主体间的市场地位、资源配置能力等关系决定一个产业的市场结构。

跨境电子商务的主体就是从事跨境电子商务活动的各类机构组织，涉及多个不同关境之间的交易行为，需要多个管理当局之间的国际协调和配合。由于跨境电子商务具有私人经济与公共经济因素混合的产业特殊性，跨境电子商务的主体可包含营利性的和非营利性的两大类。营利性的市场主体，在数量上以中小企业为主，非营利性的市场主体，包括政府部门与准政府部门的公共组织，以及民办非企业法人性质的社会公益组织。

具体而言，跨境电子商务参与主体各自的法律责任如下：

互联网服务提供商（ISP）：必须提供自己的成立地址和企业组织形式方面的信息。

商家（网上信息和服务提供者）：可以不经申请自行开设网站主页，但必须向消费者披露企业注册号、注册地、注册办公地点、注册机构、联系方式、税务登记号等。保护消费者的个人信息。禁止在广告邮件里伪装或隐藏发信人身份和联系方式。

电子商场：任何企业、个人，无论其经营规模大小，都可以建立一个跨越全球、没有营业时间限制的电子商场。

跨境电子商务通关服务平台：统一报关流程。数据可直接对接海关总署内部系统。

跨境电子商务公共服务平台：政府职能部门面向外贸企业开设的一扇服务窗口。

跨境电子商务综合服务平台：包括金融、通关、物流、退税、外汇等代理服务。其服务对象为传统中小型外贸企业、中小型跨境电商企业、跨境电子商务平台卖家。

（三）跨境电子商务交易规范

1. 交易规则

基本原则：公平、公正、公开、合法、技术中立。

交易规则：网上订购；网上拍卖；网上竞拍。

纠纷处理：和平协商；协会协调；诉诸法律。

商品与服务描述：需披露所提供产品或服务的详细信息。对网上欺诈行为按刑事犯罪审理。

未经授权划拨：是指在没有消费者授权的情况下，由消费者以外的人发动，消费者未从此划拨中受益的划拨。对消费性电子资金划拨，应使用严格归责原则，由账户机构举证。

平台企业：平台自身的业务必须和平台参与者严格分隔。有义务对平台中进行的交易严格监督并详细地记录相关交易信息。

参与企业法人和自然人：符合准入要求的企业法人和自然人预先公布并严守自己的交易范围。一切交易规则、条款必须确保对方知晓。

消费者：有义务完整地了解交易的相关条款和规则。不得因报复、骚扰或其他目的干扰企业的正常经营。

2. 交易标准

跨境销售合同：是指不同关境的供需双方通过远距离通信技术进行商品和服务交易所缔结的合同。接受商家条件即视为签订合同，但商家不得列出“霸王条款”。消费者在不损坏和未使用产品的前提下两周之内可以不说明理由退货。消费者需要得到特别的保护。可修改、可查证、可追溯，不得技术排他。

支付标准：鼓励银行机构和支付机构为跨境电子商务提供支付服务，主要用以解决支付服务配套环节比较薄弱的问题。

结汇：支持企业正常收结汇，主要用以解决企业目前办理出口收汇存在困难的问题。

信用体系：建立跨境电子商务出口信用体系，解决信用体系和市场秩序有待改善的问题。

跨境零售：有关的信息发布、合同签订、交易规则、纠纷处理和法律责任的追究既有法律明文规定，也有行业行为规范约束。

信息发布：内容必须真实。不得有误导消费者的嫌疑。不得构成不正当竞争。不得违反数据保护法等。

电子证书与签名：保证证书能有效存取，并不被非法获取。

跨境物流：配送中心包括第三方物流，跟踪商品流向，保证将商品送到消费者手中。

邮政包裹：鼓励建立海外仓方案。

3. 行为规范

数据保护：数据必须公平和合法地拥有，为专门的、明确的和合法的目的而收集，而且不能用与这些目的不符的方法进行再加工处理。禁止个人信息流出中国，除非其他辖区有同样强有力的保护。

海关：提供足以支持本国与其贸易伙伴进行贸易往来的无纸化电子交易环境。在实施无纸化贸易时，海关当局应考虑在亚太经济合作组织和世界海关组织制定的方法。海关应确保所有货物的通关效率，同时保持适当的控制和选择。建立跨境电子商务出口新型海关监管模式并进行专项统计。

商检：建立跨境电子商务出口检验监管模式，以解决电子商务出口无法办理检验检疫的问题。

结汇：取消企业分类管理。明确结汇必须具备的有效电子单证。办理结汇的金融机构及第三方支付机构必须核查相关单证。企业按需申请结汇。

（四）改革完善有关的现行法律

课题组认为，要对现行几部法律进行改革、完善，构建跨境电商交易环境的法律框架体系。

传统商法以现实中的商事主体和商事行为作为调整对象，面对网络经济的新商业行为，建立完善的规范体系确保这种特殊环境和手段下的商务运行安全成为研究的新领域。

因为涉及国与国之间的进出口贸易，而现行的对外贸易法、海关法、动植物检验检疫法、海商法及其他与跨境电子商务有关的合伙企业法、合同法、公司法、票据法、专利法、商标法、著作权法、反不正当竞争法等，绝大多数是在2000年前后修订完善的，未涵盖彼时尚未出现的跨境电子商务参与主体、交易标准、行为规范等法律约束，使得跨境电子商务业务或遇到通关、结算、口岸管理的制约，或被法律限制或禁止，阻碍了电子商务产业的转型升级，因此建议对现行法律加以改革、完善。

（五）实行税收优惠政策

课题组研究认为，电子商务产业属于低碳经济、循环经济，应体现宽容、优惠与鼓励发展的政策，对跨境电子商务实行免税或分阶段优惠的税收优惠政策。

（六）适度监管：在发展中规范

面对跨境电子商务商家信用、商品质量标准尚不统一的现状，应参照国际经验完善信用体系建设，同时政府部门应参照国际经验对跨境电子商务的产品与服务质量适度进行监管，应在发展中规范，而非管理中发展，如应对互联网金融、第三方支付、移动支付的法律地位予以明确。

（七）争取我国在全球贸易体系中的话语权

我国跨境电子商务目前在国际上体量名列前茅、政府管理经验充分、政策促进力度强大，跨境电子商务立法对确立我国在全球贸易体系中的话语权，更好地应对TPP、TTIP，更好地推进亚太自贸区的建设，扩大我国的国际竞争力，扩大国家利益具有重要而紧迫的意义。中国的跨境电子商务必须纳入区域乃至全球自由贸易谈判中，将其列为重要谈判议题，将中国的电子商务产业作为对象国的最优惠待遇，尤其是加强中国在网上自由贸易规则制订方面的话语权。

（杭州市人大财经工委、杭州市发展和改革委员会、浙江大学课题组）

第十三篇 电子商务产品质量监督管理研究

一、引言

根据中国互联网信息中心（CNNIC）的报告数据，截至2014年6月，我国网民规模达6.32亿人，互联网普及率为46.9%。庞大的网民数量成为电子商务市场繁荣发展的重要支撑。与之相应的是，巨大的电子商务和网络购物市场衍生出的市场风险也呈现成倍增长的势态。当下，传统法律规则应对电子商务已力不从心，手机网络等新技术的不断出现，更凸显出相关监管法律制度的滞后性。目前我国现有手机网民规模已达5.27亿人，由2013年的81.0%提升至83.4%，手机网民规模首次超越传统PC网民规模。微信等新社交网络平台造就的大批微商，正在进一步革新电子商务的未来（见图13-1）。

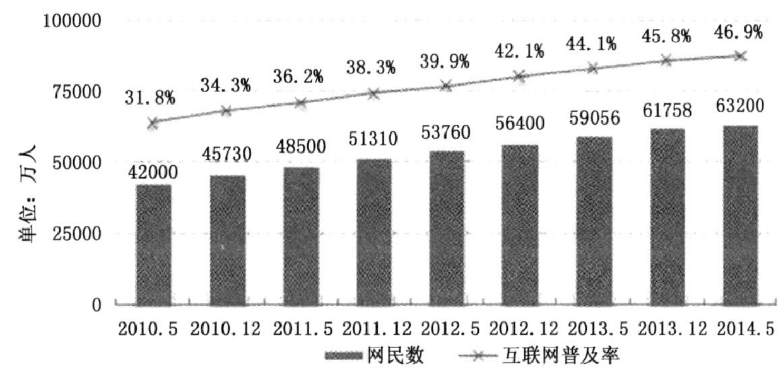

图13-1　中国网民规模与互联网普及率

由于电子商务具有经营环境虚拟性、流通服务跨地域性的特点，一方面为商品交易提供了无时空限制的广阔平台，另一方面在虚拟交易平台上产品生产者、销售者的身份更加隐蔽，交易品种庞杂，而监管技术手段相对滞后，使得网上交易的产品质量问题日益严峻。据统计，2013年"双十一"期间，深圳市消委会共受理网络消费投诉412件，同比增长118%，其中产品质量问题投诉占总投诉量的74%。产品质量问题如不解决，将断送电子商务的发展前途①。电子商务监管法律滞后和缺位，使得网络交易条件下的产品质量监管问题面临新的考验。

一是产品展示与产品实物不一致性。传统的线下交易方式，消费者通常是直接接触到产品实物再确认购买，而网上购物交易在先，确认在后，消费者只能凭借网商的产品展示、推荐来挑选产品，付款后才能接触到产品实物。一些不法网商利用产品信息不对等，制造虚假信息，误导性宣传，使"三无"产品、假冒产品、瑕疵产品，甚至缺陷产品充斥网络，消费者投诉不断。2013年，质检部门曾组织对网购玩具、鞋类、小家电、箱包、服装五大类

① "产品质量是电子商务健康发展的生命线——访全国政协委员、质检总局副局长魏传忠"，http：//www.aqsiq.gov.cn/ldzz/wcz/ldhd/201403/t20140305_ 405392.htm，最后访问日期2014年7月13日。

16 种产品开展了风险监测，发现“三无”产品竟占近 1/4[①]。电子商务产品质量问题，不仅损害了消费者权益，而且给电子商务的健康发展蒙上了阴影。

二是网络交易信用令人担忧。一些不法网商钻网络交易经营环境虚拟性的空子，对产品或者服务作虚假或者引人误解的宣传、提供不符合保障人身、财产安全要求的产品，在产品中掺杂、掺假，以假充真、以次充好，或者以不合格产品冒充合格产品，生产国家明令淘汰的产品或者销售失效、变质的产品，伪造产品的产地，伪造或者冒用他人的厂名、厂址，篡改生产日期，伪造或者冒用认证标志等质量标志，销售未经检验、检疫的产品或者伪造检验、检疫结果的产品，对消费者权益构成极大威胁。不法网商在侵害消费者权益的同时，也损害了电子商务本身的市场信誉。

三是消费权益保障难以实现。一些不法网商拒绝或者拖延有关行政部门责令对缺陷商品或者服务采取停止销售、警示、召回、无害化处理、销毁、停止生产或者服务等措施，对消费者提出的修理、重作、更换、退货、补足商品数量、退还货款和服务费用或者赔偿损失的要求，故意拖延或者无理拒绝。虚拟的经营环境、跨区域的空间距离，再加上现有的电子商务法律法规不健全，消费者难以就质量问题进行维权。2012 年，全国消协组织共受理消费者投诉 39005 件，其中网络购物投诉 20454 件，占销售服务投诉量的 52.4%，而质量类投诉占网络购物投诉量的 26.7%[②]。

电子商务出现的上述问题，除了有电子商务本身的内在特点诱发的原因之外，与现行产品质量监管法律法规不能适应电子商务新环境，以及传统产品质量政府监管方式难以适应对电子商务产品质量监督的需要有直接关系。

二、电子商务环境下我国现行产品质量监管法律制度分析

（一）电子商务的虚拟性，使得传统抽查机制难以实施，法律障碍有待突破

现行产品质量监管法律法规主要是针对传统生产和交易方式下的产品质量的监管，对具有经营环境虚拟性、流通服务跨地域性特点的电子商务产品质量违法行为以及政府质量监督部门查处追责的方式、手段、程序、技术等，没有针对性的规定，导致法律对电子商务质量违法行为的规制针对性不强、约束力不足、威慑力不高，也导致质检部门在对通过电子商务销售的产品质量监管方面常常陷入“有法难依”、“无计可施”的困境，严重影响了对电子商务产品质量监管的力度和效率。

监督抽查是产品质量监督的主要方式，根据产品质量法第十五条规定，国家对可能危及人体健康和人身、财产安全的产品，影响国计民生的重要工业产品以及消费者、有关组织反映有质量问题的产品进行抽查。抽查的样品应当在市场上或者企业成品仓库内的待销产品中随机抽取。《产品质量监督抽查管理办法》第十六项规定，抽样人员不得少于 2 名。抽样前，应当向被抽查企业出示组织监督抽查的部门开具的监督抽查通知书等，向被抽查企业告知监督抽查性质、抽查产品范围、实施规范或者实施细则等相关信息后，再进行抽样。这些规定在电子商务的环境下实施存在障碍，电子商务网络市场无法再现线下销售情形，政府管

① “产品质量是电子商务健康发展的生命线——访全国政协委员、质检总局副局长魏传忠”，http：//www.aqsiq.gov.cn/ldzz/wcz/ldhd/201403/t20140305_405392.htm，最后访问日期 2014 年 7 月 13 日。

② 同上。

理人员也无法像传统抽样时能与销售者面对面交流，完成出示文件、告知、抽样及其确认等程序。电子商务抽样程序瑕疵可能导致抽样无效并直接影响据此作出的行政处罚的效力。

同样地，借助网络交易平台，无论是通过美国亚马逊网站 B2C 购物，还是淘宝的海淘 C2C，都能轻松地实现 24 小时订购和邮政或快递送达。根据进出口商品检验法（2013）第五条、第十九条规定，只有列入目录中的商品必须进行检验，否则不得销售使用，非法定检验的商品采取抽检方式。《进出口商品抽查检验管理办法》（2002）第十三条、第十六条规定，抽查应出示证件并作说明，抽样单应由被抽查单位签字加盖公章。这些要求对越来越多以自然人为主体的 C2C 跨境电子商务来说较难执行。

（二）电子商务准入门槛低，网络经营者激增，产品质量监督执行有难度

依据电子商务参与主体的不同，电子商务营销模式可分为 B2B、B2C、C2C 等。通常在 B2B、B2C 模式（如阿里巴巴、当当网或一号店）下，由于网络销售者均为企业，一旦商品发生质量问题时，买方或监管部门能比较快速地确定销售者的真实身份。而出于维护企业声誉的考虑，这些网络销售者较为重视其在网络交易平台上销售的产品质量，对于行政监管部门来说监管压力较小。相对而言，C2C 模式（如淘宝、微商）由于卖家不少是个人，在监管过程中呈现出“散兵游勇”的流动性较大的特点，造成 C2C 模式下的产品质量成为监管重灾区。在《网络交易管理办法》（国家工商行政管理总局令第 60 号）施行前，由于网店的设置不受工商部门约束，管理涉及多个部门，出现质量问题后，通常只能靠消费者与经营者协商解决①。2014 年 3 月 15 日，《网络交易管理办法》正式施行，尽管加大了对第三方平台网络交易的监管力度，但是仍然存在以下问题：

1. 工商注册不覆盖所有网络卖家

根据《网络交易管理办法》规定，从事网络商品交易包括三种类型的主体：（1）必须工商登记的经营者；（2）符合条件进行工商登记的自然人；（3）不具备登记注册条件、未办理工商登记的自然人。未办理工商登记的自然人因失去线下工商注册监管纽带，处于不易监督的状况。

2. 法无溯及力，无法监管现存的网络卖家

法无溯及力的基本原则使得《网络交易管理办法》只能对 2014 年 3 月 15 日以后进驻各网络交易平台的卖家提出系统的监管要求，而对此前存在的数以千万计的网络卖家的注册登记等身份要求不具有法律约束力，且对此前存在问题的交易行为也没有法律约束力，这无疑导致《网络交易管理办法》的效力范围具有一定局限性。

3. 规范执行有赖于网络交易平台配合

即便网络交易平台对所有通过其平台销售产品的经营者和自然人采取了有效登记管理措施，但是其能否配合政府部门监管工作是问题的关键。现实中，由于网络交易平台出于自身利益的考虑，往往不愿意积极主动配合监管部门调取网络经营者的基本信息和交易信息，造成网络经营者的真实身份无法确认或交易金额难以明确。行政相对人和违法金额的不能确定，使产品质量监管行政执法困难重重。

---

① 梁素梅：“岁末网购消费投诉多”，http://news.163.com/13/1210/09/9FNMURTL00014AED.html，最后访问日期 2014 年 7 月 18 日。

（三）电子商务产品庞杂，质量监管法律适用范围重叠，质量监管部门多元化

随着电子商务技术的迅速普及，科技推动下的营销手段“只有想不到，没有做不到”，几乎所有线下商品都能在互联网上购买到。互联网形成了巨大的市场，品类丰富的商品汇聚于网络，产品质量监管法律适用范围叠加，监管职能部门多元。我国现有产品质量管理体系是，质检部门侧重属地监管生产领域的产品质量，工商部门侧重属地监管流通领域的产品质量，检验检疫监管进出口产品质量，农业、卫生、食药等部门则对各自领域的产品质量实施监管。现行的产品质量“分段监管”模式在一定程度上导致行政权的碎片化，使部门之间缺乏协调和联动，容易导致相关职能部门行使监管权力时相互掣肘与推诿，产生执法真空地带，降低监管效率。电子商务打破了地域和领域的限制，各职能部门各自为政、单打独斗，已远远不能适应对电子商务有效监管的需要。

从产品质量监管法律适用范围来看，除产品质量法是综合规范产品质量的基本法外，还有消费者权益保护法、标准化法、食品安全法、农产品质量安全法、药品管理法等法律以及《产品质量监督试行办法》、《产品质量监督抽查管理办法》、《流通领域商品质量抽查检验办法》等行政法规和部门规章。

从监管职能部门来看，产品质量法规定质量监督部门是全国产品质量监督的主管部门①，但其主管部门的地位因国务院内部分工规定而逐渐被弱化，尤其在电子商务环境下其发挥作用的空间被挤压。《国务院办公厅关于印发国家工商行政管理总局主要职责内设机构和人员编制规定的通知》（国办发〔2008〕88 号）明确规定国家工商总局“承担监督管理流通领域商品质量”的责任。其次是特殊产品的质量监督，如食品安全监管体制由国务院食品安全委员会、质量监督、工商行政管理和国家食品药品监督管理部门构成②。又如农产品质量安全由农业行政主管部门负责，药品监督管理工作由国务院药品监督管理部门主管③。只有明确网络交易下产品质量监管部门的职能边界，才能更好地促进电子商务市场的有序发展。

（四）电子商务的地域性特征淡化，产品质量监管管辖存争议

现行质量监督管辖适用传统的行政属地管辖规则，对传统的线下生产和交易的产品质量进行监督是适用的。但是，由于电子商务具有跨地区、跨领域的特点，产品质量问题发现地、侵权地与生产经营地往往不相一致。缺乏协调不同地区的质量监督部门相互配合行使监督职能的体制和机制，就无法有效实行对电子商务产品质量监管的需要。

产品质量法第八条第一款规定，“国务院产品质量监督部门主管全国产品质量监督工作……”第二款规定，“县级以上地方产品质量监督部门主管本行政区域内的产品质量监督工作……”国家立法对产品质量监督体制设置了中央一级国家产品质量监督部门和县级以上地方各级产品质量监督部门的级别监督。同一级别的质量监督按照行政区域进行划分，如上海市闸北区的产品质量监管由闸北区质量监督部门负责，徐汇区的产品质量监管由徐汇区相关部门负责。但是，网络的出现使得传统物理上的区域划分界限变得模糊，实践中可能发

---

① 产品质量法第八条规定，国务院质量监督部门主管全国产品质量监督工作。国务院有关部门在各自职责范围内负责产品质量监督工作。法律对产品质量的监督部门另有规定的，依照有关法律的规定执行。

② 食品安全法（2009）第四条。

③ 药品管理法（2013）第五条。

生的是，网络交易产品在A地发现质量问题，网店实体注册地在B地，网络交易平台在C地，如何确定监管机构存在困难。从投诉或举报接案的情况来看，电子商务产品质量案件涉案卖家大多经营规模较小且涉案商品标的不大，卖家能够较快地实现地域转移，其违法成本较低，由于监管这类行为的执法成本远远高于违法成本，现实中更多出现的是监管机构相互推诿的现象。

三、外国（地区）电子商务产品质量监督管理制度调查

（一）主要国家（地区）电子商务法及其对产品质量监管的规范

1995年，美国犹他州颁布《数字签名法》，该法是美国乃至全世界范围的第一部全面确立电子商务运行规范的法律文件。此后，为应对电子商务的蓬勃发展，在联合国贸易发展委员会等国际组织的积极推动下，包括欧盟在内的发达和发展中国家纷纷制定本国电子商务法律规范。

当前国际组织和外国国家（地区）电子商务立法概况，如表13-1所示：

表13-1　国际组织和各国主要电子商务立法

<table>
<tr><th>分类</th><th>编号</th><th>法律文件名称</th><th colspan="2">国家/地区/组织</th></tr>
<tr><td rowspan="5">I
国际组织</td><td rowspan="3">1</td><td>《电子商务示范法》</td><td rowspan="3" colspan="2">联合国</td></tr>
<tr><td>《电子签名示范法》</td></tr>
<tr><td>United Nations Convention on the Use of Electronic Communications in International Contracts
《联合国关于国际合同中电子通信使用方法的公约》</td></tr>
<tr><td rowspan="2">2</td><td>Directive on a Community framework for electronic signatures
电子签名统一框架指令</td><td rowspan="2" colspan="2">欧盟</td></tr>
<tr><td>Directive on certain legal aspects of information society services, in particular electronic commerce, in the Internal Market (Directive on electronic commerce)
《关于国内市场社会信息服务尤其是电子商务特定法律方面的指令》（电子商务指令）</td></tr>
<tr><td rowspan="2">II
欧洲</td><td rowspan="2">3</td><td>The Electronic Transaction Act
电子交易法</td><td rowspan="2">百慕大</td><td rowspan="2">英国</td></tr>
<tr><td>The Certification Service Providers Regulations
服务提供商管理规则</td></tr>
</table>

续表

分类	编号	法律文件名称	国家/地区/组织	
Ⅱ 欧洲	3	Code of Conduct Standard for Electronic Transaction 标准电子交易行为法	百慕大	英国
		Electronic Transactions Ordinance 电子交易规则	特克斯和凯科斯群岛	
		Electronic Communications Act 电子通信法案	英国本土	
		The Electronic Commerce（EC Directive） Regulations 电子商务（指导）规则		
		The Electronic Signatures Regulations 电子签名规则		
	4	Information and Communication Services Act 信息与通信服务法案	德国	
		德国电子签章法		
	5	Digital Signatures Act 电子签名法案	爱沙尼亚	
	6	Electronic Commerce And Electronic Signature Act 电子商务与电子签名法案	斯洛文尼亚	
	7	Electronic Commerce Law 爱尔兰电子商务法	爱尔兰	
	8	Electronic Commerce Act 电子商务法案	马耳他	
	9	Electronic Commerce Act 电子商务法案	芬兰	
	10	State Ordinance Agreements By Electronic Means 通过电子手段交易的管理协议	荷属安的列斯群岛	
Ⅲ 美洲	11	Electronic Signatures in Global and National Commerce Act 关于国际与国内电子签名法案	美国	
		Uniform Electronic Transaction Act 统一电子交易法案		
	12	Electronic Commerce Act 电子商务法案	加拿大，新斯科舍省	

续表

<table>
<tr><th>分类</th><th>编号</th><th>法律文件名称</th><th colspan="2">国家/地区/组织</th></tr>
<tr><td>Ⅲ
美洲</td><td>13</td><td>E - Commerce Law
电子商务法</td><td colspan="2">哥伦比亚</td></tr>
<tr><td rowspan="3">Ⅳ
大洋洲</td><td rowspan="2">14</td><td>Electronic Transactions Act
电子交易法案</td><td>维多利亚州</td><td rowspan="2">澳大利亚</td></tr>
<tr><td>Electronic Transactions Act
电子交易法案</td><td>全国</td></tr>
<tr><td>15</td><td>New Zealand ETA
《新西兰电子交易法案》</td><td colspan="2">新西兰</td></tr>
<tr><td rowspan="10">Ⅴ
亚洲</td><td rowspan="3">16</td><td>电子交易条例</td><td colspan="2" rowspan="3">中国香港</td></tr>
<tr><td>电子交易（修订）条例</td></tr>
<tr><td>香港认可核证机关业务守则</td></tr>
<tr><td>17</td><td>Electronic Transactions Act
电子交易法案</td><td colspan="2">新加坡</td></tr>
<tr><td rowspan="2">18</td><td>The Basic Law on Electronic Commerce of Korea
《韩国电子商务基本法》</td><td colspan="2" rowspan="2">韩国</td></tr>
<tr><td>Electronic Signature Act
电子签名法</td></tr>
<tr><td rowspan="2">19</td><td>《日本电子签名与认证服务法》</td><td colspan="2" rowspan="2">日本</td></tr>
<tr><td>《电子消费者契约及关于电子承诺通知之民法特别法》</td></tr>
<tr><td>20</td><td>Electronic Commerce Act of 2000
电子商务法（2000）</td><td colspan="2">菲律宾</td></tr>
<tr><td>21</td><td>Federal Law On Electronic
Commerce and Transactions
联邦电子商务与交易法</td><td colspan="2">阿拉伯联合酋长国</td></tr>
<tr><td>Ⅵ
非洲</td><td>22</td><td>Electronic Exchanges and Electronic Commerce Bill
电子交易与电子交易法案</td><td colspan="2">突尼斯</td></tr>
</table>

从上述国际组织和各国国家及地区的电子商务相关法律文件中，可以发现《电子商务法》规范产品质量的立法例不多见。与产品质量有关联的主要集中在：

（1）1999 年百慕大群岛的电子交易法案第五部分“加密”涉及产品监督，规定政府有权就加密程序和其他加密产品的进出口制定相关规则，并禁止加密产品出口或设置相应的限制条件①。

（2）2000年英属百慕大群岛标准电子交易行为法第四部分“电子商务标准”规定：应当诚信宣传，禁止对产品和服务的性质、质量和用途做误导消费者的宣传②。

（3）相类似地，英属特克斯和凯科斯群岛的电子交易规则（2000）也有类似于百慕大有关加密数字产品的规定。

（4）此外，斯洛文尼亚的电子商务与电子签名法案（2000）第三章“电子签名”第三十三条第一款规定：认证服务提供商必须使用值得信赖的产品和系统。

（5）荷属安的列斯群岛的通过电子手段交易的管理协议（2000）第十章“监管与调查”规定：应当对商品进行检验检疫，抽取商品样本。

因此，我们能够得到的基本结论是，尽管联合国电子商务示范法为一国根据本国情况增加特殊领域的电子商务规范预留了空间，但从各国电子商务立法例的实践来看，通过电子商务法对数字加密产品进行规范的存在少数立法例，而在电子商务法中直接对产品质量作出监管规范的则是极少个案。

（二）主要发达国家（地区）产品质量监督管理制度

1. 美国

美国对于产品质量监管形成了较为完善的法律体系和规章制度，不仅国会立法规定了相关政府机构的职权，而且政府机构也制定法规规定了对产品质量的强制性要求，政府机构内部还有详细的规范工作人员行为的工作程序，使日常工作有章可循，降低产品质量监督工作过程中人为因素的影响，保证其公平、公正和一致性。美国质量监管机构及其职能一览表如表13－2所示。

表13－2　　美国质量监管机构及其职能一览表

监管机构	监管对象	主要职能	监管方式
联邦贸易委员会（FTC）	所有贸易欺骗行为	●受理消费者控告 ●市场禁入、停止生产、取消订货 ●销毁或没收违法商品 ●向违反者征收赔偿金、罚金 ●向国会报告重大事件	●出版消费者资讯 ●教育消费者 ●处理消费者申诉信件 ●展开调查，采取法律行动和制定交易规则

① The Governor may make regulations—

(a) in respect of the use, import and export of encryption programmes or other encryption products;

(b) Prohibiting the export of encryption programmes or other encryption products from the Islands generally or subject to such restrictions as may be prescribed.

② Advertise Truthfully, and accordingly do not mislead customers as to the nature, quality or purposes of goods or services sold through your business.

续表

监管机构	监管对象	主要职能	监管方式
消费者产品安全委员会（CPSC）	除食品、药品、汽车、飞机等特殊商品之外的所有其他商品	●保护消费者免遭不安全产品的损害 ●负责实施消费者安全法、易燃性纺织品法、联邦有毒物品法、毒品控制包装法和冷冻器安全法 ●在全国范围内系统收集因消费类商品而致伤或死亡的案件，一旦发现某种商品发生危险的频率较高，就立即采取行动或提醒消费者注意 ●禁止不安全产品的销售并帮助消费者索回货款 ●向法院起诉以便查封有害产品及向公众通报 ●必要时制定产品安全标准 ●消费者教育和提供消费者资讯	●强制性管制手段逐渐减少 ●厂商自动配合，自行订立安全规范 ●只有在该行业厂商无法自行解决问题时，CPSC 才加以管制
食品药品监督管理局（FDA）	食品、药品、医疗器械、化妆品、腐蚀性物品	●执行联邦关于食品、药品、医疗器械、化妆品、腐蚀性物品等的法律 ●保障这些产品的安全卫生和有效性	●享有执法权和处罚权
食品安全与检验署（FSIS）	肉、禽、蛋以外所有食品	●负责肉、禽、蛋以外所有食品的检验工作 ●疾病控制与预防中心负责所有食源性疾病的调查与防治 ●食品安全研究、教育、预防、监测、标准制定和应急事件反应	
商务部（US-DC）	食品质量监管		
疾病管制中心（CDC）	食品质量监管		

续表

监管机构	监管对象	主要职能	监管方式
动植物卫生检验署（APHIS）	植物和动物	●防止植物和动物等有害生物和疾病 ●动植物产品质量安全的检查	
环境保护局（EPA）	饮用水	●负责饮用水的质量管理 ●保护消费者免遭农药带来的危害 ●改善有害生物管理的安全方式	

美国政府为了加强对产品质量的监管，制定了一系列监管制度，其中比较典型的有：

（1）认证认可与强制检验制度。美国政府为了满足对产品、商品质量认证认可的需要，在一些重要城市设立检测办事处和认可实验室，从事实验室认可管理和产品检验工作。另外，美国政府还采取对产品进行强制检验或审查评定的市场准入制度。美国联邦政府产品和服务计划规定：一些类别产品未经安全性检测合格并得到有关机构许可，不得进入美国市场。

（2）产品分类监管制度。美国政府根据产品可能对消费者带来危险程度的不同，采取产品分类监管制度。不同类别的产品其监督管理方式不同，投入的财力和人力也各不相同：对危险性大的产品，其生产、贮存和运输全过程实行监控；对一般性消费品，只对其涉及消费者健康、安全和环保的技术指标实行监督；对玩具、婴儿床、服装、家用电器、家具等存在对人体健康和生命财产安全产生实质性危害的日用品，则进行重点监控；对特种设备、食品、药品、化妆品等特定产品实施统一性、规范性和强制性监管措施。

（3）缺陷产品的召回制度。现今美国实行的严格责任的缺陷产品召回制度，使产品从研发、开发、生产到销售，只要被发现存在缺陷，任何一个厂商都逃脱不了责任。

（4）激励制度。美国政府为提高产品质量采取的激励方式主要有设立国家质量奖、资助小企业接受质量管理咨询服务等。美国国家质量奖每年颁奖 3～5 个，在白宫由总统亲自颁发。现在，每年申请国家质量奖评审的企业已超过 20 万家。

2. 德国

德国产品质量监管机构主要由消费者组织和商品测试机构组成。其中国家一级的消费者组织主要包括消费者协会、消费者保护协会及消费者研究所，商品测试机构主要包括商品测试基金会和消费者信息咨询服务组织。

德国产品质量监管的法律体系主要由食品法、食品改革法、新药品法、反不正当竞争法、反限制竞争法、广告法、商标法、折扣法、商品标价法、商品识别标记法等 20 多部法律构成。这些法律大部分是针对生产者和销售者的，要求生产者和销售者必须严格地按照法律提供符合消费者利益的产品①。

3. 小结

不难发现，发达国家对于电子商务环境下产品质量监管并没有另起炉灶建立一套新的监管体系，而是线上线下不作区分地统一对产品质量进行监管。国外实践表明，产品质量问题主要依靠市场调节，由买受者通过合同、消费者权益保护、产品责任等领域规范解决，通过追究民事赔偿责任的方式促进生产者和销售者提升产品安全和质量。政府在产品质量监督方面并不发挥主导作用，毕竟市场经济是开放的经济，企业通过产品参与自由竞争，只要产品质量不低于法定最低要求，就由市场决定产品的优胜劣汰。政府作为市场守夜人，仅守住最后的底线。

对比发达国家产品质量监管制度，作为市场经济起步较晚的我国，同样也借鉴学习了西方的做法，亦建立起了一套认证认可、强制检验、分类监管、产品召回等制度并有相应的立法予以支撑。好的制度能否体现其价值关键在于执行，前述制度若都能切实执行，那么就能够有效提升产品质量。在政府适当干预的基础上，现实的办法是将政府监管与行业自律有机结合起来，发挥行业自律对规范市场经济秩序、提高产品质量的作用。同时，还应充分发挥民间机构的监督作用，为政府相关机构提供及时、有效的产品反馈信息，这对于提升监管效率，降低产品的安全风险具有很大的促进作用②。

2013 年修正的消费者权益保护法新增了七日无理由退货，对采用网络、电视、电话、邮购等方式销售商品的商家，比之前按照合同约定退货实行更为严格的退货规定③，很大程度上遏制了产品标示与实际不符、产品存在质量瑕疵等现象，体现了我国经济调控倾向发挥市场作用和民事救济的功能。

四、我国电子商务产品质量监督管理制度重构

（一）明确电子商务产品的内涵

我国目前电子商务法立法规划反映出电子商务法拟定的方向是广义的电子商务法，内容涵盖较为全面。但针对电子商务产品质量监督管理研究，首先必须明确“电了商务产品”的内涵，及其与产品质量法调整的“产品”的关系。

1. 产品质量法的“产品”

我国产品质量法第二条规定，“本法所称产品是指经过加工、制作，用于销售的产品。建设工程不适用本法规定，但是，建设工程使用的建筑材料、建筑构配件和设备，属于前款规定的产品范围的，适用本法规定。”根据产品质量法条文释义中有关产品的解释，产品范围包括：以销售为目的，通过工业加工、手工制作等生产方式所获得的具有特定使用性能的物品。未经加工而天然形成的产品，如原矿、原煤、石油、天然气等，以及初级农产品，如农、林、牧、渔等产品，不适用产品质量法规定。“建设工程不适用本法规定”是指建筑物、工程等不动产不适用本法规定。不动产中的动产适用产品质量法。在中华人民共和国境内销售的属于本法所称产品范围的进口产品，适用产品质量法的有关规定。

---

① 高晓红、康键：“主要发达国家质量监管现状分析与经验启示”，《世界标准化与质量管理》，2008 年第 10 期。

② 高晓红、康键：“主要发达国家质量监管现状分析与经验启示”，《世界标准化与质量管理》，2008 年第 10 期。

③ 《中华人民共和国消费者权益保护法》（2013）第二十四条、第二十五条。

2. 学者关于产品范围的理解

从产品质量法对产品的定义上看，我国的产品范围必须同时具备两个要件：一是经过加工、制作，二是用于销售。这样就将未经加工、制作的包括渔业、畜牧业产品在内的初级农产品和猎获物以及加工、制作但是自用等产品排除在外。可以得出我国产品的范围仅限于动产。

根据我国产品质量法规定，不动产、初级农产品、电、气、热等无形产品，书籍等智力产品，军工产品以及服务，都被排除于产品范围之外①。

我国的产品质量法和产品责任法将"产品"作了较大的限制：首先，应当是加工、制作的有形劳动产品，且有形产品中将不动产排除在外；其次，无形产品不在产品质量法和产品责任法规定的产品范围之内；再次，产品应处于生产或销售活动中，不包括生产、销售活动以外的其他经营活动中的产品；最后，根据我国产品质量法第七十三条的规定，军工产品不在立法的范围之列②。

综合上述观点，可见我国产品质量法调整的是以销售为目的，通过工业加工、手工制作等生产方式所获得的具有特定使用性能的有形物品。但军工产品、建筑不动产不包括在内。

3. 电子商务产品概念辨析

严格意义上讲，电子商务产品并不是准确的法律术语，没有相对应的概念。结合参考其他国家（地区）电子商务相关法律，电子商务产品大体可以分为以下三类：第一类是电子商务有关的产品，对这类借助电子商务手段进行交易的产品，各国电子商务立法中没有对电子商务产品作出统一规范，在很大程度上依赖于传统的有形动产的监管，包括但不限于产品责任法、消费者权益保护法等，这一类产品比较接近我国产品质量法调整的产品；第二类是电子商务服务产品，诸如支付宝、阿里旺铺、慧聪网买卖通，主要是电子商务平台开发的支付类电商产品或战略平台产品③。第三类是电子产品或称数字商品（Digital Products, Electronic Goods, E－goods），这类产品是以数字形式存在的无形商品，可以通过电子邮件发送或获得在线下载，包括数字媒体在内的广泛物品，如电子书、音乐下载、网上优惠券、电子门票等虚拟商品④。我国电子商务产品质量监管所指向的产品是否包括上述三类产品，还是仅限于传统产品质量法调整的产品？我们认为，从目前我国电子商务发展突出的产品质量现状来看，我国电子商务产品质量监管语境下的"电子商务产品"主要是第一类，即借助电子商务手段交易的产品，与产品质量法调整监管的产品应是一致的。

（二）通过网络交易平台实现对网络销售者的监管

1. 经营者放开准入是市场经济发展趋势

简政放权的大背景下，很难想象在没有法律明确授权的情况下，政府能够继续伸长伸向市场的手。在电子商务领域，网店开设应具备的条件并没有严格的要求，实践中往往是由网络服务平台决定。《个体工商户条例》（2011）已经取消了个体工商户关于雇工等的要求，

---

① 郝培培、刘献涛："试论我国产品质量法中产品范围的界定"，《法制与社会》，2010 年第 1 期。

② 申天恩："试论产品质量法与产品责任法中的产品范围"，《长春工业大学学报（社会科学版）》，2008 年第 2 期。

③ 2009 年中国十大主流电子商务服务产品盘点，http://www.china.com.cn/economic/txt/2010－01/11/content_19213524.htm，最后访问时间 2014 年 8 月 7 日。

④ 维基百科："Digital goods"的解释，http://en.wikipedia.org/wiki/Digital_goods，最后访问时间 2014 年 8 月 7 日。

只要是有经营能力的公民均可申请个体工商户登记。2014 年《个体工商户条例》进行修改，个体工商户特指有经营能力且经工商登记从事工商业经营的公民。为便于行政管理，“条例”增加了对电子营业执照法律效力的规定，并取消了个体工商户未按时年检可被吊销营业执照的规定。修法的变迁反映出国家对自然人经营活动的监管维度趋向宽松，通过降低准入门槛进一步激活市场。对个体工商户及其网上销售的行为，依照《个体工商户条例》和《网络交易管理办法》进行监管。因此，没有办理个体工商户登记的自然人，其网店开设和经营活动监督管理的主要法律依据是《网络交易管理办法》。

2. 网络交易平台应承担监控和协助调查义务

（1）现有立法已对网络交易平台作出相应规定。

《互联网信息服务管理办法》（国务院令 292 号，2000 年颁布，2011 年修改）规定，互联网信息服务提供者发现其网站传输违法信息内容时，应当立即停止传输，保存有关记录，并向国家有关机关报告[①]。由此确定了包括网络交易平台在内的互联网信息服务提供者应当承担监控网站信息，以及向国家机关报告的法定义务。尽管《互联网信息服务管理办法》要求网站必须监控并报告的信息多为涉及国家安全的信息，但“含有其他法律、行政法规禁止的内容的”这一兜底条款为网站承担更多的法律义务提供了依据[②]。

此外，著作权法领域的相关规定同样间接规定了行政机关有权要求网络服务提供者提供涉嫌侵权的服务对象的姓名（名称）、联系方式、网络地址等资料[③]。可见，网络服务平台在其他相关立法的规范下已承担了一定的保存网络使用人信息的义务。因此，在不过分增加网络服务平台法定义务且兼顾与现有立法衔接的基础上，可以适当要求网络服务平台对进驻其平台的销售者的基本身份情况和交易情况进行保存审查。

（2）电子商务产品质量监管必须采用电子技术手段。

根据产品质量法的规定，生产者和销售者是产品质量的义务承担者。网络技术的发展和电子商务平台的介入，没有实质性改变产品质量法项下“产品”的生产方式，改变的只是销售渠道。因此，原则上传统立法有关产品质量的监管规范应当继续在电子商务环境下适用。

但是必须注意到电子商务的特殊性，根据 CNNIC 数据显示，截至 2013 年 12 月，我国实际运营的个人网店数量为 1122 万家。除个人网店之外，还有数量庞大的企业类网络交易平台。销售者数量激增，需要寻求更有效的途径以加强对销售者产品质量义务的监管。显然，由产品质量监督行政机关直接监管千万计的网络销售者并不现实。实践中，产品质量监管部门无法便捷迅速地确定网络销售者的真实身份，是掣肘电子商务产品质量监管的重要原因。因此，因技术革新产生的电子商务产品质量监管必须依靠相应技术解决。其中首要的问题是建立网络销售者真实身份的识别制度，对此较为经济便捷且有技术可行性的方法就是由

---

① 《互联网信息服务管理办法》第十六条。

② 根据《互联网信息服务管理办法》第十五条，互联网信息服务提供者必须监控和报告的信息包括（一）反对宪法所确定的基本原则的；（二）危害国家安全，泄露国家秘密，颠覆国家政权，破坏国家统一的；（三）损害国家荣誉和利益的；（四）煽动民族仇恨、民族歧视，破坏民族团结的；（五）破坏国家宗教政策，宣扬邪教和封建迷信的；（六）散布谣言，扰乱社会秩序，破坏社会稳定的；（七）散布淫秽、色情、赌博、暴力、凶杀、恐怖或者教唆犯罪的；（八）侮辱或者诽谤他人，侵害他人合法权益的；（九）含有法律、行政法规禁止的其他内容的。

③ 《信息网络传播权保护条例》第十三条。

网络交易平台对入驻平台的卖家进行身份登记及资料保存。

（3）有关规章制度有待进一步完善。

由于所有网络销售者必须通过某一特定的网络交易平台实施销售行为，对网络销售者产品质量义务监管的更好途径应是加强对网络交易平台经营者的监管。国家工商总局《网络交易管理办法》已对此作出了相应规范，提供了较有价值的参考。该“办法”第二十三条第二款规定：“第三方交易平台经营者应当对尚不具备工商登记注册条件、申请进入平台销售商品或者提供服务的自然人的真实身份信息进行审查和登记，建立登记档案并定期核实更新，核发证明个人身份信息真实合法的标记，加载在其从事经营活动的主页面醒目位置。”第二十四条规定：“第三方交易平台经营者应当与申请进入平台销售商品或者提供服务的经营者订立协议，明确双方在平台进入和退出、商品和服务质量安全保障、消费者权益保护等方面的权利、义务和责任。”可见，在难以对自然人网上卖家进行直接介入监管的情况下，应加强对第三方交易平台经营者监管达到对自然人卖家网络销售商品质量监督的目标。

但是，由于该“办法”是由国家工商总局颁布的，法律规范层级较低，实施范围有效，法律效力有待提高。第三方交易平台经营者除应具备一套完整的登记审查制度之外，还有必要建立经营异动报告制度，当出现某类产品或某个商家产品质量投诉较多的情况时，应主动向政府监管部门报告，由监管部门以公权力介入监管。从平台内部协议自律监管到异动报告外部政府监管，对于第三方交易平台而言，既有技术可行性，又能保持其作为电子商务重要主体的权利义务对等性。而从政府的角度出发，对电子商务市场保持适度的监管距离，既不过度干预网络交易平台的经营，又能谨慎关注市场秩序，符合适当行政和便利行政原则。

（三）明确电子商务其他主体的产品质量责任

如上所述，网络交易平台在监控网络销售者方面具有天然的技术优势，理应发挥协助政府部门从销售环节发现有问题的产品，并进一步溯源追踪其生产的重要功能。不过，同样不能忽视其他电子商务参与主体的作用。

电子商务概念模型是信息流、商流、资金流和物流的整合。这些要素越是充分有效整合，电子商务发展越有保障。除通过各类互联网信息服务提供商搭建的信息流平台，组织实体产品生产销售外，涉及资金流的支付和物流的运输是构成完整电子商务交易链的重要环节。尽管存在少数直接通过网络传输方式配送的，如电子出版物及软件、信息咨询服务，但“电子商务产品”概念下的商品都要经由物理方式传输，“得物流者得天下”，显见物流对电子商务发展的重要性。电子商务的一般流程图如图 13 – 2 所示：

从电子商务产品质量监管的角度看，单靠网络交易平台对进驻商家进行身份审查确认，以及依靠网络卖家对所售商品进行来源披露，容易因来源过于单一产生追溯中断。如网络卖家借用亲友身份证开设网店以期逃避监管和处罚，这种情况下通过网络支付环节银行一方掌握收款人银行账户的基本信息，能帮助确定真实卖家。又如，网络卖家销售商品，可能来自不同生产厂家或基地，但在交付环节都要依赖物流公司完成。在追溯产品真实来源上，物流公司的收货货品和收货地等信息能帮助锁定问题产品的源头。因此，包括支付、物流在内的其他电子商务参与主体，应当在电子商务产品质量保障中承担一定义务。我们认为，保存客户资料备查，既满足金融物流企业建立现代企业治理结构的内部需要，又能为协助政府监管部门维护电子商务产品质量安全保障提供支持。在不过度干预企业经营的前提下，要求电子商务参与主体承担保存客户资料的责任，且在行政机关依法行政过程中予以配合，具有迫切

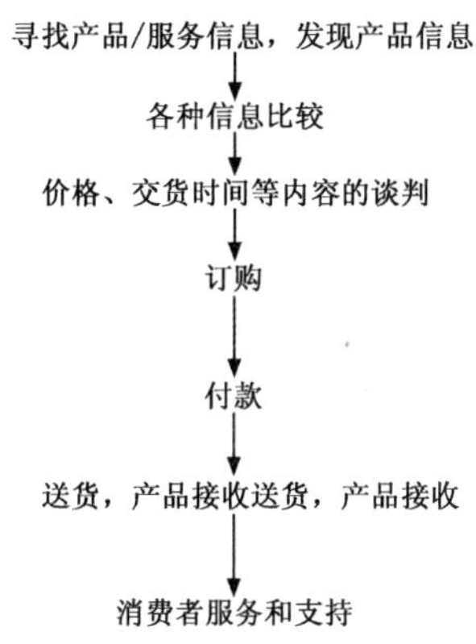

图 13－2　电子商务的一般流程

性和可行性。

(四) 建立资源信息共享机制，建设电子商务产品质量诚信体系

从行政管理的便利性和透明度角度出发，建议同样采取网络技术应对电子商务质量监管混同问题，搭建电子商务产品质量监管协同中心网络平台，发布全国各第三方交易平台或自营平台产品质量监测和投诉信息，由协同中心平台甄别信息报相关职能部门或由相关职能部门主动判识信息进行监管。同时，及时将监管行为在中心平台进行披露，防止重复执法。2013 年 7 月 3 日由浙江省杭州市质量技术监督局试点推行的国家网上产品质量监管协作平台，旨在通过产品质量的网络抽检，质量安全信息的共享共用，电子商务“大数据”的应用，强化政府部门之间及电商平台的协作，建立跨地域、跨领域的质量安全监管协作机制。我们认为，从平台的功能上看，平台应当能实现政府不同部门之间信息沟通、政府企业之间信息沟通。从平台的内容上看，网络平台内容建设是工作重点。平台内容应当包括政府部门对电子商务产品的规范要求、电子商务企业的行业风险控制报告、政府部门对电子商务产品的风险警示、问题电子商务产品生产商和销售商的曝光公告等。显然，平台内容建设的根本取决于政府部门内部以及不同政府部门之间信息的沟通和共享。只有打破行政部门的内外藩篱，才能真正实现高效行政的目标。

电子商务经营环境的虚拟性和流通服务的跨地域性，也加剧了产品信息的不对称性，给产品质量违法行为留下了制度漏洞，从而加大了质检部门发现产品质量问题的难度，对质量技术政府监管提出了严峻的挑战。因此，急需研究制定基于组织机构代码和商品条码的电子商务交易商品质量信息公开国家标准，并将传统的质量信用分级分类管理延伸到电子商务领域，建立电商企业质量信用档案，推进电子商务质量诚信建设工作。

(五) 建立电子商务产品风险监测、警示制度

电子商务产品交易依托信息网络技术兴起，电子商务产品质量监管应充分利用现代化信息技术和手段。2014 年 6 月 13 日，国家质量监督检验检疫总局发布《关于加强消费品质量安全监管工作的指导意见》，提出加快构建“网上抽查、源头追溯、属地查处”的电子商务产品质量监督机制。以网上热销、投诉较多的大众消费品为重点，组织开展电子商务产品质量风险监测和监督抽查。

程序合法是当代行政管理的重要考验，将抽查复制到电子商务环境下存在障碍。这是因

为，抽查即便在线下操作也必须解决抽查产品批次的问题，否则将影响抽查后送检及其结果数据的科学性。而批次问题无法在网上抽查过程中确定，也不能通过“神秘卖家”解决。况且，电子商务产品品类繁多，不仅有鞋帽等易于进行线下抽检的服装鞋帽类日用品，还有很多重型机器设备等不便进行抽检的产品。更进一步的问题是，是不是所有的电子商务产品都有必要进行抽检，即使产品销售者能够被便捷且无异议地确认。

如前所述，根据消费者权益保护法规定，一旦网络购物出现产品质量瑕疵或购买者不满意产品等问题，消费者可以享有七天无理由退货的权利。这项规定能够在很大程度上保证质量低劣的产品逐渐被市场排挤出去。不过要特别指出的是，人人有不同的需求，同一类产品也有高低之分，而有需求就有生产。如果部分瑕疵或完全瑕疵的产品在网络上以买卖双方能接受的价格交易成功，且这些产品并不关乎国家经济和社会安全的，政府应当任其自由发展并且放弃干预。因此，政府应抓大放小，在产品质量监管中抓住主要矛盾，管住关乎人民生命健康的重要产品质量安全问题，而其他产品的质量安全依靠市场的力量实现优胜劣汰和民事追责即可。政府应当发挥网络交易平台大数据等新技术的作用，开展风险监测，对特定行业产品评价进行大数据分析，发出预警。这样，政府的监管职能更多地在引导、警示，而非强制、处罚，由管理型政府向服务型政府转变。这一模式也同样适用于进出口商品的质量监督。

五、立法建议

基于前述分析，建议在电子商务法中规定以下产品质量监管内容的条款，表述如下：

（法条建议一）国务院产品质量监督部门主管全国电子商务产品质量安全监督工作。国务院有关部门在各自职责范围内负责电子商务产品质量安全监督工作。

（法条建议二）国务院产品质量监督部门负责建立电子商务产品质量风险监测制度，发现严重产品质量安全隐患时，向社会公众发布电子商务产品质量安全风险警示。

（法条建议三）国务院产品质量监督部门负责建立健全电子商务产品交易主体和产品质量安全追溯制度，推动组织机构代码和商品条码在电子商务领域应用。

（法条建议四）网络交易平台经营者应当对申请进入平台销售商品的经营者主体资格、身份、地址和联系方式进行审查、核实和登记，建立档案并定期更新。

网络交易平台经营者应当建立内部产品质量管理制度，并记录、保存在其平台上发布的电子商务产品的交易信息。

产品质量监督部门有权向网络交易平台经营者调取相关经营主体及经营数据信息，网络交易平台经营者应当予以配合。

（法条建议五）网络交易平台经营者应当建立经营异常报告制度，对进入该平台销售商品的经营者及其发布的商品信息进行监督，发现有违反产品质量安全管理法律法规行为的，应当向其所在地的产品质量监督管理部门报告。

（法条建议六）为电子商务产品交易提供支付结算、物流快递等服务的有关经营者，应当记录保存相关交易信息。

产品质量监督部门有权向提供支付结算、物流快递等服务的有关经营者调取相关信息，有关经营者应当予以配合。

（国家质量监督检验检疫总局课题组）

第十四篇 快递与电子商务协同发展研究报告

快递是现代服务业的“黑马”，近年来获得迅猛发展。作为电子商务产业链的重要组成部分，快递发挥着至关重要的作用。在产业链中，快递配送是实现网络购物交易的关键环节，是信息流、物流、资金流最终实现的根本保证。

一、快递支撑电子商务发展

(一) 快递与网络购物的关系

快递与网络购物是电子商务产业链中紧密相关的参与主体，相互影响、相互依存，火借风势、风助火威。

1. 快递对网络购物的影响

2014 年我国快递业务量达 140 亿件，同比增长 52%，跃居世界第一。最多的一天，有超过 1 亿件快件在寄递途中。同时，在 2014 年国内生产总值增速放缓的情况下，快递业务收入正以 5 倍于国内生产总值的增速发展。快递服务能力为网购作了大部分支撑。据中国电子商务研究中心发布的《2014 年度中国网络零售市场数据监测报告》显示，2014 年度中国网络零售市场规模占社会消费品零售总额的 10.6%。据报告显示，截至2014 年 12 月中国网络零售市场交易规模达 28211 亿元，较 2013 年的 18851 亿元，同比增长 49.7%。快递支撑网络购物实现井喷式增长。

2. 快递在产业链中的作用

只有通过快递网络配送，将商品或服务真正转移到消费者手中，商务活动才能结束，快递实际上是以商流后续者和服务者的姿态出现。因此，快递配送服务的好坏直接影响消费者的网购行为，进而影响整个网络购物业的发展。

3. 快递在产业链中的地位

目前，我国快递业对网购依存度高，部分地区和快递企业超过 70%~80% 的业务量来源于网络购物。快递业话语权不强，支撑虽大，却对上游电商影响不足。

4. 快递与网络购物的关系定位

我国的网购产业链呈现出“哑铃型”的结构特征，即两头大、中间小。“两头大”是指产业链两端的商家和用户群体庞大，据有关数据显示，2013 年个人网店规模为 1124 万家，2013 年网络购物用户规模为 3 亿人。“中间小”是指网络购物企业和快递企业少。据有关数据显示，到 2013 年 12 月底国内 B2C、C2C 与其他电商模式企业数已达 29303 家。“哑铃型”的产业链要求快递与网购必须协同发展，共同做大做强，方能促进整个产业链健康可持续发展。

(二) 电商模式下快递企业的特征

与传统商业模式下的快递配送相比，电子商务模式下的快递企业主要呈现网络化和信息化的特征。

(三) 协同发展存在问题的表象

近年来，我国快递业发展取得了显著进步，例如积极提高旺季服务保障能力，解决了快件爆仓的痼疾，但是也暴露出一些问题，主要表现为用户对快递的投诉、申诉量呈上升趋势。

(四) 协同发展存在问题的主要原因

前些年的爆仓和近两年的投诉率上升等问题只是快递与网络购物发展不匹配的表象，究其内在的深层次原因，主要集中在三个方面：一是快递、网购两者间尚未形成有效的协同；二是网购市场自身运作不规范，很多商家盘剥快递企业，压缩快递收益空间；三是快递自身能力总体不足，与网络购物的需求尚存在一定的差距。

二、快递与电子商务协同发展的机遇与挑战

在未来相当长的一段时间内，快递与电子商务协同发展将进入一个难得的战略机遇期，从经济社会、政策法规、产业发展、用户需求等维度来看协同发展的机遇与挑战，机遇要明显大于挑战。

（一）协同发展的机遇

经济发展方式转变推动、政策法规逐渐完善、关联产业发展拉动，是协同发展面临的三大主要机遇。

“十二五”期间，国民经济加快转变发展方式，优化经济结构，大力推动了服务业和现代物流业加速发展。国务院出台了《物流业调整和振兴规划》，这是十大振兴规划中唯一的服务产业专项规划。此外，邮政业“十二五”规划明确提出：要推动快递与电子商务的联动发展。

国家先后出台了一系列的政策法规，不断为我国快递行业打造和谐的发展环境。

网络购物、交通运输、高科技产业等关联产业的快速发展将加快提升快递业的综合竞争力，为快递市场健康可持续发展提供重要的驱动力量。

（二）协同发展的挑战

快递运营效率低、交融领域政策法规缺失、网购提出新的更高要求，是协同发展面临的三大主要挑战。

目前，我国快递企业的现代化水平低，经营方式粗犷，运营效率低下，信息化和技术能力薄弱，属于劳动密集型产业。交融领域政策法规的缺失导致监管手段匮乏、监管力度不强，不利于产业的健康发展。快递企业无法满足电子商务企业和网络购物用户对网购快递服务提出的更高要求。

总的来说，今后的相当一段时间内，我国快递与电子商务协同发展将面临跨越式发展战略机遇，同时也存在诸多的挑战。

三、协同发展的政策建议

快递与电子商务协同发展要以科学发展为主题，以加快转变发展方式为主线，强化企业的主体作用，综合运用政府监管的法律、行政、经济手段，健全政策法规、完善市场监管、加大扶持力度，创造良好的发展环境，促进快递与电子商务协同，全面推进产业链的健康可持续发展。

法制建设是产业链规范发展的保障，环境建设是产业链公平竞争的前提，因此要加强对电子商务与快递产业交融领域的治理体系建设，营造良好的发展环境。

在完善快递市场监管制度体系的过程中，要注重将电子商务与快递协同发展的相关市场监管制度纳入其中，构建有利于协同发展的规范的市场秩序。完善市场监管体系主要体现在以下方面：落实快递许可制度、完善加盟机制监管、规范快递代收货款、保护消费者合法权益、加强安全保障和行为规范监管、明确有关法律责任。除依法实施市场监管外，国家还要

进一步加大政策扶持力度，切实解决快递发展中存在的难题。

四、立法建议

电子商务立法的主要框架主要考虑三点：一是把电子商务立法的“法里”和“法外”问题统筹考虑，“法里”是指法律可以规范的内容，法律能够解决的问题。“法外”是指电子商务产业发展的实际形态。二是把国外的现行规定与我国的现实国情统筹考虑。该强化的强化，比如电子商务产业链和促进发展的问题，该弱化的弱化，比如其他实体法已有的明确规定不必在此重申。三是将立法前瞻性和现实性、形式性和实质性问题统筹考虑。

基于以上考虑，以及电子商务实体、电子市场、交易事务和信息流、商流、资金流、物流等电子商务复杂的基本要素构成，从立法资源的实际配置情况来看，在立法形式上搞大一统的电子商务法典是有难度的。一是立法的“线上”规范和“线下”规范的匹配度并没有真正的搞清楚，业内的看法也不一致。二是立法“全面论”和“重点论”也没有达成共识。三是在立法的技术上处理难以到位。因此建议从电子商务法律体系上统筹考虑，甚至名称都可以称之为电子商务法，但要突出重点，与已有的电子签名法协调好，力争尽快构建成一个立足行业实际、适应经济社会发展需要，以电子商务法和电子签名法为核心，以行政法规、部门规章、地方性法规和规章等构成的多层次制度规范的电子商务法律法规体系，切实发挥法律引导经济发展的作用。

结合上述考虑，初步建议电子商务法的立法框架由总则、电子商务主体、电子商务服务、电子商务安全、用户权益保护、促进政策与措施、监督管理、法律责任、附则等九部分构成。

各章节所列建议条文仅涉及电子商务中的快递部分规定。

立法建议稿

第一章　总　　则

第一条【立法目的】为了加强对电子商务市场的监督管理，推动公平有序竞争，提高市场效率，维护交易安全，保护用户的合法权益，规范和促进电子商务健康发展，适应经济社会发展和人民生活的需要，制定本法。

第二条【适用范围】在中华人民共和国境内从事电子商务经营，使用电子商务服务以及实施监督管理等活动，适用本法。

第三条【电子商务定义】本法所称电子商务，是指利用互联网进行产品销售和提供服务的经营活动。

第二章　电子商务主体

第四条【快递物流许可】经营快递业务，应当依照《中华人民共和国邮政法》的规定取得快递业务经营许可。未经许可，任何单位和个人不得经营快递业务。快递物流应当依照法律、行政法规以及行业自律的规定和服务标准，保障服务质量，维护用户合法权益。

第五条【快递物流加盟条件】加盟经营快递物流业务的，被加盟人与加盟人应当符合下列条件：

（一）依法取得快递业务经营许可证，能够在加盟的地域范围内经营快递业务；

（二）被加盟人与加盟人按照合同的约定各自独立经营，各自承担民事责任；

（三）被加盟人具备向加盟人提供异地快件的运输、中转及投递服务的能力；

（四）加盟人拥有接入被加盟人快递服务计算机信息系统的设施设备；

（五）国务院邮政管理部门规定的其他条件。

第六条【快递物流加盟服务要求】以加盟方式经营快递业务的，加盟人不得超越被加盟人的经营许可范围。被加盟人与加盟人应当签订书面协议约定双方的权利义务，遵守共同的服务约定，使用统一的商标、商号、快递运单、收费标准和安全保障制度，统一提供快件跟踪查询和用户投诉处理服务。

被加盟人应当按照统一作业规范，对加盟人进行业务指导、培训和服务质量管理，确保加盟人提供的快递服务符合被加盟人的服务质量要求。加盟人应当按照被加盟人的服务标准寄递快件。

第七条【快递物流加盟的连带责任】在加盟人提供快递服务过程中，因快件发生延误、丢失、损毁或者内件短少而造成用户合法权益受到损害的，由被加盟人与加盟人依法承担连带责任。用户既可以向加盟人要求赔偿，也可以向被加盟人要求赔偿。加盟人赔偿后，属于被加盟人过错的，可以依法向被加盟人追偿，被加盟人赔偿后，属于加盟人过错的，可以依法向加盟人追偿。

第三章　电子商务服务

第八条【快递物流服务原则要求】快递物流运营商提供快递物流服务，应当符合法律、法规和规章的规定，遵守快递物流服务国家标准和企业的服务承诺。

第九条【禁止以危险方法处理电子商务包裹】快递物流运营商在分拣作业时，应当按照电子商务包裹的种类、时限分别处理、分区作业、规范操作，并及时录入处理信息，上传至自身计算机信息系统，不得野蛮分拣，严禁抛扔、踩踏或者以其他危险方法处理电子商务包裹。

第十条【投递规范】快递物流运营商应当将包裹投递到约定的收件地址和收件人或者收件人指定的代收人。

快递物流运营商投递包裹，应当告知收件人当面验收。包裹外包装完好的，由收件人签字确认。投递的包裹注明为易碎品及外包装出现明显破损的，企业应当告知收件人先验收内件再签字确认，企业与寄件人另有约定的除外。

对于网络购物、电视购物、代收货款以及与用户有特殊约定的其他快件，企业应当与寄件人在合同中明确投递验收的权利义务，并提供符合约定的验收服务，验收无异议后，由收件人签字确认。

第十一条【快递物流代收货款】快递物流运营商提供非现金货款代收服务的，应当由商业银行或者具有合法资质的非金融支付机构为其布放非现金支付工具受理终端、办理非现金货款资金结算，并约定双方对代收货款服务的权利、义务和违约责任，保障交易信息安全和资金安全。提供现金货款代收服务的，应当建立严格的现金管理制度。

快递物流运营商从事代收货款服务的，应当建立有关安全管理制度和风险控制措施，符合国务院邮政管理部门规定的标准。快递物流运营商应当与电子商务经营者签订协议，对资金结算周期、收费标准、争议处理等方面的权利义务作出约定。

中国人民银行应当加强对快递物流代收货款服务金融风险的监管，支持快递物流运营商开展代收货款服务。具体办法由中国人民银行会同国务院邮政管理部门制定。

本条所称代收货款服务，是指快递物流运营商利用服务网络和资源，在提供包裹寄递服务的同时，为电子商务经营者代收货款并结算的寄递增值业务。

第四章　电子商务安全

第十二条【电子商务经营者禁寄义务】电子商务经营者不得交寄、托运或者在交寄、托运物品中夹带危险物品以及国家禁止寄递、运送、持有的其他物品。

第五章　用户权益

第十三条【公平交易权】用户享有公平交易的权利。用户在使用电子商务时，有权公平交易，并拒绝电子商务经营主体强制交易。

电子商务经营主体向消费者专门收取的快递服务费用不得高于承担快递服务的企业公示的服务价格，不得利用自身的经营优势限定消费者选择经营快递业务的企业范围。

快递物流运营商不得协助电子商务经营者以虚构网络商品交易的形式提升商业信誉或者非法谋取其他利益。

第十四条【消费者信息保护义务】电子商务经营者、快递物流运营商应当采取技术措施和其他必要措施，确保信息安全，防止消费者信息泄露、毁损、丢失。在发生或者可能发生信息泄露、毁损、丢失的情况时，应当立即采取补救措施。

第十五条【电子商务包裹损失赔偿】在快递物流服务过程中，电子商务包裹发生延误、丢失、损毁或者内件短少的，快递物流运营商应当按照与电子商务经营者的约定，依法予以赔偿。

快递物流运营商与电子商务经营者之间未对赔偿事项进行约定的，对于购买保价的电子商务包裹，应当按照约定的保价规则确定赔偿金额。对于未购买保价的电子商务包裹，依照《中华人民共和国邮政法》、《中华人民共和国合同法》等相关法律规定赔偿。

支持保险公司开发电子商务包裹损失赔偿责任险种，鼓励电子商务主体、快递物流运营商和消费者投保。

第六章　促进政策与措施

第十六条【快递业规划】地方各级人民政府应当将快递基础设施的布局和建设纳入城乡规划。邮政管理部门应当通过制定行业发展规划，促进快递与电子商务协同发展。

第十七条【快递业标准化】经营快递业务的企业应当贯彻执行国家标准、行业标准，建立健全的企业标准化制度。鼓励经营快递业务的企业制定高于快递服务国家标准的企业标准，支持企业标准与电子商务标准相衔接。

第十八条【智能快递终端】国家鼓励在机关、企业事业单位、高等院校、较大的车站、机场、宾馆、住宅区、商业区等场所按照国家标准建设智能快递终端，为收投电子商务快件提供便利。

第十九条【快递车辆通行、停靠便利】快递服务车辆进出港口、通过渡口时，应当优先放行。

公安机关交通管理部门应当根据快递服务需求和车辆通行情况，合理确定快递服务车辆的通行区域和时段，给予快递服务车辆临时停车和通行便利。

第二十条【电子商务与快递业、制造业协同发展】国家支持电子商务与快递业、制造业建立合作发展机制，加强信息沟通、标准对接、业务联动，制定必要的扶持和鼓励措施。

第七章　监督管理

第二十一条【跨境快递】海关、检验检疫、邮政管理、商务、工商、工信等部门应当建立协作机制，完善跨境贸易中的电子商务包裹管理，提供便利的通关环境。

第八章　法律责任

第二十二条【以危险方法处理电子商务包裹的法律责任】快递物流运营商违反本法第九条的规定以危险方法处理电子商务包裹的，由邮政管理部门处一万元罚款。情节严重的，处一万元以上三万元以下的罚款。

第二十三条【电商限制用户选择权的法律责任】电子商务经营主体违反本法第十三条的规定，向用户收取的费用高于快递物流运营商公示的快递服务价格或者利用自身经营优势限定消费者选择快递物流运营商范围的，由邮政管理部门或者工商行政管理部门责令改正，处五千元以上三万元以下的罚款。情节严重的，处三万元以上五万元以下的罚款。

第二十四条【企业泄露信息、私拆快件等行为的法律责任】快递物流运营商泄露或者向他人非法提供用户信息，以及隐匿、毁弃、非法开拆包裹，尚不构成犯罪的，由邮政管理部门责令改正，没收违法所得，并处一万元以上五万元以下的罚款。情节严重的，由邮政管理部门责令停业整顿或者吊销其快递物流业务经营许可证。

第二十五条【快递物流从业人员泄露信息等行为的法律责任】快递物流从业人员泄露或者向他人非法提供用户信息，以及倒卖包裹，尚不构成犯罪的，由邮政管理部门责令改正，没收违法所得，并处五千元以上一万元以下的罚款。

第九章　附　　则

第二十六条【名词含义】包裹，是指按照封装上的名址递送给特定个人或者单位的独立封装的物品。

第二十七条【生效期限】本法自201×年×月×日起施行。

（国家邮政局课题组）

第十五篇 电子商务可信交易环境立法研究

近年来，我国电子商务飞速发展的同时，也涌现出一些市场自身难以解决的基础问题，这些问题阻碍了电商行业的发展，也给政府监管带来重大挑战。在此背景下，自 2011 年以来，深圳市市场和质量监管委以推进国家电子商务示范城市建设工作为契机，充分发挥大部制行政体制改革的优势，指导众信中心开展电子商务可信交易环境的建设工作，取得了良好成效。2014 年，深圳电子商务可信交易环境建设被全国人大列为 13 个电子商务立法研究课题之一，希望借此能对可信交易环境建设的实践成果和立法经验进行总结，为我国电子商务立法提供参考和借鉴。

一、电子商务可信交易环境的框架

从电子商务市场的交易过程分析，电子商务可信交易环境包括四个基本要素：可信任的主体，即交易相关方的主体身份真实；可信任的客体，即交易产品或提供服务的信息真实；可信任的交易，即交易过程可追溯；可信任的纠纷处理机制，即建立符合电子商务特点的快速纠纷处理机制。

围绕这四个基本要素，落实到具体的立法领域，我们分析整理了电子商务可信交易环境立法研究的七大法律问题，即企业主体原则、信用机制、信息真实性、信息透明度、信息安全、消费者权益保护、经营者诚实守信行为。

二、电子商务可信交易环境立法现状

（一）信用机制立法现状

我国的信用体系法制建设目前还处在起步阶段。目前虽然出台了一些全国性的信用法规，如 2013 年国务院出台的行政法规《征信业管理条例》，也制定了一批地方性信用法规，如深圳、上海两地在试探性建设中均推出了信用征信的管理办法，以及相关的地方规章，但成熟、系统的信用法律法规体系尚未建立，尤其是涉及到全国性的信用建设理念、信用管理方法、信用评价指标等还比较欠缺，急需通过法律加以规范和完善。

（二）信息真实性立法现状

我国的《中华人民共和国电子签名法》中，有多条法律条款对电子商务交易过程中的主体身份真实性进行了明确的规定，这有助于识别双方交易人的真实身份，保证交易的安全性、真实性、不可抵赖性。我国《网络交易管理办法》更是对电子商务交易中的经营者、第三方交易平台、其他有关服务者等，以及他们提供的产品和服务，提出了明确的指标要求和公开内容，保证电子商务交易的主体和客体真实可信。

（三）信息透明度立法现状

可信任的电子商务交易环境在一定程度上依赖于政府信息的公开。2002 年，广州市制定的《广州市政府信息公开规定》，标志着我国政府信息公开开始了制度化历程。2008 年 5 月 1 日由国务院制定的政府信息公开条例开始实施，这是我国第一个政府信息公开方面的全国性立法，对于统一政府信息公开的规范、提高人民参政议政的意识、赋予广大人民群众获取政府信息的权利等方面起到了很大的作用。

（四）消费者权益保护立法现状

我国 2013 年修订的消费者权益保护法加强了对网络消费者信息的保护，明确规定经营者应采取必要措施防止消费者个人信息泄漏。《网络交易管理办法》则规定了经营者收集和使用消费者信息的规则。此外，消费者权益保护法还规定消费者具有相应的知情权、评价监督权。

在电子商务纠纷处理方面，我国目前依据仲裁法、人民调解法和诉讼法的相关规定来处理。但由于电子商务交易跨地域、低金额等特点，需要在现有人民调解法的基础上，引入在线非诉讼纠纷解决（ODR）机制，建立符合电子商务交易特点、同时又具有相应法律执行力的纠纷处理机制。

三、电子商务可信交易环境相关法律问题分析

（一）企业主体原则法律问题分析

电子商务可信交易环境的建设，应始终坚持以企业为主体、加强行业自律、政府有效引导的原则。企业主体是市场培育、发展和演进的决定性力量，由市场决定资源配置是市场经济的一般规律，也是电子商务可信交易环境立法的重要原则，十八届三中全会决议亦确立了“发挥市场在资源配置中的决定性作用”。行业自律作为可信交易环境建设的核心要点之一，可在一定程度上大大降低交易的风险成本，国外以Facebook、Google、亚马逊为代表的大型平台无不以严格的个人诚信监管为基础，用户人人都是自己信用的监管者。国内以淘宝为代表的大型电子商务平台，也是建立了支付宝规则体系来解决交易不诚信的难题，行业自律成为电子商务立法已明确的论证要素。政府作用常被视为推进市场发展的外围因素，但其职能转变和角色发挥对于电子商务可信交易环境建设尤为重要。

因此，在电子商务立法中，要充分发挥企业主体的重要作用，对经营者、电子商务第三方平台等其他电子商务主体的法律权利和义务进行梳理，明确行业自律的组织形态、运行范围、效力程度，引导电商行业朝着积极的方向发展。强调政府的服务和一定限度内的监管功能，研究如何规范和界定政府在电子商务市场经营行为与电子商务行业引导行为之间的管控区间，使政府作用的发挥能够尽力朝着适度、适宜和合理、合法的制度化方向发展。

（二）信用机制法律问题分析

信用机制的梳理和确立是电子商务立法最重要的内容。根据电子商务活动中参与主体功能和职责的不同，电子商务主体主要分为交易主体、服务主体、评价主体和监管主体共四类，各个主体之间相互支撑、相互依存，同时又各有侧重，以此为研究角度分析信用建设时各方的权利与义务。从交易行为过程来看，典型的交易行为包括产品信息采集、询价、谈判、签约、付款、交割等交易环节。不同于传统的实体交易，在电子商务市场中，交易行为过程的部分乃至全部程序都是通过网络来进行，而且网上交易的各个环节都与诚信密不可分，因此通过结合对电子商务可信交易环境法律主体的分析，来厘清这部拟制定的电子商务可信交易环境立法，在涉及信用领域的网上交易全流程中，构建科学、实用的信用机制。

（三）信息真实性法律问题分析

电子商务交易中普遍存在着交易双方信息不对称的现象，一般而言经营者处于优势地位，消费者只能从经营者网站中提供的信息，了解经营者及其商品和服务，至于信息的真实性却难以确认。因此，在电子商务环境下经营者充分、完全、真实地披露信息就成了一种先合同义务，是对缔约当事人之间信用确认的保护。在立法过程中，我们通过规定经营者相关的信息披露义务，减少交易双方之间的信息不对称，实现在充分沟通和了解的前提下自由缔约，保护消费者的知情权。

信息真实性主要包括两方面：经营者主体信息真实性、产品或服务信息真实性。经营者主体信息主要指经营者的名称、地址、联系方式、法人等基础信息，对此，我国《网络交易管理办法》第七条已有明确规定，保证相关经营者主体信息按照规定进行披露。《消费者权益保护法》第八条对于经营者应提供的产品或服务信息则做了比较明确的要求。

此外，第三方电子商务交易平台为电子商务交易双方搭建了一个便捷的网上交易渠道，在交易过程中，也需要担负相应的责任和义务，对交易行为进行相关管理、引导和监督。对于平台上网店主体身份信息，第三方交易平台应承担相应的信息管理和审核义务。对于平台上各经营者发布的产品或服务信息，由于其数量可能极其巨大，这些产品或服务信息的真实性都要求由第三方交易平台来保证是不现实的，因此，建议对第三方交易平台引入适当的避风港原则。

（四）信息透明度法律问题分析

依照目前我国的行政管理制度，关于企业主体的基本信息和经营信息，其权威的来源当属政府部门，例如工商部门所管理的企业登记注册信息、质检部门所管理的企业组织机构代码数据、税务部门所管理的企业税务登记信息等。因此，如何在保证企业商业机密的前提下，依照政府信息公开条例向社会各界公开企业的基本信息和经营信息，对于电子商务可信交易环境的建设具有非常重要的作用。

政府电子商务信息公开的范围应至少包括：电商企业、电子商务第三方平台的工商登记、组织机构代码、税务登记等基础信息；经核实的电子商务消费者投诉举报信息；电子商务领域的行政处罚信息。政府电子商务信息公开的程度和方式应以消费者可以知晓的方式进行，除了通过政府信息公开条例所规定的传统方式外，还应当对现有政府信息进行充分的整合和加工，并开发标准化的应用程序接口供企业和第三方机构进行调用，提高信息公开效率。

（五）消费者权益保障及争议解决法律问题分析

电子商务领域中的消费者权益主要包括知情权、隐私权、参与权和争议解决。消费者知情权包括保障产品的真实性和可获取性以及信息的透明度，即消费者有权在交易前乃至交易后获知一切有关服务提供商身份及交易活动的真实必要的信息，这就要求在立法中，明确规定保护消费者知情权的各类责任主体各自应承担的责任。

消费者隐私权主要包括个人隐私、个人数据的泄露。互联网的发展离不开对个人数据的合理使用。“保护隐私”和“保障信息流通”之间既有矛盾，又相辅相成。因此，既要保证公民的基本人权不受侵犯，又不能使保护隐私成为信息自由流通且发挥其经济价值的障碍，法律唯有平衡地协调两者利益，才能最大限度地实现“双赢”。

电子商务领域的消费者参与权，包括消费者评价权和消费者监督权。目前国内的大型电子商务平台几乎都有消费者评价机制，并且鼓励消费者对商家乃至整个交易过程进行评价，但同时不可忽视的是日益严重的消费者恶意评价问题。故立法需要在保障消费者评价权益的同时，明确消费者恶意评价的行为表现方式，并规定相应处罚，以规制消费者的参与行为。在消费者监督权方面，首先应明确电子商务环境下消费者监督权的监督对象，结合网络购物的实际情况，应该为经营者及第三方平台的交易全流程，包括信息发布、虚假信息删除、信用评价等，其次明确消费者监督权的权利内容，包括提出意见、控告或者检举。

电子商务交易由于具有虚拟性、跨地域性、交易金额较低等特点，传统纠纷解决方法已不完全适用。各国自20世纪90年代开始，便探索寻找着方便快捷的替代性争议解决机制。然而，经过十多年的发展，规模性的ODR服务机构在全球依然较少，不能够满足B2C消费者纠纷解决所需要的高效、低收费、便捷、灵活的特点。因此，在电子商务立法中，可基于现有市场运作良好的纠纷解决机制，形成适合电子商务特点的ODR体系。这套体系必须要确保ODR机构的便民性，ODR服务的高质量、高效率和公平性，并规定ODR机构的责任义务以及相应的监督体系。

四、电子商务可信交易环境立法条文建议

基于上述分析，我们提出了电子商务可信交易环境立法的条文建议，共分五章二十七条。其中第一章至第三章分别阐述电子商务可信交易环境立法的目的、原则和定义。可信交易环境立法的目的是为营造诚实可信、规范有序、安全可靠的电子商务交易环境，为此，应遵循市场主体、行业自律、政府引导、诚实守信的基本原则。

第四章是立法的核心章节，共包括十九条。其中第四条至第六条分别描述为保证主体信息真实、商品或服务信息真实、交易凭证真实，电子商务经营者应遵守的行为规范。第七条至第十条是在深圳市现有立法经验，即2013年发布的《深圳市网络交易合同规则》的基础上总结而成，鼓励成立交易凭证第三方存储机构，并规定相应的规范要求。第十一条至第十三条则鼓励推行电子商务在线非诉讼纠纷解决（ODR）机制，并由司法部门赋予ODR调解文书相应的法律执行力。上述条文完整包含了可信交易环境的四大要素，即主体、客体、凭证和纠纷处理的可信度。

第十四条至第十六条分别对第三方交易平台自身提供的信用评价服务、独立提供信用评价服务的第三方机构，以及电子商务信用评价管理进行描述，规定相应的行为规范和管理机制。第十七条强调消费者对电子商务交易服务享有的评价权利。第十八条至第二十条特别强调了第三方交易平台所应承担的责任和义务，即对于经营者和商品服务信息的审查和注意义务、技术保障义务、建立纠纷解决制度义务。第二十一条和第二十二条规定了电子商务经营者和服务商在收集个人信息时应遵循的原则，以及为保护个人信息而应采取的措施。

第五章是关于可信交易环境的监督管理。其中第二十三和二十四条鼓励成立第三方可信交易公共服务机构，以作为政府监管职能的延伸，同时国家工商部门应制定第三方可信交易公共服务机构的相关工作规范。第二十五条至第二十七条分别描述政府信息公开的内容、方式和管理，突出强调政府数据公开可以采用开放数据接口、提供数据下载等方式，为电子商务市场服务。

五、结语

商务活动电子化、网络化已经成为未来经济社会发展的重要趋势。此次电子商务可信交易环境的立法工作，从顶层设计上统一规划，抓住电子商务的核心，理顺交易双方的权利与义务，相信能为电子商务的可信交易环境建设打下坚实的基础。

（深圳市市场和质量监督管理委员会课题组）

第十六篇 电子商务定义研究

电子商务是互联网创新成果与经济领域深度融合的产物。电子商务与制造业正在加速融合，催生了诸多新业态，成为经济发展新的原动力，正对我国经济发展产生着战略性和全局性的影响。目前社会各界对电子商务内涵和外延的理解存在较大分歧。电子商务定义是电子商务立法的起点，直接决定电子商务法的调整对象，进而影响电子商务法与其他部门法之间的关系以及电子商务法在我国法律体系中的地位。鉴于电子商务定义的重要性，有必要予以厘清。

一、经济学界观点与评述

（一）观点

1. 李琪

广义电子商务是指使用各种电子工具从事商务或活动。这些工具包括：从初级的电报、电话、广播、电视、传真到计算机、计算机网络，到 NII（国家信息基础结构——信息高速公路）、GII（全球信息基础设施）和 Internet 等现代系统。商务活动是从泛商品（实物与非实物，商品与非商品化的生产要素等）的需求活动到泛商品的合理、合法的消费除去典型的生产过程后的所有活动。

狭义电子商务指主要利用 Internet 从事商务或活动。电子商务是在技术、经济高度发达的现代社会里，掌握信息技术和商务规则的人，系统化地运用电子工具，高效率、低成本地从事以商品交换为中心的各种活动的总称①。

2. 杨坚争

电子商务指交易当事人或参与人利用现代信息技术和计算机网络（主要是因特网）所进行的各类商业活动，包括货物贸易、服务贸易和知识产权贸易。对电子商务的理解，应从“现代信息技术”和“商务”两个方面考虑：一方面，“电子商务”包括的“现代信息技术”应涵盖各种使用电子技术为基础的通信方式；另一方面，对“商务”一词应做广义解释，使其成为不论是契约型还是非契约型的一切商务性质的关系所引起的种种事项。如果将“现代信息技术”看作一个子集，“商务”看作另一个子集，电子商务所覆盖的范围应当是这两个子集所形成的交集，即“电子商务”标题之下可能广泛涉及的因特网、内部网和电子数据交换在贸易方面的各种用途②。

3. 沈洪敏

电子商务可以分成两部分界定，即“企业的商务活动”与“电子”。其中，“企业的商务活动”包括七类，而七类商务活动的电子化即为电子商务③（见图 16-1）。

4. 宋玉贤

根据商务内容和采用的手段，电子商务有广义与狭义之分。

第一，从商务内容上看，狭义电子商务仅指各种有形或无形商品交易所涉及的商务活动，也就是仅仅发生了交易行为的商务活动。而这种商务行为必定是利用电子手段完成传统的买卖活动；广义电子商务包括了各类组织和个人的商品交易、各种业务活动、各种服务以

① 李琪：《电子商务概论》，高等教育出版社 2004 年版。

② 杨坚争：《电子商务基础与应用》，西安电子科技大学出版社 2004 年版。

③ 沈洪敏：“电子商务定义与概念探讨”，《现代商贸工业》，2011 年第 20 期。

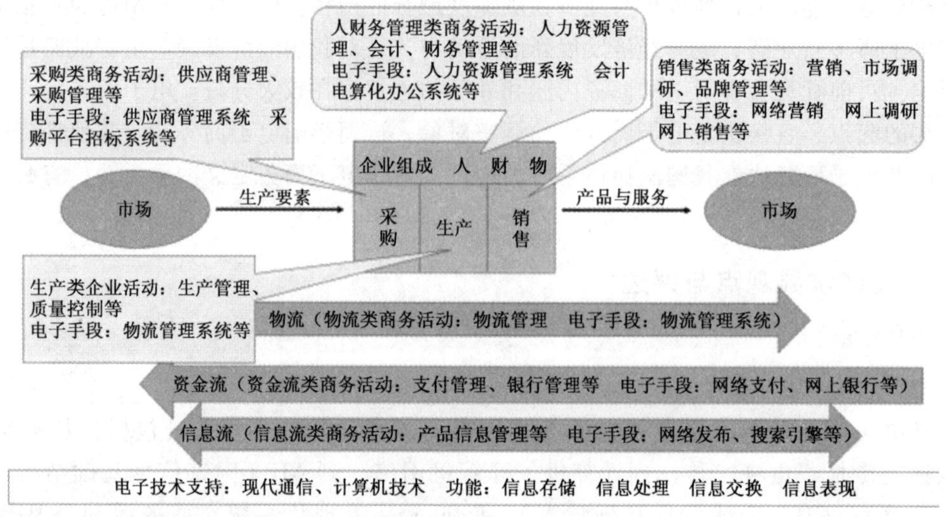

图 16-1　企业商务活动与电子商务的概念模型

及经营、管理活动。各类组织是指经济组织、非营利组织以及政府机构等。

第二，从商务手段上看，狭义电子商务指利用互联网从事商品交易、业务、服务以及经营、管理的活动；广义电子商务是指利用现代信息技术，如计算机设施、数字通信等电子手段，从事商品交易、业务、服务以及经营、管理的活动。只要是利用电子的手段，不管是最先进的还是比较传统的，比如传真等手段从事商务活动都属于电子商务①。

5. 孟巍

电子商务指以盈利为目的的市场经济主体，运用有线或无线电子网络以及包括计算机及其软件系统、移动商务工具在内的各种电子工具，进行商务活动的总称②。

6. 刘宏

凡是通过电子方式进行的各项社会活动，即利用信息技术来解决问题、创造商机、降低成本、满足个性化需求等活动（包括电子政务、电子医务、电子军务），均被概括为 E 概念的电子商务③。

7. 赵廷超

电子商务是一种新的社会经济形态，是运用现代通信技术、计算机和网络技术进行的一种社会经济形态，其目的是通过降低社会经营成本、提高社会生产效率、优化社会资源配置，从而实现社会财富的最大化利用④。

8. 伍云辉

电子商务是在网上开展商务活动——当企业将其主要业务通过企业内部网、外部网以及因特网与企业的职员、客户、供应商以及合作伙伴直接相连时，其中发生的各种活动就是电子商务。电子商务是人类社会、经济、科学、文化发展的必然产物，是信息化社会的商务模

---

① 宋玉贤：《电子商务概论》，北京大学出版社 2005 年版。

② 孟巍："电子商务概念研究"，《消费导刊》，2007 年第 1 期。

③ 刘宏：《电子商务概论》，清华大学出版社、北京交通大学出版社 2013 年版。

④ 赵廷超："电子商务定义与分类"，《电子商务世界》，2003 年第 9 期。

式，是商务发展的未来[①]。

9. 应森林

电子商务包含两方面内容：一是电子方式，二是商务活动。电子商务是指交易活动电子化，或者说是借助电子手段来实现商务活动的全过程，指交易活动中的各方当事人利用电子技术、数据库技术、网络互联技术和现代通信技术，实现整个交易的电子化。简言之，电子商务是在技术、经济高度发达的现代社会里，掌握信息技术和商务规则的人，系统化运用电子化工具，高效率、低成本的从事以商品交换为中心的各种活动的总称[②]。

10. 余力、赵为

电子商务是通过电子信息技术、网络互联技术和现代通信技术，使交易各方，包括企业、商店、消费者、银行或金融机构、信息公司或证券公司以及政府等，按照一定标准，利用现代信息化网络，以在线交易方式所进行的各类商贸活动。它综合运用信息技术，将交易全过程的数据和资料用电子的方式传输和实现，在商务的整个运作过程中，通过网络实现交易的无纸化和直接化，实现客户管理、合作伙伴管理和公司内部管理的电子化[③]。

11. 赵莉、吴学霞

狭义电子商务指基于 Internet 的交易活动，即产品或服务买卖。广义电子商务指基于 Internet 和其他信息技术，支持企业产、供、销、人事、财务等方面经营过程的商务活动[④]。

12. 联想公司

电子商务不仅仅是一种管理手段，而且触及企业组织架构、工作流程的重组乃至社会管理思想的变革。企业电子商务的发展道路是一个循序渐进、从基础到高端的过程：构建企业信息基础设施；实现办公自动化；建设企业核心的业务管理和应用系统；针对企业经营的三个直接增值环节设计和实施客户关系管理、供应链管理和产品生命周期管理[⑤]。

（二）评述

经济学界对电子商务的理解，围绕“电子信息网络技术 + 商务”这一核心，从电子商务的技术基础、参与主体、商业模式和社会经济形态发展的多重视角展开，一般有广义和狭义之分：从技术基础角度，广义电子商务强调电子商务赖以开展的基础是各类电子信息网络技术，包括内部网、外部网、因特网以及其他电子信息技术、通信技术等。狭义电子商务的技术基础仅限于互联网。从商业活动的内容来看，广义电子商务涵盖商务活动的各个环节，个别学者并将其扩展至各项社会活动，包括法学界并不认为属于商事活动的电子政务、电子军务。狭义电子商务仅指有形商品和无形商品的交易。

二、法学界观点与评述

（一）观点

1. 齐爱民、徐亮

① 伍云辉：《电子商务与实战》，电子科技大学出版社 2007 年版。

② 应森林、林海青：《电子商务应用基础》，立信会计出版社 2007 年版。

③ 余力、赵为：《与企业家谈电子商务》，经济管理出版社 2004 年版。

④ 赵莉、吴学霞：《电子商务概论》，华中科技大学出版社 2009 年版。

⑤ 陆川：《电子商务概论》，对外经贸大学出版社 2007 年版。

电子商务可以分为狭义电子商务和广义电子商务。狭义电子商务是指通过电子行为进行的商事活动；广义电子商务是指通过电子行为进行的民商事活动。电子商务中的“商务”并非名副其实，它不仅包括“商事行为”，也包括非商事行为，例如自然人之间的电子商务。因此，我们赞成广义说①。

2. 张楚

电子商务有广义与狭义之分。广义电子商务指所有以电子技术手段所进行的与商业有关的活动。狭义电子商务指以因特网为运行平台进行的商事交易活动。鉴于研究的目的是为了划定电子商务立法的范围，因此，我们将电子商务界定为运用各种电子通信手段所进行的商事法律行为②。

3. 蒋志培

电子商务，从狭义上讲，是指政府、企业和个人利用电子计算机与网络技术实现商业交换和行政管理的全过程；从广义上说，它的本质是建立一种全社会的“网络计算环境”或者“数字化神经系统”，以实现信息资源在国民经济和大众生活中的全方位应用③。

4. 刘德良

电子商务有广义、中义和狭义之分。广义电子商务指一切通过电子手段进行的商务（活动）。从这种意义上讲，电子商务并非是新的商务（交易）形式，因为通过电话、电视、电传、传真等电子手段进行的商务（交易）也符合这种要求。狭义电子商务，仅指以互联网为平台而进行的商务（活动），它是现代和将来电子商务的主要模式。中义电子商务指以计算机网络包括互联网、内联网、外联网及其他广域网、局域网为平台而进行的商务（活动），它是电子商务发展的第二阶段，现在主要应用于企业和企业之间，即所谓的 B2B 模式④。

5. 刘品新

电子商务指运用各种电子通讯方式所进行的商事活动。它既包括网络交易，也包括利用电话、电报等电子化通讯方式完成的交易；既包括有关货物贸易的电子交易，也包括电子服务贸易；既包括传统的社会专业服务内容，也包括新型的产品形式⑤。

6. 李祖明

狭义电子商务指利用 Internet 提供的通信手段进行的网上商业交易活动；广义电子商务泛指利用包括 Internet 在内的一切信息网络和信息技术进行的所有业务活动⑥。

7. 金镇

电子商务指交易当事人或参与者利用现有的计算机技术、网络技术等现代信息技术所构成的电子网络环境所进行的各类商务活动。从商务活动的角度分析，最完整的，也是最高级的电子商务应该是利用 Internet 能够进行全部的商务活动，即在网上将信息

---

① 齐爱民、徐亮：《电子商务法原理与实务》，武汉大学出版社 2010 年版。

② 张楚：《电子商务法教程》，清华大学出版社 2011 年版。

③ 蒋志培：《网络与电子商务法》，法律出版社 2001 年版。

④ 刘德良：“论电子商务法”，《东南大学学报》，2002 年第 4 期。

⑤ 刘品新：《网络法学》，中国人民大学出版社 2009 年版。

⑥ 李祖明：《电子商务法教程》，外经济贸易大学出版社 2009 年版。

流、商流、资金流和部分的物流完整地实现①。

8. 郭学文

电子商务就是电子交易，主要指电子买卖契约②。

9. 屈广清

电子商务指利用计算机技术、网络技术和远程通信技术等，实现电子化、数字化和网络化的商务过程③。

（二）评述

法学界对电子商务的理解，与经济学界的理解基本一致，也分为广义与狭义，但又有不同的侧重点：法学界的侧重点在电子商务行为的法律属性。狭义说将电子商务限定为商事行为，广义说将电子商务的范围拓展至民商事活动。通过比较经济学界和法学界对电子商务的界定，二者均有广义与狭义之分，虽然表述不同，但其实质内涵是一致的，即电子商务的核心是通过电子手段进行的商事活动。

三、国际比较研究

（一）观点

1. 联合国贸法会

联合国国际贸易法委员会的《电子商务示范法》将电子商务界定为通过数据电文进行的商业活动。“数据电文”系指经由电子手段、光学手段或类似手段生成、储存或传递的信息，这些手段包括但不限于电子数据交换（EDI）、电子邮件、电报、电传或传真；“商业”包括不论是契约性或非契约性的一切商业性质的关系所引起的种种事项，包括但不限于下列交易：供应或交换货物的任何贸易交易；分销协议；商业代表或代理；客账代理；租赁；工厂建造；咨询；工程设计；许可贸易；投资；融资；银行业务；保险；开发协议或特许；合营或其他形式的工业或商业合作；空中、海上、铁路或公路的客货运输④。

2. 世界贸易组织（WTO）

世界贸易组织在电子商务与世界贸易组织的作用中提出，电子商务是通过电子通信网络进行产品的生产、广告、销售和分配⑤。

3. 经济合作和发展组织（OECD）

经济合作和发展组织在电子商务的经济与社会影响中提出，电子商务是发生在开放网络上的包含企业之间（B2B）、企业和消费者之间（B2C）的商业交易，包括文本、声音和可视图像在内的基于数字化的数据加工、传递过程，包括一切与商务行为相关的交易形式⑥。

4. 国际商会（ICC）

1997 年在巴黎举行的世界电子商务会议认为，电子商务是整个贸易活动的电子化。从涵盖范围看，电子商务指交易各方以电子交易方式而不是通过当面交换或直接面谈方式进行

① 金镇：“关于电子商务法及其特征的思考”，《情报杂志》，2003 年第 2 期。

② 郭学文：《电子商务交易法律问题研究》，中国海洋大学出版社 2008 年版。

③ 屈广清：《电子商务法》，东北财经大学出版社 2007 年版。

④ 《联合国贸法会电子商务示范法》第一条和第二条。

⑤ 秦成德：《电子商务法律与实务》，人民邮电出版社 2008 年版。

⑥ 才书训、王蕾震：《电子商务概论》，科学出版社 2009 年版。

的任何形式的商业交易；从技术范畴看，电子商务是多技术的集合体，包括交换数据（电子数据交换、电子邮件）、获得数据（共享数据库、电子公告牌）以及自动捕获数据（条形码）等①。

5. 全球信息基础设施委员会（GIIC）

电子商务是运用电子通信作为手段的经济活动，通过这种方式人们可以对带有经济价值的产品和服务进行宣传、购买和结算，这种交易的方式不受地理位置、资金多少或零售渠道的所有权影响，公有或私有企业、公司、政府组织、各种社会团体、一般公民、企业家都能自由地参加广泛的经济活动，其中包括农业、林业、渔业、工业、私营和政府服务业②。

6. 联合国国际贸易程序简化工作组

电子商务是采用电子形式开展的商务活动，它包括在供应商、客户、政府及其他参与方之间通过任何电子工具，如EDI、Web技术、电子邮件等共享非结构化商务信息，并管理和完成在商务活动、管理活动和消费活动中的各种交易③。

7. 欧洲经济委员会全球信息社会标准大会

电子商务是各参与方之间以电子方式而不是以物理交换或直接物理接触方式完成任何形式的业务交易。这里的电子方式包括EDI、电子支付手段、电子订货系统、电子邮件、传真、网络、电子公告系统、条码、图像处理、智能卡等④。

8. 欧洲议会

电子商务是通过电子方式进行的商务活动。它通过电子方式处理和传递数据，包括文本、声音和图像。它涉及许多方面的活动，包括货物电子贸易和服务、在线数据传递、电子资金划拨、电子证券交易、电子货运单证、商业拍卖、合作设计和工程、在线资料、公共产品获得。它包括了产品（如消费品、专门设备）和服务（如信息服务、金融和法律服务）、传统活动（如健身、教育）和新型活动（如虚拟购物、虚拟训练）⑤。

9. 美国政府

美国政府在《全球电子商务纲要》中指出，电子商务是通过Internet进行的各项商务活动，包括广告、交易、支付、服务等活动⑥。

10. 加拿大电子商务协会

电子商务是通过数字通信进行商品和服务的买卖以及资金的转账，它还包括公司间和公司内利用电子邮件（E－mail）、电子数据交换（EDI）、文件传输、传真、电视会议、远程计算机联网所能实现的全部功能（如：市场营销、金融结算、销售以及商务谈判）⑦。

11. 通用电气公司

电子商务是通过电子方式进行商业交易，分为企业和企业间的电子商务及企业和消费者间的电子商务。企业与企业间的电子商务，以EDI为核心技术，以增值网和互联网为主要

---

① 齐爱民、徐亮：《电子商务法律与实务》，武汉大学出版社2001年版。

② 才书训：《电子商务概论》，东北大学出版社2007年版。

③ 好搜百科：http：//baike. haosou. com/doc/5333306－5568741. html. ［EB/OL］. ［2015－3－16］.

④ 张润彤、郑丰：《电子商务》，清华大学出版社2006年版。

⑤ 陈晴光：《电子商务基础与应用》，清华大学出版社2010年版。

⑥ 才书训：《电子商务概论》，东北大学出版社2007年版。

⑦ 才书训：《电子商务概论》，东北大学出版社2007年版。

手段，实现企业间业务流程的电子化，配合企业内部的电子化生产管理系统，提高企业从生产、库存到流通各个环节的效率。企业与消费者间的电子商务，以 Internet 为主要的服务提供手段，实现公众消费和服务提供方式以及相关付款方式的电子化①。

12. IBM 公司

电子商务是将系统和主要商业运作的过程结合起来，通过因特网技术使之变得简单易行的、能够传送不同商业价值的、安全、灵活和完整的商业途径②。

13. 英特尔公司

电子商务是基于网络连接的不同计算机之间建立的商业运作体系，是利用 Internet/Intranet 网络来使商业运作电子化。电子贸易是电子商务的一部分，是企业与企业之间或企业与消费者之间使用 Internet 所进行的商业交易（如广告宣传、产品介绍、商品订购、付款、售后服务等）③。

14. 加里・P. 施奈德

电子商务是通过电子数据传输技术开展的活动，常用的技术是互联网和 WWW，也包括在移动电话和 PDA 上进行的无线传输技术④。

（二）评述

国际组织、美欧各国与其他机构等对电子商务的理解，侧重对电子商务实践活动的总结，而不仅仅是进行抽象归纳。上述定义的特点如下：

1. 对技术采用最广泛的理解

提出电子商务是多技术的集合体，电子方式多种多样，包括交换数据（电子数据交换 EDI、电子支付手段、电子订货系统、电子邮件、传真、网络）、获得数据（共享数据库、电子公告系统）以及自动捕获数据（条码、图像处理、智能卡）等。

2. 涵盖众多环节

有的组织总结电子商务涉及的商务环节，包括产品生产、广告、销售、支付、服务和分配等，还有组织总结电子商务包括货物电子贸易和服务、在线数据传递、电子资金划拨、电子证券交易、电子货运单证、商业拍卖、合作设计和工程、在线资料、公共产品获得，这些商务活动既包括了产品（如消费品、专门设备）和服务（如信息服务、金融和法律服务），还包括了传统活动（如健身、教育）和新型活动（如虚拟购物、虚拟训练）。

四、本报告综合观点

电子商务的定义应以电子商务实践为基础，遵循法学和经济学基本原理，将电子商务的本质特征用法律语言予以描述。

（一）电子商务实践

借助平台销售商品或提供服务是电子商务的典型模式，以下为借助平台销售的商品和提供的服务（见表 16－1）：

① 余立新：《电子商务概论》，立信会计出版社 2008 年版。

② 白锐：《电子商务法》，清华大学出版社、北京交通大学出版社 2013 年版。

③ 黄海涛：《电子商务导论》，清华大学出版社 2005 年版。

④ ［美］加里・P. 施奈德：《电子商务》，张俊梅、徐礼德译，机械工业出版社 2014 年版。

表 16－1　　　　借助平台销售商品和提供服务图

电子商务平台	平台类型	交易商品类型及其服务	交易模式	相关业务和服务	收入来源
阿里巴巴	第三方	实物商品、游戏、保险、彩票、理财、电影票、火车票、机票、书籍和音乐、司法拍卖、通讯、云计算服务、地图、视频、社交以及其他服务（家政、家电数码维修、装修、房产、婚庆、宠物服务、打车服务等）	B2B、B2C、C2C、O2O、C2B	担保付款、信用评价、广告、贷款、借款	广告、技术服务费、佣金（淘宝商城）
京东	自营为主	电子百货、实物商品、书籍、电子图书、音乐、电影与其他媒体产品以及虚拟商品（如：国内机票、酒店预订等）	B2C、C2C	广告、配送、借款等	自营及佣金
敦煌	第三方	主要为实物商品	跨境 B2B	物流、贷款	交易成功后收取佣金
亚马逊	自营为主	全新、翻新及二手商品，包括实物商品、图书、影视、音乐和游戏等	B2C、C2C	广告、配送等	自营及其佣金
eBay	第三方	全新、二手商品，包括实物商品、服务及虚拟物品	B2C、C2C	担保付款、广告以及物流软件、ERP 系统等交易支撑服务	服务费、广告

（二）理论比较

经济学界将电子商务定位于整个商务活动的电子化，法学界将电子商务定位于民商事活动的电子化。国际组织、美欧各国等将电子商务定位于利用网络进行的商务活动及其相关活动。由此可见，国内经济学界和法学界对电子商务的界定与国际观点和潮流趋于一致：从技术角度而言，都采用广义的网络；从行为角度而言，均认为是一种商业活动。

（三）本文观点

法学的基本原理告诉我们，法律不调整企业的内部管理活动，因此企业的客户管理、合作伙伴管理以及人力资源管理、会计、财务管理、生产管理、质量控制等公司内部管理，不属于法律调整的范围，所以不纳入电子商务的范畴。同时电子政务、电子军务分别属于行政法和军事法调整的范畴，亦不宜纳入电子商务法调整的范围。此外，不是所有利用网络进行的活动都纳入电子商务的范畴，如利用网络提供的新闻信息服务。为使电子商务名副其实，电子商务应限于商事活动的范畴，从而避免电子商务法包罗万象，便于法律调整电子商务活动，也有利于厘清电子商务法与其他部门法之间的界限。

通过梳理依托平台进行的各种电子商务活动，我们发现具体的电子商务活动可以分为两类：一是销售商品；二是提供服务。遵循法学和经济学的基本原理，我们将电子商务界定为通过互联网等电子信息网络销售商品和提供服务的经营活动。这里的经营活动一般是指以营利为目的的持续性业务活动。如果自然人以营利为目的且持续销售商品或提供服务，应纳入电子商务法的规范对象。如果自然人利用网络出售二手物品、闲置物品和自产农产品，因其不具有持续性，可适用合同法或者参照电子商务法的相关规定。具体而言：

1. 电子商务活动中的当事人法律地位平等。该特征使电子商务区别于电子政务。

2. “电子信息网络”包括但不限于因特网、电信网和广播电视网。

3. “销售商品”既包括有形产品的交易，也包括无形产品，如数字音乐、电子书和计算机软件的复制件等信息产品的交易。

4. “提供服务”既包括在线提供的服务，如在线保险、网上证券交易以及诸如滴滴打车等网络服务。当然，金融服务有其特殊性，可另行制定单行法。同时也包括支撑在线交易的相关活动，如网络广告、第三方质检、第三方支付、第三方物流、第三方电子商务平台、信用评价、网店装潢设计等服务，也属于电子商务的范畴。

五、立法建议

第一条【电子商务定义】

本法所称电子商务，是指通过互联网等电子信息网络销售商品或提供服务的经营活动。

参考立法例：

1. 《联合国国际合同使用电子通信公约》第四条（c）：“数据电文”系指经由电子手段、电磁手段、光学手段或类似手段生成、发送、接收或存储的信息，这些手段包括但不限于电子数据交换、电子邮件、电报、电传或传真。

2. 《上海市促进电子商务发展规定》（上海市人大常委会）第三条：本规定所调整的电子商务，是通过互联网进行销售商品、提供服务等的经营活动。

3. 《网络交易管理办法》（国家工商行政管理总局）第三条：“本办法所称网络商品交易，是指通过互联网（含移动互联网）销售商品或者提供服务的经营活动。本办法所称有关服务，是指为网络商品交易提供第三方交易平台、宣传推广、信用评价、支付结算、物流、快递、网络接入、服务器托管、虚拟空间租用、网站网页设计制作等营利性服务。”

4. 泰国电子交易法（2001 年）第三、四条：电子商务是指使用数据电文进行的民事和商事活动。

（北京邮电大学互联网治理与法律研究中心课题组）

第十七篇 电子商务立法国际比较研究报告

一、关于立法模式与指导思想的思考

研究报告在全面追踪国外电子商务立法前沿和司法热点案例的基础上，通过总结、归纳、提炼、比较联合国、欧盟等相关国际法律及美国、英国、德国、法国、新加坡、中国台湾地区等国家和地区相关国内法律，从电子交易安全保障和信用管理、第三方平台制度、电子数据保护、公平交易、电子支付、跨境国际贸易、网络争议解决、消费者权益保护、税收制度等角度提出研究心得和立法建议。

电子商务涵盖了所有使用电子通信从事数据流、资金流和商品流的商务活动，突破了传统的行业区隔，开创了层出不穷的新商业模式，网上、网下互通，商无定式，业无边界。电子商务所涉及的法律规范体系庞大、内容繁多，且与多部专门的法律制度存在交叉与重叠。如何既建立和谐有序的规范体系，又不禁锢电子商务的创新与发展，是电子商务立法的难题。为电子商务立法，不能将其圈定为某一领域，限定于某一行业，甚至不适合定义为某一业态。电子商务乃是使用电子通信进行的各种各类商务行为，是宏观经济信息化、知识化的组成部分。因此，电子商务立法既非行业立法，亦非局部立法，应着眼于我国宏观经济的可持续发展及全球经济发展的大势，向制定21世纪的我国经济基本法的方向努力。电子商务立法虽然不可能囊括社会经济、法律规范的各个相关方面，但是应当在深化改革、依法治国的大背景下，奠定我国21世纪经济法治的基础，通过确立有关的基本原则保障我国经济法制系统有序地向纵深与细化发展。由此，我国的电子商务立法将开全球同类立法之先河，在总结国际经验教训的基础上，开拓创新，披荆斩棘，展开法律规范发展之全新局面。

（一）立法模式

从各国电子商务立法的经验而言，厘清电子商务法的规范对象，建立完备的电子商务体系尤为关键。既然将电子商务理解为使用电子通信进行的各种商务活动，关于电子商务的立法就应当属于“行为法”。目前，从各国电子商务立法的实践来看，无论是综合的立法模式，还是电子商务基本法与单行法并行的立法模式，抑或是纯粹单行法式的立法模式都在不同程度与层面上展现了电子商务“行为法”的特征。电子商务立法从电子交易、电子支付、市场公平竞争、数据保护等角度规范电子通信中的数据流、资金流、商品流。以美国为例，美国在统一计算机信息交易法的基础上，出台了消费者隐私权法案、反垃圾邮件法等法律制度，从保障电子交易有效、便捷、安全到保护信息安全和个人隐私方面进行全方位立法规制。

结合我国的具体情况与实际需要，我国的电子商务立法总体上适宜进行综合性立法与专门性立法相结合的方式，兼顾体系性、统一性与法律规范的发展性、专门性。具体而言，电子商务立法涉及电子交易法、第三方平台法、交易数据法、公平竞争法、电子支付法、相关的消费者保护法、相关的知识产权法、电子商务税收法、跨境电子商务国际贸易法、争议解决法等多个法律部门与领域。

就电子商务法本身而言，适宜采取如下立法模式：

1. 在一个强大的总则指导下，统领一部分关键的法律规范领域，特别是在我国法律体系中尚属空白或者不足、但是急需满足相关经济社会发展需要的领域，例如第三方平台、交易数据的法律规范、争议解决制度、跨境电子商务法，以便消除阻碍电子商务发展的法律障碍、降低交易成本、保障合理的市场预期与信赖。

2. 对于一些专业性很强的领域，例如电子支付、电子商务税收等，适宜在总则原则的指导下制定专门的单行法律。

3. 对于现有（及将有）的已经比较成熟、全面的法律规范的法律领域，例如合同法、电子签名法、消费者权益保障法、个人信息保护法、网络安全法、知识产权法、（修订中的）反不正当竞争法、反垄断法等，不宜加以重复性规范，但是在总则原则的统领下，可以强化规范的体系化与协调性，避免规范之间的冲突。

（二）立法指导思想

1. 关于电子商务的立法系行为法

电子商务本身的复杂性、动态性、发展性，应该充分反映到立法过程与法律规范中。因此，电子商务立法不应试图将复杂的事物简单化、将动态的事物静态化，或者将发展性凝固化、停滞化。因此，我们可以清楚地看到，国外、国际立法中并没有用建立“定义”、“概念”或者划定“范围”的方式，限定电子商务的现有业态或者发展的可能。例如，欧盟2000年的电子商务指令并未给电子商务下定义，而是界定了“信息社会服务”、“商业性通讯”等更加基础性的概念；联合国国际贸易法委员会的电子商务示范法也没有给电子商务定义，而以最广义的方式定义了“数据电文”等概念；2013年生效的联合国电子商务公约同样没有定义何为电子商务，仅界定了“通讯”、“电子通讯”等概念。因此，我国电子商务立法完全没有必要一定用定义或者法定范围的形式圈定电子商务的发展。纵然立法者可以规定法律的适用范围，但是在线上线下（O2O）一体化的今天，电子商务本身的范围也难受此羁绊。创新和创造能力在互联网的快速发展中处于核心地位，为全球社会贡献了巨大的力量。为了继续保持电子商务持续的创新和创造的活力，不宜将其固化于特定定义、范围中。只有将电子商务理解为使用电子通信进行的各种商务活动，才能正确认识电子商务立法的“行为法”属性。

2. 坚持市场主导的原则

综合各国、各地区、各国际组织的法律规范，我们发现没有任何一部关于电子商务的法律是单纯的“政府监管法”或者“强化监管法”。电子商务是市场经济，这是不争的事实。行政权力等公权力只有在市场这个看不见的手失灵的情况下才能介入。尊重市场的逻辑，承认市场是资源配置的主要途径，应当是电子商务立法的前提与共识。因此，我们没有看到哪一个国家对电子商务设立新的、专门针对互联网的监管机构、程序，或者形成网上、网下两重监管，或者网上多头、多重监管，或者用地域性管辖切割电子商务活动。我们看到，公权力对电子商务的干预与介入，通常是为了维护健康的市场竞争秩序，保障公民在网下享有的消费者权、隐私权、个人信息的权利在网上不受损害或者削弱，保持网络上下权利保护状态的均衡，根本目的是对合法私权的保障，而不是公权力的扩张。

在美国等市场经济更加发达的国家，政府部门扩大管辖范围、干预市场的行为，可能引发行政诉讼，受到司法的制衡。例如，美国联邦通讯委员会（FCC）实施所谓网络中立性措施，就被有关企业以行政越权为由起诉，最终被法院责令撤销了有关的行政决定。在欧盟统一大市场中，公权力对电子商务的干预比美国多确是事实。但是，美国的电子商务市场更加繁荣、全球领军电商企业更多也是事实。因此，看不见的手与看得见的手孰轻孰重、谁主谁次，是我国电子商务立法需要作出的路径选择。

3. 重视交易数据的保护

电子商务的核心是整合了互联网上的数据流、资金流与商品流。数据流通是电子商务的本质属性。在电子商务的发展过程中，有关个人数据处理而产生的请求日益增多，针对个人数据所进行的收集、分析和使用行为也日渐频繁，而个人购物的记录、地址、数量等数据记录包含着众多的个人喜好、隐私等个人信息。用户个人信息及交易生成、衍生的数据具有明显的商业利用价值，并构成大数据产业的基础。

电商企业及互联网上提供接入服务等机构越来越多地收集与记录系统内用户的身份和行为，但相关个人数据的收集、分析和使用极易造成对隐私权的侵害。因此，国际上的共识是，在非为公共安全和刑事犯罪的情况下，严格限制对个人数据的收集、持有和处理，以防对相关权利造成侵害。

欧盟等发达国家和地区的立法呈现对于个人数据保护不断加强的态势。2014 年 5 月 13 日，欧盟通过裁决确认了用户在互联网上有“被遗忘权”。2014 年 4 月，欧盟法院还裁决欧盟“数据留存指令”违反了个人信息保护的原则，应当被撤销。

同时，电子商务的大数据跨境存储、流动、利用，还可以引发网络安全的问题，涉及国家利益，各国对于网络数据主权的关注空前增强。对于跨国电商企业在境外设立的数据中心，发达国家在争取对其的管辖权与执法权。

因此，我国电子商务立法必须对于数据保护（包括个人信息、交易数据等）作出相应的规定，在保障数据正常流通的前提下，明确电商企业保护用户个人信息的义务与责任，采取必要措施限制大数据的境外流散，保护公民合法权益与国家经济利益。

4. 明确平台企业的权力与责任

第三方交易平台通过互联网信息系统为交易活动提供虚拟场所、设施、交易规则及相关服务，在规范、界定、影响电子商务交易活动及相关各方利益方面具有的重要地位和作用。第三方交易平台在全球性的互联网上进行经营活动，通过其制定和实施有关的交易规则，获得了事实上的规范平台上的电子商务的管理权。与此同时，第三方交易平台及其交易规则也越来越多地受到法律的监管和制约，并对政府主管部门及其他利益相关方承担了越来越多的义务与责任。在第三方交易平台的权力与责任增加的基础上，相关的新型的互联网问责机制也在逐步发展、成熟。只有保持第三方交易平台的权力、责任、问责和谐统一，才能保障电子商务的健康发展及社会公众利益不受侵害。

在我国，阿里巴巴电商平台发展非常显著，在世界处于领先的地位，立法对此不能不予以反映。2014 年 5 月 28 日国家工商行政管理总局发布的《网络交易平台经营者履行社会责任指引》已经明确提出：“网络交易平台经营者与他人订立合同，不仅应考虑自身的商业利益和发展战略，更应兼顾社会责任，建立规则应遵循公平透明、平等协商的原则，合理引入多元化社会主体的参与，充分考虑各方利益主体的诉求”。这说明，平台经营者已经不是电子商务中简单的合同主体，它们所拥有的权力及对应的义务与责任，应当有明确的法律依据与规范。

5. 体现立法的国际化和统一化

电子商务的全球性、跨国性的特点决定了一个国家的国内电子商务立法需要借鉴与吸收国际电子商务的历史经验与先进制度，保持与国际法律规范的基本统一与和谐。这不但是避免与消除跨国贸易的法律障碍的需要，更是节约本国立法资源，实现本国电子商务立法跨越式发展的必由之路。事实上，联合国国际贸易法委员会、欧盟、OECD 等国际组织的国际电子商务法律及其具有软法性质的各类示范法对各国国内立法影响甚大。从一定程度上而言，各国电子商务立法规则在很大程度上是对国际组织电子商务立法规则的借鉴与吸收。

在电子交易移动装置逐渐普及、跨国交易频繁的情况下，各国在国内立法中直接采用有关的国际法律规范，将促进法律统一性，节约立法资源，进一步提高国际贸易的可预期性。事实上，在电子商务法领域的具体制度规则方面，一些国家（或地区）的立法设计也是对国际组织制定并已相对成熟规则的吸收与借鉴。例如，我国台湾地区 2010 年 4 月 27 日通过了“个人资料保护法”，其立法原则深受 OECD 关于保护隐私和个人数据跨国传送指导原则所规定的个人资料保护八大原则影响，或明确或隐含地在条文中体现了这八大原则。

联合国国际贸易法委员会在 2005 年制定了《国际合同使用电子通信公约》（简称“电子通信公约”或者“电子商务公约”），该“公约”不仅为各国电子商务立法提供了很好的示范和指引作用，而且用国际立法的方式使原有的《纽约公约》、《国际货物销售合同公约》等“电子化”，对于跨境电子商务的交易有效及可执行性意义重大。该公约已经于 2013 年生效，已有俄罗斯、新加坡等经济体加入，美国、澳大利亚等经济体正在积极酝酿加入。我国极有必要尽早研究加入该公约，为我国电子商务对外贸易提供法律保障。

经济全球化是电子商务立法的现实基础，这意味着电子商务立法本身具有国际化的性质。电子商务活动的跨国界特征决定了各国电子商务立法的全球化视野。换言之，各国电子商务立法宗旨应是保证商品和服务贸易的全球便捷交易和实现资金的跨国自由、安全流动。基于全球经济一体化的特征和电子商务立法宗旨的普适性，国际和各国电子商务立法将在电子合同、数据保护、资金支付、税收制度等方面逐步实现基本规则的国际化和统一化，电子商务中的跨国商品和服务贸易的法律障碍将逐步减弱，进而实现电子商务国际化。

二、关于法律框架的建议

在借鉴与吸收国内、国外电子商务立法相关法律规范的基础上，建议从如下方面进行电子商务法的法律规范的发展与创新。

（一）总则

1. 明确立法目的：尊重市场逻辑，消除法律障碍，降低交易成本，保障与促进电子商务的可持续发展。

2. 建立法律的基本原则，包括：

（1）理顺政府与市场的关系，包括简政放权，限制市场干预；避免与整合碎片化的多头、多重监管；取消网上、网下差别待遇；避免用地域性监管的物理空间分割网络空间；积极发展电子政务，支持电子商务。

（2）维护市场竞争秩序。

（3）保障与促进中小微企业的发展。

（4）促进与支持自律性、社区化的网络治理措施与方式的发展。

3. 界定基本概念，包括电子通信、第三方平台服务、交易数据等。

4. 协调与法律体系的关系，在不重复现有（及将有）的部门法律规范的前提下，强化合同法、电子签名法、消费者权益保障法、个人信息保护法、网络安全法、知识产权法、

（修订中的）反不正当竞争法、反垄断法等与电子商务相关的法律规范的系统性与协调性。

5. 奠定电子支付、电子商务法税收等专门立法的基础。

（二）电子商务交易法

除了现有的合同法、电子签名法之外，电子交易法要以交易安全保障为核心，弥补相关新兴法律规范的不足，主要涉及电子化、技术性身份认证（第三方认证、跨平台信息共享、P2P评价等）、信用管理等内容。

在确定当事人意思自治的前提下，贯彻和坚持技术中立和功能等同性原则，避免为以后技术的发展和应用设置法律障碍。对于电子签名人的过错认定和责任承担应当明晰化，以督促其对电子合同中的内容采取谨慎的态度，以避免错误交易的发生。

在电子商务信用管理立法方面，首先应当确立的是法律对信用服务提供者的指引功能，通过设立合格信用服务提供者名单和相关权利的授予，使其能够成为电子商务交易信用的重要支撑。同时细化其义务、确定其承担责任所应适用的过错推定原则，而监管机构应当在为信用服务提供者建立公平竞争环境的前提下，区分其类别来实施事前或事后监督。监管机构同时应当加强与其他机构之间的协作和联动机制，确保电子商务其他相关问题的顺利解决。

（三）第三方平台服务法

第三方交易平台服务法应当确定第三方平台服务的地位和特点，即利用交易规则的立改废、技术措施的设置与实施治理平台，能够实质性地影响平台服务使用者及相关公众的利益。法律应当规范平台服务关于信息披露、责任与风险、信用评价、消费者权益保护、用户处罚和争议解决等方面的交易规则。

立法应当明确平台服务的社会责任、法律责任与治理责任，否则将会受到政府监督和法律的介入。第三方交易平台权力的行使，如果对其他利益相关方造成影响或损害，应承担相应的赔偿责任。第三方交易平台及其交易规则应当适度受到法律的监管和制约，除此之外，立法应当规定其对政府主管部门及其他利益相关方承担相应的义务与责任，明确免除平台服务的中介责任的条件与程序。

平台服务除承担对政府的义务（主要包括提供信息的义务与协助执法的义务）之外，主要对平台内利益有关各方负责。立法应当提倡和鼓励新型平台服务问责机制的形成和发展。只有保持第三方交易平台的权力、责任、问责和谐统一，才能保障电子商务的健康发展及社会公众利益不受侵害。

（四）交易数据法

交易数据与网络信息安全保障相关，应以立法的形式为交易数据所涉及的网络安全加以规范，明确关键、大量、涉及我国宏观经济数据等交易数据的跨境流通（特别是流出）的限制与程序，明确我国的数据主权及对于数据存储与处理的属地管辖，同时积极参与有关的国际法律框架的谈判。

交易数据法需要确定法律保护的模式，在个人数据和隐私保护与商业价值之间进行取舍和平衡。立法首先应当明确的是对个人隐私保护的基础不能动摇；其次应当在考虑个人数据的保留、分析和处理的规定中确立搜集限制原则、收集个人信息告知原则、限制披露原则、责任原则；最后应当根据社会发展水平来决定个人数据保护的水平和力度，防止因为过度保护妨碍发挥个人数据在云计算、大数据产业中的价值。

（五）公平交易法

公平交易法主要是规制市场中种种扭曲市场竞争、损害相关竞争者利益的行为。而在网络环境下，相关的合并控制以及滥用市场支配地位的行为也呈现不同的方式，这就为立法带来了难题。所以立法应当对限制和影响公平竞争的行为采取原则性规定，然后交由司法和专门的认定机构来具体判断和认定，而对于滥用市场支配地位的判定，相关市场、市场占有率以及市场力量的分析都需要专业机构来进行。立法应当在正视电子商务（特别是平台服务）市场集中现象的同时，尊重市场规律，允许与肯定市场的优胜劣汰功能。

（六）跨境贸易法

电子商务具有天然的全球性，所产生的法律问题不是单独的一国立法所能够解决的，需要在国家层面的双边或多边条约，在全球或区域性的法律框架内获得解决。

为促进我国的电子商务国际贸易的发展，跨境贸易法一方面应当促进政府建立有效电子政务系统及采取电子口岸、单一窗口等跨境贸易便利化措施，另一方面应当促进我国积极建立或者加入有关的国际或者区域性法律体系，例如加入联合国电子通信公约、参加联合国亚太经社委员会“跨境无纸化贸易便利化协议”的谈判磋商等。

（七）争议解决制度

立法应当明晰和鼓励网上争议解决机制的发展与完善。仲裁、调解或和解等替代性争议解决机制（ADR），为在线争议提供更快、更方便、费用低廉的解决方式。立法当中首先应当规范 ADR 机构的独立性和中立性，将 ADR 机构和商家进行经济利益切割，对争议解决人员任命环节、任期要求、期满从业限制方面作出明确规定。其次，立法应当保证 ADR 处理程序的公开、透明性，因为在线争议的解决更多地参与是通过网上进行，相关信息和程序的确定性就显得尤为重要。最后立法应当保证 ADR 处理结果的效力和执行力，这是 ADR 这一争议解决制度生存和发展的基础。

（八）附则

规范法律的生效日期及其他问题。

（商务部、北京师范大学互联网政策与法律研究中心课题组）

附 录

电子商务法起草组成立暨第一次全体会议会议纪要

2013 年 12 月 27 日，全国人大财经委在人民大会堂召开电子商务法起草组成立暨第一次全体会议，正式启动电子商务立法工作。张平副委员长出席会议并发表重要讲话。电子商务法起草组组长、财经委副主任委员吕祖善主持会议，并就电子商务法起草相关工作情况作了说明。财经委副主任委员彭森、辜胜阻、尹中卿、熊群力，委员王力、付双建、吕薇、侯义斌等同志参加会议。参加会议的还有国务院法制办副主任袁曙宏、国家发改委副主任胡祖才、工信部副部长杨学山、财政部副部长刘昆、商务部部长助理张向晨、人民银行副行长刘士余、海关总署副署长邹志武、国家税务总局总会计师范坚、国家工商总局副局长刘俊臣等同志，以及全国人大法工委、国家质检总局、国家邮政局等单位的相关部门负责同志，还邀请了电子商务领域的一些知名专家学者参加会议。

根据中央批准的《十二届全国人大常委会立法规划》，电子商务法被列为第二类立法项目，由全国人大财经委负责牵头该法草案的起草工作。会议通过了由吕祖善副主任委员任组长、彭森和尹中卿副主任委员任副组长、相关部门负责同志为成员的电子商务法起草组领导小组成员名单，讨论确定了工作小组人员名单，并决定设立电子商务法起草组专家咨询库。会议还讨论通过了电子商务法起草工作计划，并对近期工作进行了安排部署。

张平副委员长发表了重要讲话，指出制定电子商务法是非常必要的，现在启动电子商务法的起草工作已经具备了条件，制定电子商务法的目的在于促进发展、规范秩序、保护权益，制定电子商务法的原则在于解放思想和鼓励创新，坚持政府干预最小化和技术中立。张平副委员长强调，我国电子商务立法过程中，需要准确地把握好规范和发展、法律规范和网络自律、国内立法和国际规范接轨、电子商务法和其他法律、依靠专业人士和开门立法五个方面的关系。同时，张平副委员长对大家提出了五点要求：一是要有高度的责任感；二是要深入调研、保证质量；三是要稳定人员、保证时间；四是要密切配合、形成合力；五是要按照质量和时间要求完成起草任务。

吕祖善副主任委员就立法起草组的构成、立法起草工作计划、立法的指导思想、立法的框架设想作了介绍。吕祖善副主任委员强调，要坚持科学立法、民主立法，提高立法质量。要抓好立法起草工作计划的落实，各成员单位要按照任务、时间、组织、责任四落实的要求，明确责任，加强领导，精心组织，密切配合，切实做好立法工作计划的各项工作，保证按时高质量地完成电子商务法的起草任务。

发改委等部门的领导和与会专家学者都对做好电子商务立法起草工作发表了很好的意见。大家纷纷表示，要结合本单位工作职能，积极参与立法工作，共同推进立法工作，为按时完成起草工作贡献力量。

附件 1：

电子商务法起草组人员名单

一、领导小组

组　长： 吕祖善　全国人大常委会委员、财经委副主任委员
副组长： 彭　森　全国人大常委会委员、财经委副主任委员
尹中卿　全国人大常委会委员、财经委副主任委员

成　员： 熊群力　全国人大财经委副主任委员
辜胜阻　全国人大常委会委员、财经委副主任委员
王　力　全国人大财经委委员
付双建　全国人大财经委委员
吕　薇　全国人大常委会委员、财经委委员
侯义斌　全国人大常委会委员、财经委委员
骞芳莉　全国人大财经委委员
袁曙宏　国务院法制办公室副主任
张晓强　国家发展和改革委员会副主任
杨学山　工业和信息化部副部长
刘　昆　财政部副部长
张向晨　商务部部长助理
刘士余　人民银行副行长
邹志武　海关总署副署长
范　坚　国家税务总局总会计师
刘俊臣　国家工商行政管理总局副局长
梅克保　国家质量监督检验检疫总局副局长
赵晓光　国家邮政局副局长

二、工作小组

组　长： 陈继宁　全国人大财经委调研室主任
副组长： 施禹之　全国人大财经委调研室副主任
翟　炜　全国人大财经委法案室副巡视员
成　员： 张要波　国务院法制办公室工交司副司长
顾大伟　国家发展和改革委员会高技术产业司副司长
刘　勇　国家发展和改革委员会高技术产业司副处长

董宝青　工业和信息化部信息化推进司副司长
王小龙　财政部经济建设司副司长
李嘉辉　财政部条法司处长
刘　红　商务部条法司流通法律处处长
曾　晨　商务部电子商务司发展规划处处长
刘向民　人民银行条法司副司长
路　遥　海关总署政法司复议处副处长
杨培峰　国家税务总局征管和科技发展司副司长
周　燕　国家工商行政管理总局法规司法规处处长
许新建　国家质量监督检验检疫总局法规司副司长
赵　雷　国家邮政局政策法规司法规处处长
宋燕妮　全国人大常委会法工委经济法室调研员
顾　扬　全国人大常委会办公厅秘书局监督处干部
韩　军　全国人大财经委调研室处长
王长君　全国人大财经委调研室处长
郝亮亮　全国人大财经委法案室副处长
郝大为　全国人大财经委调研室副处长
周　晶　全国人大财经委办公室干部

附件2：

电子商务法起草工作计划

根据十二届全国人大常委会立法规划，电子商务法由全国人大财经委负责牵头起草。为做好法律起草工作，在立法前期的调研基础上，制定以下工作计划。

一、起草组构成

电子商务法起草由吕祖善、彭森、尹中卿、熊群力、辜胜阻副主任委员牵头，财经委和国务院有关部门同志共同组成起草组。起草组设领导小组、工作小组和专家咨询库。领导小组由财经委组成人员和国务院有关部门负责人组成；工作小组由财经委和有关部门的工作人员组成；专家咨询库由有关方面对电子商务有研究的专家学者组成。

二、指导思想和框架设想

电子商务法立法指导思想：认真贯彻党的十八大和十八届三中全会关于全面深化改革决定的精神，以科学发展观为指导，按照完善社会主义市场经济体制、依法治国和依法行政的总体目标和要求，实现促进发展、规范秩序、保护权益。立法应遵循政府干预最小化、鼓励发展创新，规范市场秩序、合理有效监管，明确权利义务、维护各方权益等原则。

法律框架初步考虑如下：支持鼓励电子商务发展的促进政策；电子商务监管体制；电子商务市场主体的准入与退出；数据电文和电子合同；电子支付；电子商务税收；知识产权保护；消费者权益保护；争端解决机制；网络信息安全保障；跨境电子商务等。

三、工作计划

（一）筹备和调研阶段（2013年12月~2014年12月）

从2013年9月起，开展了前期准备工作。拟定起草工作计划（征求意见稿），分别召开了立法工作部门、地方和专家座谈会，讨论立法计划和有关重大问题。筹备工作已经完成。

2013年12月27日，召开起草组第一次全体会议，明确起草领导小组成员、工作小组成员和设立专家咨询库（根据立法进展情况，可进行必要的增补调整）。

2013年12月~2014年10月，开展电子商务专项课题研究。各有关单位应制定课题研究计划，按时完成课题研究报告。起草组将跟进各项课题研究的进展，根据需要就有关问题召开研讨会。与有关国内、国际机构开展交流合作。

2014年1月起，继续赴地方、企业开展立法调研。调研重点包括五方面：鼓励促进电子商务发展的政策措施；电子商务市场监管；市场主体的准入退出机制、平台责任、行业自律；知识产权保护、数据和信息安全、信用体系建设；消费者保护等。

2014年并跨至2015年，视情况召开国际研讨会，赴境外开展立法考察。

2014年10月底，起草组工作小组通报有关研究成果，就相关重要问题进行研讨，拟定下一步调研方案，准备起草立法大纲。

2014年12月，召开起草组第二次全体会议，研究讨论立法大纲和有关重大问题。

（二）起草阶段（2015年1月~2016年6月）

2015年1月~2015年10月，工作小组和专家咨询库专家拟订法律草案。根据工作需要，就起草中涉及的重大问题继续调研，10月提出法律草案初稿。

2015年10月底，召开起草组第三次全体会议，讨论法律草案初稿，协调有关重大问题。

2015年11月~2016年3月，修改完善法律草案，形成草案征求意见稿，送各地方、各部门征求意见，根据反馈意见，继续修改草案。

2016年4月~2016年5月，召开起草组第四次全体会议，讨论修改后的法律草案。

2016年6月，法律草案提请财经委全体会议审议。

（三）提请审议阶段（2016年7月~2018年2月）

2016年7月~2016年8月，根据财经委全体会议审议结果对法律草案修改完善。

2016年9月，将法律草案的议案报请全国人大常委会，由办公厅征求国务院意见。

2016年10月~2017年1月，配合常委会做好征求意见的有关工作。

2017年2月~2017年3月，根据国务院对征求意见的反馈情况，协调有关方面意见，进一步完善法律草案。

2017年4月~2018年2月，法律草案提请全国人大常委会审议，配合做好安排审议的有关工作。

各成员单位要按照任务、时间、组织、责任四落实的要求，明确责任，加强领导，精心组织，密切配合，切实做好立法工作计划的各项工作，保证按时高质量地完成电子商务法的起草任务。

全国人大财经委电子商务法起草组
2013 年 12 月 27 日